한국을 살리는 천지인 사상

(The thought of God·nature·human for saving Korea)

박 영 창

천명에 순종하여 자연과 인간을 사랑하자

(順天命 愛地人)

♣ 머리말 ♣

세계 '10대 빈국'에 속했던 한국이 '30-50 클럽'에 세계 7번째로 진입한 데는 우리 국민의 피땀과 눈물이 배어 있다. 나라를 세우는 데는 70여 년이 걸렸지만 무너뜨리는 데는 수년이면 족하다. 무너지는 한국을 살리려면 어떻게 해야 하나? 손자 보던 손을 놓고 절박한 마음으로 이 나라가 살 길을 찾아본다. 먼저 **'현황'**을 살펴 **'문제점'**을 파악하고 **'대책'**을 마련하는 것이다. 이 세상에서 이루어진 모든 위대한 사업은 비전과 열정, 성실의 합작품이고 최선을 다하고 정성을 다하면 길이 열린다고 믿는다.

한국은 1945년 해방 이후 기적적인 발전을 이루었다. 1953년 6.25 전쟁이 끝난 해 1인당 국민소득은 67달러였고, 한국의 민주주의는 "쓰레기통에서 장미꽃은 피지 않는다."는 혹평을 받았다. 그러나 지금은 1인당 국민소득 32,000달러(2019년)를 넘어섰고, 아시아 최고 수준의 민주화를 누리고 있다. 세계 제2차 대전 이후 독립한 신생국가 60여 나라 중 산업화와 민주화를 동시에 이룬 나라는 우리나라 밖에 없다. 온 세계가 한글과 K-팝, K-뷰티의 나라 대한민국을 동경하고 있다.

그렇지만 한국은 수많은 **문제점**을 안고 있다. 하늘의 법도인 정의와 법치가 무너지고, 자연은 파괴되고, 인간은 점점 더 악해져 창조주의 심판을 자초하고 있다. 이런 중에도 **자살과 저출산**은 세계 1위이고 **거짓과 탐욕**은 하늘을 찌르고, **우상숭배와 음행에 동성애, 낙태**까지 도를 넘고 있다. 삼천리 금수강산은 **환경오염과 난개발**로 병들고 갈등 비용은 연간 200조 원이 넘는다. 그냥 두면 나라가 망할 수 있는 암과 같은 병폐들이 10가지나 된다. 동방예의지국의 미풍양속은 사라지고, 전 세계의 저질문화가 이 나라를 뒤덮고 있다. 이런 더럽고, 퇴행적인 약문화(弱文化)가 순수하고 진취적인 강문화(强文化)를 누르고 있다.

대책은 무엇인가? 올바른 사상이 나라를 살릴 수 있다. 사상은 인간을 살리고 죽일 수 있는 영혼과 같고, 모든 역사는 사상의 역사이다. 사상은 인간의 살 길을 찾아주는 나침판이며, 사회 혁신에 대한 기준과 국가정책의 지침 역할을 한다. 정치·경제·종교·교육 등 여러 사상 중에서 한국사회와 밀접한 관계를 맺고 있는 종교 사상이 해결책이 될 수 있다. 종교는 문화의 실체이고 핵심이므로 병든 문화를 변혁하는 첩경이 될 수 있다. 또한 종교는 한국인의 44%가 믿고 있으며, 사회 통합과 통제, 사회 변동 등 막강한 기능을 행사하고 있다. 고대 종교로부터 기독교까지 5천년 한국의 종교 사상인 천지인 사상이 한국을 살리는 핵심 역할을 할 수 있다.

한국사회의 병폐 문화 10가지를 검토해 보니 천지인과 관련되어 있음을 발견하고 한국종교 경전에서 천지인 관련 내용을 찾았다. 이 경전 속에는 **인간을 구원하는 길**이 있고, 병폐 문화를 변혁하고 **인류를 행복**으로 이끌 수 있는 주옥같은 명언들과 덕목들이 있었다. 한민족 최초의 나라인 고조선의 단군신화와 신교(神敎), 불교, 유교, 도교, 동학, 기독교의 경전에는 천·지·인이 핵심 내용이었다. **"천명에 순종하여, 자연과 인간을 사랑하자(順天命愛地人)"**는 천지인 사상으로 이 퇴폐적인 병폐 문화를 변혁하여 문화강국으로 만들어 보자. 창조주를 경외하고, 정의, 사명에 충성하며, 자연을 보전하고 공익 개발, 순리로 살며, 인간을 사랑하여 자유, 책임, 지혜로 행하면 자신이 살고, 나라가 부강하며 자손대대로 번성할 수밖에 없다. '창조주 하나님을 사랑하고 그 계명을 지키는 자에게는 천 대까지 은혜'(출 20:6)를 베풀고, '천명에 순종하는 자는 생존하지만, 천명을 거역하는 자는 멸망'(이루 상)하기 때문이다.

슬기로운 우리 조상들은 이미 이 사상을 실천하였다. 천지인을 바탕으로 세종은 한글을 창제하였고, 최시형은 삼경설(三敬說), 손양원은 삼애(三愛) 정신 등을 펼쳤다. 이 사상으로 무너져 가는 한국을 살리고 자유·민주·번영의 평화통일에 기여하고 싶다. 종교인과 비종교인, 보수와 진보, 좌익과 우익 어디에 속하든 **생명의 길과 구국의 길**을 찾고자 하는 이들은 이 책 읽기를 권한다. 공자는 "아침에 도(道)를 깨달으면 저녁에 죽어도 좋다"고 했다. 유관순 열사는 "나라에 바칠 목숨이 하나밖에 없는 것만이 이 소녀의 유일한 슬픔"이라고 외친다. 무너지는 나라를 살리려는 **애국심**이 있는 자는 이 사상을 실천하고 전파하기 바란다. 나라가 살아야 가정도, 직장도, 신앙도 지킬 수 있다. 이제라도 타락한 인본주의와 물질주의 사상에서 벗어나 **창조주와 자연과 인류를 사랑하는 천지인 사상**으로 돌아가야 한다.

5년 걸린 검정고시와 5번의 죽을 고비를 넘기고 많은 분의 은혜로 지금껏 살아 왔다. 저를 살려주신 하나님과 이 나라에 감사하는 마음으로 사랑과 정의가 강물 같이 흐르는 나라를 만들고 싶다. 이 책을 읽는 애국 국민들이여! 무너지는 나라를 살리기 위해서는 **사랑과 정의**와 이 둘을 실천할 **용기**가 있어야 한다. 자신이 먼저 신바람 나서 이 사상을 실천하고, 3·1운동처럼 온 국민이 애국심으로 일어나자. 창조주는 온 인류가 구원을 받으며 진리에 이르기를 원하신다. 백범이 소원한 '문화강국'으로 이 나라를 살리는 생명의 사상을 남기고, 타골이 기대한 '동방의 등불'이 되는 진리와 구원의 사상을 77억 인류에게 전하자. 위대한 우리 선조들이 이룩한 **건국과 산업화·민주화**에 이어 **선진화**는 **정의·순리·사랑**의 천지인 사상으로 이룩하자. 온 국민이 일어나 **구원과 소망의 빛**을 발하자! 만국의 의인들이여! 함께 일어나 **자유와 평화의 빛**을 비추자!

2020년 12월
천지인과 한국을 사랑하는 박영창

차 례

3장 한국종교 경전의 천지인 내용

4장 한국을 살리는 천지인 사상

5장 천지인 사상의 실천 인물

6장 천지인 사상의 세계화

1장 10대 병폐로 무너지는 한국

한국사회는 10대 병폐가 있는데 악성 종양인 암(cancer)과 같다. 병폐(病弊)는 오랜 세월을 지내 오면서 우리 사회의 내부에 생긴 고질병을 말한다. 암과 같은 이 병폐는 빨리 자라는 만큼 주위 조직으로 잘 퍼져 사람의 몸에 큰 해를 끼치므로 바로 치료하지 않으면 목숨을 해친다.

10대 병폐는 오랜 세월 한국인들의 생활습관으로 굳어져 '약문화'(弱文化)로 고착화되었다. 강문화(强文化)는 문화 정체성과 문화 창조력이 있어 인간을 행복하게 하며, 시간이 지날수록 발전하고, 세계의 보편적 가치를 공유하여, 개방적이고 널리 전파된다. 이와 반대로 약문화는 퇴폐적이라 인간을 불행하게 하며, 고여서 침체하고, 보편적 가치를 도외시하며, 폐쇄적이다. 10대 병폐 문화와 같은 약문화로는 21세기 문화전쟁에서 살아남을 수 없다. 이런 약문화를 가진 나라는 다른 나라의 강문화를 섬기고 추종하는 문화 사대주의에 빠지게 된다.

10대 병폐를 빨리 해결하지 않으면 한국은 무너질 수 밖에 없다. 먼저 현재의 약문화를 강문화로 변혁해야 한다. 그 후에 자문화(自文化)를 중심으로 타문화를 적극적으로 취사선택해야 한다. 21세기에도 구미문화의 전시장이나 소비시장이 되어서는 아무리 경제가 발전하더라도 일류국가가 될 수 없다는 윤재근 교수의 뼈아픈 충고를 명심해야 한다.

> 문화는 인간생존의 부산물이 아니다. 그것은 생존의 원동력이다. 문화는 생존의 기호품이 아니다. 그것은 생존의 필수품이다. …
> 한국문화가 21세기에 들어서도 20세기처럼 구미문화의 전시장이나 소비시장처럼 되어서는 한국인의 GNP가 몇 만 달러가 된다 해도 한국은 강문화의 일류국가로 존재하기 어렵다는 사실을 망각하고 있다. 문화사대의 일류국가는 존재하지 않는다.[1]

10대 병폐를 선정한 기준은 첫째 생명과 국가적 원칙에 관한 것, 둘째 자연 보호에 관한 것, 셋째 인간 윤리에 관한 것으로 이것들이 무너지면 나라가 무너질 수 있는 중요하고 시급한 것들이다.

---

[1] 윤재근, 『문화전쟁』(둥지, 1996), 9, 11쪽.

1. 망국의 1호 병폐는 '거짓'이다

죽더라도 거짓말은 하지 말자

한국의 "적폐청산" 1호는 '거짓'이다. 도산 안창호는 "우리는 죽더라도 거짓말은 하지 말자."고 말했다.[2] 불교의 사미(沙彌) 10계 중 넷째는 '거짓말하지 말라'이고, "옳은 것을 그르다 하고 그른 것을 옳다 하며, 본 것을 못 보았다 하고 못 본 것을 보았다하는 것은 진실치 않은 것이다"[3]라고 한다. 진실은 인간 윤리의 바탕이므로, 진실이 무너지면 그 나라의 모든 것이 무너진다. 김병연 교수는 "타인에 대한 신뢰도가 10%포인트 상승하면 거래비용이 줄면서 경제성장률이 0.8%포인트 높아진다고 하며, 한국은 개인 간 신뢰는 낮아도 제도에 대한 신뢰는 높았는데, 최근엔 이마저도 낮아지고 있어 문제가 심각하다"고 말한다. 영국의 싱크탱크 레가툼연구소가 발표한 '2019 번영지수'에서 한국은 한개인 간 신뢰와 국가제도에 대한 신뢰 등을 나타내는 '사회자본' 부문에서 조사대상 167개국 중 142위에 머물렀다.[4]

역사적 최대 거짓말은?

우리 역사에 남을 거짓말은 '광우병'이다. 미국산 쇠고기를 먹으면 광우병에 걸린다고 수많은 정치인·언론인·연예인들이 거짓으로 선동했다. 이에 넘어가 백만여 명의 군중들이 100일 이상 시위를 하였고, 경제적 손실은 3.7조 원에 달했다.[5] 그러나 아직까지 미국산 쇠고기를 먹고 광우병 걸린 사람은 한 사람도 보지 못했고, 이제는 수많은 사람들이 미국산 쇠고기를 자연스레 먹고 있다.

우리나라는 사소한 거짓말에서부터 사기, 무고, 표절 등이 도를 넘고 있다. 특히 사기 범죄 비율이 OECD 회원국 중 가장 높은 나라이다. 경찰청 통계에 따르면 2017년 사기죄 발생건수는 24만 여건으로 우리나라 형사사건 중 1위를 기록했고,[6] 2018년에는 27만 여

---

2) 조선일보, "안창호는 말했다", 2019. 12. 21.
3) 불교성전편찬회, 『불교성전』(동국역경원, 2016), 582쪽.
4) 한국경제, "무너지는 신뢰자본 … '거짓말 범죄' 판친다", 2020. 10. 19.
5) 한국경제연구원, 『촛불시위의 사회적 비용』(한국경제연구원, 2008. 9). 재인용: 서울중앙지방검찰청, 4쪽.
6) 한국경제TV, "국내에서 가장 많이 일어나는 범죄는?", 2019. 4. 5.

건으로 늘어났으며, 검거인원 23만 명, 피해액 2조 원에 달했다.[7] 최근에는 인터넷 금융거래와 관련한 '보이스 피싱'과 인터넷 상거래를 통한 사기 사건도 늘어나고 있다. 2018년 정보통신망 이용 범죄 123,677건 중 인터넷 사기가 90%인 112,000건을 차지한다.[8] 인터넷 상거래에서의 사기는 대부분 대금을 먼저 입금하기 때문인데, 이는 물품 수령 후에 대금을 지불하는 안전거래가 복잡하기도 하지만, 싸게 나온 물건을 먼저 사려는 욕심도 작용한다고 본다. 시세보다 현저하게 싼 물건일수록 면밀히 살펴봐야 한다.

또한 적극적, 고의적으로 거짓을 만들어 행하는 '무고죄'가 만연하다. 무고죄는 "타인으로 하여금 형사처분 또는 징계처분을 받게 할 목적으로 허위의 사실을 경찰서나 검찰청 등의 공무소 또는 공무원에게 신고함으로써 성립하는 범죄를 말한다."(형법 제156조). 이 죄에 대한 처벌은 '10년 이하의 징역 또는 1천 5백만 원 이하의 벌금'으로 상당히 무겁고, 검찰청 접수건수는 2016년에 9,937건이나 되었다. 온 국민의 양심이 살아나고, 진실을 밝히는 언론은 정론직필(正論直筆)로, 거짓을 판단하는 사법부는 정의와 공정으로 제 역할을 잘 감당해야 거짓이 줄어들 것이다.

양심과 거짓말

양심은 창조주가 모든 사람에게 생래적으로 부여한 선악과 시비(是非), 좋고 나쁜 것의 판단에 대한 의식이다. 이 양심이 더러워지면 입으로 거짓말이 나오고, 마음에는 욕심이 싹트고, 손은 악행을 저지르고, 발은 범죄의 자리로 달려가게 된다. 이 양심이 깨끗해야 개인의 삶도 건강하고, 나라도 건전하게 발전할 수 있다. 사회과학자 막스 베버(Max Weber)는 『프로테스탄티즘 윤리와 자본주의 정신』에서 "독일과 달리 이탈리아의 노동자들에게 '양심'이 결여되어 있다는 점이 그 나라의 자본주의 발달을 막는 주요 원인이었다."[9]고 한다.

소설가 김훈은 '거짓말'을 강하게 비판하면서 '우리 시대에 가장 더럽고 썩어 빠진 게 언어'라고 말한다. 실제 일어났거나 일어나고 있는 일인 **사실**과 어떤 대상이나 현상에 대하여 가지는 생각인 **의견**은 엄연히 구분해야 한다.

---

7) 서울와이어, "전자금융 사기 처벌강화", 2019. 9. 16.
8) 디지털타임스, "인터넷사기, 제대로 알고 대처하자", 2019. 5. 13.
9) Max Weber, 『프로테스탄티즘의 윤리와 자본주의 정신』, 박성수 역(문예출판사, 1999), 41쪽.

"우리 시대에 가장 더럽고 썩어 빠진 게 언어이다. 사람들은 자기 의견을 사실처럼 말하고, 사실을 의견처럼 말해 말을 할수록 관계는 단절된다."고 지적했다. "말을 할 때 그것이 사실인지, 근거가 있는지 아니면 개인의 욕망인지 구별하지 않고 마구 쏟아내기 때문에 아무도 알아들을 수 없는 말이 됐다"는 설명이다. 그 예로 '여론조사 결과'를 들었다. 이어 **의견을 사실처럼 말하는 이유는 그 인간의 생각이 당파성에 매몰**돼 있기 때문이다. 당파성에 매몰돼 있는 인간은 자기가 가지고 있는 당파성을 정의·진리라고 말한다."[10]

진실은 최상의 정책

우리나라는 카드 사용이 세계적으로 많아져 일상화 되었지만 아직도 카드 결제를 꺼리는 상업 분야가 있다. 카드를 사용하면 수입이 명확하게 드러나므로 탈세의 수단으로 현금을 선호하는 곳이 상당히 많다. 현금을 내면 가격의 10%를 할인해주는 가게도 있다. 한국인의 91.5%가 이용하는 인터넷에는 엄청난 양의 가짜 정보가 확산되고 있고, 신문·방송 등 언론에도 가짜 뉴스가 넘치고 있다. 백인 우월주의 및 남성 우월주의, 유물론과 공산주의, 황금만능주의와 기복주의 등 거짓되고 그릇된 사상도 있다.

또한 민족의 영혼인 역사 기술에서도 거짓 논란이 일어나고 있다. 초·중·고 역사 교과서는 고난과 전쟁의 참화를 딛고 일어선 자랑스러운 대한민국을 후손들에게 진실하게 전해야 한다. 1948년 8월 15일 대한민국 건국과 6·25 남침, 1962년의 제1차 경제개발계획과 이후의 한강의 기적, 5·18, 천안함 피격, 연평도 포격, 세월호 침몰[11] 등을 사실에 근거하여 정확하게 밝혀야 한다. ① **진실성** ② **객관성** ③ **중요성** ④ **균형성** 등의 원칙을 지켜 바르게 기술해야 한다. 거짓된 역사 서술은 민족의 영혼을 병들게 하고 나라를 망하게 한다.

진실은 최상의 정책이고, 거짓은 마귀의 술책이다. 예수는 "옳으면 옳다, 아니면 아니라 하라. 이에서 지나는 것은 악으로부터 나는 것이라"(마5;37)고 한다. 노예해방의 위대한 대통령 링컨(Abraham Lincoln)은 "나는 국민을 굳게 믿는다. 진실을 알려주면 어떤 국가적

---

10) 중앙일보, "김훈, 최고 권력된 여론조사 … 무지몽매한 세상 시작", 2019. 9. 20.
11) ① '현장 지휘자'인 목포해경서장 김문○은 왜 구조 지휘를 하지 않았나? ② 09시 5분께 출발한 목포해경 122구조대가 낮 12시15분에 도착한 이유?(배로 이동시 30~40분 소요) ③ 청와대 상황보고서 1·4보의 행방?(한겨레, "'세월호 아버지' 구조 실패의 핵심 책임자들을 지목하다", 2019. 12. 14).
   이외에도 08시 52분에 최초 신고를 받고도 늑장 대응, 이준○ 선장과 선원 14명이 승객(300여 명)은 객실에 있으라 하고 배에서 탈출한 점, 안개가 자욱한 인천항을 세월호만 출항(4월 15일 21시)한 점, '전원 구조' 오보 관련 의혹 등의 진실은 지금이라도 분명히 밝혀져야 한다.

위기를 만나도 그들을 믿을 수 있다. 중요한 점은 그들에게 진실된 사실을 전하는 일이다."라고 말했다. 감춰진 것을 드러내고 진실을 밝히는 것은 '거짓의 아비인 마귀'(요8:44)와 싸우는 영적 전쟁이다. 거짓은 망국의 지름길이다. 거짓과 싸워 이겨야 나라가 살고, 거짓에 지면 나라가 망한다. 숨긴 것은 반드시 밝혀지고 거짓의 산은 반드시 무너진다. 모든 종교는 진리를 생명처럼 중히 여긴다. 각 종교 경전에 기록된 진리의 말씀으로 무장하여 "거짓 왕국"을 "진리의 왕국"으로 변혁해야 한다.

2. '탐욕'은 죄를 낳고 죄는 사망을 낳는다

욕심이 많으면 근심도 많다

인간은 누구나 벌거벗은 몸으로 태어났다. 죽을 때도 마찬가지로 100원짜리 하나 가지고 갈 수 없다. 지금 내가 가진 돈과 권력, 지식은 나의 노력도 있지만 남의 도움으로 얻은 것이 더 많다. 자기가 가진 것에 만족하지 못하고 더 가지려고 하는 욕심은 일만 악의 뿌리이다. 돈과 권력, 지식, 명예는 가지면 가질수록 더 가지고 싶은 것이 인지상정(人之常情)이다. 그러나 그 욕망은 무한하지만 누구도 그 욕망을 다 채울 수 없다.

> 우리가 세상에 아무 것도 가지고 온 것이 없으매 또한 아무 것도 가지고 가지 못하리니 우리가 먹을 것과 입을 것이 있은즉 족한 줄로 알 것이니라. … 돈을 사랑함이 일만 악의 뿌리가 되나니 이것을 탐내는 자들은 미혹을 받아 믿음에서 떠나 많은 근심으로써 자기를 찔렀도다(딤전 6:7-8, 10).

욕심이 많으면 근심도 많다. 불교에서는 사고(四苦), 즉 생로병사(生老病死)의 원인이 집착 때문이라고 한다. 이 집착이 바로 과도한 욕심이요, 탐욕이다. 원효는 「발심수행장」에서 "중생들이 불타는 집에서 윤회하는 것은 끝없는 세상에서 탐욕을 버리지 못한 탓이다"라고 한다. 『도덕경』에서도 "화(禍)는 만족할 줄 모르는 것보다 더 큰 것이 없고, 허물은 얻으려고 욕심내는 것보다 더 큰 것이 없다."고 말한다. 탐심은 우상숭배(골3:5)로 마귀가 주는 것이고, 인간을 동물적 차원으로 이끌어 간다. 그래서 각 종교는 탐심을 물리치고, 자족과 절제를 강조하며, 가진 것에 먼저 감사하라고 말한다. 인간은 피조물로서 겸손하게 창조주의 뜻을 받들어 자연에서 먹을 것을 취하고 이웃을 배려하고 나누며 살아야 한다.

'맞춤형 아기'와 기계 괴물

그러나 인간의 탐욕은 끝이 없고 특히 과학기술과 결합하여 악용될 때 우리의 미래는 엄청난 참변을 초래할 것이다. 인간유전자 조작으로 복제인간이 출현할 수 있다. 2018년 11월 중국에서는 세계 최초로 배아상태에서 유전자를 편집한 **'맞춤형 아기(Designer Baby)'**가 태어났고, '크리스퍼 유전자 가위' 기술로 부모가 원하는 유전자만 가진 아이를 만들 수 있게 되었다. "생식을 위한 여성의 출산이 사라지고 인공 자궁을 통한 생식이 상용화될 수 있다"고 허종호 연구위원은 말한다.[12]

극소수의 상위 계층은 발전된 의료기술로 수명 연장과 함께 극도의 호화생활을 영위하며 가난한 자들을 노예처럼 부리는 새로운 계급이 등장할 수 있고 빈부간의 격차는 더욱 늘어날 수 있다. 또한 **인간의 신체 일부가 로봇으로 대체된 '사이보그(cyborg)'가 출현하며, 인간의 통제를 벗어난 로봇과 '기계 괴물'들이 횡행하여 인간을 도리어 위협**할 수 있다. 과학기술을 소수 인간의 탐욕에 악용하지 말고, 인류의 행복을 위한 도구로 사용하여야 한다. 생명윤리 준수와 함께 다양한 제어장치들이 마련되어야 한다.

나의 탐욕으로 죽어가는 이웃

연 18,600%에 이르는 고리의 연체이자를 물리고 불법 추심한 사채업자 5명이 경찰에 붙잡혔다. 이들은 불법 대부업으로 얻은 수익으로 수입차와 명품 옷, 시계를 구입하는 등 호화 생활을 즐긴 것으로 나타났다.

광주 북부경찰서는 서민들에게 고금리로 돈을 빌려주고 불법 채권 추심을 일삼은 혐의로 고모씨(24) 등 사채업자 5명을 붙잡아 조사 중이라고 22일 밝혔다. 고씨 등은 지난해 10월 7일 피해자 A씨가 돈을 제때 갚지 못하자 "가족을 가만두지 않겠다"고 협박하고, A씨 친인척과 지인들의 직장에 하루에 수백 차례씩 전화를 걸어 협박하는 등 괴롭혀 돈을 받아냈다.[13]

B씨는 외식 프랜차이즈 업체의 실질적 소유주로, 직원 60여 명 명의의 위장 가맹점을 개설했다. 여기에 이중장부를 작성해 위장 가맹점의 현금 매출 1,000억여 원을 신고하지 않았다. 가맹본부 법인 자금 200억여 원도 부당 유출, 횡령해 개인 부동산을 사들이는 데 사용했다. B씨 역시 국세청 감시망에 포착돼 소득세 등 500억여 원을 추징당하고 조세범 처벌법에 따라 고발됐다.[14]

12) 국회미래연구원, 『2050년에 보내온 경고』(국회미래연구원, 2019), 31-32쪽.
13) 조선일보, "연체이자 1만8600% … 서민 등쳐 호화생활 즐긴 사채업자 검거", 2020. 1. 22.

위의 사례는 서민들에게 갑질과 폭리로 고통을 주면서 탐욕을 채운 추악한 인간들의 모습이다. 이러한 탐욕자들이 해마다 늘어나는 게 문제이다. 국세청은 최근 5년간 5,452명을 조사해 3조 8,628억 원을 추징하고 395명을 조세포탈 혐의로 검찰에 고발했다. 2017년에는 1,107 명을 조사해 9,404억 원을 추징했다. 전년도보다 금액 기준으로 16% 증가했다.[15]

우리나라 고소득층의 소득집중도는 과도하다. '세계불평등 데이터베이스(WID)'에 따르면 한국의 20세 이상 인구 중 소득 상위 10%에 속하는 고소득층에 대한 '소득 집중도'는 2016년 기준으로 43.3%를 기록했다. 국내에서 개인이 벌어들인 총소득의 43.3%를 10%의 고소득층이 가져간다는 것이다. 1996년의 35%에 비해 크게 올랐다.[16] 지니계수를 기준으로 본 소득불평등도(2016년)는 OECD 35개 회원국 가운데 31위(0.355)로 우리보다 높은 나라는 멕시코(0.459), 칠레, 터키, 미국(0.391)밖에 없다.[17] 해마다 소득불평등도가 높아지는 것이 문제이고, 이로 인한 상대적 박탈감 증대는 더 큰 사회문제이다.

한국은 세계 최고의 자살 왕국이라는 불명예를 가지고 있는데 자살 원인 중 경제적 불평등도 한 요인이다. 우선 토지부터 개혁해야 한다. 창조주가 주신 땅은 온 인류의 행복을 위해 사용되어야 한다. 소득이 올라갈수록 행복도 올라가는 것이 아니다. 적은 것도 베풀고 나눌 때 행복은 커진다. 한 단위 더 소비함으로써 얻는 한계효용은 소비량이 늘수록 점점 체감한다. 배부른 자는 진미(珍味)라도 싫어하지만, 배고픈 자는 악식(惡食)이라도 환영이다. 부자가 빈자에게 자신의 것을 나눠 주어 한계효용이 균등할 때 공동체의 행복도 극대화될 것이다.

3. '음행·동성애', 소돔 고모라를 생각하자

1) 음행

음행의 소용돌이

14) 머니투데이, "연 2,000% 고리대금업자, 갑질 프랜차이즈", 2018. 9. 17.
15) 머니투데이, 위의 기사.
16) KBS, "상위 10%가 싹쓸이", 2019. 3. 16.
17) 연합뉴스, "빈익빈 부익부", 2019. 3. 10.

한국은 어린 학생에서부터 노년의 공직자에 이르기까지 '음행의 소용돌이' 속에 휩싸여 있다. 온 백성이 음탕하고 난잡한 생각과 말, 행동을 죄의식도 없이 가정과 직장, 학교 등 모든 조직에서 행하고 있다. '성매매 왕국'이 된지는 오래이고 성추행, 성폭력과 관음증, 동성애까지 점차 확산되고 있다. 젊은이들 사이에 결혼 대신에 동거가 확산되고 순결을 하찮게 생각하는 풍조가 늘어나고 있다.

음행은 거룩한 몸을 '간음(姦淫)과 음욕(淫慾)'으로 더럽히는 것이다. '간음'은 부부 아닌 남녀가 성적 관계를 맺는 것으로 부부의 신뢰와 가정을 파괴하고, 사회질서를 교란하는 무서운 죄이다. '음욕'은 음탕한 욕심으로 성경은 "음욕을 품고 여자를 보는 자마다 마음에 이미 간음하였다"(마5:28)고 한다.

만물의 영장인 인간은 자신의 몸을 성령(聖靈)이 거하는 성전으로 거룩하게 지켜야 하고, 음욕을 마음대로 발산해서는 안 된다. 구도(求道)와 인류 구원을 위해 일평생 성욕을 멀리하는 신부와 수녀, 비구와 비구니들도 있다. 불교의 「48 경계(輕戒)」에는 "이 몸을 훨훨 타오르는 불구덩이나 날카로운 칼날 위에 던질지언정 삼세 부처님의 계율을 어겨 여인들과 부정한 짓을 하지 않겠다."[18]고 서원할 만큼 음행은 중죄이다.

> 창녀와 합하는 자는 그와 한 몸인 줄을 알지 못하느냐? 일렀으되 '둘이 한 육체가 된다' 하셨나니 주와 합하는 자는 한 영이니라. 음행을 피하라! 사람이 범하는 죄마다 몸 밖에 있거니와 음행하는 자는 자기 몸에게 죄를 범하느니라(고전6:16-18).

성(性)을 상품화한 사악한 사람들

2000년대 초반에는 '성매매'가 온 사회를 뜨겁게 하였다. 2000년 9월 19일 군산 대명동 윤락가 화재에서 쇠창살로 감금된 여성 5명이 사망한데 이어 2001년 2월 14일 부산 완월동에서 4명, 2002년 1월 29일 또다시 군산 개복동 윤락가에서 감금된 여성 13명이 소사하는 참사가 있었다. 2002년 7월 25일 신문에는 시화공단 주변의 티켓다방 300개소에서 일하는 1,000여 명 여성 중 70%가 미성년자이고 이 중 상당수는 '노예계약'으로 일한다는 충격적인 보도가 있었다.[19] 당시 전체 성매매 종사자가 얼마나 될까? 1988년 YMCA 향락 문화 시민운동 보고서에서 100~120만 명으로 추정했고, 1995년 한국여성민우회에서도

---

18) 불교성전편찬회, 『불교성전』(동국역경원, 2016), 99쪽.
19) 박영창, "성매매 실태와 방지대책", 『국회보』 2002. 8월호, 77쪽.

120만 명으로 추정했다.[20] 국회 여성위원회 홈페이지(2001년)에는 룸살롱에서 일하는 종업원의 놀라운 글이 올라 왔다.

> "제가 일하는 가게에선 공공연히 성매매가 이뤄지고 있죠. 새삼스레 놀랄 일도 아닙니다. 룸에서 한 잔 걸치고 2차 안되면 술 마시러 안 와요. 여기에서 일하는 여성들 자의로 들어온 경우도 있지만 다수는 이래저래 얽히고 설켜 들어온 여자가 더 많습니다. … 지금도 모 채팅클럽에 가보세요. 용돈이 필요한 애들 수두룩합니다. 10~20만원 준다면 줄 섭니다."[21]

2004년에 확산되는 성매매를 근절하기 위해 2건의 특별법[22]이 제정되었다. 지금은 그때보다 나아졌을까? 성매매 관련 특별법이 시행된 후에도 성매매는 끊이지 않고 더 음성적으로 광범위하게 퍼지고 있다. 대구 자갈마당 등 전국적으로 유명했던 성매매 집결지가 폐쇄되고 있지만, 창원 서성동을 비롯한 일부 지역은 불법 호객행위가 대담해지고 여전히 성업 중이라고 한다.[23] 군산에서는 성매매를 거부하는 지적장애 여성(20세)을 폭행해 숨지게 한 뒤 시신을 암매장한 일이 벌어질 정도로 포악해졌다.[24]

최근에 미성년자 성 착취 영상물을 제작하고 유포한 '텔레그램 n번방' 사건이 엄청난 사회문제로 대두되고 있다. 최대 26만 명이 해외 서버인 텔레그램의 익명성 뒤에 숨어 범행에 관련됐는데, 범죄 수법이 잔혹하고 치밀하다. 이렇게 국민적 공분을 일으키는 사건이 일어났는데도 여전히 10대 미성년자뿐만 아니라 아동 성착취물까지 버젓이 유포되고 있다는 것이 우리를 슬프게 한다. 텔레그램에는 지금도 초등학생도 안돼 보이는 아이의 성착취 영상을 공유한다는 글이 올라오고, 크고 작은 소아성애자 채널이 운영되고 있다.[25]

간통죄 폐지는 적절한가?

2015년 2월 26일 헌법재판소에서 '형법 제241조(간통죄)'[26]에 대한 위헌 결정이 있었다.

---

20) 변화순, 황정임, 『산업형 매매춘에 관한 연구』(한국여성개발원, 1998), 122쪽.
21) 박영창, "성매매 실태와 방지대책", 『국회보』, 77쪽.
22) 2004년 9월 23일부터 시행된 "성매매 알선 등 행위의 처벌에 관한 법률"과 "성매매 방지 및 피해자 보호 등에 관한 법률"을 말한다.
23) 경남신문, "창원 서성동을 바꾸자", 2019. 9. 15.
24) 서울신문, "성매매 거부한 지적장애 동거녀 숨질 때까지 맞았다", 2019. 9. 19.
25) TV조선, "'박사방' 모방한 '아동 성착취방' 우후죽순", 2020. 3. 27.
26) 형법 제241조 제1항 "배우자가 있는 자가 간통한 때에는 2년 이하의 징역에 처한다. 그와 상

이로 인해 1953년 형법 제정 시부터 있었던 간통죄는 62년 만에 폐지되었다. 이후부터 간통죄를 저질러도 형사처벌이 불가능하며, 민사상 책임만 있게 되어 손해배상으로 해결해야만 한다. 간통죄를 반대하는 이유는 개인 간의 사생활 영역인 내밀한 성적 문제에 법이 개입하는 것은 부적절하다는 것이다. 그러나 간통죄를 존치해야 하는 이유는 **양성평등을 기본으로 하는 일부일처제를 보호하고, 부부 간에 성에 대한 성실의무 준수로 가정 윤리를 확립**하기 위함이다. 부부 간에 성 윤리가 무너지면 가정이 파괴되고 이는 사회질서 혼란으로 확장되기 때문이다.

음행에 대한 대책

선민 이스라엘 백성들이 이방인인 모압 여자들과 음행하다 24,000명이 죽었다(민25:1, 9). 동방예의지국 한민족은 음행에서 벗어나 성결한 삶으로 가정과 직장, 이 나라를 지킬 수 있어야 한다. 『한서』 지리지에서 고조선 사회를 "부인은 정신(貞信)하고 음란하지 않았다"고 기록한 것을 볼 때 고조선 사회가 창조주의 법도를 지키고, 여성의 정조를 중시하며, 인간의 윤리를 지키는 사회임을 알 수 있다.

지금은 성 윤리와 성 도덕이 많이 무너져 있다. 우리 국민의 90%가 넘는 사람들이 이용하는 인터넷과 방송, 잡지, 영화, 책 등 온갖 매체를 통하여 선정적인 문화가 들어왔고, 지금도 들어오고 있다. 생명을 잉태하는 거룩한 성(性)을 악한 자들이 상품화하여 교묘하게 미화하고 포장하여 사람들을 유혹하고 있다.

이에 대한 대책으로는 **첫째 절제와 중용(中庸)의 마음을 굳건하게 지켜야 한다.** 만물보다 거짓되고 심히 부패한 사람의 마음이다. 하나님 말씀과 각 종교의 경전으로 지키고, 절제와 중용의 평정심으로 지켜야 한다.

둘째 부부가 사랑과 믿음으로 하나 되고, 가족과 이웃 간의 화목으로 음행이 발붙이지 못하게 한다. 특히 혼자 있을 때도 도리에 어긋나는 언행을 삼가는 '신독(愼獨)'을 지킨다.

셋째 적극적으로 선행을 하며, 건전한 운동과 취미 생활을 통하여 음행과 반대되는 '성결'한 생활을 한다.

넷째 음행의 장소와 음행하는 사람을 피해야 한다. 마귀는 인간의 약점을 알고 일시적 쾌락을 주며 집요하게 음행으로 공격한다. 여기에 지면 인생이 처참해지고, 소망과 행복이 사라져 버린다. 정원 목사의 아래 글은 울림이 있다.

간(相姦)한 자도 같다.

음란과 이성에 대한 잘못된 매혹은 육체가 살아 있는 한 항상 존재하는 유혹입니다. 성경에 등장한 많은 하나님의 사람들도 이 유혹에 넘어져서 실족을 하였습니다. 어떤 이들은 진리를 깨달으면 죄를 짓지 않으며 영적으로 어떤 단계에 이르면 이성의 유혹을 전혀 받지 않는다고 하는 분들도 있지만 그것은 어리석은 생각입니다.

오늘날 세계적으로 알려진 사역자들 중에도 음란의 문제로 실족하는 사례들이 드물지 않게 전해집니다. 성경에서나 현실에서나 이 유혹은 사단의 중대한 무기이며 우리는 그것을 결코 가볍게 생각해서는 안 됩니다.[27]

2) 동성애

동성애는 창조질서를 배척하고 동성혼은 헌법 위반이다

동성애는 "생육하고 번성하여 땅에 충만하라"(창1:28)는 하나님의 창조질서를 정면으로 배척하는 것이며, 가족제도를 무너뜨리는 행위다. 동성애는 일반적인 음행에서 도를 넘어 하나님의 법도를 거역하고, 결혼제도와 가정을 근본적으로 파괴하는 것이다.

> 하나님이 자기 형상 곧 하나님의 형상대로 **사람을 창조하시되 남자와 여자를 창조**하시고(창1:27).
> 너는 **여자와 동침함 같이 남자와 동침하지 말라**. 이는 가증한 일이니라(레18:22).

천명에 순종하는 자(順天者)는 생존하지만 천명을 거역하는 자(逆天者)는 멸망한다(『맹자』, 「이루 상」). 이용희 대표는 "동성 결혼 합법화는 동성 결혼을 허용하는 것으로만 끝나지 않는다. 동성 결혼이 허용된 유럽의 경우는 근친성애, 소아성애, 수간(獸姦)이 차례로 합법화됐다"고 말한다.[28] 동성애가 확산되면 종족 보존은 어떻게 할 것인가? 국민 모두가 동성애자라면 후손이 끊어지는데 나라는 누가 지키고, 나라를 유지하기 위한 세금은 누가 낼 것이가? 결혼할 아들이 '남자를 며느리'라고 데려오면 어떻게 할 것인가? 세계 최저 출산율을 보유한 한국이 매년 20조 원의 예산을 '출산장려'를 위해 투자하는 것은 다 이유가 있다.

출산의 기쁨은 인간이 누릴 수 있는 최상의 기쁨 중의 하나이다. 말로 표현할 수 없다.

---

27) 정원, 『대적기도를 통한 승리의 삶』(영성의 숲, 2008), 124-125쪽.
28) 뉴스앤조이, 2018. 10. 2.

아기의 가족뿐만 아니라 이웃 사람 모두가 기뻐한다. 물론 출산과 양육, 교육의 어려움이 있다. 그러나 출산의 기쁨은 이 모든 어려움을 훨씬 능가한다. 맹자가 "불효 중에 가장 큰 불효가 대(代)를 단절시켜 후손이 없는 것이다"(「이루 상」)라고 한 말도 귀담아 들어야 한다.

   대한민국 헌법은 36조 1항에 "혼인과 가족생활은 개인의 존엄과 양성의 평등을 기초로 성립되고 유지되어야 하며, 국가는 이를 보장한다."고 규정하고 있으며, 대법원 판례도 전원합의체에서 이성(異性) 간의 혼인만을 허용하고, 동성(同姓) 간의 혼인은 허용하지 않고 있다.[29] 현행 초·중·고 교과서에 동성애와 관련된 내용이 나오는데, 학교에선 동성애의 잘못된 점을 가르쳐야 하며, 판단능력이 미숙한 초·중 학생에게는 교과서에서 동성애 관련 내용은 빼는 것이 바람직하다.

동성애로 감염되는 에이즈로 청소년이 위험하다

   에이즈 신규 감염자의 대부분이 동성애자이며, 연간 수 천 만원 드는 에이즈 약값과 간병인 월급을 다 국가에서 부담하고 있다. 감염내과 교수 김준명은 신규 에이즈 감염자가 한국에만 증가하고 있는 점을 지적하면서 남성 간 동성애로 감염되는 에이즈의 실상을 우리 보건 당국이 제대로 알려 한다고 질책했다.

>   세계적으로 신규 에이즈 감염자가 감소하고 있는데 한국만 증가 추세에 있다. 원인은 10~20대 남성 에이즈 감염자 급증에 있다. 보건 당국은 선진국처럼 남성 간 성행위로 감염되는 에이즈 실상을 똑바로 알려야 한다.[30]

   미국 질병관리본부의 2017년 보고서는 전체 미국 인구 중 2%를 차지하는 남성 동성애자들이 전체 에이즈 바이러스 감염인의 70%를 차지한다고 밝혔다. 특히 에이즈 바이러스에 감염된 청소년(13~24세)의 92%가 남성 간 성행위로 에이즈에 걸렸다고 밝혔다.[31]
   한국 질병관리본부의 '에이즈 신고현황'을 보면 2018년 말 현재 한국의 전체 에이즈 감염자 12,991명 중 남성이 93.2%인 12,106명이며 여성은 885명이다. 연령은 40대가 25.3%(3,288명)로 가장 많았고, 30대가 22.0%(2,863명), 20대가 16.2%(2,103명)이다.

---

29) 대법원 2011. 9. 2. 자2009스117.
30) 국민일보, "에이즈 남성 청소년층 급증", 2018. 12. 3.
31) 국민일보, "청소년 HIV 감염자 92% 남성 간 성접촉", 2019. 9. 17.

2018년 신규 감염자는 1,206명으로 전년보다 1.3%(16명) 증가했는데, 이는 내국인은 1.9%(19명) 감소하였지만, 외국인이 19.2%(35명) 증가함에 있다. 신규 감염자는 91.2%(1,100명)가 남성이며, 20대가 32.8%(395명), 30대 27.2%(328명)으로 20~30대의 청년들이 전체 감염인의 60.0%를 차지하였다.[32]

에이즈 감염자 중 20~40대의 젊은 층이 63.5%인 점은 이 나라의 장래를 어둡게 하는 심각한 경고이다. 청년들과 외국인의 에이즈 신규 감염자 수 증가에 대해 경각심을 가져야 한다. 동성애자 개개인은 사랑으로 품어야 하지만, 소돔 고모라 성이 동성애 때문에 유황불로 멸망당한 사실(창19:4-25)을 명심해야 한다. 위정자들과 국가인권위원회, 법무부와 여성가족부, 보건 당국과 온 국민이 동성애와 에이즈의 심각성을 자각하고 이의 예방과 근절에 특단의 대책을 강구해야 한다.

4. '우상숭배'는 창조주를 대적한다

'오늘의 운세'는 맞는 것인가?

여러 해 전부터 한국의 일간지에 '오늘의 운세'가 매일 실려 나온다. 2020년 1월 23일 J일보에도 "오늘의 운세"가 나와 있는데 쥐띠부터 돼지 띠까지 12부문으로 나누어 설명해 놓았다. 호랑이 띠의 운세는 "재물 : 지출, 건강 : 주의, 사랑 : 갈등, 길방 : 서(西)"로 적혀 있다. 내용이 모호하고 형식적이다. 재물이 지출이면 돈이 새나간다는 의미인데 방책이 없다. 길방은 서쪽으로 가라는 것인데 너무나 막연하다. 중요한 선약이 있는데 서쪽이 아니면 가지 말라는 것인가? 이해가 안 된다.

옛적에 새해가 오면 소수인이 토정비결을 보았지만, 오늘날 다수인이 매일 운세를 보는 것은 이해하기 어렵다. 점치는 사람들이 늘어나고, 결혼과 이사에 사주 궁합을 보며, 타로 카페가 곳곳에 생겨나 점을 치며 차를 마시는 사람들도 많아진다. 불교의 48경계(輕戒) 중 29번째에는 "나쁜 직업으로 살지 말라. 어떤 이익을 위해 관상 보고 점치거나 해몽을 하거나 주문과 술법을 쓰거나 … 만들지 말라"고 엄명한다. 기성종교의 기복신앙도 문제가 있다. 만고불변의 진리는 "심는 대로 거둔다"이다. 인간의 생사화복과 국가의 흥망성쇠를 주관하시는 공의의 창조주 하나님이 우리 머리카락까지 세시며, 선악에 대한 심판을 엄정(嚴正)하게 하신다. 그 창조주께서 "우상을 섬기지 말라"고 명령하신다.

---

32) 질병관리본부 홈페이지. "2018년 HIV/AIDS 신고현황" (2019. 8. 14).

인간의 행복은 순천명(順天命)에 있다

피조물 인간이 가장 행복하게 살 수 있는 방법은 '창조주의 말씀에 순종(順天命)'하는 것이다. 창조주보다 더 사랑하는 모든 우상을 배격하고, 창조주를 경외하고 인간을 사랑(敬天愛人)하면 된다. 시대마다 백성들이 창조주를 떠나 각기 제 방법대로 우상을 섬기며 살길을 강구하지만, 인간들의 싸움은 격화되고 자연은 파괴되어 멸망의 길로 가고 있다.

이스라엘 민족은 사사(士師)시대 340년 동안 우상숭배를 하면서 "심판 → 회개 → 구원 → 범죄"를 반복하였고, 이방 족속의 침략으로 엄청난 고난을 겪었다(삿1-18장). 우주만물의 생사화복을 주관하시는 창조주 외에 다른 것 - 돈·권력·지식·명예·자식·건강 등 - 을 더 섬기는 것도 우상숭배이다. 요즘 문제가 되고 있는 음란물·게임·마약 중독도 창조주 외에 다른 것들을 더 섬기는 우상숭배와 같다. 성경의 십계명 중 제1계명과 제2계명은 하나님 외에 다른 신을 두지 말고, 우상을 만들지 말고 절하지도, 섬기지도 말라고 엄명한다.

> "너는 나 외에는 다른 신(神)들을 네게 두지 말라.
> 너를 위하여 새긴 우상을 만들지 말고, … 그것들에게 절하지 말며 그것들을 섬기지 말라. 나 네 하나님 여호와는 질투하는 하나님인즉 나를 미워하는 자의 죄를 갚되 아비로부터 아들에게로 삼사 대까지 이르게 하거니와 나를 사랑하고 내 계명을 지키는 자에게는 천 대까지 은혜를 베푸느니라(출20:3-6)."

노자는 **"점치는 것으로 자기의 길흉을 판단하지 말아야 하고, 자기 분수를 지킬 줄 알아야 하고,** 인위적인 행위를 그만둘 수 있어야 한다"(장자 23편)고 말한다. 한용운은 『조선불교유신론』에서 사원 안에 봉안된 각종 **'조각상과 그림'을 철거**할 것을 주장하였다. 이런 것이 발생한 원인은 거짓 모습으로 된 대상(對象)을 만들어 중생들의 모범이 되기를 바라는 마음에서 시작되었지만 폐단이 너무 크다는 것이다. 수많은 조각상과 그림을 받들면서 여기에 화복을 비는 번잡함을 버리고 석가모니 한 분만을 모실 것을 권장했다. 수많은 조각상과 그림이 우상 역할을 하기 때문이다.

5. '낙태·자살'은 살인이다

생명경시 문화가 도를 넘어 식물과 동물을 마음대로 죽이는 인간이 이제는 사람의 생명도 가볍게 여기고 있다. 사람을 죽이는 살인죄는 무서운 범죄로 대부분 경각심을 가지고 있으나 낙태와 자살에 대해서는 살인과는 별개로 생각하는 자들이 있다. 생명의 주인은 인간이 아니라 창조주이며 모든 인간은 하나님의 형상을 따라 창조된 천하보다 귀한 생명(마 16:26)을 가진다. 엄마 뱃속의 아기를 죽이는 것은 천하보다 귀한 생명을 죽이는 살인죄이며, 자신의 생명을 스스로 끊는 것도 살인이다. 낙태와 자살은 창조주를 대적하는 살인이다. 생명을 끊을 만큼 힘든 일과 어려운 사정이 있을 수 있겠지만, "하느님이 생명을 주셨으니 반드시 직업도 주실 것이요, 한울님께 달린 목숨이니 죽을 염려 왜 하느냐"는 수운(水雲)의 「교훈가」도 생각해 보자.

1) 낙태 문제

망국적인 낙태 실태

한국보건사회연구원의 인공임신중절(낙태) 실태조사에 따르면 2017년 한 해 동안 만 15~44세 여성의 인공임신중절 건수는 약 5만 건으로 나타났다.[33] 1,000명당 임신중절 건수인 인공임신 중절률은 4.8%이다. 낙태를 결정한 이유(복수응답)로는 '학업, 직장 등 사회활동에 지장이 있을 것 같아서'(33.4%), '고용 불안정, 소득 등 경제 상태상 양육이 힘들어서'(32.9%), '자녀를 원치 않아서 등 자녀계획 때문에'(31.2%) 등이 가장 많았다. 이는 천하보다 귀한 태아의 생명권보다는 산모의 개인적 사정인 사회활동, 경제적 원인 등이 낙태의 주요 요인임을 밝혀 준다. 해당 조사결과에서 인공임신 중절률 추이를 보면 2005년 1,000명 당 29.8건에서 2017년 1,000명 당 4.8건으로 크게 줄었다. 하지만 시민단체와 의료계 등에서는 음성적으로 이뤄지는 사례까지 포함하면 국내 시행되는 인공임신중절 수술 건수는 연간 최소 50만 건이 넘을 것이라는 추산도 있다.[34] 연간 50만 건이면 매일 1,370명의 태아가 살인을 당하는 것이다. 생명의 주인인 창조주 하나님을 진노케 하는 무서운 일이다.

태아의 생명권은 산모의 자기 결정권에 우선한다

33) 조선비즈, "국내 낙태 연간 5만 건 …", 2019. 4. 12.
34) 조선비즈, 위의 기사.

우리 헌법(제10조)이 규정한 "인간으로서의 존엄과 가치"는 모든 인간에게 고유한 가치로 당연히 태아도 가지게 된다. 대법원은 "생명은 한 번 잃으면 영원히 회복될 수 없고 이 세상 무엇과도 바꿀 수 없는 절대적 존재이며, 한 사람의 생명은 고귀하고 전 지구보다 무겁고 또 귀중하고 엄숙한 것이며, 존엄한 인간의 근원"(대판 1967. 9. 19. 67도988)이라고 판시하였다.[35] 태아가 스스로를 방어하지 못하더라도 이 '태아의 생명권'은 침해되지 않도록 보호해야 하며, 산모의 프라이버시권과 충돌될 경우 당연히 태아의 생명권이 우선되어야 한다.

> "인간의 생명은 잉태된 때부터 시작되는 것이고 회임된 태아는 새로운 존재와 인격의 근원으로서 존엄과 가치를 지니므로 그 자신이 이를 인식하고 있든지 또 스스로를 방어할 수 있는지에 관계없이 침해되지 않도록 보호되어야 한다 함이 헌법 아래에서 국민 일반이 지니는 건전한 도의적 감정과 합치된다."(대판 1985. 6. 11. 84도1958)

성(性)은 생명 창조를 위한 거룩한 행위이므로 쾌락을 위해 무분별하게 행하는 것은 절제할 필요가 있고 사전에 낙태를 예방하는 것이 최선의 방법이다. 혼전 임신이 특히 문제가 될 수 있다. 원치 않는 임신인 경우 현실적으로 여성이 모든 책임과 부담을 안게 되는데 남성의 책임도 엄중히 묻는 입법과 사회적 인식 전환이 필요하다. 온 국민의 성결 교육도 절실하다. 청소년 성교육, 피임 약제나 용구 사용 등 적절한 방법으로 낙태 예방에 지혜를 모아야 한다. 「모자보건법」 제12조에는 '인공임신중절 예방' 등의 사업에 국가와 지방자치단체가 지원할 수 있도록 규정하였다. 동법 제14조 제1항에는 의사가 본인 및 배우자의 동의를 얻어 유전학적 정신장애나 신체질환 등의 경우에만 낙태를 허용하고 있다.

헌법재판소의 낙태죄 '헌법불합치' 결정은 재고해야 한다

2019년 4월 11일 **헌법재판소가 형법상 낙태죄에 대해서 66년 만에 '헌법 불합치' 결정**을 내렸다. 낙태한 여성을 처벌하는 「형법」 제269조와 낙태시술을 한 의료진을 처벌하는 270조에 대해 산부인과 의사 A씨가 낸 헌법소원 심판사건에 대한 결정이다. 이에 대해 기독교 단체의 성명서는 태아의 생명이 하나님께서 주신 절대적 권리이므로 낙태는 살인이며,

---

35) 박영창, 『저출산 관련 정책평가 및 입법과제』(한국법제연구원, 2005), 152쪽.

헌재의 결정은 악한 판단이라고 성토한다.

헌재는 임신한 여성의 자기결정권을 침해했다며 이 같은 판단을 내렸는데, 인간의 결정이 생명보다 더 중요하다는 지극히 인본주의적 사고에 근거한 결정에 대해서 한국기독교 총연합회는 강력히 규탄하며, 용납할 수 없음을 분명히 밝힌다.
모태의 생명이 출생 후의 생명과 다르다고 할 수 있는가? 우리 기독교는 생명은 하나님께서 주신 것이기에 절대적이며 인간 생명의 모든 것은 하나님께서 주관하심을 믿는다. 합헌 의견을 낸 두 재판관은 '우리 모두 모체로부터 낙태 당하지 않고 태어났기 때문이다. 우리 모두 태아였다'고 강조했다. **태아 역시 생명이라면 낙태는 살인**일 수밖에 없다.
오늘의 헌재의 판결은 원한다면 자신이 결정권을 가지고 태아라는 귀한 생명을 죽일 수 있는 권한을 부여한 극악한 판단이라 여겨진다. 이러한 범죄행위가 용서받을 수 있을 것인가? 누가 생명을 죽일 수 있는 권한을 주고 말고 할 수 있다는 말인가? 자기결정권을 가지기 전에 그 사람도 모태에서 태어났고, 그들의 어머니가 생명의 소중함을 가지고 낙태시키지 않고 이 땅에 태어나게 했기 때문에 살아가고 있는 것임을 분명히 알아야 한다.
생명은 하나님께서 부여하신 것이기에 존엄하며 그 자체로 귀하다. 인간이 태어나고 죽는 것을 마음대로 결정할 수 없다. 더구나 태아를 죽이는 낙태 허용은 절대 불가하며 이는 오히려 살인이라 불러야 할 것이다.[36]

필자는 헌법재판소의 낙태죄 '헌법불합치' 결정을 반대하는데 그 이유는 다음과 같다. **첫째 낙태를 꼭 해야만 하는 사정이 있는 경우에는 이미 현행「모자보건법」에 허용**하고 있다. 유전학적 정신장애나 신체 질환, 강간·준강간, 혈족 또는 인척간의 임신 등 특별한 사정으로 임신한 경우에는 현행법에 낙태를 허용하고 있다.[37] **둘째 천하보다 귀한 태아의 생명권이 산모의 자기결정권에 우선한다.** 정자와 난자가 만나 수정하면 이미 모체와 다른 새로운 생명체가 태동하는 것이다. **셋째 낙태로 인해 산모의 건강을 해칠 수 있다. 넷째 낙태를 허용하면 무분별한 성행위와 불륜문화를 조장**하고, 지금도 연간 수십만 건에 달하

---

36) 한국기독교총연합회, "헌재의 낙태죄 '헌법불합치' 판결을 강력히 규탄한다.", 2019. 4. 11.
37) 「모자보건법」 제14조 제1항에는 의사가 본인 및 배우자의 동의를 얻어 다음의 경우에 인공임신중절수술을 할 수 있다. 1. 우생학적 또는 유전학적 정신장애나 신체질환 2. 전염성 질환 3. 강간 또는 준강간, 4. 법률상 혼인할 수 없는 혈족 또는 인척간의 임신 5. 모체의 건강을 심각하게 해치고 있거나 해칠 우려가 있는 경우
이 때도 **임신 24주일 이내**에 한한다(동법 시행령 제15조 제1항).

는 낙태 건수가 더 늘어날 것이다.

2) 자살 문제

한 생명이 천하보다 귀하다고 말한다. 이 귀한 생명이 매일 수십 명이 스스로 목숨을 끊고 있다는 사실은 우리 모두를 숙연하게 한다. 2014년 세월호 참사로 무고한 생명 304명이 목숨을 잃어 온 국민이 슬픔과 울분으로 지새웠다. 2017년 한국의 자살 사망자 수는 12,463명(자살률 24.3명)으로 **매일 34.1명이 스스로 생명을 끊는다**. 열흘이면 341명으로 G7 국가를 자랑하는 대한민국의 수치이다. 대형사고로 인명이 죽었을 때 온 나라가 떠들썩했지만, 엄청난 사람들이 매일 자살로 죽어간다는 사실은 이제 뉴스거리에서도 멀어지고 있다. 어린이날에 30대 부부가 네 살과 두 살 아이와 함께 차 안에서 숨진 채 발견되었다. 경찰은 빚으로 인한 생활고를 극단적 선택의 원인으로 추정하였는데, 그 빚은 사채 5,000만원과 가족에게서 빌린 2,000만원이었다.(한국일보, 2019. 5. 6)

자살 예방을 위해서는 우울증, 만성병 등 질병적 요인과 가난·실직과 관련된 경제적 요인, 소외·대인관계 등 사회적 요인 등 자살의 주요 요인을 종합적으로 고려한 대책이 필요하다. 천하보다 귀한 생명의 소중함을 자각하고, 내 몸이 나 혼자만의 것이 아니라는 것을 인식하며, 자살을 용인하는 사회적 분위기도 바꿔야 한다.

제발 혼자라고 생각하지 말아요.
세상에는 좋은 사람이 많답니다.
그리고 우리는 친구가 될 수 있어요.
친구끼리 서로 돕는 것은 당연하잖아요.
외롭고 힘들 때 함께 손을 잡아요.[38]

(1) 노인 자살 왕국

가슴 아픈 어버이들의 자살

세계 최고라는 부끄러운 이름 앞에 더욱 우리 가슴을 아프게 하는 것은 노인자살률

---

38) 채인선, 『아름다운 가치사전』(한울림어린이, 2007), 31쪽.

이다. 우리들을 낳아주고 길러주신 어버이들의 자살이 많은 것은 자식과 국가의 책임이 크다. 65세 이상 노인자살률(2017년)은 10만 명당 54.8로 한국 평균 자살률의 2.2배이다. OECD 국가 중 1위이며, OECD 평균의 3.2배이고, 미국의 3.5배, 일본의 2.3배이다(중앙일보, 2019. 5. 7). 한국 노인자살의 특징은 오랫동안의 준비로 치명적인 방법을 선택하므로 성공률이 높고, 자살 생각을 감추고 있으므로 겉으로 잘 드러나지 않으며, 질병과 소외, 가난 등 여러 요인이 복합적으로 작용한다.

가정과 정부의 실효성 있는 대책 필요

세계 제일의 노인 자살왕국이라는 오명을 씻기 위해 우리는 어떻게 해야 할까? 먼저 자식들이 관심을 가져야 한다. 부모에게 효도하는 것이 약속 있는 첫 계명이며, 땅에서 잘 되고 장수하는 비결이다. 어떤 일보다도 부모님의 안위에 대한 것에 우선순위를 두어야 한다. 전통적으로 가족공동체의 고리를 든든하게 매어 준 대가족제도의 실천도 권장사항이다. 자살예방뿐만 아니라 효도의 실천, 가족 간의 유대 강화, 손주 돌봄에도 도움이 될 수 있다.

중앙정부는 먼저 실효성 있는 "자살예방 종합대책"을 수립하고, 지방정부와의 네트워크를 재정립하고, 종교기관 등 민간부문의 자원을 최대한 이끌어 내야 한다. 현재의 보건복지부 과(課) 단위에서 주관하는 자살예방사업은 여러모로 불합리하며 역부족이므로 총리 직속의 '자살예방특별위원회'를 신설하여 이관하는 것이 바람직하다. 우리나라 자살예방사업 예산이 168억 원(2018년) 밖에 안 된다는 사실은 우리를 놀라게 한다. 일본의 799억엔(7,833억 원)에 비하면 2.1%에 불과하다(중앙일보, 2018. 10. 04). 지방자치단체는 관할 구역의 노인 실태를 정확하게 조사한 후 자살 고위험군을 별도 관리해야 한다. 이들을 일정기관 돌볼 수 있는 시설을 설립하는 것도 중요한 일이다. 경희의대 예방의학교실 연구팀에서 발표한 **자살로 인한 '2015년 사회·경제적 비용'이 9.4조 원**(KBS, 2019. 04. 10)임을 염두에 두고 국가 예산도 적절히 배분되어야 한다.

노인빈곤률이 OECD 국가 중 1위인 우리나라가 노인자살률도 1위인 점도 고려해야 한다. 자살로 죽어가는 생명을 살리는 긴급 보호시설 설립과 자살 고위험군에 대한 의료 및 복지 지원예산, 자살예방 전문인력 양성을 위한 예산이 제대로 배정되어야 하고 이런 일에 우선순위를 두는 것이 마땅하다. 무엇보다 자살을 개인의 문제가 아니라 사회의 문제로 인식하는 공동체 정신이 필요하다. 그리고 국민 한 사람 한 사람이 소중한 개인으로서 서로 존중하고 존중받으며 살아가는 인간의 존엄성 인식이 중요하다.

(2) 청소년 3명 중 1명은 자살 생각

한국 청소년 3명 중 1명은 자살을 생각해봤다는 조사 결과가 우리에게 충격을 준다. 한국청소년 정책연구원이 2018년 6월 초·중·고생 9,060명을 대상으로 조사한 결과, '최근 1년간 죽고 싶다고 생각'해 본 청소년이 33.8%인 것으로 나타났다(데일리메드, 2018. 7. 26). 이 나라를 짊어질 미래의 역군인 청소년이 이런 생각을 가지고 있다는 것은 대한민국의 적신호이며, 심각한 문제이다.

아래는 자살 중학생의 유서 내용(2011. 12. 20)이다. 가해자인 동급생 2명의 물고문 등 상습적인 폭력으로 피어보지도 못한 소년이 목숨을 끊었다. 가해자들의 마음에는 무엇이 담겨 있을까? 어떤 협박을 어떻게 하였기에 가족들에게 알리지도 못하고 극단적 선택을 했을까? 그를 살릴 방법은 없었을까? 처음에는 남의 물건을 가져가고 금전 요구, 인격 모욕, 폭력을 행사했다. 아직 어린 중2 학생들인데 이런 엄청난 일을 저질렀다. 우리의 소중한 자녀들에게 다시는 이런 일이 일어나지 않기를 바라는 간절한 마음으로 유서 일부를 싣는다.

제가 그동안 말을 못했지만, 매일 라면이 없어지고, 먹을 게 없어지고, 갖가지가 없어진 이유가 있어요. 제 친구들이라고 했는데 ○○○하고 ○○○이라는 애들이 매일 우리 집에 와서 절 괴롭혔어요. 매일 라면을 먹거나 가져가고 쌀국수나, 용가리, 만두, 스프, 과자, 커피, 견과류, 치즈 같은 걸 매일 먹거나 가져갔어요.

3월 중순에 ○○○라는 애가 같이 게임을 키우자고 했는데 협박을 하더라구요. 그래서 제가 그때부터 매일 컴퓨터를 많이 하게 된 거에요. 그리고 그 게임에 쓴다고 제 통장의 돈까지 가져갔고, 매일 돈을 달라고 했어요. 그래서 제 등수는 떨어지고, 2학기 때쯤 제가 일하면서 돈을 벌었어요. …

때리는 양도 늘고, 수업시간에는 공부하지 말고, 시험문제 다 찍고, 돈 벌라 하고, 물로 고문하고, 모욕을 하고, 단소로 때리고, 우리 가족을 욕하고, 문제집을 공부 못하도록 다 가져가고, 학교에서도 몰래 때리고, 온갖 심부름과 숙제를 시키는 등 그런 짓을 했어요.

12월에 들어서 자살하자고 몇 번이나 결심을 했는데 그때마다 엄마, 아빠가 생각나서 저를 막았어요. 그런데 날이 갈수록 심해지자 저도 정말 미치겠어요. 또 밀레 옷을 사라고 해서 자기가 가져가고, 매일 나는 그 녀석들 때문에 엄마한테 돈 달라하고, 화내고, 매일 게임하고, 공부 안하고, 말도 안 듣고 뭘 사달라는 등 계속 불효만 했어요. …

오늘은 12월 19일, 그 녀석들은 저에게 라디오를 들게 해서 무릎을 꿇리고 벌을 세웠어요. 그리고 5시 20분쯤 그 녀석들은 저를 피아노 의자에 엎드려놓고 손을 봉쇄한 다음 무차별적으로 저를 구타했어요. 또 제 몸에 칼등을 새기려고 했을 때 실패하자 제 오른쪽 팔에 불을 붙이려고 했어요. 그리고 할머니 칠순잔치 사진을 보고 우리 가족들을 욕했어요. 저는 참아보려 했는데 그럴 수가 없었어요. …

12월 19일, 그 녀석들은 그날 짜증난다며 제 영어자습서를 찢고 3학년 때 수업하지 말라고 ○○○은 한문, ○○○는 수학책을 가져갔어요. 그리고 그날 제 라디오 선을 뽑아 제 목에 묶고 끌고 다니면서 떨어진 부스러기를 주워 먹으라 하였고, 5시 20분쯤부터는 아까 한 이야기와 똑같아요.

저는 정말 엄마한테 죄송해서 자살도 하지 않았어요. 어제(12월 19일) 혼날 때의 엄마의 모습은 절 혼내고 계셨지만 속으로는 저를 걱정하시더라고요. 저는 그냥 부모님한테나 선생님, 경찰 등에게 도움을 구하려 했지만, 걔들의 보복이 너무 두려웠어요. 대부분의 학교 친구들은 저에게 잘 대해줬어요. … 저는 매일매일 가족들 몰래 제 몸의 수많은 멍들을 보면서 한탄했어요. …

매일 남몰래 울고 제가 한 짓도 아닌데 억울하게 꾸중을 듣고 매일 맞던 시절을 끝내는 대신 가족들을 볼 수가 없다는 생각에 벌써부터 눈물이 앞을 가리네요. 그리고 제가 없다고 해서 슬퍼하시거나 저처럼 죽지 마세요. 저의 가족들이 슬프다면 저도 분명히 슬플 거예요. 부디 제가 없어도 행복하길 빌게요.

6. '저출산'의 재앙이 시작된다

2019년부터 인구 감소 시작

"저출산 재앙의 시작 … '한국'이 쪼그라든다."[39]는 충격적인 기사가 우리를 놀라게 한다. 저출산으로 인구가 줄어들면 고령화가 빨라지고 경제와 교육, 국방, 사회복지 등 국가발전에 상당한 악영향을 미친다. 통계청이 발표한 '장래인구 특별추계'(2019. 3. 28)는 출생아 수(292,000명)가 사망자 수(323,000명)보다 적은 인구 자연감소 시작 시점이 2019년이 될 것으로 내다봤다. 총인구는 2017년 5,136만명에서 2028년 5,194만명을 정점을 찍고,

---

39) 동아일보, "저출산 재앙의 시작 … '한국'이 쪼그라든다.", 2019. 3. 29.

2067년 3,929만명으로 감소할 것으로 전망한다.[40] 생산연령인구(만 15~64세)는 2018년 3,764만 명으로 정점을 찍고 2019년은 그보다 9만 명가량 줄어든다. 2029년까지 생산가능인구는 364만 명 줄어드는 반면 65세 이상 고령인구는 463만 명 증가한다.

생산연령인구 1백명당 부양할 인구 120명(2067년)

<표 1> 총부양비, 유소년부양비 및 노년부양비(1960-2067년)[41]

구 분	1960	1970	1980	1990	2000	2010	2017	2020	2030	2040	2050	2060	2067
총부양비	82.6	82.6	60.7	44.3	39.5	36.9	36.7	38.6	53.0	77.5	95.0	108.2	120.2
유소년부양비	77.3	78.2	54.6	36.9	29.4	22.0	17.9	16.9	14.7	17.4	17.4	16.7	17.8
노년부양비	5.3	5.7	6.1	7.4	10.1	14.8	18.8	21.7	3 8.2	60.1	77.6	91.4	102.4

생산연령인구 1백명당 부양할 인구(유소년, 고령인구)인 총부양비는 2017년 36.7명에서 2040년에 77.5명, 2067년에는 120명을 넘어설 전망이다. '유소년부양비'는 유소년인구와 생산연령인구가 동시에 감소함에 따라 2017년 17.9명, 2067년 17.8명으로 비슷할 것이지만, '노년부양비'는 고령인구의 빠른 증가로 인해 2017년 18.8명에서 2067년 102.4명 수준으로 2017년 대비 5.4배로 증가할 전망이다<표 1>.

<그림 1> 총부양비, 유소년부양비 및 노년부양비(1960-2067년)[42]

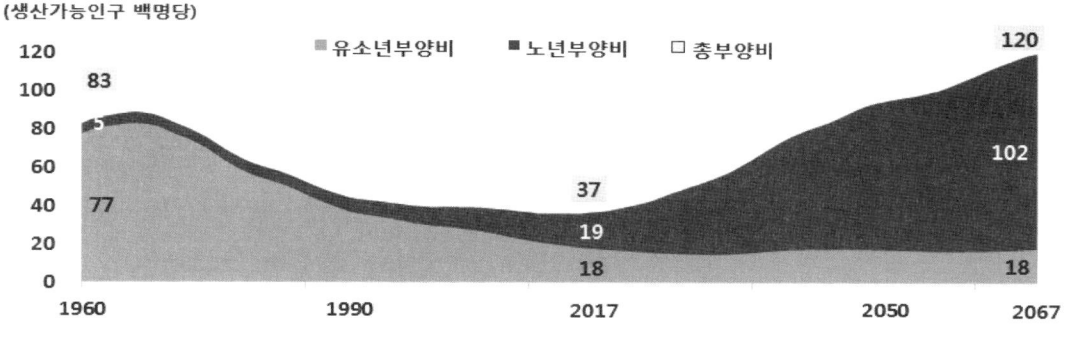

(생산가능인구 백명당)

---

40) 통계청 보도자료, 2019. 3. 28.
41) 통계청 보도자료, 2019. 3. 28.
42) 통계청 보도자료, 2019. 3. 28.

<그림 1>에서 1960년부터 2067년까지 107년간을 비교해 보면 노년부양비는 5명에서 102명으로 20배 증가했지만, 유소년부양비는 77명에서 18명으로 4.3배 감소했다. 수명은 늘어나는데 신생아는 줄면서 젊은 세대의 부양 부담이 급증할 수 밖에 없다. 일할 수 있는 근로자 1명이 2017년은 0.37명을 부양하면 되지만, 앞으로 47년 뒤(2067년)에는 1.2명을 부양해야 되는 엄청난 일이 벌어진다. 온 국민과 정부가 저출산의 심각성을 실감하고 획기적인 정책과 지혜를 모아야 한다. 만약에 지금의 정책으로 그대로 진행된다면 47년 뒤에 노인이 될 지금의 젊은이들이 큰 피해를 입을 것이다. 물론 그때 자신과 또 다른 1명의 부양가족을 짊어질 아직 태어나지도 않은 우리 후손들은 더욱 무거운 짐을 짊어질 것이다.

엄청난 예산에도 계속 떨어지는 출산율

정부는 2006년 1차 저출산·고령사회 기본계획을 발표한 뒤 **2018년까지 152.2조 원을 출산장려책에 투입**했지만, 합계출산율은 2006년 1.13명에서 2018년 0.98로 지속적인 하락세다(동아일보, 2019. 3. 29). 2011년 이후 10년간 저출산 관련 예산은 평균 21.1%씩 증가해 총 209.5조 원에 달하여 매년 평균 21조 원의 예산을 쏟아 부었지만 합계출산율이 계속적으로 떨어진 것은 문제 중의 문제다.

급기야 2019년 11월에 출생아가 사망자보다 적은 인구 자연 감소가 시작되고, 저출산의 영향으로 전체 인구 규모가 쪼그라드는 '인구절벽'이 현실화되었다. 통계청의 '11월 인구동향'에 따르면 2019년 11월 전국 출생아 수는 2만 3819명으로 집계됐다. 이는 1981년 통계 작성 이후 가장 적은 수치다. 출생아 수는 2016년 4월부터 44개월 연속 감소하고 있다. 2019년 11월 사망자 수(2만5438명)를 감안하면 인구 자연 증감(출생아 수 - 사망자 수)은 1,619명 감소로 집계되었다.[43] 2020년 '3월 인구동향'에 따르면 출생아 수 24,378명보다 사망자 수(25,879명)가 더 많아 1,501명 자연감소로 5개월 연속 감소 행진을 이어가고 있다.[44] 이를 미루어 보면 **2020년은 연간으로도 인구가 자연 감소세로 전환**할 가능성이 매우 높다.

"전국 시군구 228곳 중 105곳은 소멸위험지역"이라는 자료도 나왔다. 한국고용정보원은 수도권으로 인구 유출과 저출산 심화로 인해 소멸 위험진입 지역이 82곳, 소멸 고위험 지역이 23곳으로 **도합 105(전체의 46.0%) 지역이 인구 감소로 사라질 위험에 처해 있다고**

---

43) 동아일보, "작년 11월 출생아, 사망자보다 적어 … '인구절벽' 현실화되나?", 2020. 01. 30.
44) 파이낸셜뉴스, "'최악의 인구난' 사상 첫 5개월째 자연감소". 2020. 5. 27.

밝혔다. 소멸 고위험 지역은 2년 전(2018년) 11곳(군위, 의성, 봉화, 영양, 영덕, 청송, 청도, 합천, 남해, 고흥, 신안)에서 새로 12곳(보은, 괴산, 부여, 서천, 청양, 임실, 곡성, 보성, 함평, 의령, 하동, 산청)이 늘어났다.[45]

출산율 저하는 경제성장의 둔화, 연금 재정 부족을 초래하고, 생산연령인구의 감소와 부담 증가, 징집 인원 감소, '초고령사회' 진입 촉진, 노인 복지비용 부담 증가 등 크나큰 문제를 야기한다.[46]

역대 최대의 정책 실패인 저출산 정책

우리나라의 출산율 저하의 가장 큰 원인은 1962년부터 시작된 출산억제정책 때문이다. <표 2>와 같이 **경제가 성장할수록 출산율은 감소하는 반비례 관계**임을 파악하지 못하고 1962년부터 강력한 출산억제 정책으로 저출산을 조장한 것은 뼈아픈 실책이다. 합계출산율은 1960년을 정점으로 하락하고 있는데도 1962년부터 대대적인 가족계획을 실시하여 노태우 정권(1988-1993년)인 1990년에 가서야 '인구자질 향상정책'으로 전환하였다. 이때라도 적극적인 출산장려 정책을 펼쳐야 했지만, 애석하게도 미온적인 대책에 그쳐 실적도 없었고,[47] **출산장려 정책은 2003년 11월에 가서야 시행**되었다.[48]

<표 2> 합계출산율과 경제성장률의 변화 추이[49]

연도	1960	1970	1980	1990	1995	1998	2000	2002	2004	2019
합계 출산율	6.0	4.53	2.83	1.59	1.65	1.47	1.47	1.17	1.16	0.92
1인당 국민소득 ($)	87	249	1,598	5,886	10,823	6,744	9,770	10,013	14,098	32,047

45) 한국경제, "인구소멸 위기 처한 지자체 100곳 넘었다", 2020. 10. 8.
46) 박영창, 『저출산 관련 정책평가 및 입법과제』, 67-87쪽.
47) 위의 책, 106-107쪽.
48) 국회 보건복지위원회 회의록(제243회 제9차, 2003. 11. 11)에는 "재경부가 어제 출산억제 쪽에서 출산장려 쪽으로 인구정책 방향전환을 발표했고, 보건복지부는 직제 개편을 통해 인구정책국 설치"를 언급했다.
49) 박영창, 『저출산 관련 정책평가 및 입법과제』, 105쪽 보완.

그동안 합계출산율은 1960년 6.0에서 1962년 5.79, 1970년 4.53, 1980년 2.83으로 급격하게 감소하였고, 1983년에는 이미 인구대체 수준(2.1)인 2.06에 도달했고,[50] 2019년은 0.92로 OECD 36개국 중 최저이다<표 2>. **40년 동안의 정책 실기(失期)**가 얼마나 큰 국가적 손실을 초래하는지 분명하게 보여 준다. 위정자들과 관련 정책 담당자·전문가들의 잘못과 실책이 너무나 뼈아픈 대목이다. 한국정부 수립 이후 최대의 정책 실패가 바로 저출산 정책이라고 본다.

간접지원 비용(21조 원)을 출생아 1인당 '7,000만원' 현금 지원해야

출산율 저하의 **경제적 요인**으로 자녀 양육비와 사교육비 과다, **사회적 요인**으로 보육시설과 육아휴직 제도의 불합리, 낙태 증가, 성별 직업 격리현상, **문화적 요인**으로 직장과 가정 양립 곤란, 결혼관의 변화, 성차별 문화 등을 들 수 있다.[51]

저출산 대책으로는 경제적 측면에서 아동수당과 출산장려금, 양육비의 합리적 지원, 사회적 측면에서 낙태 금지, 육아휴직급여 인상과 기간 조정, 국공립 보육시설 확충, 문화적 측면에서 부모부양 지원, 결혼·출산과 양성평등 교육과정 조기 도입 등을 복합적으로 고려해야 한다.[52]

이중에서 **긴급 제안**할 것은 주거·고용·교육 등 간접지원 비용을 '출산장려금'으로 현금 지원하는 것이다. 우리나라는 현금보조 비율이 OECD 평균 50.9%보다 훨씬 낮은 14.3%로 32개국 중 31위인데[53] 이를 높이면 출산율 증가에 상당한 도움이 될 것이다. 2020년 저출산 관련 예산 40.2조 원 중 간접지원 비용 21조 원(52.7%)을 출생아 수 292,000명에게 직접 주면 1인당 7,191만원이 된다. 이 돈을 지방자치단체장이 출산부부에게 축하와 함께 직접 전하면 훨씬 좋은 결과를 얻을 수 있다. 이와 함께 전 국민의 **생명 존중사상** 인식이 중요하다. 한 생명이 천하보다 귀함을 깨닫는다면 출산과 가정을 귀하게 여기고 이에 우선순위를 둘 것이다. 이제 자녀 출산과 양육이 기쁨과 보람이 되는 사회를 만들어 보자. "세상에서 섬기는 일 중에 큰 것은 부모 섬기는 일이다"(「이루 상」)고 한 맹자의 다음 말도 귀담아 들어보자.

---

50) 박영창, 『저출산 관련 정책평가 및 입법과제』, 106쪽.
51) 위의 책, 21-63쪽.
52) 위의 책, 143-171쪽.
53) 현금보조의 비중이 OECD 평균인 50.9%를 웃도는 15개 국가의 합계출산율(2018년) 평균은 1.56명으로 한국보다 훨씬 높다(데일리안, 2020. 7. 22).

"불효에는 세 가지가 있는데 그 중에 후사 없는 것이 가장 크다"

(不孝有三無後爲大) (맹자, 「이루 상」, 277).

7. '사회 갈등'으로 망하는 나라

갈등으로 망하는 나라 한국

사회 갈등으로 망해가는 나라가 우리나라이며, 한국은 이제 '갈등 공화국'이라고 불린다. 한국의 10대 병폐가 다 갈등과 직·간접적으로 연관되어 있고, 갈등의 원인이나 결과가 되고 있다. 갈등이란 의사결정 과정에서 선택을 둘러싸고 곤란을 겪는 상황을 말한다. 다양한 개인과 집단으로 구성된 사회에서 인간의 욕망은 무한한데 권력, 지위, 재화, 자원 등은 유한하기 때문에 갈등은 존재한다. "어떤 사회나 갈등은 항상 있는 것이고, 사회질서는 이해관계에서 충돌이 일어나면 한 집단이 다른 집단을 강제로 복종시키는 관계에서 성립하며, 갈등으로 말미암아 사회변동이 일어난다."[54]고 한다. 그러나 갈등에는 순기능과 역기능이 있어 갈등이 제대로 관리되면 국가발전에 기여하지만, 관리되지 못하면 국가멸망 요인이 될 수 있다는 점도 명심해야 한다.

대형 국책사업에 '공공 갈등' 빈발

1987년 민주화 이후 한국은 과거 억압되었던 각종 사회갈등이 분출되었는데, 노사관계는 임금 인상, 고용 안정, 근로조건 개선 등을 둘러싸고 해마다 춘투(春鬪), 하투(夏鬪) 등 쟁의가 반복되었다. 2002년 미군 장갑차사건 이후에는 이념 갈등이 한국사회의 주요 갈등으로 자리매김 되었고, 정부의 대형 국책사업에 대해 시민단체와 이해당사자들이 집단행동으로 저항하는 '공공 갈등'도 빈발하였다. 공공 갈등의 경우<표 3> 1991년에 시작된 새만금 사업과 경부고속철도 천성산 터널공사, 외곽순환도로 사패산 터널공사, 계룡산 관통도로, 경인운하 등 5대 국책사업 중단으로 인한 경제적 비용은 4조 원을 넘었고, 사업을 철회하게 되면 부가가치 미창출액을 포함하여 35조 원을 넘는 것으로 추정하고 있다. 사업이 중단됨으로 인한 경제적 비용도 엄청나지만, 만약에 사업이 철회된다면 중단 비용의 9배에 달하는 비용이 발생한다는 사실을 중시해야 한다.

---

54) 김경동, 『현대의 사회학』(박영사, 2002), 613-614쪽.

<표 3> 주요 국책사업 중단사례의 경제적 비용 추계[55]

사업명	공사중단에 따른 현재까지의 손실액	사업 철회시 부가가치 미 창출액 (2005년 2월 말 현재가치 기준)	참 조
새만금 간척지	7,500억원 1,2차 합산 2년 6개월 중단	5조 4,218억원 - 사업비 매몰비용: 2조 2,690억원 - 미창출 부가가치: 2조 2,703억원 - 미실현 사업비 부가가치 유발 효과 추계: 8,825억원	간척지 수명 60년 가정, 부가가치 현재가치는 새만금 공동조사단 10개 대안의 순현재가치 평균
천성산 터널	2조 5,161억원 9개월 17일 지연 (실질적으로 1년)	30조 876억원 - 사업 매몰비용: 5,600억원 - 미창출 부가가치: 29조 5,991억원 - 미실현 사업비 공제: 3,577억원 - 미실현 사업비 부가가치 유발 효과 추가: 2,862억원	터널 설계수명 40년가정, 미창출 부가가치는 대부분 비시장가치, 부가가치 유발효과는 중기(5년) 효과 및 건설부분 부가가치 유발계수 0.8 가정, 노선변경으로 7년 지연시 22조 1,064억원 손실
사패산 터널	5,547억원 - 2년지연	공사 재개	부가가치 창출효과 미고려
계룡산 관통도로	685억원	공사 허가	부가가치 창출효과 미고려
경인운하	2,900억원 - 사업비 매몰비용	사업 중단	부가가치 창출효과 미고려
합 계	4조 1,793억원	35조 5,094억원	

* 출처: 대한상공회의소, 『주요 국책사업 중단사례 분석 및 시사점』, 2005.

　그밖에 밀양송전탑, 제주도 해군기지, 동남권 신공항 건설에는 여야 정치권과 외부 단체가 개입하여 갈등 양상이 양적, 질적으로 심각해지고, 대규모 시위가 장기화되어 이로 인한 경제적 비용이 대폭 증가하였음도 밝혀졌다.[56] <표 4>를 통해 세 사업의 정치화 이전과 이후의 비용을 계산해 보면 정치화 이전 비용이 5.65억 원인데 비해, **정치화 이후 비용은 514.73억 원으로 정치화 이전 비용의 91.1배**에 달한다. 국책사업의 갈등을 줄이기 위하여 명확한 규정 준수, 일관성 있는 정책 수행과 함께 이해 당사자와의 충분한 사전 협상 등으로 외부 세력 개입의 빌미를 제공하지 말아야 한다. 정치권이나 사회단체가 갈등 해소가 아니라 갈등 확산의 도구가 되고 있는 점은 시급히 개선할 문제다.

---

55) 신영철 외, 『지역 갈등의 사회적 비용에 관한 연구』(국토연구원, 2011), 8쪽 재인용.
56) 국민대통합위원회 편, 『한국형 정치갈등에 따른 사회·경제적 비용 연구』(국민대통합위원회, 2014), 3쪽.

<표 4> 국책 사업 정치화 전·후의 경제적 비용 추계(직접비)[57]

국책 사업	정치화 이전 비용 (기간)	정치화 이후 비용 (기간)	합 계
밀양 송전탑	4.3억원 (2000.1~2012.1)	100억원 (2012.1~)	104.3억원
제주 해군기지	1.03억원 (2005.4~2010.5)	378.31억원 (2010.6~2013.12)	379.34억원
동남권 신공항	0.32억원 (2005.10~2007.3)	36.42억원 (2007.3~)	36.74억원
합 계	**5.65억원**	**514.73억원**	520.38억원

미 쇠고기 수입반대 촛불시위는 2008년 5월 2일부터 2008년 8월 15일까지 106일 간에 걸쳐 전국적으로 2,398회나 벌어졌고, 참가 연인원도 932,000여 명에 이르는 대규모 집회였다. 최초 평화적인 시위에서 도로점거, 쇠파이프 사용 등 폭력시위로 변질되면서 동원된 경찰력이 7,606개 중대(연인원 684,540명)에 이르렀고, 총 1,476명이 불법·폭력 시위 혐의로 입건되어 43명이 구속 기소되었다.[58] 이로 인한 경제적 손실은 청계광장, 종로 상인, 인근 주민들의 영업손실 등의 피해 9,042억원을 비롯하여 **총 3조 7,513억원**에 이른다고 한다.[59]

사회갈등 비용 연간 246조 원

박준은 '사회갈등지수'[60]를 도입하여 사회갈등의 경제적 비용을 산출하였다.

> ＊ 사회갈등지수 = 잠재적 갈등 요인/갈등관리 역량

사회갈등지수는 잠재적 갈등요인 수준이 높을수록 커지지만, 갈등관리 역량 수준이 높을수록 작아진다. 여기서 '잠재적 갈등요인'은 계층·젠더·세대·이념 갈등으로 구성되며, '갈등

---

57) 위의 책, 171-176쪽.
58) 서울중앙지방검찰청, 『미 쇠고기 수입반대 불법폭력시위사건 수사백서』(서울중앙지방검찰청, 2009), 3쪽.
59) 한국경제연구원, 『촛불시위의 사회적 비용』(한국경제연구원, 2008. 9). 재인용: 서울중앙지방검찰청, 4쪽.
60) 박준, 정동재, 『사회갈등지수와 갈등비용 추정』(한국행정연구원, 2018), 2쪽.

관리 역량'은 국가 영역에서는 정부 관료제, 대의제도, 사법제도, 재분배제도로 구성되고, 시민사회 영역에서는 시민적 자유와 덕성, 시민 참여로 구성된다.[61]

우리 한국이 선진 강국으로 나아가려면 나라를 좀 먹는 사회갈등부터 줄여야 한다. 2010년 한국의 사회갈등 지수는 0.72로 OECD 국가 중 터키(1.27) 다음으로 높았다. "우리의 갈등지수가 OECD 평균만 유지하더라도 GDP의 7~21%, 최소 82조 원에서 **최대 246조 원까지 아낄 수 있다**"는 박준(삼성경제연구소 수석연구원)의 말[62]을 귀담아 들어야 한다. 우리 국민이 자기 돈으로 246조 원을 해마다 갈등비용으로 낸다는 것을 명심하고 최대한 줄이려는 다양한 방법들을 강구해야 한다.

2015년 사회갈등지수는 2010년(0.72)보다 훨씬 높은 1.025였다. 꼴찌는 터키(2.497)이고, 러시아(2.045), 남아프리카(1.479), 멕시코(1.447), 브라질(1.074)에 이어 한국(1.025)은 조사대상 37개국 중 32위이다.[63] 만약 한국의 2015년 갈등지수(1.025)가 3위인 스웨덴 수준(0.210)으로 감소할 경우 한국의 1인당 GDP는 $34,178에서 약 13% 증가한 $38,635로 상승한다(박준, 정동재, 8쪽). 이를 금액으로 환산하면 267조 원에 달한다.[64] 사회갈등으로 연간 지출되는 경제적 비용이 267조 원에 달한다는 것을 알고도 갈등으로 싸우겠는가?

사회갈등 감소 방안

이념과 계층, 지역, 세대 등의 기본적 균열구조뿐만 아니라 환경과 복지, 문화 등 탈 물질주의적 가치까지 반영된(박준, 18) 복합적이고 뿌리 깊은 갈등을 해결하기 위해서는 다양한 방안들이 제시될 수 있다. 민주주의를 질적으로 심화하고 성숙한 시민의식을 배양하는 한편 정부 운영체제의 미흡한 부분을 개선하는 정부의 효과성을 동시에 제고하여야 한다(박준, 18-19). 무엇보다 법치주의 원칙을 잘 지켜 **정책의 일관성**을 유지하는 것이 필요하다. 정권이 바뀔 때마다 정책이 바뀌면 공무원이나 국민이 갈피를 잡을 수 없다. 이밖에도 법원의 소송 대신 이해 당사자 간의 중재를 통해 신속하게 갈등을 해결하는 '**대체적 분쟁해결제도**'(ADR; Alternative Dispute Resolution) 도입, 기업의 경제적 책임 외에 법적·윤리적·자선적 책임도 중시하는 '**기업의 사회적 책임**'(CSR; Corporate Social Responsibility) 강조, 기업 활동 자체가 사회적 가치를 창출하면서 동시에 경제적 수익을

---

61) 위의 책, 3-5쪽.
62) KBS, "한국 사회갈등, OECD 2번째 '심각' … 최대 246조 원 비용 지불", 2013. 8. 22.
63) 박준, 정동재, 7쪽.
64) (38,635-34,178) × 1,200(원) × 50,000,000(명) = 267,420,000,000,000(원)

추구하는 '**공유가치 창출**'(CSV; Creating Shared Value)제 도입, 정부의 갈등예방과 해결능력을 향상시키는 **「갈등관리기본법」** 제정 등이다.

그러나 지금까지 좋은 방안들이 제시되고 있지만, 아직도 국민들의 마음은 양 쪽으로 갈라서 있고, 진보 좌파와 자유 우파의 '이념 갈등'은 사생결단식이다. **경제적 불평등의 지속적 심화로 인한 '계층 갈등'과 일자리와 복지비용·국가채무 부담 문제로 인한 '세대 갈등'도 점점 깊어지고 있다. 최근에는 '문화 갈등'이 부각되는데 사회적 성(性)인 '젠더(gender)'와 동성애·이슬람·외국인·난민 등의 문제**와 관련된 사회 갈등이 클 것으로 예상된다.

네 가지 제안

한국의 만연한 사회갈등을 줄이기 위하여 네 가지를 제안하고자 한다.

첫째 우리 민족 고래의 종교사상인 '**홍익인간**' 사상을 온 국민에 널리 펼치는 것이다. 자유민주주의 국가에서 탐욕을 가진 인간이 각자의 이기심대로 행동하면 사회갈등은 일어날 수밖에 없다. 홍익인간과 경천애인의 종교사상이 우리 국민의 마음을 화합으로 이끌 수 있다. 국가의 법과 원칙을 잘 지켜야 하지만 이것만으로는 부족하다. 국민들의 마음이 인간을 널리 이롭게 하는 '홍익인간' 사상으로 서로 사랑하며 살면 갈등이 아니라 '**화평**'으로 이끌 수 있다.

둘째 사업 확정 전에 엄정한 '**예비타당성 조사**'가 있어야 한다. 총사업비가 500억 원 이상이고, 300억 원 이상의 국가 예산이 들어가는 신규사업은 예비타당성 조사를 해야 한다(「국가재정법」 제38조 ①). 이를 통해 경제성·정책성·지역균형발전 항목을 평가하고 사업이 확정되면 일관성 있게 집행해야 한다. 타당성조사 평가기관의 전문성·중립성·독립성을 확보하여 이념과 정치 성향, 이해관계인들의 영향에 휩쓸리지 말아야 한다. 정치권이나 이익단체, 이해 당사자들의 상반되는 주장과 요구를 막을 수 있는 방법은 합리적·계량적인 원칙을 고수하는 것이 중요하다.

셋째 '**국회갈등조정위원회**'를 설치하여 선제적으로 대응하여야 한다. 국민의 권리와 의무에 관련되는 사항은 모두 국회가 의결하는 '법률'로 규정하여야 하고, 모든 국책사업은 국가 예산으로 집행되므로 갈등의 소지가 있는 주요 사업은 먼저 국회에서 거르는 것이 필요하다. 이 사업과 관련이 있는 여야의 정책위원과 관련 상임위원회의 입법조사관, 법제실의 법제관, 예산정책처의 예산분석관, 입법조사처와 국회미래연구원의 인력 등 국회의 전문가들과 관련 행정부의 담당자, 민간의 연구진들이 참여하여 사전에 갈등의 소지를 파악하고 대책을 강구하여야 한다. 관련 법 규정을 검토하고, 이해당사자의 갈등요인, 예산집행상의 문제점 등을 미리 파악하는 것이다.

넷째 2007년에 제정된 「공공기관의 갈등 예방과 해결에 관한 규정」을 국가기관과 국민들이 숙지하고 준수해야 한다. 이 규정의 제정이유는 중앙행정기관의 갈등 예방과 해결에 관한 역할과 책무 등을 규정함으로써 중앙행정기관의 갈등관리 능력을 향상시키고, 중앙행정기관과 국민이 정책의 입안·결정·집행단계에서 발생하는 갈등을 대화와 타협, 참여와 협력을 통해 원만하게 해결하려는 것이다. 주요 내용은 중앙행정기관의 장이 갈등영향분석을 실시할 수 있도록 하고(영 제10조), 중앙행정기관에 갈등관리심의위원회를 설치하는 것 등이다(영 제11조).[65]

갈등은 사전에 예방하는 것이 최선의 방책이다. 갈등이 일어나면 또 다른 갈등을 잉태하고, 갈등이 해결된 후에도 잠재된 또 다른 갈등으로 이어질 수 있다. 그래서 예방이 제일이다. 이 갈등을 해결할 수 있는 방안이 무엇일까? 사회 통합과 통제 역할을 하는 '**종교**'와 국가정책의 지침과 갈등해소 역할을 하는 '**사상**'이 큰 역할을 할 수 있다.

8. '환경오염'은 지구와 인간을 병들게 한다

안토니우 구테흐스 유엔사무총장은 12월 1일 기자회견에서 "우리는 자연과의 전쟁을 반드시 멈춰야 합니다. 다시 돌아올 수 없는 지점이 더 이상 지평선 너머에 있지 않습니다."라고 말한다.[66] **인간의 탐욕과 무지로 인한 무분별한 환경오염은 지구를 병들게 하고, 병든 지구는 이제 지구를 병들게 한 인간을 향해 무서운 반격을 시도하고 있다. 하나뿐인 지구를 살리고 하나뿐인 인간의 생명도 살려야 한다.**

1) 미세먼지

특수 헬멧을 쓴 교통경찰

---

65) 이외에도 **참여적 의사결정 방법**(영 제15조), **갈등조정협의회**를 구성·운영(영 제16조), **갈등관리 연구기관**을 지정·운영(영 제24조)할 수 있도록 하였다.
66) 문화일보, 2019. 12. 2.

"오늘은 2050년 8월 1일 오후 2시, 서울 도심 온도가 섭씨 43도까지 올랐습니다. 게다가 사흘 연이어 찌는 듯한 폭염입니다. 오존 경보는 이제 일상화가 되었습니다. 도심은 하늘에서 내리쬐는 햇볕뿐 아니라, 빌딩마다 내뿜고 있는 에어컨 실외기 열기까지 더해 숨이 막힐 지경입니다.

거리를 걸어 다니는 사람은 찾아보기 힘듭니다. 그나마 간혹 보이는 교통경찰들도 우주인의 그것과 닮은 헬멧을 쓰고 있습니다. 더위는 물론 미세먼지에 오존과도 종일 싸워야 하는 이들을 위해 지난해부터 보급된 냉방 및 호흡기 보호용 특수 헬멧입니다. 매년 여름철이면 주변 고령의 어르신들 부고(訃告)가 많이 들려옵니다. 물론 살인적 더위 때문입니다. 더 심각한 것은 앞으로도 해가 갈수록 더 더워질 거라는 겁니다. 온실가스로 인한 지구 온난화는 이미 돌이킬 수 없는 임계점을 넘어 버렸습니다".67)

앞으로 30년 뒤인 2050년에 보내온 가상 편지이다. 국회미래연구원이 중장기 미래예측을 통해 보내온 소식은 섭씨 43도 폭염에 방독면 같은 특수 헬멧을 써야하는 상황은 환경 재앙수준이다. 그 징조가 벌써 보이고 있다. 2019년 3월 4일 월요일 유치원부터 초중고 대학이 일제히 개학을 했으나 앞을 가리는 미세먼지로 온 학생들의 마음은 우울했고, 학부모들은 자녀들 걱정으로 가슴 아팠다. 두꺼운 마스크만으로는 부족했다. 대책이 없다. 삼천리 금수강산은 어디로 가고 삼천리 오염 강산이 온통 희뿌연 먼지를 뒤집어쓰고 있다.

대기오염의 사회적 비용 연간 11.8조 원

통계청이 2019년 3월 발표한 '2018 한국의 사회지표'에 따르면 2018년 우리나라 국민의 82.5%가 미세먼지에 대하여 '불안하다'고 답했다. 또한 서울의대 연구팀이 2018년 6월 초미세먼지 농도와 연령 등을 토대로 조사한 결과, 연평균 11,924명이 초미세먼지 노출로 조기 사망했을 것이란 분석을 내놨는데, 이는 국토부에서 집계한 2018년 한 해 교통사고 사망자 수인 3,781명보다 3배 이상 많은 수치다.68) 이제 미세먼지 문제는 대한민국 국민들이 해결해 주기를 바라는 1순위의 사회재난이 되었다.

한국의 대기오염에 따른 사회적 비용은 얼마나 될까? 배정환 교수는 **연간 11조 8,000억 원**으로 추산했다. 이는 미세먼지, 휘발성유기화합물(VOC), 황산화물(SOx) 등 대기오염 물질 감소에 따른 사회적 편익을 보수적으로 계산하여 산출한 금액이다. 특히 OECD는 40여

---

67) 국회미래연구원, 『2050년에서 보내온 경고』(국회미래연구원, 2019), 5쪽.
68) 문길주, "농도 저감보다 배출 저감 대책 세워야", 『국회보』(국회사무처, 2019. 5), 12쪽.

년 뒤인 2060년 대기오염에 따른 한국의 사회적 비용을 연간 200억 달러(약 22조 4,500억 원)에 달할 것으로 관측하기도 했다.[69)

2) 지구 온난화

이산화탄소(CO2) 증가와 폭염

지구 온난화는 장기간에 걸친 전 지구의 평균 지표면 기온이 상승하는 것을 말한다. 그 원인은 인간 활동에 의해 **이산화탄소를 포함하는 온실 기체가 증가**하기 때문이다. 산업혁명이 시작하던 시기에 대기 중 이산화탄소 농도는 280ppm이었으나 이후 지속적으로 증가하여 2017년 12월에는 약 405ppm에 이르렀다. 만약 앞으로 이산화탄소 배출 규제가 없다면 2050년에는 약 450ppm을 넘을 것으로 추정한다.[70)

2018년은 폭염과 열대야의 기록을 세웠다. 강원도 홍천의 일 최고기온은 41℃로 역대 최고를 경신했고, 서울의 폭염일수는 19일로 평년(4일)보다 약 5배 많았다. 김종석 기상청장은 "한반도의 **CO2 증가량과 기온 상승폭이 전 지구보다 높게 나타나**, 온실가스 감축과 기후변화 대응을 위해 정부혁신을 통한 민·관 모두 적극적인 노력과 행동이 절실히 필요한 때"라고 말했다.[71) 포스텍 연구팀은 **인위적 지구 온난화가 폭염 장기화의 주범**임을 밝혔다(연합뉴스, 2019. 12. 20).

평균 기온 1도 상승시 경제적 비용 7,076억원

폭염이 발생하면 저소득 고령자, 독거노인 중에서 온열질환 사망자도 많이 발생한다. 조용성 교수는 「기후변화 건강포럼」에서 2015~2060년 서울 등 전국 7대 도시에서 65세 이상의 폭염 조기사망자가 최소 14만 3천명에서 최대 22만 2천명에 이르고, 사회적 비용도 69조원에서 최대 106조원에 이를 것으로 추산했다. 또한 박재현 교수는 여름 평균 기온이 1도 상승할 때마다 질병치료에 드는 경제적 비용이 7,076억원 발생한다고 추산했다.[72)

지구온난화로 기온이 상승하면 빙하가 녹아 해수면이 상승하고, 연안 도시들은 침수 피해

---

69) 머니투데이, "대기오염에 따른 사회적 비용은? 연간 22조", 2017. 5. 17.
70) 『기상학 백과』, "지구 온난화"(네이버, 지식백과).
71) 그린포스트 코리아, "최근 5년, 평균기온 역대 최고", 2019. 9. 23.
72) 경향신문, "폭염인한 고령자 조기 사망 2060년까지 22만 명 넘을 것", 2015. 4. 27.

를 겪는다. 한국환경정책·평가연구원 조광우 박사는 "기후변화가 현재와 같은 추세로 진행된다면 2100년까지 한반도 연안 해수면은 1.36m 상승하고, 남한 국토면적의 4.1%(4만 1,493㎢)가 해수 침수 피해를 보게 된다. 이로 인한 경제적 피해는 토지·주택 침수 피해와 주민 이주비용, 경제활동 손실까지 감안하면 **2100년까지 총 286조원(현재가치)의 피해가 발생할 수 있다**"[73]고 밝혔다.

3) 백두산 주변 핵 실험장과 지진 및 화산 분화 우려

백두산 주변에는 몇 군데 핵 실험장이 있고 그 인근에서 여러 차례 지진이 일어났다. 이 지진과 연계되어 백두산 화산이 폭발한다면 한반도는 재앙에 휩싸인다. 2017년 9월 서울에서 열린 「백두산 마그마 활동에 관한 국제학술회의」에서 한·중 과학자들은 백두산 아래 땅 속에 4개의 마그마 방이 있고, 각각 깊이 20km, 26km, 44km, 55km라는 연구결과를 발표했다. 이들은 북한의 핵실험으로 인한 인공지진이나 중국의 지진 등은 백두산 아래 마그마 방에 에너지 전달이 제대로 안 돼 영향을 미치지 못하고 있는 것으로 보고 있다. 그러나 **리히터 규모 7 이상의 지진이 발생하면 휴화산인 백두산이 언제든지 폭발**할 수 있다고 보았다.[74]

2006년 이래 북한의 여섯 차례 핵실험이 백두산 분화를 촉진한다는 보도도 있다. 핵실험이 이뤄진 함북 길주군 풍계리는 백두산에서 113km 밖에 떨어지지 않고, 핵실험으로 인한 강력한 지진파가 백두산 아래 마그마 방의 압력을 증가시켜 폭발할 수 있다는 것이다.[75] 백두산 화산이 폭발하면 북한 전역의 피해는 물론이고, **남한에도 화산재가 내려올 가능성이 높다**. 항공기는 운항을 멈추고, 화산재가 태양을 가려 저온현상으로 농업생산도 큰 피해를 입을 것이다.

2018년 2월 1일 국회 외교통일위원회에서 "백두산 화산 분화, 남북 과학기술 협력으로 풀자"라는 주제로 포럼을 개최했다. 여기에서 논의된 내용은 다음과 같다

> 백두산은 지하에 거대 마그마 존재가 확인된 활화산이다. 관련 학회에 따르면 2002~2005년 사이 백두산에서는 수천 회 화산지진이 발생하며 천지가 수 cm 부풀어 오르는 등의 화산 분화 징후를 보였다. …

---

73) 중앙SUNDAY, "150억 들인 침수 예상도", 2016. 11. 6.
74) 아시아경제, "백두산이 진짜 폭발하면 어떻게 하지?", 2019. 12. 26.
75) 문화일보, "백두산 화산 폭발", 2019. 12. 23.

신중호 한국지질자원연구원 원장은 "언제인지는 알 수 없지만 백두산은 언젠가 터질 것이며, 인간과 환경을 다양한 방식으로 위험에 빠뜨리고 심각한 피해를 야기할 것이므로 백두산 마그마 활동 공동연구는 선택이 아니라 필수"라고 강조했다(『국회보』, 2018. 3월호, 34).

환경 오염과 자연재해 방지를 위해 더 일찍, 더 강력한 대책을 추진한다면 더 적은 비용으로 더 큰 예방효과를 거둘 수 있다. 기후변화도 '회복 불가능한 지점(tipping point)'을 지나버린다면 아무리 막대한 투자를 하더라도 피해를 예방하지 못한다. '호미로 막을 것을 가래로도 못 막는다'는 속담이 기후변화 대응에도 그대로 적용된다.

9. '난개발'로 파괴되는 금수강산

탐욕스런 인간은 자신의 생활 터전인 자연을 마구 파괴하여 온갖 재난을 겪고 있다. 창조주의 법도를 무시하고 이기적 목적으로 자유를 무한정 추구하는 인간은 자연 파괴를 다반사로 하였다. 경제성장을 위한 명목으로 저지른 무분별한 자연 개발이 경제성장에 오히려 독이 되는 사례를 초래했다.

1) 논란 많은 4대강 사업

이명박 정부는 2009년부터 2013년까지 4년 동안 22조 2000억 원을 투입하여 4대강(한강·낙동강·금강·영산강)의 수질 개선과 가뭄·홍수 예방, 생태계를 복원하고, 강 주변은 여가·관광·문화·녹색성장 등이 아우러지는 복합공간으로 조성한다는 목표로 이 사업을 완성하였다. 그러나 강 유역에서 녹조가 확산되고, 물고기들이 죽고, 고인 물에는 큰빗이끼벌레가 늘어나는 등 수질상태가 나빠지자 논란이 일어났다.

문재인 정부 들어와 보 해체 문제가 제기되었고, 2019년 2월 22일 환경부 4대강 조사평가기획위원회가 '금강-영산강 보처리 방안'을 제시하면서 금강의 세종보와 영산강의 죽산보는 완전 해체하고, 공주보는 부분 해체, 백제보와 승촌보는 상시 개방하는 방안을 발표하였다. 이에 대해 지방자치단체와 농민들은 반발하여 상경 시위까지 벌였지만, 환경단체는 보 해체 방안을 환영하였다.

보 해체를 반대하는 박석순 교수는 2019년 1월 4대강 사업 후 금강의 수질이 개선됐다는 논문을 발표하였다. 이에 따르면 4대강 사업 전인 2009년과 사업 후인 2013년 금강 하류 수질을 비교한 결과, 수질 평가지표인 생화학적 산소요구량(BOD)은 38%, 화학적 산소요구량(COD) 27.8%, 총인(TP) 58.2%, 클로로필a(Chl-a) 47.6%가 개선된 것으로 나타났다.[76] 인터뷰(2019. 3. 12)에서 '고인 물이 썩는다'는 주장에는 "하수처리시설에 가면 먼저 전(前) 처리로 쓰레기를 걷어내고 1차 처리로 오염물질을 바닥에 가라앉히는 작업을 한다. 보가 하는 일이다."고 반박하였다. 보 안에서는 물이 흐르지 않지만 자정작용을 하며, 물이 고여야 맑아진다고 한다. 녹조 발생일수가 증가한 것은 폭염과 가뭄 때문이며, 물이 고여 녹조가 잘 자라는 것이 아님은 2018년에 세종보를 개방하니 8월에 녹조가 3배 이상 급증했음을 이유로 들었다. 또한 녹조로 친환경 플라스틱과 바이오 에너지, 화장품을 만들 수 있음도 제시했다.[77]

이재오 전 의원은 노무현 정부 5년간 뒷북 복구비용만으로도 4대강 사업예산을 넘는다고 하면서 "2002년부터 2006년까지 재해 복구비용으로 22조 9,900억 원이 사용됐다."고 지적한다.[78] 4대강 완공 이전(2006~2012년)과 완공 이후(2013~2015년)의 자연재해 피해 규모를 비교한 결과 연간 사망·실종자는 사업 이전 30.3명에서 2명으로 줄었고, 이재민은 연평균 26,000명에서 4,000명으로 감소했다는 보도도 있다.[79] 국회의 여·야도 찬반 양론으로 갈리고, 전문가들의 견해도 갈렸다. 진퇴양난이다.

엄격한 예비타당성 조사와 시범사업 시행

필자는 논란이 많은 4대강 사업에 대해 다음의 견해를 제시한다. 첫째 자연은 보전을 우선해야 하는데, 시작부터 상당한 반대가 있는 이 사업을 좀 더 신중하게 처리했으면 하는 점이다. 대선 공약이라도 실제 시행하려면 엄밀한 검토와 국민의 설득과정을 거쳐야 한다. 사전에 **엄격한 예비타당성 조사와 타당성조사**를 거쳐 시행되어야 한다.

둘째 4대강 중 먼저 한 곳을 **시범사업**으로 시행해 본 다음 문제점을 보완하면서 나머지를 시행했다면 지금과 같은 시행착오를 겪지 않아도 될 것이다.

셋째 **보 해체 관련 경제성 평가는 신중**하게 결정해야 한다. 홍수와 가뭄 예방효과, 수변

---

76) www.donga.com/news, "수질분야 석학 박석순 교수 '녹조는 가뭄 탓, 보와 전혀 관련 없어'", 2019. 3. 22.
77) www.donga.com/news, 위의 기사.
78) 자유일보, "자연재해 사망자·재산피해 큰 감소", 2020. 3. 20.
79) 조선일보, 「만물상」못 버틴 섬진강 제방", 2020. 8. 10.

경관 개선과 관광자원 개발 등 비경제적 효과는 단기간의 조사로 결정하기 어렵다. 무엇보다 댐 유역 주민들의 의견을 경청해야 할 것이고, 보 해체비용도 고려해야 한다. 찬반 양쪽이 인정하는 공정하고 정확한 경제성·비경제성 평가를 통해 보 해체 여부를 결정한 후 시행해야 한다. 정파와 이념에 좌우되지 말고 시간이 걸리더라도 공정하고 합리적으로 합의하여 처리해야 한다.

2) 자연을 파괴하는 태양광 사업

삼천리 금수강산이 태양광 사업 때문에 몸살을 앓고 있다. 경관훼손과 산사태 발생, 취수원 오염, 산림 파괴 등으로 전국의 산야를 해치고 있다. 정부가 탈원전, 신재생 에너지정책으로 추진하고 있는 태양광 발전사업에 대한 주민 민원이 갈수록 늘고 있다. 태양광발전소 전기를 수용할 수 없을 정도로 허가가 남발되자 마을 훼손을 우려하며 집단 반발하고 있고 청정지역 이미지를 먹칠하는 사업이라며 집회를 개최하는 곳도 이어지고 있다(문화일보, 2019. 7. 5).

최근 3년간 정부가 태양광발전 사업을 추진하면서 상암월드컵 경기장 6,000개 규모 면적에서 232만 그루의 나무가 베어졌다는 보도가 나왔다. 엄청난 자연 파괴이며 산림훼손이다.

> 정부가 탈원전 대책으로 태양광발전 사업을 추진하면서 최근 3년간 서울 여의도 면적의 15배, 상암월드컵 경기장 6000배가 넘는 면적의 산림이 훼손된 것으로 나타났다. …
> 최근 3년간 산지 태양광 사업으로 232만 7495그루의 나무가 베어졌다. 훼손된 산지 면적은 4407ha로 집계됐다. 이는 여의도 면적(290ha)의 15배에 달하고, 상암 월드컵경기장 6040개에 해당하는 면적이다.
> 태양광 발전 시설을 설치하기 위해 훼손한 산지는 2016년 529ha, 2017년 1435ha, 2018년에는 2443ha로 집계됐다. 문재인 정부 출범 후 태양광 사업을 본격 추진하면서 산지 훼손 면적이 급증한 것이다. 이에 따라 베어진 나무는 2016년 31만 4528그루에서 2017년 67만 4676그루, 2018년엔 133만 8291그루로 늘었다.[80]

지역별로는 1025ha의 산지에서 46만 4021그루가 훼손된 전남이 가장 산지 훼손 면적이

---

80) 조선일보, "최근 3년간 '태양광 발전' 사업 때문에 여의도 15배 산지 훼손", 2019. 4. 5.

넓었고, 이어 경북(790ha, 60만 4334그루), 전북(684ha, 19만 3081그루), 충남(599ha, 35만 2091그루) 순으로 산지가 많이 훼손됐다. 산림을 복원하는 데는 엄청난 비용과 노력, 오랜 시간이 소요된다.

2020년 8월 수해의 원인으로 야당은 태양광 사업을 지목했다. 김종인 통합당 비대위원장은 "탈원전 반대급부로 전국이 산사태에 노출됐으며, 이번 산사태로 인한 사망자 17명은 가장 많다는 점에서 향후 태양광 사업의 적절성 및 검토가 반드시 필요하다"고 말했다.[81] 안철수 국민의당 대표도 "전국을 뒤덮어가고 있는 태양광 발전시설과 이번 산사태 등 수해의 연관성에 대해서 감사원 감사를 바로 실시해야 한다"면서 "온 나라를 파헤쳐 만든 태양광시설 설치는 전면 보류하고 인허가 과정의 문제점과 수해 피해와의 연관성을 즉각적으로 밝혀야 한다"[82]고 주장했다.

논란의 중심에 있는 '탈원전 정책'을 재고하고, 태양광 사업의 문제점을 면밀히 검토하여 훼손된 산지를 복원해야 한다. 자연은 창조주가 주신 인류 공용의 자산이며 동식물과 함께 자손만대가 살아야 할 터전이다. 개발이 원칙이 아니라 보전이 원칙이다.

☆ 가난했지만 행복했던 50년 전 내 고향 ☆

60년 전 내 고향 영해(寧海)는 '하늘(天)의 법도'가 행해져 세상 법 없이도 불편 없이 살았다. 마음이 순수했고, 진실을 말했고 정의를 실천했다. 부모님을 공경하고 이웃 노인들도 존경하였다. 순리대로 살며 탐욕을 모르고 살았다. 정조를 귀하게 여기고 대가족이 서로 아끼며 사랑했다.

'내 고향 산천(地)'은 고향 사람들의 마음처럼 오염되지 않고 깨끗했다. 가을 하늘은 더없이 파랗고 높았다. 밤에는 헤일 수 없는 별들이 쏟아져 나와 잿불 옆 멍석 위에 누운 이웃사람들을 반겨 주었다. 집 옆에는 깨끗한 개울물이 흘렀고 어릴 때 아이들은 거기서 매일 아침 세수를 했다. 비가 많이 온 다음날이면 형과 반두를 가지고 미꾸라지와 붕어, 버들치 등 물고기를 잡으러 양소까지 가곤 했다. 잡은 고기로 어머니는 맛있는 어탕을 끓여 주셨다.

'고향 사람(人)'들은 모두 가난하게 살았지만 서로 도우며 살았다. 우리 집은 농사를 안 지었지만 농사짓는 이웃들은 추수 때면 가난한 우리 식구들을 불렀다. 무우와 배추, 고구

81) 경향신문, "통합당, 수해 원인으로 태양광 사업 지목", 2020. 8. 10.
82) 경향신문. 위의 기사.

마를 거두게 하고 우리 식구가 거둔 것보다 더 많은 채소와 고구마를 그냥 주었다. 보리와 벼도 마찬가지다. 우리 식구가 주운 이삭보다 더 많은 곡물을 싸 주었다. 배고픈 사람은 많아도 굶는 사람은 없었다. 이웃이 나눠주기 때문이다. 고난 속에 사는 사람은 많아도 자살하는 사람은 없었다. 이웃이 위로해 주기 때문이다. 가난했지만 순수했던 그때가 그립다.

10. '사대주의·공산주의'를 자유민주주의·시장경제로

위에 든 거짓과 탐욕, 음행 등 한국의 약문화 외에도 파벌문화, 황금만능문화, 모방문화, 남성중심 문화[83], 연고주의, 집단이기주의, 배타주의, 적당주의, 기복주의 등이 있다. 위와 같은 약문화로는 21세기 문화전쟁 시대에서 살아날 수 없다. 이런 약문화 중에서 우리나라에 심각한 문제로 대두되고 있는 사대주의와 공산주의에 대하여 설명한다.

1) 사대주의(事大主義)

사대주의는 약하고 작은 나라가 강하고 큰 나라를 섬기고 그에 의지하여 자기 나라의 존립을 유지하려는 태도를 말한다. 지형학적으로 우리 한반도는 대륙과 해양의 길목에 위치하므로 대륙과 해양의 강대국들이 일어나면 침략의 다리가 되었다. 우리나라는 고조선 건국 이래 970여 회의 전쟁을 겪은 나라였다(김재엽, 『한국형 자력방위』). 수백 년 동안 중국의 속국으로 살았으며, 35년 동안 일본의 식민지로도 살았다. 이런 지정학적 요인 때문에 사대주의로 흘렀지만 지금은 민족 자주성과 주체성을 회복하여야 한다. 고구려의 만주 지배와 살수대첩, 고려의 대몽항전, 세종의 4군 6진 개척과 대마도 정벌 등 우리 민족의 자주정신을 회복해야 한다. 3·1운동 때의 민족자결주의, 일제 치하에서도 자주독립을 외치던 선열들을 본받아야 한다.

(1) 정치적 사대주의

---

83) 맞벌이 가구 **아내**가 '가정관리'와 '가족 및 가구원 돌보기'에 사용한 시간은 매일 평균 **3시간 13분인데 비해, 남편은 41분에 불과**하다. (통계청, 「2014 생활시간 조사」)
2020년 세계경제포럼(WEF)이 발표한 '성별격차지수'(GGI)에서 우리나라는 세계 153개 국가 중 중국(106 위)보다 낮은 108위(0.672)를 기록했다(1위는 아이슬랜드(0.877)).

역대 왕조 중 조선은 삼대 국시(國是) 중 첫째가 사대교린(事大交隣) 정책이었다. 이웃 나라들과 평화관계를 유지하면서 명나라로부터는 발전한 문물 수입을 도모하고 대국으로 섬겼으며, 일본과 여진, 동남아 국가에는 문물을 주며 내왕을 허용하는 교린정책을 행했다.[84] 대국인 중국에게 조공을 바쳤고, 중국 황제는 소국인 조선의 왕을 책봉하였다. 우리 나라는 4세기 이후 고구려·신라·백제가 중국의 여러 나라들에 사대를 하고 책봉을 받으면서 우호관계를 유지하였지만 이 관계가 정형화된 것은 조선시대부터이다.[85]

조선은 『경국대전』 「예전(禮典)」 <사대조(事大條)>에 명(明)에 대한 조공의 방식을 규정하고 사신을 맞이하는 방법을 설명하고 있다.[86] 이러한 사대주의 사상이 일제 강압통치와 3년 동안의 미군정을 거친 후 1945년 8·15 해방 이후 75년이 지난 지금에도 민족정신의 뿌리에 남아 있다. 특히 우리 위정자들은 강대국을 이용하여 자신의 정치적 입지를 구축하려는 사대사상의 경향이 있다.

(2) 안보적 사대주의

현재 우리나라는 세계적인 경제 대국으로 올라섰는데도 국가안보는 강대국에 의존하는 경향이 있다. 1910년에는 국력이 약하고 안보를 등한시하여 일본에게 나라를 빼앗겼고, 35년 동안 일제의 억압과 수탈로 우리 민족은 노예처럼 지냈다. 그로부터 꼭 40년 뒤인 1950년 6·25에는 북한의 남침으로 3일 만에 서울을 뺏기고 3달 만에 낙동강 일부 유역만 남는 처참한 굴욕을 당했다. 다행히 미국(48만 명), 영국(56,000명), 캐나다(25,687명), 터키(14,936명), 호주(8,407명), 필리핀(7,420명), 타이(6,326명), 네덜란드(5,322명), 콜롬비아(5,100) 등 16개국 유엔군 62만9330명의 참전으로 전쟁은 멈췄다.[87] 이 전쟁으로 전사·부상·실종 인원이 약 77만 명이고, 이재민만 1,000만 명에 달했다. 이 참혹한 전쟁은 지금도 잠시 정전 상태임을 우리 국민은 항상 명심해야 한다.

김정은 위원장은 2018년 신년사에서 "핵탄두들과 탄도 로켓들을 대량 생산하여 실전 배치하는 사업에 박차를 가해 나가야 한다."고 말했다. 이런 지침에 따라, 북한이 핵무기 대량생산 단계로 넘어갔다고 미국 NBC 방송은 보도했고, 플루토늄이나 농축우라늄 같은 원

---

84) 이현종, 『한국의 역사』, (대왕사, 1983), 218쪽.
85) 네이버 지식백과, 「한국민족문화대백과」, "사대교린".
86) 네이버 블로그, 「청주 아카데미」, "사대주의".
87) 네이버 블로그, 「오산시 블로그」, "6.25 전쟁과 유엔군/한국전쟁에 참여한 형제의 나라".
    의료지원 국가도 스웨덴(1,124명) 등 5개국 3,132명이 지원활동을 펼쳤다.

료를 계속 생산하고 있으며, 2년 뒤(2020년)에는 핵탄두 100개를 보유할 가능성이 있다고 전했다.[88] 북한에 호의적인 푸틴 러시아 대통령도 "북한은 풀을 뜯어 먹어도 핵을 포기하지 않을 것"이라고 언급한 적이 있고, 북한이 핵을 100% 포기할 가능성은 거의 제로라고 한다.[89]

북한의 핵도발에 대비하여 '한국형 비대칭 전략무기' 개발이 절실하며, 이에는 현무-4와 극초음속 미사일, 위성요격무기, 레이저 및 전자기파 무기, 사이버 무기 등이 꼽힌다.[90] 국민의 생명과 재산을 지키는 것이 국가의 제일가는 의무이다. 그런데 우리 힘만으로는 자주 국방에 부족한 면이 있다. 국방의 원칙은 자주 국방이고 예외적으로 우방의 지원을 받을 수 있다. 미국 등 우방과의 동맹을 강화하고 적들의 침략에 항시 대비해야 한다. 그러나 무엇보다 중요한 것은 **우리 스스로 자주 국방을 이룰 수 있도록 병력 증강과 복무기간 연장 등 국방력을 강화하여 국토방위에 진력**해야 한다. 60만 우리 국군이 철통같은 방위로 5천만 국민과 한반도를 지켜야 하고 유사시에는 온 국민이 적극 동참할 준비를 갖추고 있어야 한다.

(3) 경제적 사대주의

주체성의 핵심은 경제적 자립과 사상의 자유이다. 특히 경제적 자립이 안 되면 개인의 정신적 자유와 정치적 자유, 사법적 자유 등을 제대로 누릴 수 없다. 한국은 세계 12대 경제대국과 7대 수출 대국으로 성장했지만 실상은 문제점이 많다.

우리나라는 1997년 'IMF 경제 위기'를 통해 외국 자본의 이중성과 국가 채무의 냉혹함을 뼈저리게 체험했으면서도 지금도 외국 자본을 무분별하게 도입하고, 국가 채무도 과도하게 늘어나고 있다. 우리 주식시장(코스피)의 외국인 시가총액은 585조 9,808억 원으로 전체 시가총액(1,506조 5,345억 원)의 39.8%에 달한다(2020. 1. 14). 세계적 우량기업인 삼성전자를 비롯하여 코스피 '시가총액 순위 10대 기업'의 외국인 주식보유 비율은 삼성전자 55.93%. SK 하이닉스 47.70%, NAVER 55.33%, LG화학 36.81%, 삼성전자(우량주) 88.19%, 셀트리온 21.35%, 현대차 32.68% 카카오 32.27%, 삼성SDI 41.75% 등으로 상당히 높다(2020. 8. 14 현재).

---

88) 채널A, "북한 대량생산 체제로 … 2년 뒤 핵탄두 100개", 2018. 12. 28.
89) 조선일보, "문대통령이 다시 봐야 할 '김정은 어부바 사건'", 2020. 8. 12.
90) 조선일보, 위의 기사.

'국가채무 시계'는 1인당 빚 1540만원을 가리킨다

 국민들이여! 국가채무시계를 본 적이 있는가? 오늘(8월 14일 13시) 태어난 자녀에게 국가에서 선물 대신 1540만 원의 빚을 안겨줬다는 사실은 우리를 슬프게 한다. 국회 예산정책처의 이 시계를 보면 **2020년 8월 14일 13시 07분 현재 총 국가채무 798조 5426억 7087만 4879원이었고, 국민 1인당 국가채무는 1540만 3579원**을 기록했다.[91] 3차 추경을 적자 국채 발행으로 메우면 올해 국가채무는 850조원, 올 연말 1인당 국가채무는 1640만원에 이를 전망이다.

 2000년 237만원이던 1인당 국가채무는 20년 만에 6배 이상으로 늘었다. 문제는 최근 들어 증가 속도가 가팔라지고 있다는 점이다. 2014년 처음으로 1000만원을 넘어서고 2016년 1200만원을 돌파한 뒤 2018년 2월 1300만원, 2019년 11월 1400만원, 2020년 6월 1500만원 돌파 등 100만원씩 늘어나는 기간이 점점 짧아지고 있다.[92]

 이는 세입은 줄어드는데, 복지나 경기 부양에 쓰는 세출이 많아지면서 나라 살림살이에서 적자가 커지고 있기 때문이다. 박영범 교수는 "올해 급증한 재정 지출 중 상당 부분이 코로나와 무관한 복지 관련 지출"이라며 "선심성 재정 지출을 억제하고, 민간의 활력을 높여 세입을 늘리고, 재정 투입의 효율성을 높이는 식의 정책 전환이 필요하다"고 짚었다.[93]

심각한 국가채무비율 43.5%

 2020년 세 차례에 걸친 추경 결과 국내총생산(GDP) 대비 **국가채무비율은 43.5%로 역대 최고**로 올라섰다. 올해 GDP 성장률이 마이너스를 기록할 것으로 예상되면서 이 비율은 올 연말 45%를 넘을 것이라는 게 전문가들의 전망이다. 45% 돌파 시점은 정부 예상보다 3년 가량 빠른 것이다. 기획재정부가 지난해 국회에 제출한 '2019~2023년 국가재정운용계획'에 따르면 GDP 대비 국가채무비율은 올해 39.8%, 2021년 42.1%, 2022년 44.2%, 2023년 46.4%다.[94]

---

91) 국회예산정책처 재정통계시스템(www.nabo.stats.go.kr), "국가채무시계"
92) 중앙일보, "브레이크 풀린 나라 빚…벌써 1인당 1540만원", 2020. 8. 12.
93) 중앙일보, 위의 기사.
94) 중앙일보, 위의 기사.

세계 3대 신용평가기관에 속하는 **피치(Fitch)는** 2020년 2월에 **이 비율이 46%까지 증가할 경우 중기적으로 국가신용등급에 하방 압력**으로 작용할 수 있다고 밝혔다. 김태기 교수는 "정부는 OECD(경제협력개발기구) 선진국과 비교해 재정 건전성 악화에 선을 긋지만, 이들은 기축통화 국가이거나 우리보다 훨씬 앞서 고령화가 진행됐다는 점에서 단순 비교해선 안 된다"며 **"그리스·스페인·이탈리아 등은 정치논리에 휘둘려 돈을 풀다가 2008년 세계 금융위기가 터지면서 재정위기에 처했고, 지금은 재정위기가 만성화**된 점을 주지해야 한다"[95]는 말을 위정자와 온 국민이 새겨들어야 한다. 1998년의 IMF 사태를 또 당할 수는 없다.

한국은행이 발표한 **가계신용 잔액**(2020년 1분기 말)도 **1611.3조 원**에 달해 2002년 4분기 통계 작성 이래 가장 많았다. 가계신용 중 가계대출은 1분기 말 기준 1521.7조 원으로 한 분기 만에 17.2조 원이 불었다.[96] 경제적 자립은 뒷전이고 막연히 '큰 나라가 도와주겠지' 하는 사대주의 근성이 남아 있는 것 같다.

또한 제조업에서 원천 기술에 대한 투자가 미약하여 주요 부품의 상당수를 선진국에서 수입함으로써 막대한 로열티를 지불하고 있고, 4차 산업 시대에 대비한 정보통신기술(ICT)에 대한 투자가 부족하다. 아직도 많은 분야는 선진국 기술의 모방에 지나지 않고, 과거의 뒤떨어진 방식을 답습하고 있다. 인공지능(AI)과 로봇, 무인 자동차 등 미래 먹거리에 대한 민(民)·관(官)·정(政)의 협력과 획기적인 대책이 마련되고, 불필요한 규제도 과감히 철폐하여야 한다.

(4) 사상적 사대주의

우리나라는 고대로부터 나라마다 훌륭한 종교 사상이 국민을 이끌고 국가 정책의 바탕 역할을 하였다. 단군시대의 홍익인간, 신라의 일심(一心) 사상과 원융회통, 고려 불교의 진심 사상과 호국 사상, 조선 유교의 민본 사상과 실학사상, 동학의 시천주(侍天主)와 인내천(人乃天) 사상, 근대 기독교의 경천애인 사상 등이 국민을 통합하고 나라를 개혁하였다.

그런데 지금의 한국인은 전통 사상은 고루하다고 경시하고, 스스로를 비하하여 엽전(葉錢)이라고 부르며, '헬(hell) 조선'을 공공연히 말하고 있다. 대외적으로는 서구의 과도한 개인주의와 쾌락주의, 중동의 이슬람주의, 마르크스의 공산주의 등 그릇된 사상이 혼재하

---

95) 중앙일보, 위의 기사.
96) 이코노미조선, "코로나19 사태 속 부채 쓰나미", 2020. 5. 27.

면서 국민들은 사상의 소용돌이에 휘말려 방황하고 있다.

우리 고유의 종교 사상을 통해 내려온 '창조주를 경외하고 자연을 보호하고 인간을 사랑하는 천지인 사상'을 뿌리내려야 한다. 한용운은 『조선불교 유신론』에서 **"지혜가 없고 진리가 없는 것은 허용되지만, 사상의 자유가 없는 것은 허용될 수 없다.** 왜냐하면 지혜와 진리가 없어도 사상의 자유만 있으면 자유로운 인격을 상실하지 않기 때문에 우직한 사람이 될 수 있지만, 사상의 자유가 없는 사람의 학문은 … 한 마디로 말해 노예의 학문이다."라고 강조한다.[97] 사상의 주체성이 없는 나라에 경제적 풍요는 모래성에 불과하다.

(5) 학문적 사대주의

한국의 정치와 경제, 사회, 문화, 종교, 교육 등 모든 분야에서 발전을 거듭하고 있지만 한국의 실정에 맞는 제대로 된 이론이나 학문이 없다. 교수들도 외국에서 젊은 시절에 배운 학문을 그대로 가르치는 자가 많이 있다. 또한 외국의 이론들 – 한국의 현실에 맞지도 않고, 적용하기도 어려운 – 을 앵무새처럼 반복하기도 한다. 세계 12위의 경제대국이지만 노벨상은 평화상 외에는 아직 수상자가 없다. 물리학상, 문학상, 화학상, 생리·의학상, 경제학상이 한국인을 기다리고 있다.

1,000만 성도가 있고, 세계 10대 교회 중 여러 개가 한국에 있는 개신교도 제대로 된 한국적 신학이 없다. 독창적인 민중신학이 있었으나, 이념에 치우치고 진보적 성격 등으로 주류 교단의 호응을 못 받고 쇠약해 버렸다. 그 이후 한국적 신학은 아직 나오지 않고 있다.

불교의 교리에 정통하여 '대승기신론소'와 '금강삼매경론'을 저술하여 동양 최고의 명성을 떨친 원효 대사와 같은 인재가 아직 배출되지 않고 있다. 세계 제일의 한글을 창제한 세종대왕과 세계 최초의 금속활자와 철갑선인 거북선, 세계 최상의 고려청자를 만든 세계 최고의 인물들을 아직 배출하지 못하고 있다. 성리학의 대가인 이황의 사단칠정론(四端七情論)과 이율곡의 기발이승일도설(氣發理乘一途設), 정약용의 민본(民本)·민생(民生)·민문(民文)의 삼민주의와 여전제(閭田制)는 독보적인 이론이다.

박세리 선수는 중학생 때 골프를 배워 21세 때인 1998년 맥도널드LPGA 챔피언쉽과 U.S. 여자오픈에서 우승하여 세계 제일의 선수로 성장했다. 서양의 운동을 한국적 운동으로 토착화시켜 세계화에 성공함으로써 박인비 등 수많은 박세리 키즈들이 골프를 배우게

---

97) 한용운, 『조선불교 유신론』, 조명제 역 (지식을 만드는 지식, 2014), 35쪽.

되었고, 이들이 지금 세계 여자 골프계를 석권하고 있다. 학문에서도 이런 독보적인 인물들을 배출하여 한국의 이론으로 세계를 석권해야 한다.

(6) 언어적 사대주의

언어와 문자는 우리 민족의 얼과 혼이 담긴 정신적 유산이다. 말은 국력이고 언어 독립은 주권만큼 중요하다.[98] 우리말, 우리 글자를 사랑하고 아끼는 것이 나라 사랑의 첫걸음이다. 쉽고 아름다운 순수한 우리말과 글자가 있는데도 어려운 외래어를 사용하는 것은 우리 속에 뿌리 박혀있는 사대주의와 관련되어 있다. 외래어를 사용하면 고상하고, 유능한 것으로 착각하고 있다. 우리말로 뜻이 통할 수 있는데도 외래어를 섞어 사용하는 것과 아예 외래어를 남용하는 경우가 있다. 아름다운 우리 말 사용을 권장하고 외래어는 절제하고 꼭 필요한 경우에는 바른 표현을 사용하도록 하자.

< 아름다운 우리말 사례 >
꽃가람 : 꽃이 있는 강
시나브로 : 모르는 사이에 조금씩
늘솔길 : 언제나 솔바람이 부는 길
도란도란 : 여럿이 나직한 목소리로 정답게 이야기하는 소리
윤슬 : 햇빛이나 달빛에 비치어 반짝이는 물결
미리내 : 은하수
너나들이 : 서로 '너', '나'라고 부르며 터놓고 허물없이 지내는 사이
옹글다 : 물건이 조각나거나 축나지 아니하고 본디 그대로이다.
흰여울 : 물이 맑고 깨끗한 여울
해찬솔 : 햇빛이 가득 차 더욱 푸른 소나무

< 외래어 남용 사례 >
흔히 보는 왼쪽의 외래어를 오른쪽의 한글 표현으로 바꾸어 우리말로 순화시키는 것이 바람직하다. 한글 번역이 좀 어색하더라도 더 매끈한 말로 계속 고쳐 나갈 수 있도록 노력해야 한다.

---

98) 중앙 Sunday, "미국 영어 독립만세", 2020. 2. 15-16.

스노체인(snow chain) : 눈 사슬

컨트롤 타워(control tower) : 조정기구

워라벨(work·life balance) : 일삶 균형

홈페이지(homepage) : 누리집

텔레뱅킹(telebanking) : 전화금융

휠체어(wheelchair) : 바퀴 의자

와사비 : 고추냉이

찌라시 : 전단지, 광고지

지리 : 맑은 탕

기스 : 흠. 흠집

< 외래어 잘못 표기 사례 >

우리가 늘 쓰는 생활 속 외래어 중에도 원래 어미와 다르게 변질되었거나, 우리가 맘대로 만들었거나, 일본식 영어를 그대로 차용하고 있는 것이 있다. 왼쪽의 잘못된 영어 표현인 콩글리시(Konglish)를 오른쪽의 바른 한글과 영어 표현으로 바로 잡도록 해야 한다.

모닝 콜(morning call) → 기상 알림(wake-up call)

기상 캐스터(caster) → 날씨 알림이(meteorologist)

핸드폰(handphone) → 손전화(cellphone 또는 smartphone)

핸들(handle) → 운전대(wheel 또는 steering wheel)

엑셀(excel) → 가속 페달(accelerator 또는 gas pedal)

백미러(back mirror) → 후면 거울(rearview mirror)

사이드 브레이크(side brake) → 주차 제어장치(parking brake)

더치페이(Dutch pay) → 각자 내기(go Dutch 또는 Dutch treat)

2) 공산주의

공산주의(communism)는 원래 사유재산을 철폐하고 모든 사회 구성원이 재산을 공동 소유하는 사회제도를 의미하였다. 후에 마르크스(K. Marx, 1818-1883)와 엥겔스(F. Engels, 1820-1895)에 의하여 변증법적 유물론을 비롯하여, 유물사관, 잉여가치설, 계급

투쟁론, 자본주의 붕괴론 등 광범위한 이론체계를 구성하였다.

이 이론은 물질 우선, 역사발전 단계의 오류, 인간의 정신활동 경시, 계급투쟁 등 여러 가지 문제점을 내포하고 있다. 공산주의 종주국인 소련의 붕괴와 자본주의 종주국인 미국의 부상으로 이 이론은 사실상 무너졌으며, 현재 남아있는 공산주의 국가(중국과 북한, 베트남, 쿠바)도 자유시장 경제를 도입하고 국가에 의한 계획경제를 완화하는 등 다양하게 변화하고 있다.

우리는 공산주의 북한과 72년째 대치하고 있다. 북한은 6·25 남침 3달 만에 낙동강 유역을 제외한 전국을 점령하였다. UN의 16개국 참전으로 3년 전쟁은 현재 정전상태이지만, 수백만의 사상자와 천만 이산가족의 애환을 잊지 말아야 한다. 남북이 자유·민주·번영의 평화통일을 이루어 완전한 해방을 성취할 수 있도록 경각심을 가지고 부단한 노력을 쏟아야 할 것이다.

(1) 변증법적 유물론(唯物論)

변증법적 유물론은 세계(현상계)를 스스로 운동하고 발전하는 물질로 파악하고, 이 **'물질'이 궁극적 존재로서 운동의 원동력**이라는 것이다. 이는 헤겔(G. W. F. Hegel)의 관념 변증법과 포이에르바하(L. Feuerbach)의 유물론을 흡수하여 구성한 것이다. 포이에르바하는 헤겔의 관념론을 반대하고 인간은 육체적·물질적 존재요, 사고나 정신 역시 뇌수의 산물이라는 '유물론'을 주장하였다.[99]

헤겔은 세계를 부단한 정(正)·반(反)·합(合)의 운동과정으로 파악하고, 절대자로서의 '이념'이 하나의 독립주체로서 운동하며 모든 현실세계를 창조하였다고 한다. 그러나 마르크스주의자들은 '물질'이 궁극적 존재이며, 이념은 물질에서 파생된 것에 불과하다고 주장한다.[100]

이에 대한 비판은 무신론에 기초한 '물질이 궁극적 존재가 아니라 **절대자인 창조주가 궁극적 존재**이며, 이념이 물질에서 파생된 것이 아니라 **인간의 주체적인 정신활동인 이념을 기초로 하여 물질을 생산**하는 것이다. 헤겔도 절대자를 상정하여 절대자로서의 이념이 독립주체로서 현실세계를 창조한 점을 말한다. 공산주의 이론의 뿌리요, 핵심인 유물론은 관념론과 창조론에 의해 무너졌다. 이 책 3장 기독교의 "만물을 창조하신 하나님"을 보라.

---

99) 정진일, 『철학개론』(박영사, 1997), 132쪽.
100) 위의 책, 148, 221-222쪽.

제작자론, 만물질서론, 양심론을 보면 유물론이 허구임을 알 수 있다.

(2) 유물사관(唯物史觀)

유물사관은 역사가 발전하는 원동력은 관념이 아니라 물질이라는 역사관이다. 인간사회의 역사 발전에 변증법적 유물론을 적용시킨 역사관이다. 사회의 법률적·정치적 상부구조는 근본적으로는 생산 양식에 의해 규정되며, 생산 양식은 생산력의 발전에 대응하여 변혁된다고 한다. 물질적 생산력은 점차 발달해 감으로 경제적 토대의 변동에 따라서 그 위에 세워진 모든 상부구조도 변혁된다는 것이다. 그래서 인류 역사는 **원시 공산사회에서 고대 노예사회, 중세 봉건사회, 근대 자본주의사회로 발전하였으며, 자본주의사회는 다시 공산주의사회로 변혁**된다고 한다.

이에 대한 비판은 역사 발전의 주된 원동력은 물질이 아니라 관념이며, 경제적 토대의 변동에 따라 상부구조가 변화되는 것보다는 인간의 정신활동의 발달, 즉 정치, 이념, 문화, 법률 등의 발전에 따라 경제적 토대가 변한다. 이는 인간의 지능과 창의력의 발달로 획기적인 생산력의 증대를 이룬 4차 산업혁명 시대 도래로 증명되었다. 역사 발전단계에서 자본주의사회가 붕괴되어 다시 공산주의사회로 변혁된다는 것도 1991년 공산주의의 원조 소련과 동구 공산권이 붕괴된 것과 자본주의 미국은 세계 제일의 강대국으로 부상된 것으로 거짓임이 드러났다.

(3) 잉여가치설

잉여가치설은 노동자가 받는 임금 이상으로 생산한 가치를 자본가가 착취한다는 이론이다. 마르크스는 노동자의 임금에 상당하는 가치를 생산하는 부분을 필요노동이라 부르고, 이 필요노동을 초과하는 노동, 즉 임금을 주지 않고 생산된 가치를 잉여가치로 보았다.

이는 노동자만이 제품의 가치를 창조한다는 잘못된 가정에서 출발한 것이며, 위험 부담을 안고 사업에서 성공하려는 자본가의 열정, 기획력, 창의력을 간과한 것이다. 4차산업혁명 시대인 오늘날 노동자 없이도 운영되는 자동화 기술, 로봇, 인공지능, 무인 자동차, 무인점포 등이 양산되는 시대에는 더욱 합당치 않는 이론이다.

(4) 계급투쟁론

계급투쟁론은 인간의 모든 역사는 계급투쟁의 역사이며, 그 계급은 프롤레타리아(노동자)와 부르주아(자본가)로 대별된다. 무산계급인 노동자는 생존경쟁에서 모든 것을 상실하고 알몸만 가진 존재이므로 이들이 살 길은 오직 단결하여 투쟁하는 것뿐이라고 한다.[101] 계급의식으로 단결된 노동자는 자본가가 차지한 정치권력과 경제력을 혁명으로 부수고 이를 사회 전체의 공유로 하고자 한다.

무산계급의 독재야말로 모든 근로 인민대중의 이익에 부합하다고 하여 혁명에 성공하여 무산계급이 정권을 잡으면 달라진다. 공산당이 무산계급의 가장 진보적인 선봉부대이기 때문에 무산계급의 이익을 대표하여 정권을 장악하고 독재를 실시할 수 있다고 주장한다.[102] 실제로 공산국가는 소수의 공산당원과 수령이 독재하는 나라가 대부분이다. 또한 권력을 쟁취하는 혁명과정에서 정의와 도덕, 심지어 인간까지도 혁명 완수를 위한 수단으로 취급되는 것은 경계할 점이다. 오늘날에는 노사 쌍방의 합의와 협력으로 상생 발전하는 다수의 현대 기업과 강력한 노동조합의 출현, 노동자 평균 연봉이 9,000만원이 넘는 자동차 회사[103] 등의 사례를 보면 지금의 현실과는 벗어난 이론이다.

101) 황장엽, 『민주주의와 공산주의』(시대정신, 2009), 233쪽.
102) 위의 책, 244쪽.
103) "국내 자동차 5개사의 2016년 연 평균 임금은 9,213만원으로 2005년 대비 83.9%가 뛰었다" (머니투데이, "최저임금 무풍지대 현대차 노조", 2018. 5. 28)

2장 한국을 살리는 방안

1. 10대 병폐 문화와 천지인 관계

1) 병폐 문화 형성 과정

한국의 10대 병폐는 오랜 기간 동안 상당수의 국민들이 수용하고 지지하여 문화로 고착화되었거나, 고착화되고 있어 문제가 심각하다. 문화는 "인간이 사회 구성원으로서 습득한 생활양식과 인간 학습의 소산으로서 신념, 가치관, 행동의 표준이 되는 것"[104]이다. 병폐 문화 형성 과정은 다양한 요인과 경로를 통해 형성되었다.

첫째 한국의 전통 종교 등을 통한 충효와 인의, 자비와 호국, 두레문화, 계층주의와 가부장제, 형식주의 등이 있다. **둘째 현대 한국의 문화**로 연고주의와 계파주의, 갑질 문화, 출세주의, 환경 파괴, 핵가족화, 적당주의, 속성문화 등을 들 수 있다. **셋째 외래 문화**의 영향은 세 부류로 나눌 수 있다. ① 일제의 한국문화 경시와 역사 왜곡, 엽전 문화 ② 서구의 개인 자유와 평등, 물질주의, 쾌락주의 ③ 포스트모더니즘(postmodernism) 시대의 다양성·비합리성·대중성과 전통 파괴, 권위 무시 등을 들 수 있다.

'부상(浮上) 문화'로 대두되는 병폐 문화

이러한 다양한 문화들 중에 충효와 인의, 두레문화 등 진취적인 '강문화'보다는 황금만능주의와 적당주의, 쾌락주의, 찰나주의, 계파주의, 연고주의 등 퇴폐적인 '약문화'가 거짓, 탐욕, 음행, 낙태·자살, 저출산, 갈등과 같은 병폐 문화로 표면에서 활개치고 있다. 그러나 표면에 드러나는 병폐 문화보다는 인의와 순리, 자유와 협동, 창의와 근면 등 성결 문화가 한국문화 내면 깊숙이 내재하고 있다.[105]

10대 병폐 문화는 지켜야 할 규범으로서의 이유를 제시하거나 설득 과정을 거치지 않았고, 전문가나 국민들의 여론 형성과정을 거치지 못하였으므로 '정당화' 단계는 건너 뛰어

---

104) 박영창, 『한국사회의 남성중심 문화에 대한 종교사회학적 고찰』(박사학위논문, 한국학중앙연구원, 2005), 38-39쪽.
105) 한 사회의 문화는 특정 문화가 정태적으로 머무르지 않고 시대에 따라 지배문화, 부상문화, 잔존문화가 경쟁하고 투쟁한다 (엄묘섭, 101). 한국의 병폐 문화는 부상문화로 볼 수 있다.

버렸다. 또한 시비·선악·찬반에 대한 공동체의 공정한 평가와 상벌을 제대로 거치지 못하고 '제재' 단계를 넘어버렸다. 개인의 마음속에 뿌리내리는 '내재화' 단계에서는 퇴폐적인 병폐 문화를 거부하는 국민들이 다수이므로 아직도 개선과 변혁의 여지가 있다고 본다. 이 병폐 문화를 신념과 가치관, 행동의 표준으로 삼지 않는 국민들이 상당수 있고, 이 병폐문화를 성결문화로 돌이키고자 하는 국민들도 적지 않다.

정도의 차이는 있지만 10대 병폐 중 세계 최고의 저출산과 자살, 거짓과 탐욕, 사회 갈등 등은 적지 않은 국민들이 물들어 있어 중증이라고 할 수 있다. 아무튼 백성들 공통의 생활 양식으로 고착되어 가는 병폐 문화를 변혁하려면 특단의 조치를 취해야 한다.

2) 병폐 문화 원인과 천지인 관계

10대 병폐 문화의 원인을 분석해 보면 천·지·인 세 분야로 나눌 수 있다. **천명(天命) 불순종과 자연(地) 파괴, 인간(人)의 욕심**이 근본 요인이다.

천명 불순종(天)과 우상숭배 등 병폐 문화

'**창조주의 명령(天命)'에 불순종할 때 인간**은 인간만이 가진 고귀한 **자유의지로 온갖 악을 행하게 된다.** 한국의 10대 병폐 문화는 다 창조주의 명령에 불순종하여 대두되는 더럽고 나쁜 문화이다. 특히 천명 순종과 관계되는 병폐 문화는 <표 5>와 같이 우상 숭배, 저출산 등 네 가지이다. **"창조주를 경외하라"는 명령을 거역할 때** 피조물을 숭상하는 '**우상숭배**'를 행한다.

"생육하고 번성하여 땅에 충만하라(창1:28)", "네 부모를 공경하라"(출20:12)는 창조주의 말씀을 무시할 때 '저출산'이 늘어난다. 맹자는 "세 가지 불효 중 대(代)를 단절시켜 후사 없는 것이 가장 큰 불효"(이루 상)라고 한다.

천하보다 귀한 생명으로 '사명'에 충성해야 할 인간이 스스로 생명을 끊거나 태아를 죽이는 것은 창조주를 대적하는 살인 행위이다. 생명의 주인인 창조주의 명령에 순종하여 '**자살·낙태**'를 금지하고 생명을 중시해야 한다.

'**진실**'을 중시하는 천명을 거역하고 '**거짓**'(병폐 1호)을 함부로 행하는 것은 나라를 망하게 하는 짓이다. 거짓의 아비인 마귀의 종이 되지 말고 진실을 사랑하는 하나님의 자녀가 되어야 한다.

<표 5> 병폐 문화 원인과 천지인 관계

천지인	10대 병폐 문화	성결 문화
天/천명 불순종	우상 숭배	창조주 경외
	저출산	출산 장려
	거짓	진실
	낙태 · 자살	생명 존중
地/자연 파괴	환경오염	환경 보전
	난개발	공익 개발
	탐욕	나눔
人/인간 욕심	음행 · 동성애	성결
	갈등	화평
	사대 · 공산주의	자유민주 · 시장경제

자연 파괴(地)와 환경오염 등

인간의 생활터전이며 창조주의 걸작품인 **자연을 파괴**함으로써 환경오염과 난개발을 저지른다. 창조주가 보시기에 좋을 만큼 그 자체가 조화를 이루고 완벽한 자연을 인간은 돌보고 관리하라는 명령을 받았다.

인간은 창조주의 청지기답게 자연을 '**보전**'함이 원칙이고, '**환경오염**'(병폐 8호)은 생활터전을 더럽히는 행위이므로 금물이다.

자연을 '**개발**'할 때는 '**공익**'을 위하여 필요 최소한으로 해야 한다. '**난개발**'은 **인간 생존을 파괴하는 어리석은 짓이다.**

자연은 '**순리**'대로 이루어지고 질서있게 운행된다. 베풀고 나누며 서로 공생하고 있다. 인간도 자연의 순리를 닮아 '**탐욕**'을 버리고 '**나눔**'을 실천해야 한다.

인간의 욕심(人)과 음행·동성애 등

인간은 청지기로 주인인 창조주의 뜻대로 살지 않고 정도(正道)에 벗어나는 **욕심**으로 '음행·동성애' 등 여러 범죄를 저질렀다. 한국의 종교는 모두 경전에서 '**음행**'을 중죄로 여겨 금지하고 있다. 창조주의 영(靈)이 거하는 거룩한 몸을 '**성결**'하게 지켜야 한다.

한국은 '갈등' 공화국으로 이념과 계층, 세대, 지역 갈등에 이어 젠더 갈등까지 대두되고 있다. 각자의 책임과 원칙을 지켜 '**갈등**'을 '**화평**'으로 **바꿔야** 한다.

창조주가 주신 지혜로 시대와 상황을 분별하여 강대국에 의존하고, 계획 경제를 지향하는 '**사대주의·공산주의**'(병폐 10호)를 버리고, 천부인권과 자유경쟁을 중시하는 '**자유민주주의· 시장경제**'를 발전시켜야 한다<표 5>.

2. 올바른 사상이 개인과 나라를 살린다

1) 사상이란 무엇인가?

사상(思想)은 "**인간의 사고 작용의 결과로 얻어진 체계적이고 논리적인 의식 내용**", 또는 "당면한 현실 사회를 변화시키려는 신념체계"를 말한다. 사상을 가치관이라고도 한다. 가치관은 삶이나 어떤 대상에 대하여 무엇이 옳고, 좋고, 바람직한가를 판단하는 관점을 말한다. 구체적으로 인생·종교·역사·세계 등에 대해서 평가하는 것은 평소 자신이 가진 인생·종교·역사·세계 등에 대한 가치관으로 평가하게 된다.

사상과 비슷하게 쓰이는 용어로 '이념'이 있다. **이념**(理念)은 "이상적인 것으로 여겨지는 생각이나 견해", 또는 "한 사회나 개인의 생각을 지배하는 기본 사상"을 말한다. 사상이 실제적인데 비해 이념은 이론적인 점에서 구별되고, 사상 중에서도 기본이 되는 참된 사상인 점에서 구별된다. 국민이 주인인 민주주의 사상의 핵심 이념은 인간의 존엄성과 국민주권, 자유, 평등, 정의, 법치주의 등이고, 기독교 사상의 핵심 이념은 사랑과 정의, 자유, 평등, 책임 등이다. 이렇게 이념은 '인류의 보편적 가치'를 공유한다. 따라서 참된 사상도 이념과 같이 자유·평등·사랑·정의 등 '인류의 보편적 가치'를 공유한다.

이데올로기(ideology)는 "특정한 이상 사회를 실현시키려는 신념체계", 또는 "사회 각 부분의 기득권을 정당화하는데 사용되는 일련의 이념"이라고 한다.[106] 사상과는 체계적 사고, 미래의 좌표, 대안 제시, 현실사회 규제라는 면에서 비슷하지만, 계층 이익을 위한 투쟁 수단이 되고, 대중 선동의 도구로 쓰일 수 있다는 점에서 학술적 관점인 사상과는 구별된다.

각 나라마다 그 나라의 사상이 있다. **한국 사상은 합리성과 체계성, 논리성**을 갖추고 있다. 민족적으로 강인한 우리 조상들과 5천만 우리 백성의 영혼과 성품이 담긴 **국민성**이 내재되어 있고, 시대적으로 5천년 이 나라를 이끈 끈질긴 **역사성**과 앞날을 개척하고 혁신하는 **미래성**이 내재되어 있고, 지리적으로 한민족(韓民族)이 거주하는 한반도의 **지역성**이 내재되어 있다.

2) 사상의 중요성

사상은 **인간을 살리고 죽일 수 있다.** 개인의 사상이 그 개인을 살리고 죽일 수 있는 것처럼 한국의 사상이 이 나라를 살리고 죽일 수 있다. 왜냐하면 문화를 '몸'이라고 하면 문화의 맨 꼭대기인 '뇌'에 사상이 있기 때문이다. 인간의 두뇌로 생각하고, 판단하는 사상에 따라 결정한 것을 입으로 말하고, 손발로 행동하게 하여 문화를 형성한다. 그래서 올바른 사상이 나라를 살리고 그릇된 사상은 나라를 죽인다.

첫째 사상은 **인간의 영혼**과 같다. 사상은 인간을 인간답게 해 준다. 선한 사상을 가지면 선인이 되고 악한 사상을 가지면 악인이 된다. 허화평 이사장은 사상을 인간의 영혼에 비유하면서 사상을 출발점으로 해서 이론과 제도, 문화와 문명이 형성됨을 주장했다.

사상이 없는 인간은 영혼이 없는 인간과 같고, 영혼이 없는 인간은 비천한 인간입니다. 사상이 없었다면 인류는 여전히 야만시대를 벗어나지 못했을 것이고 문화(culture)와 문명(civilization)도 이루어내지 못했을 것입니다. 사상이 이론(theory)을 낳고, 이론이 제도(institution)를 낳고, 제도가 문화와 문명을 만들어내기 때문입니다.[107]

둘째 **모든 역사의 중심**에는 사상이 있다. 관념주의 역사가인 콜링우드(Robin George Collingwood, 1889~1943)는 "**모든 역사는 사상의 역사이다.**"라고 사상의 중요성을 역설했다. 그는 모든 역사는 역사가 자신의 정신 속에서 과거의 사유를 재연하는 것으로 보았다. 역사는 과학적 방법으로 파악되는 것이 아니라 역사가의 의식, 즉 '사상' 속에서 재구

106) P. L. Berger, *Invitation to Sociology*(Garden City:Doubleday, 1963), p. 111.
107) 허화평, 『사상의 빈곤』(새로운 사람들, 2016), 24쪽.

성될 뿐이다.

셋째 외형적인 정치적·경제적 독립보다 **내면적인 사상적 독립이 더 중요**하다. 정치 투쟁도 경제 건설도 지도 이념의 바탕 위에서 실행해야지 그렇지 않으면 갈등과 혼란만 가중된다고 박종홍 교수는 말한다.

> 한국의 정치적 독립, 경제적 독립은 누구나 외치며 그를 위하여 싸울 줄 알면서 어찌하여 그의 정신적인 밑받침이 될 사상적 독립을 위하여서는 그렇게도 대범한가. 한국의 지도이념을 떠난 정치 투쟁도 경제 건설도 있어서는 안 될 일이거니와 이 한국의 지도이념이란 딴 것이 아니라 바로 한국 사상이 지니고 있어야 할 기본 정신을 이름이다.[108]

넷째 사상은 **인간과 구조, 환경에 직·간접적으로 영향**을 미치는 중요 요인이다. 행정변수는 목표 달성과 문제 해결에 영향을 미치는 중요 요인을 말하며 보통 3대 변수로 인간·구조·환경을 든다. 사상은 이 3대 변수 모두에 큰 영향을 미친다. 목표 달성을 좌우하는 인간(가치관·신념·능력·대인관계 등)과 구조(조직·명령 체계, 법령, 권한·책임 분담 등), 환경(정치적·경제적·사회적·문화적·기술적 환경 등)에 지대한 영향을 준다.

3) 사상의 기능

첫째 사상은 인간의 살 길을 찾아주는 '**안내판**'과 '**나침판**' 역할을 한다. 인간이 살아가면서 수많은 고난을 겪고 방황할 때가 있는데 사상은 바른 길로 이끌어 주는 안내판 역할을 할뿐 아니라 옳고 그른 방향을 판별해 주는 나침판 역할을 한다.

> 우리의 모든 노력의 궁극적인 목표가 우리의 살 길을 찾는데 있다면 한국의 사상은 우리가 살아 나아갈 앞길을 밝혀주는 것이어야 할 것이다. 사상이란 회구적(懷舊的)인 추억에 그의 사명을 다하는 것이 아니다. 우리의 삶에 새 힘을 넣어주는 안내의 몫을 담당할 수 있어야 할 것이다.[109]

---

108) 박종홍, 『한국사상사』(서문문고, 1999),13쪽.
109) 위의 책, 12쪽.

둘째 **사회 혁신에 대한 인식의 틀**을 제공한다. 우리 미래를 밝힐 등불 역할을 하기 때문에 미래의 좌표가 될 수 있고 대안 제시의 기준이 될 수 있다. 사상은 인간과 세상을 변화시키는 마력을 발휘할 수 있다. 이 사상을 경시하면 가짜와 선동가들이 사회를 지배해 버리고 힘겹게 성취한 것들을 잃게 된다.

> **사상은 인간을 움직이고 세상을 변화시키는 원초적 힘을 지니고 있습니다.** 마력과도 같은 힘을 발휘하는 것이 사상입니다. 현실적으로 사상의 중요성을 모르거나 소홀히 하게 되면 요란한 색깔로 포장된 가짜와 선동가들이 사회를 지배하고 우리의 삶을 지배하면서 힘겹게 성취한 것들을 쉽게 망가뜨리고 허물어뜨릴 수 있습니다.[110]

셋째 **개인 행동의 기준과 국가정책의 지침** 역할을 한다. 사상은 인간 행동의 목표와 기준 역할을 한다. 개인이 행동할 때 일일이 심사숙고해서 결정해서 일을 처리하는 것이 아니라 자신이 가진 가치관, 즉 사상에 따라 결정하고 행동한다. 또한 사상은 국가 정책의 지침이나 국가 운영원리의 근본 바탕이 된다. 국가 정책은 '이념'으로 국정지표 등 상위 목표를 제시한다. 이 이념이 사상의 다른 표현이다.

넷째 **갈등 해소**의 역할을 한다. 사상이 현실사회를 규제하는 일정한 기준이 될 수 있다. 이 기준이 무너지면 사회는 갈등과 혼란에 휩싸인다. 유독 우리나라에 사회적 갈등이 많고 갈등 비용이 엄청난 것은 사상이 빈곤하거나 부재하기 때문이다. 사상이 빈곤해지면 정치와 경제가 빈곤해지고 온갖 사회적 갈등이 분출하며 안보가 위험해지는 것은 피할 수 없게 된다. 왜냐하면 정책이 부실해져서 장기계획 수립이나 정책의 일관성 유지가 어려워지고 정권이 바뀌거나 장관이 바뀔 때마다 달라지기 때문이다(허화평, 68-69).

---

110) 허화평, 24쪽.

3. 문화 변혁에 최적인 종교와 천지인 사상

1) 종교의 중요성과 기능

(1) 종교의 중요성

종교는 "초자연적 존재인 **신과, 거룩성(holiness), 궁극성(ultimacy)**에 초점을 맞춘 믿음과 수행의 체계"이다.[111] 인간은 종교적 동물(homo religious)이므로 시대와 지역, 인종을 불문하고 신과 거룩성, 궁극성에 관심을 가지고 있다. 특히 한국 사회는 종교와 밀접한 관계를 맺고 중요성을 띠고 있다.

첫째 종교는 우리 민족이 이 땅에서 **나라를 세운 시초부터 민족과 함께** 하였다. 단군신화에서 국조(國祖)인 단군은 천신(天神)의 자손이라 칭하며, 그가 세운 고조선도 종교국가였다. 단군은 제정일치 사회의 통치자로서 제사장 역할과 함께 백성을 통치하는 왕이다. 또한 부여의 영고, 고구려의 동맹, 고려의 팔관회, 조선의 원구대제(圓丘大祭) 등 제천의식은 하늘에 제사지내는 종교 의례였다. 그 후 삼국시대에는 유교·불교·도교가 통치이념이었고, 통일신라와 고려의 불교, 조선의 유교는 국교의 역할을 했다. 그 당시는 오늘날과 같은 법규범이 발달하지 않았으므로 국교인 종교의 사상이 국가 통치 이념이 되었다.

둘째 한국은 **국민의 다수가 종교를 믿는 종교 국가**이다. 종교의 보고(寶庫)라고 할 만큼 세계 주요 종교인 불교·유교·기독교가 발생지인 인도·중국·이스라엘보다 한국에서 더 번창하고 있다. 통계청의 발표에 의하면 한국의 종교인은 전체 인구의 43.9%인 21,553,674명이며, 이 중 기독교가 27.7%(개신교 19.7%(9,676,000명), 가톨릭 7.9%(3,890,000명), 불교 15.5%(7,619,000명), 원불교 0.17%, 유교 0.15, 천도교 0.13% 등이다.[112] 우리 국민의 다수가 종교인이므로 한국의 정치·경제·문화·교육 등 사회제도 모두에 종교가 큰 영향력을 미치고 있다.

셋째 종교는 **국민의 '가치 합의'(value consensus)와 밀접**하게 관련되어 있다. 국민들의 가치합의가 있어야 국민 통합과 통제, 사회 변동에 기여할 수 있다. 그래서 국민의 가치합의에 기여할 수 있는 종교사상을 찾아야 한다. 그것이 우리 민족 고대 종교의 신화에서부터 현대 종교의 경전에까지 지속적으로 나타나는 천지인 사상이다.

---

111) 박영창, 『한국사회의 남성중심 문화에 대한 종교사회학적 고찰』, 27쪽.
112) 10년 전과 비교하면 종교 인구는 약 300만 명이 감소하였는데, 개신교는 125만 명이 증가하였으나, 불교는 296.9만 명이 감소하였고, 천주교도 112.5만 명이 감소하였다.(통계청, "2015년 인구주택총조사 표본집계")

(2) 종교의 기능

가. 사회통합(social integration)

사회 통합을 위해서는 '가치 합의'가 있어야 하고, 가치 합의를 위해서는 정의와 사랑, 자유와 평등, 책임과 보호 등에 대한 국민들의 동의와 지지가 있어야 한다. 뒤르켐(E. Durkheim)은 종교를 "성(聖)이 경험될 수 있어 공동체를 고양시키고 집단에 대한 소속감을 갱신하며 믿음을 지속시키는 종교적 의식과 수행으로 구성된 것으로 현존하는 사회질서를 정당화하는 거룩한 힘"으로 보았다.[113]

첫째 종교는 **현존하는 사회구조나 질서 자체를 정당화**시킴으로써 사회통합 기능을 수행한다. 버거(P. Berger)는 실증주의자나 마르크스주의자와는 달리 종교가 역사적으로나 현재에 있어 부수적인 것이 아니라 사실상 모든 사회에서 강력한 정당화의 도구를 제공해 오고 있다고 한다.[114] 예를 들면 '생명 존중'의 내용이 담긴 교리나 의례 등은 사회구성원들에게 출산을 장려하고, 자살과 낙태 금지를 정당화하는 사회구조나 사회관습을 고착시키는 역할을 할 수 있다.

둘째 종교는 사회의 **가치와 규범을 강화**하는 방식으로 사회통합에 기여한다. 현 사회의 지배적 가치를 옹호하고 존중함으로써 사람들을 사회화시키며 순응하게 하는 역할을 수행한다. 종교에서 자연 보호 교리 등을 실천하는 것은 그 종교의 구성원들에게 환경오염을 막고, 최고·최선의 개발을 통한 난개발 방지를 옹호하는 근거를 마련해 주는 것이며 이는 사회전체 구성원들에게도 확산된다.

셋째 종교는 개인들을 집단 안에서 **타인과 원만한 관계**를 맺을 수 있도록 이끌어 준다. 위기에 직면한 개인들을 회복시켜 주며, 소외된 사람들을 도와줌으로써 원만한 사회생활을 행할 수 있게 한다. 종교의 치유기능 및 사회복지 역할 등이 사회통합을 돕는다. 그러나 사회의 구조적 악에 동조하는 등 역기능[115]도 있을 수 있음을 고려해야 한다.

나. 사회통제(social control)

---

113) 이원규, 『종교사회학의 이해』(나남출판, 2003), 136-137쪽.
114) R. Wuthnow 외, 『문화분석』, 최샛별 역 (한울 아카데미, 2003), 61-62쪽.
115) 종교는 현재의 정치·경제·사회 체제에 존재하는 구조적인 악들을 묵인하거나 동조함으로써 사회 발전과 개혁에 걸림돌이 될 수 있다.

사회는 그 구성원들이 반드시 지켜야 되는 민습(folkways), 법(laws) 등의 규범들을 가지고 있다. 사회에서 이 규범들이 지켜질 때는 질서가 유지되나 지켜지지 않을 때는 무질서와 혼란의 아노미(anomie) 상태에 이른다. '사회통제'는 민습, 법 등의 규범을 통하여 사람들의 **일탈행위를 방지**하는 것을 말하는데, 종교는 사회통제의 가장 강력한 수단이 될 수 있다. 종교는 개인적인 바람이나 욕망, 본능이나 요구에 대하여 집단적인, 사회적인 목표의 우월성을 강조하기 위하여 사회의 지배적인 규범을 성화(聖化)시킨다.[116]

또한 종교는 '살인하지 말라', '음행하지 말라', '거짓말하지 말라', '탐욕을 품지 말라'와 같은 여러 가지 금지규정을 종교적 계명으로 규정함으로써 사회 안에서 사람들의 일탈행위를 억제하고 예방하는 기능을 행한다. 그리고 종교는 바람직한 가치와 규범을 사회에 제공함으로써 사회의 도덕성을 유지하는 사회통제의 기능을 수행한다.

종교가 추구하는 규범적 가치는 그 사회의 질서를 유지하는데 도움이 되며, 사회가 개인에게 준수를 요구하는 바람직한 가치와 대체로 일치한다. 그래서 종교는 사회적 무질서와 무규범을 예방하고 억제하면서 사회의 도덕성 확립을 도와주는 기능을 행한다.[117] 그러나 변화하는 환경에 적응하는 것을 방해하는 역기능도 존재한다.[118]

다. 사회변동(social transformation)

사회변동 기능이란 종교가 통상적으로 가지는 사회통합 및 사회통제의 기능과 같은 안정 지향적이고 보수적인 기능과는 달리 **사회를 변화시키려고 하는 진보적 기능**을 말한다. 베버는 이 기능을 종교의 예언자적(prophetic) 기능이라고 말한다. 이 기능은 베버의 연구를 통해 개신교 윤리가 근대 서구 자본주의 발달에 어떻게 공헌했는가를 밝혔고, 새로운 사회질서로의 전환을 촉구하는 종교지도자들의 카리스마에 대한 연구 등을 통하여 종교가 사회변동 내지 발전에 크게 영향을 미쳤음을 강조하였다.[119]

종교는 사람들의 **의식의 변화를 초래하여 태도와 행위의 변화**를 유발한다. 기독교가 근

---

116) T. F. O'Dea, *The Sociology of Religion*, Englewood Cliffs(N.J.: prentice Hall, 1966), p. 14. 재인용: 이원규, 211쪽.
117) 이원규, 『종교사회학의 이해』, 211-212쪽.
118) 사회의 규범과 가치를 신성화함에 있어서 특수한 상황에서 이루어진 행동 규범이 변화된 상황에서 더 이상 타당성이 없을지라도 종교는 이를 영원한 의미가 있는 것처럼 만들 수도 있다. 이처럼 종교는 변화하는 환경과 상황에 보다 기능적으로 잘 적응하는 것을 방해할 수도 있다. (T. F. O'Dea, *The Sociology of Religion*, p. 100).
119) 이원규, 『종교사회학의 이해』, 212쪽.

대 서구의 계몽주의 사상과 과학의 발전, 자본주의 경제 이념이나 민주주의와 같은 근대 정치이념 등에 영향을 미쳐 서구 근대화에 크게 공헌하였다.

또한 종교는 **사회 비판을 통하여 사회변동 기능**을 행한다. 종교는 정치권력의 부패와 독재, 경제 구조의 모순과 경제적 불평등, 사회의 부정과 부조리 등을 날카롭게 지적하고 이의 개선을 위해 투쟁하였다. 남미의 해방신학, 한국의 진보적 신학계열의 '민중신학'과 개신교의 '기독교 윤리실천운동' 등은 종교의 사회 비판기능을 활성화하는데 일정한 역할을 감당하였다고 본다. 사회변동 기능을 통하여 사회발전에 기여하고 적폐를 청산할 수 있다. 미신과 잡신을 섬기던 우상숭배 문화를 변혁하고, 사대주의와 공산주의와 같은 악문화를 변혁할 수 있다. 그러나 비현실적 주장, 급진적인 이데올로기에 편승 등 역기능[120]은 개선해야 한다.

라. 정체성과 소속감(identity and belongingness)

종교는 **의미부여의 기능**을 통하여 개인의 정체성 확립과 소속감 강화에 도움을 준다. 종교는 개인에게 사회적 존재로서의 역할과 책임에 대한 의식을 불어 넣어줄 뿐만 아니라 때로는 어떤 지위를 부여함으로써 종교적, 사회적 정체성을 갖도록 한다. 이와 같이 종교는 개인의 존재의미와 관계되어 있는 자아확립과 정체감 확립에 기여한다.

확립된 정체성은 소속감으로 이어진다. 정체성을 확립한 개인들은 함께 모여 공동체를 형성하게 되고 이들은 쉽게 연대감을 가지며 공동체 의식을 느낄 수 있다. 이러한 **공동체 감정**은 '우리 감정'(we-feeling), '역할 감정'(role-feeling), '의존 감정'(depending-feeling)을 만들어 낸다.[121]

종교생활의 **친교를 통해 정체성과 소속감을 강화**함으로써 다양한 갈등을 해소할 수 있고 예배를 통하여 거룩성을 회복함으로써 다양한 범죄행위를 막을 수 있다. 종교인들이 자발적으로 이런 역할을 사명으로 생각하거나, 부여 받음으로써 10대 병폐문화 변혁에 더욱 박차를 기할 수 있다. 그러나 자신의 종교에 대한 소속감이 강해질수록 타종교에 대한 배타성과 적대감이 조장되는 등 역기능도 있을 수 있다.[122]

---

120) 종교가 주장하려는 바가 너무 비현실적이 되어 참된 문제를 가려 버리는 수도 있고, 개혁에 대한 예언자적 요구가 너무 유토피아적이어서 현실적인 행동을 수행하는데 방해물이 될 수 있다. (이원규, 『종교사회학의 이해』, 223-224쪽).
121) 위의 책, 216쪽.
122) 자신의 정체성에 지나치게 집착하면 편견, 편협, 자기 우월감 등을 가져올 수 있고, 이는 다른 사람에 대한 배타성과 적대감을 조장할 수 있다. (이원규, 226-227쪽).

2) 종교 사상과 문화 변혁

(1) 종교가 문화 변혁에 최적인 이유

창조주의 법도가 무너지고, 자연이 파괴되고, 인간성이 황폐화되는 한국을 살리려면 단편적, 단기적, 지엽적 개혁이 아니라, 전체적, 장기적, 근본적 개혁이 필요하다. 암에 걸린 사람은 악성 종양을 제거해야 살 수 있는 것처럼 10대 병폐와 같은 고질병을 수술하지 않으면 한국은 희망이 없다. 문제가 있으면 해결책도 있다. 해결책으로 정치와 경제, 교육, 종교, 언론 등을 통한 여러 가지 방법이 있겠으나, 병폐 문화를 고치려면 문화와 밀접한 관계를 맺고 있는 종교를 통한 방법이 최선이라고 본다. 그 이유는 다음과 같다.

첫째 **종교는 문화의 핵심**이기 때문이다. 폴 틸리히(P. Tillich)는 "종교는 문화의 실체이며 문화는 종교의 형식"[123]이라고 말한다. 종교가 문화의 실체이고 핵심이기 때문에 문화 변혁에는 종교가 최적이다.

둘째 종교의 막강한 기능 중에는 **사회를 통합·통제·변동시키는 기능**이 있기 때문이다. 베버(M. Weber)는 새로운 사회질서로 전환을 촉구하는 종교지도자들의 카리스마에 대한 연구 등을 통하여 종교가 사회 변동 내지 발전에 크게 영향을 미쳤음을 강조하였다.[124] 문화도 사회 체계의 하위요소이므로 종교는 문화 변혁에 큰 영향을 미친다.

셋째 **종교는 전 문화 영역을 지배하는 창조적 원동력**이기 때문이다. 도오슨(C. Dawson)은 그의 저서 『*Understanding Europe*』에서 "인간의 정신적 활동의 창조적 힘은 종교가 활력소로서 제공해 주며 종교가 지니는 고유한 생명에 이상이 발생하면 문화 창조의 기능이 정지 내지 마비된다."[125]고 말한다.

(2) 종교가 사회를 변혁함을 연구한 사례

종교와 사회는 상호 작용을 통하여 서로 영향을 주고받는다. 종교가 사회를 변동하는 독립변수의 역할을 할 수도 있고, 사회에 의해 종교가 변동되는 종속변수의 역할을 할 수도 있다. 종교는 <그림 2>에서 보는 대로 사회 체계를 구성하는 '사회구조'와 '사회제도', '사

---

123) P. Tillich, *Theology of Culture*(London: Oxford University Press, 1959), p. 42.
124) 이원규, 『종교사회학의 이해』(나남출판, 2003), 212쪽.
125) 김영한, 『한국기독교 문화신학』(성광문화사, 1995), 99쪽.

회변동', '문화'와 상호작용을 한다.[126)]

<그림 2> 종교와 사회의 관계 유형

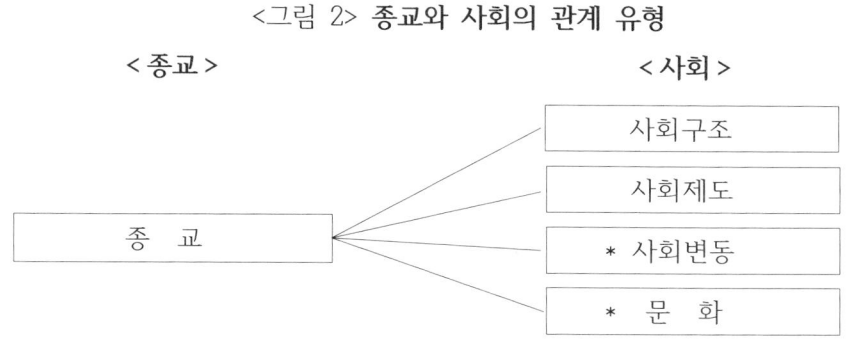

< 종교 >   < 사회 >

종 교	→	사회구조
		사회제도
		* 사회변동
		* 문 화

베버의 『프로테스탄티즘 윤리와 자본주의 정신』

　독일의 사회학자요, 사상가인 막스 베버(M. Weber)는 **'종교'**가 **'사회변동'**에 영향을 미침을 연구하였다. 마르크스주의자들은 경제가 사상(思想)을 결정한다는 **경제 결정론**을 주장하지만, 베버는 사상이 역사의 동인(動因)으로 사회의 경제구조를 변화시키는 주된 요인이 될 수 있다는 **사상 결정론**을 밝혔다. 베버는 『프로테스탄티즘 윤리와 자본주의 정신』에서 종교 관념으로서의 '개신교 윤리'와 사회현상으로서의 '자본주의 정신'의 상호 관련성을 연구하였다. 이 때 예정론·구원·소명·근면·절제·성실과 같은 '개신교 윤리'를 독립변수로, 정직·신용·근면·절제·저축·투자와 같은 '자본주의 정신'을 종속변수로 놓고, 개신교 윤리가 자본주의 발전에 영향을 미쳤음을 밝혔다.<그림 3>[127)]

　그는 먼저 개신교 윤리의 어떤 요소가 자본주의 발전에 친화적인 동기를 마련하고 자본주의 정신과 일관성이 있다고 주장한다. 즉 개신교 윤리를 구성하는 예정론과 같은 종교적 믿음과 초기 자본주의 정신 사이에는 **선택적 친화성**(elective affinity)이 있다는 것이다.[128)] 이 '선택적 친화성'은 양쪽에 동질성·연계성·친밀성이 있음을 의미하는데, 이 선택적 친화성을 가진 요소가 바로 **세속적 금욕주의**(worldly asceticism)이다.[129)]

126) 이원규, 31쪽.
127) 박영창, 『한국사회의 남성중심 문화에 대한 종교사회학적 고찰』(한국학중앙연구원 한국학대학원 박사학위논문, 2005), 19-20쪽.
128) 이원규, 『종교사회학의 이해』, 173쪽.
129) Max Weber, 『프로테스탄티즘의 윤리와 자본주의 정신』, 박성수역 (문예출판사, 1999), 122쪽.

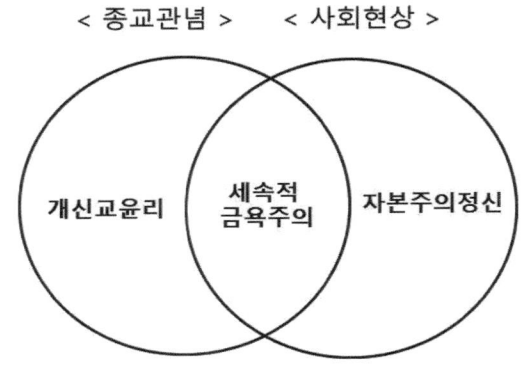

<그림 3> 종교 관념과 사회 현상과의 관계

< 종교관념 >　　< 사회현상 >

개신교윤리　세속적 금욕주의　자본주의정신

　칼빈의 예정론에 따라 구원받은 성도는 **소명**(召命, vocation)에 따라 열심히 일하고(**근면**), 세상의 사치와 쾌락을 멀리하고(**절제**), 이로 인해 축적된 부(**저축**)를 사업에 재투자하여 자본주의의 발전을 가져왔다는 것이다. '세속적 금욕주의'는 악한 세상에서 떠나 수도원에서 고고한 생활을 하는 '저 세상적 금욕주의'가 아니라, 이 세상에서 소명에 따라 근면하고, 절제하고, 저축하는 **'이 세상적 금욕주의'**를 말한다. 이 책에서는 '한국종교 사상'이 독립변수로서 '병폐 문화'를 변혁할 수 있음을 밝힌다.

(3) 문화와 종교, 종교 사상의 관계

　문화와 종교, 종교사상의 관계를 살펴보자. '문화'는 개인의 생각과 말, 행동이 반복되어 습관이 되고, 다른 사람들도 이 행동에 따르고, 공동체 구성원 전체의 생활양식이 같아질 때 형성된다. '문화'는 인간의 정신적 산물과 물질적 산물을 합친 것이고, '종교'는 인간 정신활동의 진수(眞髓)이므로 문화의 핵심이다. 종교의 구성요소는 **교리**(doctrine)·**의례**(ritual)·**공동체**(community)를 들고, '종교 사상'은 구성요소 중 가장 핵심인 '교리'에 잘 나타나 있다.
　이 삼자의 관계는 **문화가 '몸'**이라면 **종교는 '머리'**이고, **종교사상은 '뇌'**와 같다<그림 4>. 눈과 코, 귀, 입과 뇌가 함께 있는 '머리'에서 가장 중요한 것은 신체 각 부분을 통솔하는 '뇌'이다. 이처럼 종교에서도 '뇌'와 같은 역할을 하는 '종교 사상'이 중요한 역할을 담당한다.[130] 문화의 핵심이 종교이고, 종교의 핵심은 종교 사상을 담은 교리에 있다. 종교는 교리에 따라 종교 의례가 집행되고, 교리에 따라 종교 공동체가 운영되는 것을 보더라도 교리가 종교의 가장 중요한 구성요소임을 알 수 있다. 교리는 종교 창시자의 말과 행동을 체계적으로 정리한 것으로 경전에 수록되어 있고, 각 종교의 핵심 사상은 이 교리에 다 들어있다. 따라서 문화의 뿌리요, 핵심인 종교의 사상은 경전에 있는 교리를 통해 추출할 수 있다.

<그림 4> **문화와 종교, 종교사상의 관계**

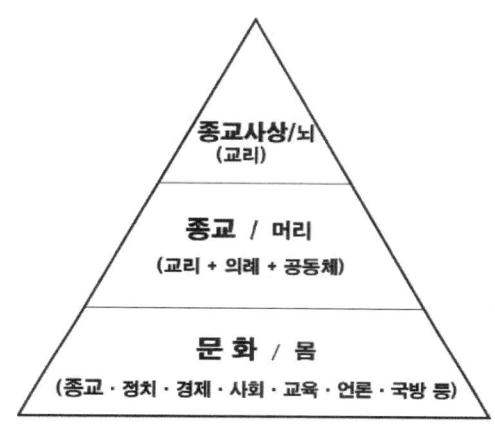

3) 천지인 사상으로 병폐 문화 변혁

(1) 천지인을 사랑한 동방예의지국

우리 한민족(韓民族)은 반만년 역사를 통해 '창조주(天)'를 경외하고 '자연(地)'을 애호하고, '인간(人)'을 사랑한 성결한 백의민족이었다. 우리 민족 최초의 종교인 **신교(神敎)는 '우상숭배'가 아니라 일신(一神) 하느님을 섬겼다.** "한분 하느님은 밝고 밝은 하늘에 계시며, 홀로 우주의 조화를 행하는 신이시다. … 권능의 조화로 만물을 창조하시며, 영원토록 사시며, 항상 쾌락을 누리신다."[131]라고 한 분 하느님을 찬양하였다.

우리 조상들은 열두 곳의 명산 중에 하늘에 제사 드리는 국선소도(國仙蘇塗)를 설치하였고, 단군 흘달은 소도(蘇塗)에 무궁화 꽃인 천지화(天指花)를 심었다.[132] 이를 통해 **거룩한**

---

130) 뇌를 구성하는 약 1,000억 개의 신경세포들은 끊임없이 정보를 교환함으로써 근육과 심장, 소화기관 같은 모든 기관의 기능을 조절하고, 생각·기억·상상·판단 등 인간의 복잡한 정신활동을 일으킨다.

131) 안함로 외, 『환단고기』, 안경전 역주 (상생출판, 2016), 16쪽.

장소를 구별하여 하느님께 제사 드리고 자연을 사랑하는 모습을 볼 수 있다. 단군신화에도 환웅천왕이 태백산 꼭대기 신단수(神檀樹)에 내려왔다고 했는데 이는 거룩한 산인 우주산(宇宙山)과 우주의 중심인 우주목(宇宙木)을 말하는 것으로 자연인 산과 나무를 신성시 하는 것으로 오늘날의 '난개발'과 '환경오염'과는 거리가 멀다.

우리 조상들은 예로부터 **출산을 장려**해 왔다. 아기의 생명은 하느님이 주신 것으로 알아 임신 때부터 태아의 생명을 존중하여 10개월 후 출산하면 한 살로 인정해 준다. 아기를 낳으면 모두 축하해 주고 100일이 되면 그때까지 잘 자란 것을 대견히 여기며 잔치를 열었다. 먼저 백일 아침에 삼신상(三神床)을 차려 미역국과 흰 밥이 차려지고, 아기의 건강과 수명과 복을 비는 뜻으로 흰 실타래와 쌀을 놓았고, 잔치 뒤에는 백일 떡을 일가친척과 이웃에게 돌렸다. 이후 첫 돌에도 잔칫상을 차려서 축하연을 벌렸고, 해마다 생일을 기려 축하해 주었다. 이러한 출산장려 문화가 이어저 합계출산율이 6.0(1960년)까지 올라갔다. 그 후로 강력한 출산 억제정책과 과다한 자녀 양육비, 보육시설 부족과 낙태 증가, 일·가정 양립 곤란, 자녀관과 결혼관의 변화 등이 복합적으로 영향[133]을 미쳐 합계출산율 0.92(2019년)의 세계 최고의 저출산 국가로 떨어졌다. 종래의 대가족제도가 핵가족제도로 바뀌고, 공동체주의가 개인주의로 바뀐 것도 '저출산' 문화의 주요 요인이다.

병폐문화 중의 '음행'도 우리의 전통 문화가 아니다. 예전에 우리 조상들은 **동방예의지국으로 성결한 삶**을 살았다. 『한서』(漢書)에는 "고조선의 부인들은 **정신(貞信)하고 음란하지 않았다**"고 기록되었고, 『후한서』(後漢書)에도 "예족(濊族)의 부인들은 정숙하고 믿음직하다"고 하였다.[134] 이를 볼 때 당시 사회는 부인들의 정조와 신의를 귀히 여기므로 '음행'과 같은 난잡한 일이 없는 건전한 사회임을 알 수 있다.

중국 고대 기록인 산해경(山海經)에는 "고조선은 군자의 나라"라고 하고, "**서로 사양하여 다투지 않는다.**"고 하여 '갈등'과 다툼이 없는 '화평'의 나라였음을 보여준다. 『위서』(魏書)에서는 예족에 대해 "백성들이 **문을 열어 놓고 살아도 사람들이 절대로 도둑질을 하지 않는다.**"라고 하여 '**탐욕**'이 없는 자족하는 나라임을 보여 준다.

위와 같이 우리 조상들은 경천사상, 출산 장려, 자연 애호, 성결과 신의, 화평과 나눔, 인간 사랑과 같은 덕목을 숭상하여 이를 생활화하였다. 한국의 고대 신앙과 불교·유교·도교·동학·기독교의 경전에는 천명(天)에 순종하며, 자연(地)을 보호하고, 인간(人)을 사랑하는 천지인 관련 내용이 가득 실려 있었다. 이런 덕목들이 한국의 전통 종교의 교리에 들어있

---

132) 위의 책, 132쪽.
133) 박영창, 『저출산 관련 정책평가 및 입법과제』, 24-63쪽.
134) 네이버 지식백과, 「한국민족문화대백과」, "팔조법금".

고, 천지인 사상의 핵심 덕목들이 된다. 5천년 신앙을 지켜 지금까지 살아온 우리 민족의 집단 무의식에는 창조주와 자연과 인간을 사랑하는 순수한 천지인 사상이 내재되어 있다. 오늘날의 병폐문화는 천지인 상호관계가 허물어진 후대에 형성된 변질된 천지인 사상이므로 고착화되기 전에 성결 문화로 속히 변혁해야 한다.

(2) 천지인 사상으로 병폐 문화 변혁

가. 한국종교와 천지인 사상, 병폐 문화의 상호관계

천지인 관계가 무너진 총체적 난국을 해결할 방법은 **지도자를 바꾸거나 구조를 개혁하거나, 환경을 바꾸는 단편적인 방법으로는 해결할 수 없다.** 우리 국민 공통의 생활 양식으로 부상하고 있는 퇴폐적·퇴보적·폐쇄적 악문화인 **'병폐 문화'를 변혁**해야 한다. 문화 변혁에는 문화의 핵심이요, 실체인 종교를 통한 방법이 최적이다. 창조주를 무시하고, 자연을 파괴하며, 인간성을 황폐화하는 병폐 문화 변혁에는 창조주를 경외하고, 자연을 보호하고, 인간을 사랑하는 천지인 사상이 가장 적합하다.

영국의 문화사회학자 윌리암스(R. Williams)는 한 사회의 문화는 특정 문화가 정태적으로 머무르지 않고 시대에 따라 지배문화(dominant culyure), 부상문화(emergent culture), 잔존문화(residual culture)가 경쟁하고 투쟁한다고 한다.[135] 한국의 '잔존문화'는 반만 년 역사를 통해 우리 민족이 지켜 내려온 경천애인(敬天愛人)과 충효·인의 등 천지인 사상에 기반한 전통 종교문화이다. '부상문화'는 황금만능주의, 쾌락주의, 출세주의, 찰나주의 등에 기반한 병폐 문화(거짓·탐욕·음행·낙태·자살 등)이다.

이 책에서는 개신교 사상이 자본주의 발전에 영향을 미친 베버(M. Weber)의 사례를 원용하여 '한국의 종교사상'을 독립변수로 놓고, '한국의 병폐 문화'를 종속변수로 두고 한국의 종교사상이 병폐 문화 변혁에 영향을 미침을 밝힌다. 한국 종교사상과 병폐 문화 사이에 연계성·친밀성이 있는 '선택적 친화성'이 있는데 그것이 바로 **천지인 사상**이다<그림 5>.

---

135) 엄묘섭, 『문화사회학』(대구가톨릭대출판부, 2001), 101쪽.

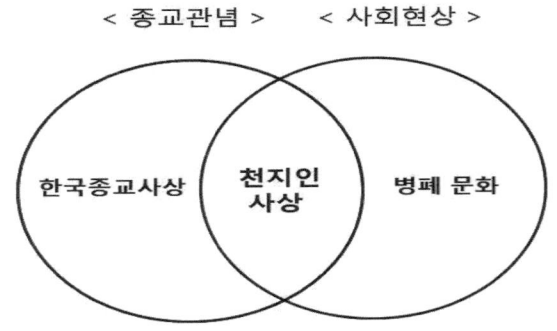

<그림 5> 한국종교와 천지인 사상, 병폐 문화의 상호관계

< 종교관념 >   < 사회현상 >

한국종교사상   천지인 사상   병폐 문화

한국 종교에는 '**순수한 천지인 사상**'이 포함되어 있고, 병폐 문화에는 '**변질된 천지인 사상**'이 포함되어 있다. 예를 들면 우주만물을 창조하신 하나님을 경외하는 것은 '순수한 천지인 사상'이지만, 피조물인 마귀, 태양, 동물 등을 섬기는 우상 숭배는 '변질된 천지인 사상'이다. 한국 종교에 있는 생명 존중 사상과 자연 보호, 인간 사랑은 '순수한 천지인 사상'이다. 이에 반해 병폐 문화에 있는 낙태·자살과 환경오염, 탐욕·음행 등은 '변질된 천지인 사상'이다. 순수한 천지인 사상은 변질된 천지인 사상을 변혁할 수 있다. 천지인 사상에는 강문화의 요소가 있고, 문화 변혁에는 자연의 순리에 따르는 4대 원칙이 작용하기 때문이다.

세 단계의 변화 과정

사회는 **외재화**(externalization)·**객체화**(objectivation)·**내재화**(internalization)라는 세 단계의 변증법적 과정을 통하여 변화한다.[136] 이 과정에서 종교는 핵심 역할을 감당하며 문화 변혁에도 종교가 중요 역할을 감당한다. 종교의 3대 구성요소 중 '의례'는 천지인 사상을 외부에 지속적으로 표현하며 외재화[137]하고, '공동체'는 천지인 사상을 개인의 활동과는 독립된 행동 규범을 수립하며 객체화[138]하고, '교리'는 천지인 사상을 신자 개개인의 마음에 뿌리내리게 하며 내재화[139]한다.

---

136) P. L. Berger, 『종교와 사회』, 이양구 역 (종로서적, 1982), 16쪽.
137) '외재화'는 인간이 육체적·정신적 활동으로 세계 속에 자기 자신의 존재를 쏟아내는 과정이다.
138) '객체화'는 이러한 인간 활동의 산물이 그 본래의 행위자에 외재하여 그들 자신과는 전혀 다른 하나의 사실로서 그와 맞서는 실재성을 획득하는 것을 뜻한다.
139) '내재화'는 인간이 바로 이 실재를 다시 흡수해서 객관적 세계의 구조로부터 주관적 의식의

이런 과정을 거치면서 종교는 사회 변화과정의 한 유형인 문화변혁을 주도적으로 이끌 수 있다.[140] 이제 부상문화로 대두되는 변질된 천지인 사상인 껍데기 병폐 문화를 벗겨 내 버리고, 잔존문화요, 알맹이인 순수한 천지인 사상을 주도문화로 이끌어내야 한다. 주도문 화는 한 사회의 문화를 지배하고 선도하는 문화를 말한다. 한국 종교 경전에서 추출한 천 지인 관련 정의·순리·자유 등 9대 덕목과 효도·나눔·희생 등 27 소덕목을 10대 병폐 문화 를 변혁하는 천지인 사상의 핵심 내용으로 삼고자 한다.

천지인 사상을 규범문화로 형성하자

종교는 규범 문화 형성에도 직접적 영향을 미친다. 종교는 '사회적 가치와 규범'을 강력 하게 뒷받침하는 도덕적 근거를 제공하며 문화 전통의 확립에 결정적인 영향[141]을 미치기 때문이다. 한국 전통종교의 사상인 천지인 사상은 구성원들의 행위 규범과 행동의 표준이 되고, 가치 판단의 기준이 되는 '**규범 문화**'로 한국문화의 중심에 자리 잡아야 하며, 우리 고유의 종교들이 지켜온 '성결 문화'의 전통을 계승하여야 한다.

사회 구성원들의 행위 규범과 행동의 표준이 되는 **규범 문화의 형성과정은 ① 정당화 ② 제재(制裁) ③ 내재화 단계를 거친다.**[142] '정당화'는 구성원 모두가 규범을 지키고 따라야 하는 이유를 제시하고 설득하는 것을 말하고, '제재'는 규범의 준수를 위해서 상벌로 조장 하거나 억제하는 것을 말한다. '내재화'는 문화를 구성하는 요소들이 각 개인의 마음 속에 뿌리내리는 '문화의 세뇌(洗腦, brain- washing) 작용'을 말한다.[143] 한국 종교는 '**의례**' 를 통해 천지인 사상을 외부에 지속적·정기적·반복적으로 표현하여 옳음을 인정하는 '**정당 화(legitimation)**' 과정을 수행하며, '**공동체**' 활동을 통해 천지인 사상에 대한 격려와 포 상, 징계와 출교 등 상벌을 행함으로 '**제재(sanction)**' 과정을 수행하며, '**교리**' 학습 등을 통해 천지인 사상이 각 개인의 마음속에 뿌리내리는 '**내재화(internalization)**' 과정을 수 행한다. 이런 세 단계[144]를 거침으로써 천지인 사상은 '**잔존문화**'에 머물지 않고, 사회의 규범 역할을 하는 '**주도문화**'로 자리 잡게 된다. 이렇게 천지인 사상이 규범 문화인 '천지

구조로 변형시키는 과정이다. P. L. Berger, 『종교와 사회』, 이양구 역 (종로서적, 1982), 16쪽.
140) 박영창, 『한국사회의 남성중심 문화에 대한 종교사회학적 고찰』, 90-93쪽 참조.
141) 이원규, 『종교사회학의 이해』, 292쪽.
142) 김경동, 46-49쪽.
143) 위의 책, 46, 47, 49쪽.
144) 이와 같은 정당화·제재·내재화 과정은 분석적인 구분에 불과하므로 세 과정이 한꺼번에 일어 날 수도 있고, 순차적으로 일어날 수도 있다.

인 문화'로 형성되고 우리 후손 대대로 전해지도록 해야 한다.

(3) 강문화의 요소와 천지인 사상

강문화의 요소가 천지인 사상에 있는가? 천지인 사상에는 강문화의 요소가 담겨 있으므로 약문화인 병폐문화를 변혁할 수 있고, 21세기 문화전쟁과 사상전쟁에서도 승리할 수 있다.

① **가치성**이 있으므로 인간에게 유익을 끼치고 행복하게 한다. 우주만물을 창조하신 하나님을 경외하고 인간의 삶의 터전인 자연을 애호하고, 홍익인간의 이념을 온 세상에 펼치는 사상이므로 가치성이 있다.

② **생산성**이 있으므로 시간이 지날수록 발전하고 성장한다. 천지인이 생동하는 사상이며, 역사의 주관자인 창조주의 사상이기 때문이다. 생산적인 문화는 강문화로 변동되고, 소비적인 문화는 약문화로 떨어진다. 천지인 사상을 바탕으로 만든 한글은 여러 가지 제품으로 재탄생하고 있다. 한글을 디자인한 의류와 문화상품, 영상, 애니메이션 등 한글 소재 상품과 창작물이 확산되고 있다.

③ **보편성**이 있어 세계의 강문화와 보편적 가치를 공유하여, 개방적이고 널리 전파된다. 사랑과 정의, 자유와 책임, 순리와 지혜 등 세계인의 보편적 가치를 공유하므로 다른 민족이 거부감 없이 자연스럽게 수용할 수 있다.

④ **주체성**이 있어 주도적으로 일관성 있게 문화변동을 수행한다. 한국의 전통종교에서 배양된 문화정체성과 반만년 동안 내려온 역사성이 있고, 7,500만 동포의 얼이 담긴 민족성이 내재되어 있다. 여러 강대국 사이에 낀 작은 나라가 수많은 전쟁과 위기 속에서도 5천년 역사를 보존하여 온 것은 강인한 주체성 때문이라고 본다.

⑤ **창의성**이 있어 내재하는 문화 창조력으로 문화전쟁에서 승리할 수 있다. 19세기의 무력전쟁, 20세기의 경제전쟁에 이어 21세기의 문화전쟁에서 승리는 우리 민족에 고유한 창의성에 달려 있다. 세계 제일의 독창적 문자인 한글과 세계 제일의 고려청자, 세계 최초의 금속활자와 거북선 등에는 우리 민족 사상의 창의성이 배어 있다.

(4) 문화변혁의 4대 원칙

천명에 순종하는 자는 흥왕하고, 천명을 거역하는 자는 멸망한다. 인간뿐만 아니라 인간과 자연의 산물인 문화도 이 원칙에 따른다. 천명에 순종하는 성결 문화는 번성하지만, 천명을 거역하는 병폐 문화는 소멸한다. 문화변혁의 원칙은 자연만물의 운행 원리이므로 인간이 마음대로 바꿀 수 없다.

① 강약(强弱) 변혁의 원칙

강함이 약함을 변혁한다. 21세기는 문화전쟁 시대이다. 가치성과 생산성, 창의성이 있는 강문화가 약문화를 변혁한다. 퇴보적·폐쇄적인 '**자살·낙태**'와 같은 약문화는 진취적·개방적인 '생명 존중'과 같은 강문화에 굴복할 수밖에 없다. 보편적 가치를 공유한 강문화인 '출산 장려' 문화는 약문화인 '**저출산**' 문화를 변혁할 수 있다.

② 우열(優劣) 변혁의 원칙

우수한 것이 열등한 것을 변혁한다. 인간은 본성상 우수한 것을 선호하고 열등한 것을 싫어한다. 문화도 마찬가지다. 우량 문화는 불량 문화를 변혁할 수 없다. '환경보전' 문화는 '**환경오염**' 문화를 변혁할 수 있고, '공익 개발'로 '**난 개발**' 문화를 변혁할 수 있다. '화평'은 '**갈등**' 문화를 극복할 수 있다. 자유롭고 창의적인 '민주주의'는 계획되고 통제적인 '**공산주의**'를 변혁할 수 있다.

③ 상하(上下) 변혁의 원칙

자연만물은 위계질서가 있어 상위가 하위를 변혁한다. 물이 위에서 아래로 내려가는 것처럼 위에 있는 것이 아래에 있는 것을 변혁한다. 한 분 하나님은 마귀와 모든 피조물을 창조하신 분으로 우주만물을 통치하신다. 따라서 만물은 창조주의 뜻대로 질서정연하게 운행되고 있다. 법령에도 단계가 있어 모든 법령은 최고법인 '헌법'에 위배될 수 없다. 천지인 사상의 '하나님 경외' 문화는 병폐 문화 중 마귀와 피조물을 숭배하는 '**우상숭배**' 문화를 변혁시킬 수 있다. 창조주 하나님이 모든 우상을 배격하기 때문이다. 또한 하나님의 뜻인 '진실'이 마귀가 아비인 '거짓'을 물리친다.

④ 선악(善惡) 변혁의 원칙

선이 악을 이기고, 변혁한다. 아무리 어둠이 가득하더라도 한 줄기 빛이 들어오면 어둠은 물러난다. 정의는 불의를 이기고, 진실은 거짓을 이긴다. 거짓의 산이 아무리 높더라도 진실의 빛이 들어오면 무너진다. 병폐 문화 중 **'거짓'**은 '진실'이 오면 물러갈 수밖에 없다. **'음행·동성애'는** '성결' 문화로 변혁할 수 있고, **'탐욕'** 문화는 '나눔' 문화로 변혁할 수 있다.

3장 한국종교 경전의 천지인 내용

동양에서는 고대로부터 "온 우주를 구성하는 천지인(天地人) 삼자(三者)"를 '삼재(三才)'145)라 하여 중시하였다. 동중서(董仲舒)는 "천지인(天地人)은 만물의 근본이다. 하늘(天)은 만물을 태어나게 하고, 땅(地)은 만물을 길러주고, 사람(人)은 만물을 성취시킨다"고 말한다.146) 단군신화는 천지인 구조로 되어 있고, 동학의 「논학문」에도 천지인은 오행(五行)의 근본과 바탕, 기운이 된다고 한다. 『환단고기』의 「단군세기」에는 천지인의 창조 목적이 나오고147), 「삼신오제본기」에는 천지인 삼극(三極)이 기술되었다. 한글의 초성·종성·중성은 천지인을 본 따 만들어졌다. 김형효 교수는 "우리 민족은 천·지·인의 균형 논리를 종족 사고의 원형으로 가지고 있다"고 하며, 그 정점은 인간이라고 하였다.148)

우리 민족종교의 핵심도 천·지·인이며, 한국의 6대 종교 경전 안에는 창조주인 천(天)과 인간의 생활터전인 자연(地)과 만물의 영장인 인간(人)에 대하여 다양하게 표현하고 있다. 경전 내용을 천명 순종과 자연 보호, 인간 사랑으로 대별하고, 정의·순리·자유 등 9대 덕목과 진실·나눔·절제 등 27 소덕목을 추출하였다. 이 핵심 덕목들을 정리하여 천지인 사상의 주요 내용으로 삼는다. 경전의 말씀들은 생동력이 있어, 인간을 생명의 길, 구원의 길로 이끌 수 있으며 병폐 문화를 성결 문화로 능히 변혁할 수 있다.

1. 고대 신앙

1) 단군신화의 천지인

한국의 고대 신앙은 외래 종교인 불교, 유교, 도교 등이 들어오기 전에 이미 한민족의 민간신앙 형태로 행해지고 있었다. 신화는 민중의 기억을 통해 구전되는데, 신화의 지엽적 내용은 전승자에 의하여 각색되거나 재해석되지만, 본질적 내용은 변하지 않고 전승된다고

---

145) 『주역(周易)』「계사전(繫辭傳)」에는 천도(天道)·지도(地道)·인도(人道)의 '삼재지도'(三才之道)가 나온다(易之爲書也廣大悉備, 有天道焉, 有人道焉, 有地道焉, 兼三才而兩之. 故六 六者非他也, 三才之道也). 『원본주역』, 박병대 역해 (일신서적, 1995) 589쪽.
146) "天地人 萬物之本也. 天生之, 地養之, 人成之". 동중서, 『춘추번로』, 남기현 해역(자유문고, 2005), 187쪽. (동중서는 한무제(漢武帝) 때의 유학자이며, 사상가이다).
147) 안함로 외, 『환단고기』, 안경전 역주 (상생출판, 2016), 126-127쪽.
148) 김형효, 『한국 사상 산고』, 48쪽.

한다.

　우리 민족의 최초의 나라는 고조선이다. 이 때는 제정(祭政) 일치 사회로 종교와 정치가 하나로 합치되고 종교 지도자가 곧 정치 지도자였다. 고려시대 보각국사 일연(一然)[149]이 쓴 『삼국유사』에는 고조선의 시조 단군에 대한 신화가 다음과 같이 기술되어 있다.

　　『위서(魏書)』에 말하기를 지금으로부터 2천 년 전에 단군왕검이 있었는데, 그는 도읍을 아사달에 정하고 나라를 열되 이를 조선(朝鮮)이라 부르니 그 때는 요(堯) 임금과 같은 시대라 하였다. 옛글(古記)에 말하기를 옛날에 환인(桓因: **제석(帝釋)**을 말함)의 아들 환웅이 있었는데 항상 천하에 뜻을 두고 인간 세상을 탐내거늘 아버지가 아들의 뜻을 알고 세 높은 산 중의 하나인 태백산을 내려다보니, **인간을 널리 이롭게 할 만하였다(可以弘益人間).** 이에 천부인 세 개를 주고 가서 다스리게 하였다. 환웅이 무리 3천 명을 이끌고 태백산꼭대기 신단수(神檀樹) 밑에 내려와서 거기를 신의 고을(神市)이라 부르니 그가 곧 환웅천왕이었다. 그는 풍백, 우사, 운사를 거느리고 곡식, 수명, 질환, 형벌, 선악 등 무릇 인간의 360여 가지 일을 맡아서 다스리고 교화하였다(在世理化). …
　　웅녀(熊女)는 그와 혼인해 주는 이가 없으므로 항상 신단수 아래에서 아이 갖기를 빌었다. 환웅이 이에 잠간 변하여 그와 결혼하고 아들을 낳으니 이를 불러 단군왕검이라 하였다. 단군은 요임금이 즉위한 지 50년인 경인년에 평양에 도읍하고 이를 조선이라 불렀으며, 또 도읍을 백악산 아사달에 옮기었는데, 그곳을 또 궁홀산 또는 아사달이라고도 하니 그가 나라를 다스린 지 1,500년이었다.[150]

　이 단군신화의 구성은 천지인(天地人), 즉 하느님과 자연(땅)과 인간의 구조로 의미 표상의 단위를 따라 셋으로 나눌 수 있다.

(1) 하느님(天神) 신앙

　고조선의 건국은 천신(天神)인 환인의 뜻에 의해 시작되었다. 승려 일연은 인도교(印度

---

149) '일연'(1206-1289)은 삼국유사를 편년체로 불교사관을 반영해 이야기 식으로 기술하였다. 고조선부터 삼한, 부여와 고구려, 백제, 신라 등에 대한 내용이 실린 중요한 역사서이다. 편찬 시기는 충렬왕 7-9년(1281-83년)으로 본다. 삼국시대의 정사(正史)로는 김부식이 기전체로 쓴 **(1145년)** 현존 한국 최고(最古)의 역사서인 삼국사기가 있다. 고려와 조선의 사서 소각과 전란으로 인한 소실, 중국과 일본의 역사 왜곡 등으로 삼국 이전의 시원 역사는 단절된 상태다.
150) 일연, 『삼국유사』 기이(紀異), 제1, 고조선, 이병도 역주. 재인용: 유동식, 『한국무교의 역사와 구조』(연대출판부, 1997), 28-29쪽.

敎)의 최고신이요 불교의 호법신인 환인제석이라는 명칭을 따서 하느님을 환인이라고 표현
했다. '제석'은 본래 33천(天)의 주신(主神)이요 천주(天主)라고도 한다.[151] 한편 우리말의
'환'은 '환하다'(빛이 비치어 맑고 밝다)의 어근으로 '광명(光明)'을 나타내고, '인'은 존칭어
인 '님'을 표현한 것으로 본다. 따라서 '환인'은 '광명한 하늘의 신'을 표시하기 위해 그 음
에 가까운 한자를 사용한 것으로 생각된다. 유동식 교수는 이를 **"예로부터 믿어 오던 하느
님 신앙을 불교의 제석 신앙과 혼합하여 시대적인 표현을 한 것이 환인천신이라고 생각된
다."**[152]고 설명하였다.

이와 같이 단군신화는 우리나라의 건국을 '광명한 하늘의 신(환인)'인 하느님의 뜻에 의해
시작되고 하느님의 도움으로 성취되었다고 한다. 환인은 천하에 뜻을 두고 있는 아들이 건
국할 수 있는 합당한 장소를 찾아주고 천부인을 주어 다스리게 하였다. 하느님인 환인의
아들이 환웅이고, 환인의 손자가 단군왕검이라고 칭한다. 그래서 우리 민족은 천손(天孫)의
후예라고 한다. 자식이 아버지의 뜻을 받들어 사랑하고 존경하는 것처럼 우리 한민족은 건
국 때부터 하느님의 뜻을 받들어 경외하며 살아 왔다.

(2) 천신의 아들 환웅의 지상(地上) 강림

천신(天神) 환인의 아들 환웅이 하늘 아래 인간 세상을 다스려 보고자 하였다. 천신의
아들 환웅이 탐낸 세상은 천신 환인이 보기에도 인간을 널리 이롭게 할 만한 훌륭한 땅이
었다. 그 땅은 사람들이 서로 사랑하고 예절과 질서를 지키며 남녀가 가정을 이루어 화목
하게 살아가는 행복한 곳이었다. 아버지가 아들의 뜻을 알고 태백산을 내려다보니, 인간을
널리 이롭게 할 만하였다. 이에 천부인 세 개를 주고 가서 다스리게 하였다.

환웅천왕이 무리 3천 명을 이끌고 태백산 꼭대기 신단수(神檀樹) 밑에 내려왔다. 하늘 높
이 솟아 있는 태백산은 하늘과 땅을 연결한다고 믿는 거룩한 산, 곧 우주산(宇宙山)을 의
미하고, 신단수는 우주의 중심을 표시하는 우주목(宇宙木)을 의미한다고 볼 수 있다. 하늘
(天)과 땅(地)이 만나고 하느님(天)과 인간(人)이 만나는 거룩한 곳이 우주산이요, 우주목이
다.[153] 이곳을 신의 고을인 신시(神市)라 부르고 이곳에서 고조선을 건국하였다.

---

151) 유동식, 『한국무교의 역사와 구조』, 30쪽.
152) 위의 책, 같은 면.
153) M. Eliade, *Shamanism*(New york, 1964), p. 266-274.

(3) 천지(天地) 융합과 인간(人間) 창조

땅의 웅녀(熊女)는 혼인해 줄 사람이 없으므로 항상 신단수 아래에서 아이 갖기를 빌었다. 이에 환웅이 잠깐 변하여 아들을 낳으니 이름을 단군왕검이라 하였다. 이는 '하늘(天)의 환웅'과 '땅(地)의 웅녀'의 결합으로 새로운 '인간(人) 단군왕검'이 창조되었음을 나타낸다. 단군은 당(唐)나라 요(堯) 임금이 즉위한 지 50년 되는 경인년(庚寅年)에 평양성을 도읍으로 삼고 조선(朝鮮)이라 불렀다.

유동식은 건국신화는 창조신화이며, 창조는 천신 강림과 인간의 성화(聖化)로 이루어짐을 아래와 같이 설명했다. 새로운 인간 창조는 웅녀가 죽고 다시 사는 자기 부정 과정을 거쳐 나왔음을 알 수 있다.

> 건국신화는 창조신화이다. 창조는 하늘의 신과 땅의 인간의 융합에서 이루어졌다. 그런데 이러한 융합을 위해서는 먼저 하느님이 강림했어야만 했고, 인간은 자기 부정을 매개로 성화되지 아니하면 아니 되었다. 곧 웅녀의 경우와 같이 죽고 다시 사는 종교적 이니시에이션(initiation)154)을 경과하지 아니하고는 거룩한 신과 결합할 수 없다. 이러한 신인 융합으로 말미암아 새로운 생명이 창조되어 단군이 태어났고 그로 말미암아 새로운 세계인 나라가 창조되었다.155)

(4) 단군신화의 핵심은 홍익인간(弘益人間)

단군신화의 핵심 사상은 홍익인간(弘益人間)이다. 환인이 항상 천하에 뜻을 두고 인간세상을 탐내는 아들의 뜻을 알고 세 높은 산 중의 하나인 태백산을 내려다보니, 인간을 널리 이롭게 할 만하였다. 하느님이 그 아들로 나라를 건국하게 한 이유는 그 곳이 인간을 널리 이롭게 하는 '홍익인간(弘益人間)'의 이념을 펼칠 수 있는 곳이었기 때문이다. '홍익인간'이 바로 나라를 다스리는 지침이요, 국시(國是)이다. **제왕이 중심이 되는 고대국가에서 고조선은 백성이 중심이 되는 민주국가**를 세우고자 한 점은 매우 돋보인다.

홍익인간은 모든 백성의 행복을 위한 사상이다. 환웅은 풍백(風伯), 우사(雨師), 운사(雲

---

154) 인류학의 용어로 유년이나 사춘기에서 성인사회로 진입하기 위해서는 일련의 고통스런 의식을 치르게 되는데 이를 통과제의라 한다. '이니시에이션'은 바로 이 통과제의의 문턱에 들어선다는 뜻이다.

155) 유동식, 『한국무교의 역사와 구조』, 34쪽.

師)를 거느리고 곡식, 수명, 질환, 형벌, 선악 등 인간의 중요한 일을 맡아서 다스리고 교화하였다. 인간을 행복하게 하는 **홍익인간의 이념을 완성**하려면 **하느님의 공의(公義)를 드러내는 '형벌'과 '선악'을 공정하게 판결**해야 하며, **자연(地)의 산물인 '곡식'이 풍부**해야 하며, **인간(人) 삶을 복되게 하기 위해 '질환'을 없애고, '수명'을 길게** 해야 한다. 이렇게 '홍익인간' 속에는 천지인 사상이 가득 담겨 있다.

2) 신교(神敎)의 천지인

우리 민족 최초의 종교이자 고유의 종교는 하늘에 제사지내는 신교였다. 이 종교의 경전은 『환단고기(桓檀古記)』이다. 이 책은 신라 십성(十聖) 중 한 사람인 **안함로(安含老, 579-640)**가 지은 「삼성기전(三聖紀全) 상(上)」과 **원동중(元董仲)**[156]이 지은 「삼성기전 하」, 공민왕 때의 수문하시중(守門下侍中)인 **이암(李嵒, 1297-1364)**이 지은 「단군세기」, 공민왕 18년(1369)에 문과에 급제하여 간의대부(諫議大夫)를 지낸 **범장(范樟)**이 지은 「북부여기」, 조선 중기의 문신으로 동지돈녕부사(同知敦寧府事)를 지낸 **이맥(李陌, 1455-1528)**이 지은 「태백일사」 등 5권을 합편하여 사학자 계연수(桂延壽, 1864-1920)가 1911년에 편찬한 책이다.

「단군세기」에는 이 종교가 신도(神道)로서 가르침을 베푼 '신교'임을 가리킨다. 이 신교의 목적은 자신을 알아 자립을 구하며, 자신을 비워 만물을 생존케 하며, 능히 인간 세상을 행복하게 하는 것이다. 이 중 '능히 인간 세상을 행복하게 하는 것'은 단군신화의 '홍익인간'과 같은 뜻이다.

> "그러므로 신시개천의 도는 **신도로서 가르침을 베풀어**(故 神市開天之道 **亦以神施教**),
> 나를 알아 자립을 구하며 나를 비워 만물을 생존케 하여(知我求獨 空我存物)
> **능히 인간 세상을 복되게** 할 따름이니라(能爲福於人世而已)."[157]

「삼성기전 상(三聖紀全 上)」에 단군왕검이 "현묘한 도를 깨치고 뭇 생명을 교화하였다"(玄妙得道 接化群生)고 기록되었다.[158] 이 현묘한 도를 최치원은 화랑 난랑의 비문에서

---

156) '원동중'은 고려말 은사(隱士)인 운곡(耘谷) 원천석(元天錫, 1330~미상)이라는 설도 있다. 그는 우왕·창왕을 중인 신돈의 자식이라고 폐위시켜 서인을 만든 사실에 대해 읊은 시가 있다 (『한국민족문화대백과』, "원천석").
157) 안함로 외, 『환단고기』, 안경전 역주 (상생출판, 2016), 108쪽.

"우리나라에 현묘한 도가 있으니 이를 풍류라 한다(國有玄妙之道 曰風流). … 실로 이는 삼교를 포함한 것이요(實乃包含三敎), 모든 민중과 접하여서는 이를 교화하였다(接化群生)."[159]라고 밝혔다. 우리 고유의 깊고 오묘한 도(道)로서 유불선(儒彿仙) 삼교의 종지(宗旨)를 포함하며 온 백성을 진리로 교화하는 도인 풍류도가 바로 신교(神敎)라고 본다. 유동식은 풍류도는 한민족의 교유한 영성이며, 풍류도의 기원은 고대 제천의례에서 나타난 하나님 신앙에 있음을 밝혔다.[160]

『환단고기(桓檀古記)』[161]에서는 한 민족의 고유 신앙인 신교의 교리와 신교 문화의 꽃인 제천행사, 즉 의례가 구체적으로 기록되어 있다. 그 내용이 한국의 어느 역사책보다 **민족혼을 고양하고 한민족의 우수성과 자주성을 높이며, 한민족의 불굴의 개척정신과 강인한 정신력을 강조했다.** 『환단고기』[162]는 무엇보다 **신교의 핵심이 천지인(天地人)**인 것과, 천지인의 상관관계와 역할을 놀랍게 잘 설명하였다.

(1) 신교의 천(天)인 일신 하느님

가. 일신(一神) 하느님

신교의 천은 '일신(一神)', 즉 '한 하느님'으로 표현하였다. 「삼성기전 상(三聖紀全 上)」에 나오는 '일신'은 우주만물을 주관하시며 온 우주를 빛으로 비추고, 권능의 조화로 만물을 창조하시고, 기르는 분이시다. 영원히 존재하는 분으로 자연의 법도를 오묘하게 세우시며 신묘하게 다스리신다. 우주 만유가 생성되는 근원을 '한 분 하느님'인 일신(一神)이라 정의하는데 그 일신은 각 종교에서 말하는 상제요, 조물주, 한울님, 하나님이다.

---

158) 위의 책, 20쪽.
159) 유동식, 『풍류도와 한국의 종교사상』(연세대학교 출판부, 1997), 55쪽.
160) 위의 책, 69쪽.
161) 서울대 천문학과 박창범 교수와 표준연구원 라대일 박사의 연구에 의하면 (「단군세기」 중) "BC 1733년 13세 단군 흘달(屹達: 재위 50년) 때 '오성(五星)이 누성(婁星)에 모였다(五星聚婁)'는 내용을 슈퍼컴퓨터를 이용하여 역으로 추적하여 시각화하였다. 그 결과 이 컴퓨터가 제시한 연도(BC 1734년)와 1년 밖에 차이가 안 나 '한국상고사학회'에서도 긍정적인 반응을 보였다"고 한다.(김재영, 『한국사상의 맥』,(이담북스, 2009), 23-24쪽)
지엽적인 용어나 연대, 형식 등의 논란보다는 **본질적이고 전체적인 내용이 더 중요**하다. 확대지향의 강문화(強文化)가 절실히 요구되는 21세기 문화전쟁 시대에 '홍익인간, 재세이화'를 근본으로 한 신교의 교리는 무너지는 나라를 살리고 타락한 민족정신을 회복하는 데 필요하다고 본다.
162) 이 책의 번역은 안경전이 역주한 2016년 판을 그대로 인용하였으며 일부는 원문을 중심으로 필자가 수정하였다.

한분 하느님은 밝고 밝은 하늘에 계시며(有一神 在斯白力之天),
홀로 우주의 조화를 행하는 신이시다(爲獨化之神).
광명으로 온 우주를 비추고(光明照宇宙),
권능의 조화로 만물을 창조하시며(權化生萬物),
영원토록 사시며, 항상 즐거움을 누리신다(長生久視 恒得快樂).
지극하고 오묘한 기운을 타고 노니시고(乘有至氣),
자연의 법도를 신묘하게 세우시며(妙契自然),
무형으로 나타나고, 무위로 지으시며, 무언으로 행하신다.
(無形而見 無爲而作 無言而行)(안함로 외, 16).

「태백일사」 중 "삼일신고(三一神誥)" 제2장은 제목이 '일신(一神)'이며, 내용 51자는 모두 '한 분 하느님'에 대해 기술하였다. 하느님은 제일 높은 자리에 계시며, 하늘과 만물을 창조하시고, 세계를 주재하신다.

하느님은 위없는 1위 자리에 계시어
큰 덕과 큰 지혜와 큰 능력으로 하늘을 창조하시고(有大德大慧大力生天),
헤아릴 수 없는 세계를 주재하신다.
많고 많은 것을 창조하시되 잔 먼지도 빠뜨림이 없고,
무한히 밝고 신령하시어 감히 이름 지어 헤아릴 수 없다.
음성과 기운으로만 기도하면 하느님을 친견할 수 없으나,
타고 난 **삼신의 본성으로 진리의 씨를 구하면**(自性求子)
하느님의 **성령이 너희 머리에 내려오시리라**(降在爾腦)(안함로 외, 512-513).

「단군세기」 머리에는 '환인'을 설명한다. **삼신일체이신 상제로부터 삼신일체의 도를 받아 세계만방에 덕화를 베풀고 즐거움을 함께 누리는 분이 환인**이시다(안함로 외, 89). 그 분은 하늘·땅·인간과 더불어 행함이 없이 저절로 조화를 이루는 분이다.

따라서 성품(性)과 목숨(命)과 정기(精)가 혼연일체의 경지에 계신 분은 삼신일체이신 상제이시다. 상제는 천지만물과 혼연일체가 되어 마음과 기운과 몸으로 아무런 자취를 남기지 않으나 영원히 존재하신다.
그리고 느낌과 호흡과 촉감이 혼연일체의 경지에 계신 분이 환인(桓因) 주조(主祖)시니,

그는 세계만방에 한결같이 덕화를 베풀고, 즐거움을 함께 누리며, 천지인(天地人)과 더불어 행함이 없이 저절로 조화를 이루신다.[163]

하늘·땅·사람의 창조정신과 목적은 11세 도해단군이 지은 "염표문(念標文)"에 잘 표현되어 있다. 하늘은 참됨으로 만물을 하나 되게 하고, 땅은 쉼 없이 길러 만물을 하나 되게 하고, 사람은 서로 협력하여 만물을 하나 되게 하는 것이 창조 목적이다. 「단군세기」에 수록된 염표문은 아래와 같다.

> **하늘(天)**은 아득하고 고요함으로 광대하니
> 하늘의 도는 두루 미치어 원만하고
> 그 하는 일은 참됨으로 만물을 하나 되게 함이니라(其事也眞一).
> **땅(地)**은 하늘의 기운을 모아서 성대하니
> 땅의 도는 하늘의 도를 본받아 원만하고
> 그 하는 일이 쉼 없이 길러 만물을 하나 되게 함이니라(其事也勤一).
> **사람(人)**은 지혜와 능력이 있어 위대하니
> 사람의 도는 천지의 도를 선택하여 원만하고
> 그 하는 일은 서로 협력하여 하나의 세계를 만드는데 있느니라(其事也協一).
> 그러므로 일신께서 참마음을 내려 주셔서(一神降衷)
> 사람의 성품은 신의 대광명에 통해 있으니(性通光明)
> **신교의 가르침으로 세상을 가르치고 깨우쳐(在世理化)**
> **인간을 널리 이롭게 하라(弘益人間)**(안함로 외, 126-127).

나. 삼신(三神)의 역할

「태백일사」"표훈천사(表訓天詞)"에는 태초에 온 천하가 암흑으로 뒤덮였을 때 한 빛이 있어 어둠이 물러갔다고 말한다. 이 빛을 창조한 것은 천상 세계에 계시는 한 분 상제, 곧 일신이시다. 창조주 하느님은 한 분이지만 삼신으로 계시며, 주체는 일신이시나 작용은 삼신이시다. 성경의 '삼위일체 하나님'과 흡사하다.

---

163) 안함로 외, 88쪽.

태초에(大始) 상하사방(上下四方)은 아직 암흑으로 보이지 않더니

옛 것은 가고 지금은 오니 오직 한 빛이 있어 밝았더라.

천상 세계에 삼신이 계셨으니 곧 한 분 상제이시다(自上界却有三神 卽一上帝).

주체는 일신이시니 각기 따로 신이 있는 것이 아니며, 작용은 삼신이시다

(主體則爲一神 非各有神也 作用則三神).

삼신은 조화로 만물을 빚어내고 측량 못할 지혜와 능력으로 온 세계를 다스리지만

그 형체를 드러내지 않으신다. …

깊이 생각해 보니 삼신은 천일(天一)과 지일(地一)과 태일(太一)이시다.

천일은 만물을 낳는 조화(造化)를 주관하시고

지일은 만물을 기르는 교화(敎化)를 주관하시고

태일은 만물을 다스리는 치화(治化)를 주관하신다(「삼신오제본기」).[164]

삼신 중 천일(天一)은 만물을 창조하는 조화를 주관하시고, 지일(地一)은 만물을 기르는 교화를 주관하시고, 태일(太一)[165]은 만물을 다스리는 치화를 주관하신다. '일신'이 실제로 인간의 역사 속에서 작용을 할 때는 언제나 '삼신(三神)'으로 나타난다 한 손가락에 세 마디가 있듯이 하나 속에는 셋의 구조로 3수 원리가 들어 있기 때문이다. 조물주 삼신의 신령한 손길에서 천지인(天地人) 삼재(三才)가 나왔다(안함로 외(해제), 84).

다. 영원한 대정신(大精神)인 호연지기(浩然之氣)

『태백일사』「고려국본기」에 하늘 아래 '영원한 대정신'을 기술한다. 이 영원한 대정신은 홀로 존재하는 것이 아니라 우주에 영원히 존재하는 삼신(조화주·교화주·치화주)과 인간에게 불멸하는 삼진(三眞)과 혼연일체가 되어 생성된다고 한다. 여기의 '삼진'은 성품(性)·목숨(命)·정기(精)를 말하며, 사람의 선한 성품과 맑은 목숨과 후덕한 정기를 이른다. 하늘에 존재하는 삼신과 땅에 존재하는 사람이 혼연일체가 되어 영원한 대정신이 생성된다는 것은 천·인(天·人), 즉 삼신과 사람이 혼연일체가 되는 것이다.

우주에 삼신이 영원히 존재하고(其在宇宙而三神長存)

---

164) 안함로 외, 300-303쪽.

165) '태일'의 '태(太)'는 '대(大)'와 통용된다. '大'는 "두 팔과 두 다리를 편안히 한 사람의 모양을 본 떠 만든 글자"로 '크다'는 뜻을 나타낸다(『한한대자전』(민중서림, 1998), 495쪽). 여기서 '태일'은 사람 하나님을 의미한다고 본다.

인물에 삼진이 불멸하는 것은(其在人物而三眞不滅者)
마땅히 **하늘 아래 영원한 대정신과**(當與**天下萬世之大精神**)
혼연일체가 되어 생성과 변화가 무궁하기 때문이다(混然同其體而生化無窮也)
(안함로 외, 736).

이 '영원한 대정신'을 '호연지기(浩然之氣)'라고 말할 수 있다. 호연지기는 "하늘과 땅 사이에 가득한 넓고 큰 원기", 또는 "공명정대하여 조금도 부끄러움이 없는 도덕적 용기"를 말한다. 맹자는 '호연지기'에 대하여 "그 기(氣)란 정의와 정도에 부합되는 것으로써 그것이 없으면 몸이 시들어 버린다. 그것은 정의를 많이 행해 저절로 생겨나는 것이지, 정의가 외부에서 엄습해 와서 얻어지는 것이 아니다."(「공손추 상」)라고 말한다. '영원한 대정신'이 하늘의 삼신과 사람의 삼진이 혼연일체가 되어 생성하는 것처럼 '호연지기'도 정의와 정도를 많이 행함으로 저절로 생겨나는 원기이다.

라. 죽음과 부활

『태백일사』「삼신5제본기」에는 놀라운 '만물의 존재원리'가 기술되어 있다. '생과 사'를 세상에 머무름과 하늘로 돌아감으로 표현하고 **죽음은 영원한 생명의 근본**으로 기술한다. 인간이 육신으로 세상에 머무는 것을 생명으로, 하늘의 상제께로 돌아가는 것을 죽음이라고 명명한다. 그래서 '죽음이 있으면 반드시 생명이 있다'는 것을 강조한다. 육체적 죽음은 육체가 썩어 흙으로 돌아가는 것으로 끝나는 것이 아니라, 하늘의 **상제와 영원히 함께하는 부활 생명**을 누린다는 것이다.

세상에 머무름이 생명이요(住世爲生),
하늘로 돌아감이 죽음이니(歸天爲死),
죽음은 영원한 생명의 근본이다(死也者 永久生命之根本也).
고로 죽음이 있으면 반드시 생명이 있고(故有死必有生),
생명이 있으면 반드시 이름이 있고(有生必有名),
이름이 있으면 반드시 말이 있고(有名必有言),
말이 있으면 반드시 행동이 있다(有言必有行也)(안함로 외, 304).

(2) 신교의 신령한 땅, 소도(蘇塗)

가. 하늘에 제사 드린 곳

상고시대 우리 조상들은 소도에서 천제(天祭)를 드렸다. 소도와 같은 종교적 성지의 기원은 이미 배달시대부터 있었다고 추정할 수 있다. 『태백일사』「신시본기」에 보면 "환웅천황이 처음 내려오신 곳이 도태산이다. 이 산은 배달의 왕업이 흥한 신령한 땅이니 소도에서 제천하는 옛 풍속이 필히 이 산에서 시작된 것이라"고 하여 배달시대부터 소도 제천이 시작된 것을 알 수 있다(안함로 외, 387). 초대 단군왕검이 천자로 추대되기 전 천제를 드린 장소인 '단목(檀木, 박달나무) 터'는 고조선 최초의 소도라 볼 수 있다.(안함로 외(해제), 426).

『단군세기』에도 여러 곳에 소도가 기록되어 있다. 고조선 11세 단군 도해는 전국의 12명산 가운데 아름다운 곳을 뽑아 '국선소도(國仙蘇塗)'를 설치하였고, 13세 단군 흘달은 소도를 많이 설치하여 무궁화 꽃인 천지화(天指花)를 심었다(안함로 외, 132). 24세 단군 연나는 "소도를 증설하여 하늘에 제사 지내고, 국가에 대사가 있거나 재앙이 있으면 곧 하늘에 기도를 드리고 백성의 뜻을 하나로 모았다"(안함로 외, 149)는 기록으로 보아 소도는 하늘에 제사지내는 신단(神壇)으로 본다.

나. 경계 표시인 신간(神竿)

소도는 읍락의 원시적 경계 표시인 신간으로 보기도 한다. 소도에 큰 나무를 세운 것이나, 솟대를 세운 것은 경계표의 역할이 있었다고 본다. '솟대'의 '소'는 '길게 또는 곧게 뻗은'이라는 의미이고, '대'는 '장대'를 의미하므로, 솟대는 읍락의 경계 표시를 위해 곧게 뻗은 장대로 보면 된다. "8조 금법" 제4조에는 "소도를 훼손한 자는 금고형에 처한다."(안함로 외, 471)고 할 만큼 신성하고 엄숙한 곳이었다.

다. 죄인이 보호 받는 신성구역

소도는 그 안에 죄인이 들어오더라도 잡아가지 못하는 신성구역이었다고 한다(이현종, 64). 실수로 살인한 자가 희생자의 가족으로부터 보복 당하지 않고 공정한 재판을 받을 때까지 안전하게 보호 받을 수 있는 지역인 구약의 '도피성'(민35:12)[166]과 비슷하다. 삼한

(三韓)에서의 소도는 제사장인 천군(天君)이 관장하였고, 소도에 큰 나무를 세우고 거기에 방울과 북을 달아서 종교적인 의식 장소로도 사용하였다.

(3) 신교의 인간 윤리

가. 애국하는 길

「단군세기」의 저자 이암은 서문에서 '애국하는 길'을 제시했다. '나라와 역사', '사람과 정치'를 중요시하고 그 중에서도 사람, 즉 기개 있는 선비를 강조하였다. 그는 국운이 기울어진 고려를 살리고자 혼신의 힘을 기울였다. 12세기 초엽 세계의 1/3을 지배하는 원 제국 치하에서 나라 이름을 없애고 원의 속국 되기를 주청하는 간신들이 우글거리는 상황에서 무엇보다 먼저 '선비'의 기개를 진작하여 나라의 혼(魂)인 역사를 분명히 하고 정치를 바로 잡아 무너져 가는 나라를 다시 세우려 하였다. 그 바탕과 뿌리를 견고히 하려면 민족 정신인 신교의 가르침을 고양하여야 하고 천지인(天地人)이 조화를 이루어야 함을 주장하였다.

> **애국하는 길에는 선비의 기개보다 앞서는 것이 없고 사학(史學)보다 더 급한 것이 없음**은 무엇 때문인가? 사학이 불명(不明)하면 선비의 기개를 떨칠 수 없고, 선비의 기개를 떨칠 수 없으면 국가의 근본이 흔들리고 나라를 다스리는 법도가 갈라지기 때문이다. …
> 아아! 정치는 그릇과 같고 사람은 도(道)와 같으니, 그릇이 도를 떠나서 어찌 존재할 수 있겠는가? **나라는 형체와 같고 역사는 혼과 같으니, 형체가 그 혼을 잃고서 어찌 보존될 수 있겠는가?** 도와 그릇을 함께 닦는 자도 나요, 형체와 혼을 함께 키워 나가는 자도 나이다. 그러므로 **천하만사는 무엇보다 먼저 나를 바로 아는데 있다.** 그런즉 나를 알려고 할진대 무엇부터 시작해야 하겠는가?
> 무릇 삼신일체(三神一體)의 도는 무한히 크고 원융무애하며 하나 되는 뜻에 있으니, 조화신(造化神)이 내려 나의 성품이 되고, 교화신(敎化神)이 내려 나의 목숨이 되고, 치화신(治化神)이 내려 나의 정기가 된다. 그러므로 오직 사람이 만물 가운데 가장 고귀하고 가장 존엄한 존재가 된다(안함로 외, 84-86).

---

166) "이는 너희가 보수할 자에게서 도피하는 성을 삼아 살인자가 회중 앞에 서서 판결을 받기까지 죽지 않게 하기 위함이니라."(민 35:12).

나. 경천애인의 8대 강령

단군왕검은 신교의 정신을 바탕으로 하여 왕명으로 8대 강령을 선포하였는데, 하느님을 경외하고, 이웃을 사랑하라는 경천애인(敬天愛人) 사상이 바탕이다. 하느님을 무시하고 부모를 거역하며 우상숭배와 **음행, 탐욕과 갈등,** 미움이 가득한 이 세상에 살면서 하나님을 경외하고 백성을 사랑하라는 단군왕검의 고귀한 뜻을 우리 온 국민이 마음에 새겨야 할 것이다.「단군세기」에 있는 '8대 강령'의 주요 내용은 아래와 같다.

제1조 하늘의 법도는 오직 하나요, 그 문은 둘이 아니니라. 너희들이 오직 순수한 정성으로 다져진 **일심을 가져야 하느님을 뵐 수 있느니라**(조천朝天).

제2조 하늘의 법도는 항상 하나이며 인심은 똑 같으니라. … 사람들의 마음과 잘 융화하면 이는 하늘의 법도에 합치하는 것이니 이로써 만방을 다스릴 수 있느니라.

제3조 너를 낳은 분은 부모요, 부모는 하늘로부터 내려 오셨으니, **오직 너희 부모를 잘 공경하여야 능히 하느님을 경배할 수 있느니라**(경천敬天). 이러한 정신이 온 나라에 퍼져 나가면 충효가 되느니라.

제4조 짐승도 짝이 있고 헌 신도 짝이 있느니라. 너희 남녀가 화목하여 원망하지 말고, 지루하지 말며, **음행하지 말지어다.**

제5조 너희는 열 손가락을 깨물어 보라. 그 아픔에 차이가 없느니라. 그러므로 **서로 사랑하여 헐뜯지 말며, 서로 돕고 해치지 말아야** 집안과 나라가 번영하리라.

제6조 너희는 소와 말을 보아라. 오히려 먹이를 나누어 먹나니, **서로 양보**하여 빼앗지 말며, 함께 일하고 **도적질하지 않아야** 나라와 집안이 번영하리라.

제7조 하늘의 법을 항상 준수하여 능히 만물을 사랑하여라. … **불쌍한 사람을 도와주고 비천한 사람을 업신여기지 말라.** 너희가 이러한 원칙을 어기면 영원히 신의 도움을 얻지 못하여 몸과 집안이 함께 망하리라.

제8조 너희가 서로 충돌하여 논밭에 불을 내면 곡식이 다 타서 신과 사람이 노하게 되리라. … 남을 해치려는 마음을 갖지 말지어다. **하느님을 경외하고 백성을 사랑**하여야 너희 복록이 무궁하리라(안함로 외, 94-97).

다. 고조선의 8조 금법

신교의 정신을 받들어 고조선 색불루단군 때는 칙문(敕文)을 전하여 "너희 삼한은 위로 천신을 받들고 아래로 뭇 백성을 잘 교화하라"고 하였다. 이로부터 백성에게 예의와 농사, 누에치기, 길쌈, 활쏘기, 글자를 가르쳤고, 또 백성을 위하여 8조 금법(禁法)[167]을 제정했는데, 공동체를 유지하고 백성들이 행복하게 살기 위하여 기본적으로 지켜야 할 내용들을 규정해 놓았다. **생명과 신체, 재산, 정조를 보호하고, 소도를 존숭하며, 예의와 근로, 정직을 강조**하였다.

『한서』 지리지에는 8조 금법에 이어 "이로써 백성들은 서로 도둑질하지 않게 되어 문호를 닫지 않았다. 부인은 정신(貞信)하고 음란하지 않았다"고 기록한 점을 볼 때 고조선 사회가 하느님의 법도를 지키고, 사람을 사랑하고, 윤리를 지키는 사회임을 알 수 있다. 이웃 나라들이 칭송하는 '동방예의지국'이라 불릴 만하다. **그 당시에는 8조만으로도 사회 질서가 확립되었지만, 현행 법령은 헌법과 법령 4,928건[168], 자치법규 114,011건 등 총 118,940건**으로 늘어났다. 그렇지만, 하느님의 법도는 무너지고 인간은 황폐화되고 있다. 안타깝고도 슬픈 일이다. 『태백일사』「삼한관경본기」에 있는 8조의 내용은 다음과 같다.

제1조 살인자는 즉시 사형에 처한다.
제2조 상해를 입힌 자는 곡식으로 배상한다.
제3조 도둑질한 자 중 남자는 잡아들여 그 집의 노예로 삼고 여자는 노비로 삼는다.
제4조 소도를 훼손한 자는 금고형에 처한다.
제5조 예의를 잃은 자는 군에 복역시킨다.
제6조 일하지 않는 자는 부역에 동원시킨다.
제7조 음행한 자는 태형으로 다스린다.
제8조 남을 속인 자는 훈계하여 풀어 준다(안함로 외, 471).

라. 대부여의 아홉 가지 맹세

백성이 마땅히 지켜야 할 아홉 가지 계율로 대부여의 "구서(九誓)"가 있다. 이 구서는 구물단군이 꿈에 천상 상제로부터 가르침을 받고 나서, 이것으로 정치를 크게 혁신하고 모

---

167) 『한서』 지리지에 8조 금법 중 제1조, 제2조, 제3조만 전해지는데, 제3조는 "… 속죄하고자 하는 자는 1인당 50만 전을 내어야 한다."는 내용이 추가되어 있다. 이는 고조선 사회에서 화폐 제도가 시행되었다고 보기 어려운 점과, '50만 전'은 중국 한나라 때의 사형수에 대한 속전법과 같은 점으로 보아 이 조문은 군현시대에 새로 추가한 것으로 본다(『한국민족문화대백과』, "팔조법금").

168) 법령 4,928건은 법률 1,528건, 대통령령 1,723건, 총리령 87건, 부령 1,242건, 기타(국회규칙 등) 348건을 합한 것이다("법제처 홈페이지", 2020. 4. 1).

든 백성을 교화하고자 했다. 첫째 계율(孝)에는 절을 한 번하고 맹세하고, 둘째 계율(友)에는 절을 두 번하고 맹세하며, 아홉째 계율(義)에는 절을 아홉 번하고 맹세하는 지극한 정성을 기울였다. 이 맹세가 시행된 이후 공리(公利)와 공덕(公德)이 밝아져 저절로 예의와 자애(慈愛)의 풍속을 이루어 백성이 다함께 삼신 상제께 귀의하여 교화에 젖어 들었다고 한다. 기본적인 **효도와 우애, 신의, 충성**에 이어 여덟 번째는 **전쟁터에서 용감히 싸울 것**과, 아홉 번째는 **직업윤리**를 강조하면서 "직업을 가지면 반드시 책임이 따른다. 만일 불의하여 스스로 최선을 다하지 않는다면 반드시 모멸 받고 조롱거리가 되어 무너져 내린다"고 말한다(안함로 외, 542).

1. 너희는 집에서 부모에게 효도하도록 힘쓰라(孝).
2. 너희는 집에서 형제와 우애 있도록 힘쓰라(友).
3. 너희는 스승과 벗에게 신의를 행하도록 힘쓰라(信).
4. 너희는 나라에 충성하도록 힘쓰라(忠).
5. 너희는 세상 사람들에게 공손하도록 힘쓰라(遜).
6. 너희는 정사(政事)를 분명히 알도록 힘쓰라(知).
7. 너희는 전쟁터에서 용감하도록 힘쓰라(勇).
8. 너희는 몸가짐이 청렴하도록 힘쓰라(廉).
9. 너희는 직업을 정의롭게 행하도록 힘쓰라(義).(안함로 외, 536-543)

마. 참전계경(叅佺戒經) 8조목

고구려 고국천왕 때의 명재상 을파소가 하나님께 기도하다 얻은 "참전계경"에도 완전한 인간에 도달하기 위해 지키고 연마해야 할 여덟 조목이 있다. 정성으로 자신을 닦아 믿음과 사랑, 구제를 실천하여 이웃을 사랑하라는 가르침이다. **사람이 행한 것에 따라서 화복(禍福)이 결정되며 천신은 선인과 악인에게 공정하게 복과 화로 보답**한다. 이것이 바로 하느님의 공의(公義)이다.

1. 정성(誠)이란 참 마음 속에서 일어나는 것이고 혈성(血誠)으로 지키는 것이다.
2. 믿음(信)이란 하늘의 이치와 반드시 부합하고 인간사를 반드시 성사시키는 것이다.
3. 사랑(愛)이란 자비심이 자연스럽게 일어나는 것이며 어진 성품의 본질이다.

4. 구제(濟)란 덕성이 겸비된 선행으로 도가 널리 남에게 미치는 것이다.
5. 화(禍)란 악이 부르는 것이다.
6. 복(福)이란 선을 행하여 자손이 받는 경사이다.
7. 보(報)란 천신이 악인에게는 화로서 보답하고 선인에게는 복으로서 보답하는 것이다.
8. 응(應)이란 악은 악으로 보답 받고 선은 선으로 보답 받는 것이다.
(안함로 외, 544-547)

바. 자유와 평등

'자유(自由)'와 '평등'이란 현대 용어가 이미 고조선시대와 고구려시대에 사용되고 있다는 것은 놀라운 일이다. 『태백일사』 「삼한관경본기」와 「고구려국본기」에 "성기자유(成己自由)하며 개물평등(開物平等)"으로 기록(안함로 외, 444, 590)되어 있다. 이 때의 '자유'는 "자기가 주인이 되다", 또는 "제한과 구속을 받지 않는다."는 의미로 사용되고 '평등'은 "차별이 없고 서로 같다"는 의미이다. 이런 의미로 **'성기자유'를 풀이하면 "자신을 완성하여 스스로 자기의 주인이 됨"**을 말하고, **'개물평등'은 "만물의 이치를 깨쳐 차별이 없게 함"**을 말한다. 서양에서 18세기 근대 시민혁명을 통하여 도입된 개인의 자유와 평등이 우리나라에서는 BC 2100년대에 존재했다는 사실이 자랑스럽다.

> 몸을 삼가 공손하고 검소하며, 학문을 닦고 소임을 연마하며, 지혜를 계발하고 능력을 발휘하며, 널리 이롭도록 서로 권면하고, **자신을 완성하여 자유자재하며(成己自由), 만물의 이치를 깨쳐 평등하게 하라(開物平等).**
> 그리하여 천하의 일을 스스로 맡아하고, 국통을 마땅히 존중하며(當尊國統) **헌법을 엄히 지키고(嚴守憲法),** 각자 자기 직분에 진력하고, 근로를 권장하고 산업을 보존하라(안함로 외, 444쪽).

『태백일사』 「신시본기」에도 '자유'와 '평등' 용어가 나온다. 환웅께서 신시(神市)의 백성이 되기를 원하는 웅족과 호족에게 쑥 한 묶음과 마늘 20매를 주면서 이것을 먹고 100일 동안 어둠 속에서 기도하라고 명한다. 그리하면 **자유롭게 진리를 이루고(自由成眞), 평등하게 만물을 구제하는(平等濟物)** 대인이 될 것이라고 말했다. 단군신화에 나오는 환웅시대에 벌써 자유와 평등이라는 용어가 사용된 것을 보면 고조선이 군주 독재가 아니라 개인의 자유가 보장되고, 만물평등 사상이 존재했음을 알려 준다.

"너희들은 이것을 먹고, 100일 동안 햇빛을 보지 말고 기도하라. 그리하면 **자유롭게 진리를 이루고(自由成眞), 평등하게 만물을 구제하며(平等濟物),** 사람다운 인격을 갖춘 대인이 되리라"(안함로 외, 358쪽).

2. 불교

불교는 고구려에는 소수림왕 2년(372년)에, 백제에는 침류왕 1년(384년)에 전래되었고, 신라에서는 눌지왕 때 전래되었으나 법흥왕 14년(527년)에 공인되었다. 불교는 배타성이 없고 융합성과 포용력을 가지므로 한국에서도 포교나 토착화하기가 쉬웠다. 신라의 불교는 자장, 원효, 의상 등의 대승이 있었고 원효의 일심(一心)과 화쟁 사상은 삼한(三韓)의 정신적 통일에 기여하였다. 고려의 지눌은 조계종을 크게 진흥시켰고 진심사상으로 백성을 교화하고, 돈오점수(頓悟漸修)를 통해 교종과 선종의 화합에 힘을 썼다.

불교는 신(神)을 믿지 않지만, 경전 상의 '**대신주(大神呪)**'와 윤회사상 등이 창조주의 흔적을 보여 준다. 불교 교리 중 해탈의 길을 제시한 사성제와 팔정도, 불국토의 실현을 위한 육바라밀의 실천이 돋보인다. 그밖에 만물을 귀중히 여기는 생명존중 사상과 모든 백성이 차별이 없다는 사성평등, 호국사상 등이 나라와 국민들에게 좋은 영향을 미쳤다.

1) 대신주(大神呪)와 일심의 원천, 육도윤회(天)

(1) 대신주(大神呪)

『반야심경』과 『금강삼매경』에는 기도와 관련하여 '대신주(大神呪)'를 언급한다. '대신주(大神呪)'란 원어 '마하 만트라'의 번역이며, 인간의 사려분별을 넘어선 영력(靈力) 있는 기도를 뜻한다. 여기의 '반야바라밀다'는 분별과 집착을 떠난 뛰어난 지혜의 완성을 말하고 이는 전지전능한 신(神)의 능력을 말한다.

> 그러므로 알지어다. 반야바라밀다는 **대신주(大神呪)**며, 대명주며, 무상주며, 무등등주니 능히 일체의 고를 없애고, 진실하며 헛되지 않는 것이다.
> (故知 般若波羅蜜多 是大神呪 是大明呪 是無上呪 是無等等呪 能除一切苦 眞實不虛)
> (『반야심경』)[169].

사리불이 아뢰었다. '세존께서 말씀하신 바와 같이 불사(佛事)를 일으킬 때에 매양 먼저 본각의 이익을 취하니, 이 생사의 염(念)이 본래 적멸(寂滅)이요, 적멸이 바로 진여(眞如)의 도리이옵니다. 모든 덕을 총지(摠持)하고 생사의 만법을 다 망라하니 원융불이(圓融不二)라 불가사의하옵니다. 마땅히 이 법이 곧 마하반야바라밀(摩訶般若波羅蜜)임을 알아야 할 것이니라. 이는 **대신주(大神呪)**요, 대명주요, 무상명주이며, 무등등주이옵니다' (『금강삼매경』)[170].

원효는 자신이 쓴 「금강삼매경론」에서 이 부분을 더 자세히 언급하면서 '기도'의 중요성과 '기도'의 대상에 대하여 설명하였다. 그는 "세상에서 **'신에 대한 기도(神呪)'가 큰 위력이 있어 신에게 기도하면 모든 복을 불러오고, 모든 화가 물러난다**"고 기도의 중요성을 말했다. 기존 이론과 형식에 매이지 않는 그는 기도의 대상으로 여러 부처(諸佛)와 보살, **신(神)**, 사람을 들고 있다. 이 중에서 신(神)에 대한 기도를 언급한 것은 유신론을 거부하고 자력신앙을 강조하는 불교에서 보기 드문 일이다. 이 때의 신이 천지를 지으신 창조주 하느님을 명시적으로 나타내지는 않았지만, 큰 위력이 있고(有大威力), 멸재초복(滅災招福)하고, 성심으로 원하고 구하는 기도에 응답하시는 분으로 표현하였으므로 **'전능자 하느님'**을 의미한다고 본다.

주(呪)라는 것은 도(禱)이다. 세상의 신주(神呪)들이 큰 위력을 가지고 있어 **신(神)에게 주도(呪禱)[171]를 하면 복이란 초래되지 않는 바 없고, 화가 물러가지 않는 바가 없다**(呪者 禱也 如世神呪 有大威力. 誦呪禱神 福無不招 禍無不却).

지금 이 마하반야바라밀도 또한 이와 같아서(今此摩訶般若波羅蜜 亦復如是) 앞 서 말한 사덕(四德)을 다 갖추어 큰 신력(大神力)이 있다. 그러므로 안으로는 모든 덕이 다 갖추어지며, 밖으로는 모든 병폐가 다 없어진다.

만약 지극한 성심(誠心)으로 이 명구(名句)를 외우며 제불(諸佛)·보살(菩薩)·신(神)·인(人)을 우러러 기도하면(仰禱) 구하고 원하는 바에 따라 이루어지지 않는 일이 없다. 그런 까닭에 이를 일컬어 주(呪)라고 말하는 것이다(『금강삼매경론』).[172]

---

169) 『반야심경·금강경』, 이기영 역주 (한국불교연구원, 1997), 25쪽.
170) 원효, 의상, 지눌, 『한국의 불교사상』, 이기영 역 (삼성출판사, 1977), 208-209쪽.
171) '빌고 기도한다'는 말
172) 원효, 의상, 지눌, 210쪽.

(2) 일심의 원천(一心之源)

'일심'은 단순한 인간의 마음이 아니라 인간을 포함한 모든 존재를 자기 안에 평등하게 감싸주는 '우주적인 마음' 곧 무량(無量)·무변(無邊)한 대승(大乘)의 마음이다.[173] 원효가 『대승기신론소』에서 일심에 대해 정의한 것을 보면, "더러움과 깨끗함, 참과 거짓은 본성이 하나이며, 이 하나인 본성 스스로 신령스럽게 아는(神解) 마음"을 '일심'이라 한다. 원효는 대승에 속하는 모든 법은 또 다른 본체를 가지고 있는 것이 아니라 오직 일심 그 자체를 본체로 삼기 때문에, 중생심이 그대로 곧 법이다. 이처럼 모든 법 자체가 오직 일심(諸法自體唯是一心)이고 일심 밖에 다른 법이 없다.

『대승기신론소』의 일심의 원천

원효는 삶의 의미를 불도(佛道)에 귀의하여 반야(般若)의 지혜를 닦고 **'일심의 원천'**(一心之源)으로 환귀(還歸)하여 열반을 성취하는 데 있다고 보았으므로 일심에 관해 여러 저술 속에서 깊이 있고 체계적인 서술을 하고 있다. 그 대표적인 저서는 『대승기신론소』이다.[174]

마명(馬鳴)이 『대승기신론』을 지은 이유를 원효는 소(疏)에서 '도를 배우는 자가 일심의 원천에 돌아가게 하는 것이라'고 말한다.

"여래 경전의 깊은 뜻을 찬술한 것은 학문을 하고자 하는 사람이 이 한 권의 책을 잠시 펴 봄으로써 삼장(三藏)[175]의 뜻을 두루 탐구하고, 도를 배우는 자가 모든 객관 세계에 대하여 **영원한 안식을 얻어, 일심의 원천에 돌아가게 하는 것**이다(徧探三藏之旨 爲道者永息萬境 遂還一心之原)[176]"

『금강삼매경론』의 일심의 원천

---

173) 정진일, 371쪽.
174) 『한국민족문화대백과』, "일심"
175) 불교 전적(典籍)의 총칭으로 ① 석가의 말씀인 경장(經藏)과 ② 석가가 제정한 규칙인 율장(律藏), ③ 경과 율에 대한 논문인 논장(論藏)을 말한다.
176) 은정희 역, 『원효의 대승기신론소. 별기』, 22쪽.

『금강삼매경론』에서 원효는 일심의 원천으로 돌아가면 있고, 없음(有無)을 떠나 홀로 청정하며, 진속(眞俗) 관념을 융화하여 맑고 고요하다고 말한다. 이것이 바로 '이치가 없지만 지극한 이치'이며, '그렇지 않지만 크게 그러함'이다. 이는 상대적 이치가 아닌 절대적 이치이며, 상대적 긍정이 아닌 대긍정을 말한다. 특수하고 세부적인 면에서는 차이가 있을 수 있지만, 보편적이고 전체적인 면에서는 두루 통하는 진리가 바로 '일심의 원천'이다.

> "무릇 **일심의 원천**은 유·무를 떠나서 홀로 청정하며, 삼공(三空)[177]의 바다는 진·속(眞俗)을 융화하여 담연(湛然)하다(夫一心之源 離有無而獨淨. 三空之海 融眞俗而湛然). …
>
> 그러므로 파함(破)이 없으되 파하지 않음이 없고, 세움(立)이 없으되 세우지 않는 바가 없다. 가히 이치가 없지만 지극한 이치이며, 그렇지 않지만 크게 그러함이라 할것이다(尒乃無破而無不破 無立而無不立 可謂無理之至理 不然之大然矣)."[178]

일심의 원천과 하나님

원효는 『금강삼매경론』에서 "일체중생이 본래 일각이었지만 다만 무명으로 말미암아 꿈따라 유전하다가, 모두 여래의 일미의 말씀에 따라 **일심의 원천**으로 마침내 돌아오지 않는 자가 없다"(皆從如來一味之設 無不終歸一心之源)고 한다. 마음의 근원에 돌아왔을 때에는 아무 것도 얻는 바가 없기 때문에 일미라고 말한다. 이것이 바로 일승이다(歸心源時 皆無所得 故言一味 卽是一乘).[179]

일심의 원천(一心之源)이 바로 반야심경의 불생불멸(不生不滅)이다. 영원히 천사만려(千思萬慮)를 멈추는 것이다. 이 곳이 우리가 돌아가야 할 본래의 자리, 시간도 공간도 그 제약이 미치지 않는 그 모든 제약을 넘어선 곳이다.[180] 일심은 만유의 실체라고 보는 참 마음을 말하는데, 천지인 사상에서 중요시하는 것은 일심의 뿌리요 원천인 "일심의 근원"이 무엇인가이다. 유동식 교수는 이 '일심'을 기독교적으로는 **"하나님의 형상"** 또는 **"하나님의 말씀인 로고스"**라 하고, 일심의 원천을 **'한'님**이라고 하였다.

> 한 마음(一心)은 '한'의 마음이다. 일체를 초월하고, 일체의 존재의 근거가 되며, 또한

---

177) '삼공'은 범부에 의해 야기되는 일체의 망집(妄執)을 말하며, 아공(我空), 법공(法空), 구공(俱空)을 의미한다.
178) 원효, 의상, 지눌, 138쪽.
179) 위의 책, 156쪽.
180) 이기영 역주, 『반야심경·금강경』(한국불교연구원, 1997), 124쪽.

일체를 포용한 포월적 마음이다. 이것이 만인에게 있는 불성(佛性)이며, 여래장(如來藏)이요, 법신이다. 기독교적으로는 "하나님의 형상" 또는 하나님의 말씀인 로고스이다. 원효는 이 '한 마음의 원천(一心之源)'을 바라본다.

'한 마음의 원천'이란 원천적인 한 마음이라는 뜻도 되지만, 한 마음이 있게 한 원천이란 뜻도 된다. 그 원천이란 다름 아닌 '한'님이다. 부처님의 가르침을 적은 불경은 이 '한'님을 가리키는 손가락이다. …

한 마음의 근원인 '한'님은 실로 '만유 위에 있고, 만유를 통해 있고, 만유 안에 있는 '초월적 실재'이다. 그러므로 그는 있고 없음이나 거룩과 속됨에 구애됨이 없이 홀로 청정하다. … 풍류도를 지닌 원효의 근본사상은 이 '한'님으로 돌아가는데 있었다(歸一心之原).181)

만유 위에 있고, 만유 안에 있는 초월적 실재인 일심의 원천인 '한'님은 바로 '하나님'을 가리킨다. 창조주 하나님은 만유에 내재하는 동시에 초월적 실재이다. 그 분이 부처에게 있는 마음인 불성을 모든 중생에게 주었고, 그 불성이 바로 일심이다. 모든 중생에게 있는 이 일심을 깨달은 자는 여래이고 깨닫지 못한 자는 범부로 탐욕(貪慾)·성냄(嗔진)·어리석음(癡치)에 빠져 사는 자이다.

(3) 육도윤회설(六道輪廻說)과 절대자

육도윤회설은 생명이 있는 것은 죽으면 생전에 지은 선업(善業)과 악업(惡業)에 따라 그 응보로 육도에 태어난다는 사상이다. 육도(六道)는 천상도와 인간도, 아수라도(阿修羅道),182) 축생도, 아귀도(餓鬼道),183) 지옥도를 말하며, 금생에서의 행위, 즉 몸(身)과 입(口), 의지(意)로 짓는 행위에 따라 내생에서의 복락이나 고통을 받으면서 생사윤회를 한다고 한다.

불교는 자력 종교이지만 육도윤회설에는 인간의 자력으로는 해결할 수 없는 불가사의한 일이 일어난다. 첫째 극락과 지옥 등 육도는 누가 만든 것인가? 둘째 모든 인류를 선악에 따라 심판하는 자는 누구인가? 셋째 육도에 보낼 자를 결정하여 집행하는 자는 누구인가? 이 모든 것은 사람이 할 수 없는 것이고, 우연으로 된다고 할 수도 없다. 그래서 절대자 하나님을 필요로 한다. 불교의 천상과 지옥은 기독교의 천국, 지옥과 유사하며, 인간의 선

---

181) 유동식, 『풍류도와 한국의 종교사상』, 96쪽.
182) 항상 싸움이 그치지 않는 곳으로 시기심과 교만심이 많은 자가 죽어서 가는 곳이다.
183) 배고픔과 목마름이 가득 찬 곳으로 탐욕과 인색한 자가 죽어서 가는 곳이다.

악 행위에 따라 합당한 보응을 하는 것은 하나님의 공의와 유사하다. 윤회설은 권선징악(勸善懲惡)을 통한 백성의 교화 측면에서 중요한 역할을 하고 있고, 해탈의 측면에서도 상당한 역할을 하고 있다.

2) 자연의 산목숨을 죽이지 말라(地)

자연을 사랑한 성철 스님의 법어가 우리 마음을 울린다.
"보이는 만물은 관음(觀音)이요, 들리는 소리는 묘음(妙音)이라.
이 밖에 진리가 따로 없으니 시회대중(時會大衆)은 알겠는가?
산은 산이요 물은 물이로다."

(1) 산목숨을 죽이지 말라

불교를 믿는 모든 사람이 지켜야 할 5계 중의 첫째 계명이 "산목숨을 죽이지 말라."이며, 사미십계의 첫째 계명도 "산목숨을 죽이지 말라."이다. 여기에서 '산목숨'은 사람의 목숨뿐만 아니라 보잘 것 없는 곤충 등 자연의 미물(微物)까지 목숨이 있는 것은 무엇이건 죽이지 말고 죽이는 것을 보고 좋아하지도 말라고 당부한다.

> 첫째, 산목숨을 죽이지 말라. 부처님과 성인과 스님을 비롯하여 날아다니고 기어 다니는 보잘 것 없는 곤충에 이르기까지 목숨이 있는 것은 무엇이건 내 손으로 죽이거나 남을 시켜 죽이거나 죽이는 것을 보고 좋아하지 말라.
> 벌레가 있는 물은 걸러 먹고 등불을 가리며 고양이를 기르지 말라. 은혜를 베풀고 가난한 사람을 구제하여 편히 살게 하며, 죽이는 것을 볼 때에는 자비심을 내어라.[184]

보살이 지켜야 할 48 경계(輕戒) 중 스무째 계명에는 육도(六道)의 중생이 모두 내 부모이므로 짐승을 잡아먹는 것은 내 부모를 죽이고 내 옛 몸을 먹는 것이라고 강조한다.

> 스무째, 산목숨을 놓아주고 죽게 된 것을 구제하라. 보살은 자비스런 마음으로 산 것을 놓아 주어야 한다. 따지고 보면 육도 중생이 모두 내 아버지요 어머니이다. 짐승을 잡아

---

184) 불교성전편찬회, 581쪽.

먹는 것은 곧 내 부모를 죽이고 내 옛 몸을 먹는 일이 된다. 누가 짐승을 죽이려고 하거든 방편으로 구원하여 액난에서 벗어나게 해줄 것이며, 보살계를 일러주고 교화하여 중생을 제도할 것이다.[185)]

48 경계 중 마흔다섯째 계명은 "중생을 항상 교화하라. … 짐승을 대하면 보리심을 내라고 속으로 생각하고 입으로 말해야 한다."이다.[186)] 사람뿐만 아니라 짐승들까지도 자비심을 내어 교화의 대상으로 삼으라는 것이다. 짐승을 함부로 죽이거나 잔인한 방법으로 죽이고, 동물을 이유 없이 학대하는 이 사회에 경종을 울려주는 가르침이다.

(2) 산목숨을 중시한 안거(安居)

'안거'는 산스크리트어 바르샤(varsa)의 번역어로 우기(雨期)를 뜻하는 말이다. 인도에서 비가 많이 내리는 우기 3개월 동안 실시되었던 불교 승단 전래의 연중행사로 비 내리는 여름 90일 동안 돌아다니기 불편한 이유도 있지만, 자라나는 초목과 벌레들을 잡아 죽이지 않기 위해 일정 장소에 머물러 오로지 연구와 수양, 정진에 힘쓰는 것을 말한다.[187)]

『사분율』에는 안거를 제정한 목적이 드러나 있다. "사문(沙門)의 석자(釋子)들은 … 산초목을 밟아 죽이고 남의 목숨을 끊는가? 심지어 벌레와 새들도 오히려 둥지와 굴이 있어 머물거늘, 이 사문 석자들은 언제나 봄·여름·겨울 없이 세간으로 다니다가 … 산초목을 밟아 죽이고 남의 목숨을 끊는가?"라는 다른 종교를 믿는 이들의 비난에 부처님께서 여름 석 달의 안거를 제정하게 된 것이다.[188)]

3) 불교의 인간 윤리(人)

(1) 해탈의 길

모든 종교는 구원의 길을 제시하고 있는데, 불교는 사성제와 팔정도를 통하여 윤회의 굴

---

185) 위의 책, 595쪽.
186) 위의 책, 602쪽.
187) 정각, 『한국의 불교의례』(운주사, 2002), 186쪽.
188) 『사분율』(대정장 22), 830쪽. 재인용: 정각, 186쪽.

레에서 벗어나 해탈의 길에 이르는 방법을 제시하였다. 석가는 성도(成道) 후 녹야원에서 다섯 비구에게 최초로 설법한 것이 『전법륜경』에 있고, 이 법문의 주요 내용이 사성제와 팔정도에 관한 것이다.

가. 사성제(四聖諦)

사성제(四聖諦)는 네 가지 거룩한 진리인 '고집멸도(苦集滅道)'를 말한다. 첫째 고제(苦諦)에는 여덟 가지 괴로움(八苦)가 있다. 나고(生), 늙고(老), 병들고(病), 죽는 것과(死), 미운 것과 만나고(怨憎會), 사랑하는 대상과 헤어지고(愛別離), 구하는 바를 얻지 못하는 것(求不得)과 오취온(五取蘊)[189]이 괴로움이다.[190]

『장아함 반니원경』에서도 '고집멸도(苦集滅道)'를 말하면서 어리석은 사람들은 괴로움의 원인을 알지 못하고 오랫동안 정도에서 벗어나 생사가 쉬지 않는 윤회의 굴레에 매여 있다고 한다. 괴로움(苦)과 집착(集)을 모두 없애는(滅) 진리의 길(道)을 행하면 윤회에서 벗어난다고 한다.

도를 닦는 이는 반드시 네 가지 진리를 알아야 한다. 어리석은 사람들은 진리를 알지 못해 오랫동안 바른 길에서 벗어나 생사(生死)에 매여 헤매느라고 쉴 새가 없다. 어떤 것이 네 가지 진리인가? 첫째는 이 세상 모든 것이 괴로움이니 이것을 고(苦)라 한다. 둘째는 괴로움은 집착으로 말미암아 생기는 것이니 이것을 집(集)이라 한다. 셋째는 괴로움과 집착이 없어져 다한 것이니 이것을 멸(滅)이라 한다. 넷째는 괴로움과 집착을 없애는 길이니 이것을 도(道)라 한다.[191]

나. 팔정도(八正道)

윤회에서 벗어나는 도(道)를 얻으려면 여덟 가지 올바른 행동을 실천해야 하는데, '팔정도'는 다음과 같다. ① 정견(正見, 올바른 견해), ② 정사유(正思惟, 올바른 사유), ③ 정업

---

189) 인간 존재를 구성하고 있는 다섯 가지 요소로 오온(五蘊)이라고도 한다. 인간이란 신체를 구성하는 물질적 요소(色)와 감각기관을 통해 느끼고(受), 생각하고(想), 의지적으로 작용하고(行), 식별하는(識) 다섯 요소의 덩어리에 불과하다는 것이 오온설이다. 인간은 이 무상한 오온에 집착하므로 번뇌를 낳고 괴로움의 근원이 된다.
190) 한국종교연구회, 『세계종교사입문』(청년사, 1991), 136-140쪽.
191) 불교성전편찬회, 『불교성전』(동국역경원, 2016), 89쪽.

(正業, 올바른 행위), ④ 정어(正語, 올바른 말), ⑤ 정명(正命, 올바른 생활), ⑥ 정정진(正精進, 올바른 노력), ⑦ 정념(正念, 올바른 관찰), ⑧ 정정(正定, 올바른 명상)이 그것이다. 『장아함 반니원경』에는 팔정도가 무엇인지 구체적으로 설명하고 있다.

… 도를 얻으려면 여덟 가지 행을 닦아야 한다. 첫째는 마음을 다하여 여래의 가르침을 듣고, 둘째는 애욕을 버려 **갈등**을 없애며, 셋째는 **살생과 도둑질과 음행** 같은 것을 저지르지 않고, 넷째는 속이고 아첨하며 나쁜 말로 꾸짖는 일을 하지 않으며, 다섯째는 질투하고 **욕심**내어 남들이 믿지 않는 일을 하지 않고, 여섯째는 모든 것이 무상(無常)하고 고(苦)이고 공(空)이고 무아(無我)임을 생각하며, 일곱째는 몸의 냄새나고 더럽고 깨끗하지 않음을 생각하고, 여덟째는 몸에 탐착하지 않고 마침내는 흙으로 돌아갈 줄 아는 것이다.192)

다. 계정혜(戒定慧)로 윤회에서 벗어난다

석가는 『장아함 반니원경』에서 지계(持戒)·선정(禪定)·지혜(智慧), 즉 삼학(三學)을 행하면 육도윤회에서 벗어날 수 있다고 말한다. 청정한 **계율**을 지키는 사람은 **탐욕과 성냄, 어리석음**을 따르지 아니하고, **선정**을 닦는 사람은 마음이 산란하지 않으며, **지혜**를 구하는 자는 애욕에 매이지 않음으로 하는 일에 걸림이 없다고 한다.

이 계행이 있으면 저절로 선정이 이루어지고, 선정이 이루어지면 지혜가 밝아지리니, 이를테면 흰 천에 물감을 들여야 그 빛이 더욱 선명하게 되는 것과 같다. 이 세 가지 마음이 있으면 도를 어렵지 않게 얻을 것이고, 일심으로 부지런히 닦으면 이 생을 마친 후에는 청정한 데에 들어갈 것이다. 이와 같이 행하면 스스로 이 몸을 버리고 다시 나지 않은 줄을 알리라.

만약 계·정·혜의 행을 갖추지 못하면 윤회에서 벗어나기 어려울 것이다. 그러나 이 세 가지를 갖추면 마음이 저절로 열리어, 문득 천상·인간·지옥·아귀·축생들의 세상을 보게 되고, 온갖 중생들의 생각하는 것도 알게 될 것이다. 마치 시냇물이 맑으면 그 밑에 모래와 돌자갈의 모양을 환히 들여다볼 수 있는 것과 같다.193)

---

192) 위의 책, 90쪽.
193) 불교성전편찬회, 『불교성전』(동국역경원, 2016), 93쪽.

라. 삼독(三毒)으로 윤회의 바다에 떨어진다

석가는 『능가경』에서 대혜보살에게 범부가 집착에 의해 무명의 어둠에 들어가 삼독(三毒), 즉 탐욕과 성냄, 어리석음의 업을 짓고, 육도윤회의 바다에 떨어짐을 말한다.

> 모든 범부는 이름과 모양에 집착하고 그것에 따라 일어나는 법을 따르며 갖가지 모양을 보고 나와 내 것이라는 그릇된 견해에 떨어져 모든 존재에 집착하고 무명(無明)의 어둠에 들어갑니다. 그래서 **탐심을 일으키고 성냄과 어리석은 업**을 짓게 됩니다. 누에가 고치를 짓듯이 분별하는 마음으로 스스로 몸을 얽어 **육도(六道)의 큰 바다에 떨어짐**을 알지 못하니 이것은 지혜가 없기 때문이요. 중생들은 나와 내 것이 없는 것을 알지 못하고 있소.[194]

원효의 「발심수행장」에서도 부처께서 열반의 세계에 계신 것과 중생들이 불타는 집에서 윤회하는 이유를 밝혔다. 그것은 '삼독(三毒)', 즉 탐욕·성냄·어리석음을 버렸느냐, 못 버렸느냐에 달려 있다.

> 부처께서 열반의 세계에 계시는 것은 오랜 세월동안 욕심을 끊고 고행하신 결과요, **중생들이 불타는 집에서 윤회하는 것은 끝없는 세상에 탐욕을 버리지 못한 탓**이다. 누가 **막지 않는 천당이지만 가는 사람이 적은 것은 삼독(三毒)의 번뇌를 자기의 재물인양 여기기 때문**이며, 유혹이 없는데도 악도(惡道)에 가는 자가 많은 것은 네 마리 독사[195]와 오욕(五欲)[196]을 그릇되게 마음의 보배로 삼기 때문이다.[197]

(2) 수행 덕목인 육바라밀(六波羅蜜)

육바라밀은 대승불교에서 보살[198]이 닦고 실천해야 하는 여섯 가지(보시·지계·인욕·정

---

194) 위의 책, 416쪽.
195) 우리 몸을 구성하고 있는 사대(四大), 즉 지(地)·수(水)·화(火)·풍(風) 네 가지를 독사에 비유한다.
196) 식욕, 색욕, 재욕, 명예욕, 수면욕을 말한다.
197) 불교성전편찬회, 722쪽.
198) 보살은 깨달음을 추구하는 자를 뜻한다. 대승불교의 성립은 보살을 석가보살에 한정하지 않고, 재가, 출가, 남녀, 귀천을 불문하고, 부처의 깨달음을 구하여 수행하는 모든 자를 '보살'이라고 하는 사상에서 시작하였다.

진·선정·지혜) 수행 덕목을 말한다. 소승불교에서는 개인의 해탈을 중시하지만, 대승불교에서 보살도의 실천은 남을 이롭게 하는 것이 자기를 이롭게 한다는 '자리이타(自利利他)'의 정신이 출발점이다. 보살이 자리이타의 실천행을 중시하는 까닭은 진정한 깨달음은 모든 중생과 함께 하기 때문이다. 모든 중생이 소유하고 있는 불성(佛性)을 발현하여 온 세상을 불국토(佛國土)로 만드는 것이 보살의 목표이기 때문이다. 한국의 명승(名僧)인 자장·원효·의상 등은 불국토 실현을 위한 보살행을 중시하였고, 보살행의 핵심은 바로 육바라밀이다. 『능가경 찰나품』에는 대혜보살의 육바라밀의 성취방법 질문에 대한 석가의 설명이 나온다.

보살은 모든 법을 똑바로 알면서도 일부러 보시바라밀을 행하니, 그것은 일체 중생에게 두려움이 없는 평안한 즐거움을 얻도록 하기 위해서입니다. 그러므로 그것을 **보시바라밀**이라 합니다.

보살은 모든 법을 관찰하여 분별하는 마음을 내지 않으면서도 맑고 시원한 법을 따릅니다. 그러므로 그것을 **지계바라밀**이라 합니다.

보살은 또 분별하는 마음을 내지 않고 고행을 참으면서 그 경계가 진실이 아님을 분명히 압니다. 그러므로 그것을 **인욕바라밀**이라 합니다.

보살은 어떻게 정진의 행을 닦는가 하면, 초저녁과 밤중과 새벽을 가리지 않고 항상 부지런히 수행하되 진여(眞如)의 법을 그대로 따라 온갖 분별을 끊소. 그러므로 그것을 **정진바라밀**이라 합니다.

보살은 분별하는 마음을 떠나 저 이교도들의 '취할 수 있다' '취할 만하다'는 경계의 모양을 따르지 않소. 그러므로 그것을 **선정바라밀**이라 합니다.

보살은 제 마음의 분별하는 모양을 분명히 관찰하여 분별하는 마음으로 보지 않으므로 두 가지 치우친 견해에 떨어지지 않소. 진실한 수행에 의해 한 법도 나거나 사라지는 것을 보지 않고 제 마음으로 증득한 거룩한 행을 닦소. 그러므로 그것을 **지혜바라밀**이라 합니다. 바라밀의 이치를 이와 같이 완전히 성취하면 그는 최상의 깨달음을 얻을 수 있소. 이것이 출세간 최상의 바라밀이오.[199)

(3) 사성평등설(四姓平等說)

사성평등설은 카스트(caste)로 불리는 인도 사회의 엄격한 네 계급이 모두 평등하다는 석가의 가르침이다. 인도 사회의 구성원들은 직업의 전문성 또는 출생 신분에 따라 네 계

---

199) 불교성전편찬회, 414-415쪽.

급으로 나누어지는데, 최고위의 계급부터 보면 사제나 학자인 브라만(Brahman) 계급, 무사나 통치자인 크샤트리야(Ksatriya) 계급, 농업이나 상업, 공업에 종사하는 바이샤(Vaisya) 계급, 그리고 이 세 계층의 사람들에게 봉사하는 노예계급인 슈드라(Sudra)가 있다. 이 힌두 사회의 도덕적인 정당성을 부여해주는 이론이 업(業)과 윤회 이론이고, 이를 믿는 인도인들은 자신의 현 위치와 조건을 전적으로 자기 자신의 책임으로 인식하고 그대로 수용하였다.[200]

석가는 인간의 가치는 혈통이나 신분, 계급 등으로 결정되는 것이 아니라 그 사람의 마음가짐이나 행위에 따라 정해진다는 놀라운 평등사상을 설파하였다. 『장아함 소연경』에는 최상의 종족이라고 남을 욕하는 바라문을 비판하고, 번뇌가 없어지고 완전한 지혜를 얻어 해탈의 도를 이룬 자가 가장 높은 자라고 강조한다.

> 바라문도 시집가고 장가가며 여인은 임신해서 아이를 낳고 있지 않더냐? 그들의 출생도 다른 사람과 꼭 같으면서 어떻게 바라문만이 최상의 종족이라고 범천의 입에서 나왔으며 범천의 상속자라고 남을 욕하고 업신여긴단 말이냐. …
> **네 가지 종족이나 계급은 그 사람의 혈통이나 신분으로서 차별되는 것이 아니다.** 우리는 모두가 똑같은 사람이다. 누구든지 **번뇌가 없어지고 청정한 계행이 성취되어 생사의 무거운 짐을 벗어버리고 완전한 지혜를 얻어 해탈의 도**를 이루었다면, 그 사람이야말로 사성(四姓) 중에서 가장 뛰어난 사람이라고 할 수 있을 것이다. 왜냐하면 진리만이 이 세상에서 가장 높은 것이기 때문이다.[201]

(4) 교단의 계율(戒律)

계율이란 불교에 귀의한 자가 몸(身)과 입(口)과 의지(意)에 의해 일어날 수 있는 일체의 악을 방지하기 위해 지켜야 할 행위규범을 말한다. 『사분율 1』에는 계율이 마련된 연유를 열 가지 들었다. 그것은 첫째 교단의 질서를 잡기 위해서, 둘째 대중을 기쁘게 하기 위해서, 셋째 대중을 안락하게 하기 위해서, 넷째 믿음 없는 자를 믿게 하기 위해서, 다섯째 이미 믿은 자를 더 굳세게 하기 위해서, 여섯째 다루기 어려운 이를 잘 다루기 위해서, 일곱째 부끄러운 줄 알고 뉘우치는 이를 안락하게 하기 위해서, 여덟째 현재의 실수를 없애기 위해서, 아홉째 미래의 실수를 막기 위해서, 열째 바른 법을 오래 가게 하기 위해서이

---

200) 한국종교연구회, 49쪽.
201) 불교성전편찬회, 111-112쪽.

다.202)

계율은 소승에서는 삼귀의계(三歸依戒)와 5계, 8계, 10계 등 재가계(在家戒)가 있고, 출가
승에게는 비구 250계, 비구니 348계 등이 있다. 대승에서는 보살이 지켜야 할 10중대계
(十重大戒)와 48경계(輕戒) 등이 있다.

가. 삼귀의계

삼귀의계는 처음 불교에 입단하는 자가 행하는 '불(佛)·법(法)·승(僧), 삼보(三寶)를 의지
처로 삼겠다'는 맹세를 말한다. 귀의하는 대상인 삼보는 불보인 부처님과 법보인 부처님의
가르침과 승보인 불가 공동체를 말한다. 『우파새오계상경』에는 석가가 신도가 되기를 원하
는 야사의 아버지에게 삼귀의를 다음과 같이 알려 준다.

> "진리를 깨달으신 부처님께 귀의합니다.
> 올바른 가르침에 의지합니다.
> 가르침을 수행하는 승단에 의지합니다."203)

나. 5계

석가는 야사의 아버지에게 삼귀의를 외게 한 다음 5계를 일러 주었는데, 그가 석가의
가르침 아래서 삼귀의와 5계를 받은 최초의 신도가 되었다. 5계는 모든 계율 가운데 가장
근본이 되고 중요한 계율이다. 남자 재가 신도인 우파새(優婆塞)와 남자 출가승인 비구가
똑같이 5계를 지켜야 하는데, 차이점은 우파새는 '삿된'(바르지 못한) 음행을 하지 말라고
했으나, 비구에게는 "음행하지 말라"고 하여 결혼 자체를 금지하였다. 다섯째 계명은 '술
마시지 말라'인데, '사미 10계'에서는 술 한 번 마시는데 36가지 허물이 생기고, 술을 즐
기는 자는 똥물 지옥에 떨어지며, 지혜의 씨가 없어진다고 한다.

> "첫째, 산 목숨을 죽이지 마시오.
> 둘째, 주지 않는 것을 갖지 마시오.

---

202) 위의 책, 571쪽.
203) 위의 책, 579쪽.

셋째, 삿된 **음행**을 범하지 마시오.

넷째, **거짓말**을 하지 마시오.

다섯째, 술 마시지 마시오."

부처님께서 야사의 아버지에게 "지킬 수 있습니까?"하고 물으시니, 그는 "이 목숨 다할 때까지 지키겠습니다."하고 맹세했다(『우파새오계상경』).204)

다. 사미(沙彌) 10계

'사미십계'는 20세 미만의 남자 출가승인 사미(沙彌)가 지켜야 할 10가지 계율을 말한다. 『사미십계법』에 석가는 사리풋다를 불러 자신을 찾아온 아들 라훌라에게 10계를 일러주라고 말한다. 한국의 10대 병폐 중 **거짓, 탐욕, 음행, 자살·낙태, 자연파괴**는 '사미 10계' 중 아래의 **1, 3, 4, 10 계명**과 직·간접적으로 관계가 있다.

첫째, 산 목숨을 죽이지 말라. … **목숨이 있는 것은 무엇이건 내 손으로 죽이거나 남을 시켜 죽이거나 죽이는 것을 보고 좋아하지 말라.** …

둘째, 훔치지 말라. 금과 은이나 바늘 한 개, **풀 한 포기까지라도** 주지 않은 것은 가지지 말라. …

셋째, **음행하지 말라. 일반 신도의 5계에서는 삿된 음행만 못하게 했으나, 집을 나온 수행자의 10계에서는 음행은 모두 끊어야 한다.** …

넷째. **거짓말하지 말라**. … 옳은 것을 그르다 하고 그른 것을 옳다 하며, 본 것을 못 보았다 하고 못 본 것을 보았다 하는 진실치 않은 것이다. …

다섯째, 술 마시지 말라. 술은 사람을 취하게 하는 독약이다. 한 방울도 입에 대지 말고 냄새도 맡지 말며 술집에 머물지도 말고 남에게 술을 권하지도 말라. 어떤 신도는 술을 마시고 다른 계율까지 범한 일도 있지만, 출가 수행자가 술을 마시는 것은 말할 수 없는 허물이다. **술 한 번 마시는 데에 서른여섯 가지 허물이 생기니 작은 죄가 아니다.** 술을 즐기는 사람은 죽어 똥물 지옥에 떨어지며 날 때마다 바보가 되어 지혜의 씨가 없어진다. 차라리 구정물을 마실지언정 술은 마시지 마라. 이 사미의 계를 범하면 사미가 아니다.

여섯째, 꽃다발을 사용하거나 향을 바르지 말라. …

일곱째, 노래하고 춤추거나 악기를 사용하지 말며 가서 구경하지도 말라.

여덟째, 높고 넓은 큰 평상에 앉지 말라. 높고 넓은 큰 평상에 앉는 것은 거만한 것이니

---

204) 위의 책, 579-580쪽.

복을 감하고 죄보를 불러들이게 된다. 비단으로 만든 휘장이나 이부자리 같은 것도 사용하지 말아야 한다. …

아홉째, 제때 아니면 먹지 말라. 부처님 법은 중도(中道)이니 정오에 먹는다. …

열째, **금은 보석을 가지지 말라. 금은 보석은 모두 탐심을 기르고** 도를 방해하는 물건이다. 손에 쥐지도 말아야 할텐데 수행자가 이런 것을 탐해서 될 것인가. 이웃의 가난을 생각하고 항상 보시를 해야 한다. … 이 사미의 계를 범하면 사미가 아니다.[205]

라. 십중대계(十重大戒)

석가는 보리수 아래에서 크게 깨달음을 얻고 나서 보살이 지켜야 할 열 가지 중한 계율을 제정하였다. 『범망경』에 나오는 십중대계를 요약하면 다음과 같다.

> 첫째, **중생을 죽이지 말라.**
> 둘째, **주지 않는 것을 훔치지 말라.**
> 셋째, **음행하지 말라.**
> 넷째, **거짓말하지 말라.**
> 다섯째, 술을 팔지 말라.
> 여섯째, 사부대중(四部大衆)[206]의 허물을 말하지 말라.
> 일곱째, 자기를 칭찬하고 남을 비방하지 말라.
> 여덟째, 제 것을 아끼려고 남에게 욕하지 말라.
> 아홉째, 성내지 말고 참회를 잘 받아라.
> 열째, 삼보(三寶, 불·법·승)를 비방하지 말라.[207]

마. 48 경계(輕戒)

십중대계를 설법한 석가는 이어서 보살이 지켜야 할 48 가지 가벼운 계율을 설명하였는데 여기에는 5계와 10계에 나온 계명들이 포함되어 있다. 48 경계 중 29 계명에는 나쁜

---

205) 위의 책, 582-584쪽.
206) 사부대중은 남자 출가승인 비구와 여자 출가승인 비구니, 남자 재가 신도인 우파새와 여자 재가 신도인 우파리의 4종으로 구성된 불교의 교단을 말한다.(이외에 20세 미만의 남자 출가승을 사미, 여자 출가승을 사미니라 함)
207) 불교성전편찬회, 588-590쪽.

직업으로 **매음과 관상, 점, 해몽, 주문, 술법을 금하고, 마약**과 같은 독약을 만드는 것을 금지하였다. 36 계명의 서원에서는 불구덩이나 **칼날 위에 던질지언정 음행을 하지 않겠다**고 하였고, 파계한 몸으로 신도가 주는 옷을 입지 않고, 파계한 입으로 신도의 음식을 먹지 않겠다는 무서운 결단을 본다. 범죄를 밥 먹듯이 하는 오늘날의 세태를 보면서 자괴감을 느낀다. 48 경계 중 주요 계명을 『범망경』에서 인용한다.

1. 스승과 벗을 공경하라.
3. 고기를 먹지 말라. 고기를 먹으면 자비의 종자가 끊어지고, 중생들이 그를 보고는 달아난다.
12. 나쁜 마음으로 장사하지 말라.
29. **나쁜 업으로 살지 말라. 어떤 이익을 위해 매음행위를 하거나 관상 보고 점치거나 해몽을 하거나 주문과 술법을 쓰거나 독약 같은 것을 만들지 말라.**
36. 서원을 세우라. 차라리 이 몸을 훨훨 타오르는 불구덩이나 날카로운 칼날 위에 던질지언정 삼세 부처님의 계율을 어겨 **여인들과 부정한 짓을 하지 않겠습니다.**
48. 바른 법을 파괴하지 말라.[208]

3. 유교

유교는 고구려 소수림왕 2년(372년)에 벌써 오늘의 국립대학에 해당하는 태학(太學)을 세워 인재를 양성하였고, 고구려 방방곡곡에 경당을 세워 오경(五經)과 삼사(三史)를 공부하게 하였다. 이를 보면 중국에서 유교가 전래된 시기는 이보다 훨씬 전인 것 같다. 유교는 공자(孔子, BC 551~479)가 개조(開祖)로 불리고, 그는 인간성의 주체적 각성을 통하여 인(仁)을 실천하고 천명(天命) 사상을 실현하고자 하였다.

유교는 **공동체와 원칙을 중시하고, 권위와 질서, 책임과 의무 등을 강조하므로, 민주화의 폐단인 개인주의와 공동체의 붕괴를 치유하고, 산업화의 폐단인 냉혹한 이익추구와 물질주의, 심성의 타락, 자연의 황폐화를 회복**하는데 기여할 수 있다.[209] 먼저 공자의 언행을 기록한 책인 『논어』의 천지인 관련 내용을 살펴보고, 이어서 『맹자』, 『대학』, 『중용』의 순서로 관련 내용을 기술한다.

---

208) 위의 책, 591-603쪽.
209) 구범모 외, 『한국 정치·사회 개혁의 이념적 기초』(한국정신문화연구원, 1998), 30-31쪽.

1) 세 가지 천(天)과 천명(天命)

(1) 유교의 천(天)은 셋으로 나눌 수 있다.

첫째 '주재 천(主宰天)'으로 우주만물을 통치하고 국가와 인간의 흥망성쇠를 주관하는 최고신인 상제(上帝)를 말한다. 둘째 '이법 천(理法天)'으로 우주와 인간의 '근본 원리와 법칙'인 '도(道)'와 '이(理)'를 말한다. 셋째 '자연 천(自然天)'으로 지평선이나 수평선 위로 보이는 무한대의 넓은 공간인 하늘(上天)을 말하며, 아래에 있는 '땅'(下地)에 대비된다. 유교 경전에서 '천(天)'을 살펴보면 대부분이 **주재 천의 의미로 사용**되었고, 이법 천의 의미로도 종종 쓰이나, 자연 천의 의미로는 거의 사용되지 않고 있다. 이를 보면 유교의 '천'은 '이념'이나 '하늘'을 가리키는 것 보다는 만물을 창조하고 통치하는 하느님을 의미한다고 본다.

중국의 상고대(上古代)인 하(夏)·은(殷)·주(周) 시대 이래로 주재천인 상제(上帝) 또는 천(天)은 인간의 경외 대상으로 인간은 그에게 제사하고 그는 인간에게 강복하고 상벌을 주관하는 절대적인 존재였다.[210] 그 후 당·송 시대에는 '이법 천'인 '도'나 '이'가 천(天)을 대신하여 사용되었다. 여기서 유교의 근본 이념을 '도(道)'라고 한다면 이 도는 우주만물을 주재하는 하늘의 길이라는 뜻에서 천도(天道)를 의미하며, 사람이 마땅히 가야할 길이라는 뜻에서 인도(人道)는 천도에서 파생된 것으로 볼 수 있다.

유교는 제사의 종교이다. **요(堯) 임금이 처음으로 상제께 천제(天祭)를 올렸고, 요를 이은 순(舜) 임금도 천제를 올렸다**(『서경』「순전(舜典)」.[211] 중국의 역대 왕들도 천제를 봉행했는데 춘추시대까지 72명의 왕이 산동성 태산에 올라 천제를 지냈다고 한다.[212] 또한 북경 남쪽에는 명나라 영락제 때(1420년) 지어진 천단(天壇)이 있는데 이곳에서도 명·청 왕조 22명의 황제들이 654 차례 천제를 올렸다.[213]

우리나라의 천제(天祭)와 상제(上帝)

우리나라도 조선 초기까지 1천년 동안 천제가 끊이지 않았으며, 세조 때까지 국가적 규모

---

210) 금장태, 『유교와 한국사상』(한국학술정보, 2007), 41-42쪽.
211) 안함로 외, 『환단고기』(해제), (상생출판, 2016), 421쪽.
212) 위의 책(해제), 424쪽.
213) 「유네스코 세계유산」, "천단"

로 원구대제(圓丘大祭)를 봉행하였다. 하지만 명나라가 '천제는 천자가 올리는 것'이라고 조선의 천제를 금지하자 기우제 또는 초제(醮祭, 별에 대한 제사)로 격하하여 거행하였다. 그 후 1897년에 '대한제국'으로 국호를 바꾸고 천자의 보위에 오른 고종황제에 의해 원구단을 복원하고 천제를 다시 봉행하게 되었다.[214]

자연 천과 이법 천을 말하던 조선의 유학자들도 후기에 들어오면서 주재 천을 말하기 시작했다. 정약용은 『여유당전서』에서 **하늘의 주재자는 상제이다(天之主宰爲上帝)", "천은 상제이다(天謂上帝也)"**. "상제는 누구인가? 천지와 신, 사람의 밖에서 천지와 신, 사람, 만물의 종류를 조화시키고, 이들을 거느려 다스리고, 편안케 하고, 기르는 분이다(上帝者何, 是於天地神人之外, 造化天地神人萬物之類, 而宰制安養之者也.)"[215]라고 주장하였다. 추상적인 '천(天)'을 우주만물을 통치하시는 '상제'라고 분명하게 말한다.

(2) 논어(論語)의 천(天) 관념

가. '주재(主宰) 천(天)'

공자가 깨달은 천명

공자는 「위정」에서 자기 일생을 단계별로 나누어 이루어야 할 일을 기술하였다. 그는 15세에 '지우학(志于學)'을 시작으로, 30세에 독립(立)하고, 40세에 '불혹(不惑)'하고, 50세에 지천명(知天命)했다고 기술한다.

> "나는 15세에 학문에 뜻을 두고, 30세에 독립하고, 40세에 세상 유혹에 흔들리지 않고, **50세에 천명**을 알았으며, 60세에 남의 말을 순순히 듣게 되었고, 70세에는 내 마음대로 행동하여도 법도를 넘어서지 않았다."[216].

「요왈」에서는 **"천명을 알지 못하면 군자가 될 수 없다(不知命 無以爲君子也)."**라 하면서 통치자와 지도자는 천명을 알고 천명에 따라야 함을 강조한다.

「계씨」에서 군자의 세 가지 두려워하는 일을 말하며, 그 첫째로 천명을 두려워한다고 했

---

214) 안함로 외(해제), 424쪽.
215) 위의 책(해제), 479쪽.
216) 『논어』, 김영수 역해 (일신서적, 1997), 32쪽..

다. 이에 비해 소인은 천명을 알지 못하므로 두려워하지 않는다고 말한다.

　　"**천명을 두려워하고, 덕이 높은 어른을 두려워하며, 성인의 말씀을 두려워한다.** 소인은 천명을 알지 못하므로 두려워하지 않으며, 덕이 높은 어른을 존경하지 않으며, 성인들의 말씀을 업신여긴다"(『논어』, 452).

하늘에 죄를 지으면 기도할 곳이 없다

　　공자는 「팔일」에서 "**하늘에 죄를 지으면 기도할 곳이 없다**"(獲罪於天 無所禱也)고 하여 천명을 어기고 죄를 짓는 자는 기도가 막힘을 말한다. 자신의 죄를 자각하고, 하늘에 죄를 회개해야 죄인과 하늘과의 관계가 회복된다.

　　「술이」에서는 공자의 병이 위독했을 때 자로가 기도하면 좋겠다고 청하면서, "천신(天神)과 지신(地神)에게 도와 달라고 기도했다."는 선례를 언급했다. 그러자 공자는 "**내가 기도함이 오래 되었다**"고 하였다(『논어』, 200). 이를 통해 공자 같은 위대한 성인도 창조주 하느님께 자신이 해결할 수 없는 어려운 문제를 놓고 오랫동안 기도했음을 알 수 있다.

　　「술이」에서는 하늘이 난세를 구할 사명을 주셨는데, 권세가인 환퇴가 어찌하지 못한다는 뜻으로 "**하늘이 나에게 덕을 펼칠 사명을 주었는데 환퇴가 어찌 나를 해치겠느냐?**"고 담대하게 말한다(『논어』, 188).

나, '이법(理法) 천(天)'

　　하늘을 포함한 우주만물은 나름대로의 질서를 가지고 사시사철 운행하고 있다. 이 불변의 원리와 법칙을 '도(道)'라고 하는데, 공자는 하늘(天)을 도(道)와 같은 이법으로 보기도 하였다. 「양화」에서 공자는 말 없는 하늘(天)이 '자연의 이법'대로 우주만물의 운행질서를 지키는 것처럼, 자신도 말을 하지 않겠다고 다짐한다. 이 때의 천(天)은 봄·여름·가을·겨울을 정확하게 바꾸고, 철마다 곡식과 채소, 과일 등 만물을 자라고 열매 맺게 하는 이법으로서의 하늘(天)을 말한다.

　　공자가 "나는 말을 아니 하리라." 하자, 자공이 "선생님이 말씀을 아니 하시면 저희들은 무엇으로 도를 전하겠습니까?"고 말했다. 이에 공자는 "**하늘(天)이 무슨 말을 하더냐! 사**

계절을 바꾸어 가고, 만물을 철마다 자라게 하지만 하늘이 무슨 말을 하더냐!(天何言哉 四時行焉 百物生焉 天何言哉)"고 공자는 말했다(『논어』, 480).

다. '자연(自然) 천(天)'

「태백」에서의 **천(天)은 높고, 크고, 넓고, 푸른 공중의 하늘**을 말한다. 공자는 한없이 크고, 넓은 하늘을 본받은 요임금의 자질을 높이 칭찬한다. 요의 선정과 덕행이 하늘처럼 크고 높아 백성들에게 무한한 교화를 펼쳤다고 말한다.

> 공자가 "크도다! 요(堯)의 임금 됨이여! 위대하도다. **오직 하늘만이 그토록 클 수 있도 다!(巍巍乎 唯天爲大) 요는 큰 하늘을 본받았도다!** 넓도다. 백성들이 이름 짓지 못할 만 큼! 위대하도다. 요의 공적! 빛나도다. 그의 문물제도!"(『논어』, 222).

(3) 맹자의 천명론(天命論)

가. 낙천자(樂天者)와 외천자(畏天者)

맹자는 「양혜왕 하」에서 대국이면서도 소국에 교만하지 않고 섬기는 임금은 하늘(天)을 기쁘게 하는 자이고, 작은 나라로서 큰 나라를 예(禮)로서 섬기는 임금은 하늘을 두려워하 는 자라고 말한다. **하늘을 기쁘게 하는 자는 천하를 보전하고** 다스릴 수 있으며, **하늘을 두려워하는 자는 한 나라를 보전하고** 다스릴 수 있다고 거듭 말한다. 이 때의 '하늘'은 뒷 문장에서 '천(天)'을 하느님인 **'상제(上帝)'**로 표현했으므로(天降下民 惟曰其助上帝) 만물의 주재자인 '하느님'으로 본다.

> 큰 나라이면서 작은 나라를 섬기는 이는 하늘을 기쁘게 하는 자이고(以大事小者 樂天 者也), 작은 나라로서 큰 나라를 섬기는 이는 하늘을 두려워하는 자입니다(以小事大者 畏天者也).
> **하늘을 기쁘게 하는 자는 천하를 보전하고(樂天者 保天下), 하늘을 두려워하는 자는 자기 나라를 보전합니다(畏天者 保其國).** …
> 서경에 이르기를 '하늘이 이 세상에 사람을 내었고(天降下民) 그들을 위한 **임금**217)과 스

승을 세웠으니, 오직 말하기를 **임금과 스승은 하느님인 나를 도와라(惟曰其助上帝).** 사방 백성들의 총애를 받으리라. 죄 있는 백성에게는 벌을 주고 죄 없는 백성에게는 복을 줄 때 오직 하느님인 내가 같이 있으리니(有罪無罪 惟我在), 천하에 감히 하느님인 나의 뜻을 거스리는 자가 있으리오' 하였습니다(『맹자』, 59-61).

나. 순천자(順天者)와 역천자(逆天者)

「이루 상」에는 천하에 정도가 행해질 때는 덕을 존중하기 때문에 덕이 적은 사람이 덕이 큰 사람에게 부림을 받고, 정도가 행해지지 않을 때는 힘을 존중하기 때문에 작은 나라가 큰 나라에 부림을 받는다고 한다. 이는 하늘의 뜻이므로 하늘의 뜻을 따르는 자는 생존하고, 하늘의 뜻을 거역하는 자는 멸망한다고 주장한다. 피조물 인간의 본분은 창조주 하느님의 뜻에 순종하는 것이며, 순종할 때는 행복하게 살 수 있지만, 불순종하면 멸망임을 명심해야 한다.

> "천하에 정도가 행해질 때는 덕이 적은 사람이 덕이 큰 사람에게 부림을 받고, 조금 어진 사람은 크게 어진 사람에게 부림을 받는다. 천하에 정도가 행해지지 않을 때에는 작은 나라가 큰 나라에게 부림을 받고, 약한 나라가 강한 나라에게 부림을 받는다. 이 두 가지는 하늘의 뜻이니, **하늘의 뜻에 순종하는 자는 생존하고(順天者存), 하늘의 뜻을 거역하는 자는 멸망한다(逆天者亡)**"(『맹자』, 252).

다. 하늘이 큰 임무를 맡길 때 반드시 고난이 먼저 있다

'**천강대임(天降大任) 필선고(必先苦)**'는 하늘이 큰 임무를 맡길 때 **반드시 고난이 먼저 따른다**는 것이다.(「고자 하」) 여기서 **하늘(天)**은 '**인격적인 주재자(主宰者)**'의 의미로 사용하여 하늘이 큰 사명을 사람에게 맡길 때는 먼저 마음과 몸을 혹독하게 단련시키고, 하는 일마다 어긋나고 어렵게 만든다. 왜냐하면 이런 고난을 겪은 후에 전에는 불가능했던 일들도 능히 감당할 수 있는 인내심과 창의적인 능력이 생기기 때문이다. '고난'이 오면 누구

---

217) 이 '임금'이 바로 천자(天子)이다. **천자는 '천제지자(天帝之子)'의 준말로 '상제 하느님의 아들'**을 말한다. 우리 조상 최초의 나라 환국(桓國)을 비롯하여 중국의 나라도 천자가 다스리는 천자국(天子國)이라 불렸다. 상제와 인간을 연결하는 다리 역할을 하는 **천자의 가장 근본적인 사명은 상제께 천제(天祭)를 올리고, 땅 위의 백성을 상제의 뜻대로 다스리는 것이다.**

나 고통스럽지만, 고난에는 유익이 있다(시119:71). 고난을 통해 자신의 부족을 깨닫게 되고(시119:67), 이를 보완하여 더 큰 일을 감당할 수 있기 때문이다.

> 하늘이 장차 그 사람에게 중대한 사명을 맡기려 할 때는(天將降大任於是人也)
> 반드시 먼저 그의 마음과 뜻을 흔들어 고통스럽게 하고(必先苦其心志),
> 힘줄과 뼈를 지치게 하고 그 육체를 굶주리고 궁핍하게 만들어(勞其筋骨 餓其體膚 空乏其身)
> 그가 하고자 하는 일을 흔들고 어지럽게 하나니(行拂亂其所爲)
> 이는 타고난 못난 성품을 인내로써 담금질하여(所以動心忍性)
> 이전에 할 수 없었던 사명을 능히 감당하도록 그 역량을 키워주기 위함이다(曾益其所不能)(「맹자」, 460).

라. 하늘이 보고 듣는 것은 백성을 통해서이다

「만장 상」에는 '민심(民心)이 곧 천심(天心)'이라는 "민본주의" 사상을 말한다. "하늘이 보고, 듣는 것은 우리 백성들을 통해서이다"(天視 自我民視 天聽 自我民聽)라는 말 속에 이 사상이 들어 있다. 하늘(天)의 주재자 상제는 그의 뜻대로 천자(天子)를 정하여 백성을 다스리는 권세를 주었다.

> "요임금이 천하를 순에게 주었다는데 그런 일이 있습니까?" 맹자께서 말씀하셨다. "아니다. 천자는 천하를 남에게 줄 수 없다. 그렇다면 순이 천하를 차지한 것은 누가 준 것입니까?"
> "하늘이 준 것이다." …
> 태서(太誓)에 하늘이 보는 것은 우리 백성들을 통해서 보고(天視 自我民視), 하늘이 듣는 것은 우리 백성들을 통해서 듣는다(天聽 自我民聽)고 하였으니 이를 두고 한 말이다(『맹자』, 339-340).

(4) 대학(大學)의 천명론

가. 하늘이 반드시 군주와 스승을 임명한다(天必命君師)

지극히 맑고, 지극히 순수한(極淸極粹) 총명과 예지가 뛰어난 인물이 출생하면 하늘은 반드시 그를 만백성의 군주와 스승으로 임명하여 백성들을 다스리고 가르치게 한다. 그리하여 그들의 원래 순수한 인의예지의 본성을 회복케 한다. 이 때의 하늘은 '주재자로서의 천'을 말한다.

"하늘이 인류를 출생(生民)시킬 때부터 이미 '인의예지의 본성'(仁義禮智之性)을 부여하지 않음이 없지만, 그 '기질의 바탕'(氣質之稟)은 혹 같을 수 없다. 이로 인하여 모든 사람이 그런 본성을 가지고 있음을 알아도, 그것을 보전할 수는 없었다. (그래서) 사람들 중에 한 사람이라도 총명하고 예지가 있어 능히 그 본성을 다 발휘하는 자가 나오면, **하늘이 반드시 그에게 명하여 만백성의 군주와 스승으로 삼아** 그로 백성을 다스리고, 가르치게 하여, 백성들의 본성을 회복케 한다. 이것이 복희, 신농, 황제, 요, 순이 하늘의 뜻을 이어 도덕의 근본을 세우고(繼天立極), 사도(司徒)[218]의 관직과 전악(典樂)[219]의 관리를 설치한 이유이다."[220]

나. 민심을 얻는 것은 천명을 얻는 것이다(得民心是得天命)

은(殷) 나라가 백성들의 마음을 얻었을 때는 천하의 군주가 되어 **'상제(上帝)'**에게 부합할 수 있었다고 시경은 말한다. 이것은 주재(主宰) 천(天) 하느님을 상제(上帝)로 표현한 것이다. **"민심을 얻으면 나라를 얻고, 민심을 잃으면 나라를 잃는다."**는 말은 군주의 자리는 민심의 향배에 달려 있으며, 민심을 얻는 것이 천명을 얻는 것임을 드러낸다. 당시 전제 군주국가 시대에 오늘날의 민주주의 사상을 밝힌 것은 놀라운 일이다. 민심을 얻기 위해서는 군주는 말단인 재물보다 근본인 덕을 얻어야 함을 강조한다. 이 덕은 하늘이 부여해 준 명덕(明德)을 말한다.

시경에 이르기를 "은(殷) 나라가 백성들의 마음을 잃지 않았을 때엔 상제(上帝)에게 능히 부합할 수 있었으니, 마땅히 은 나라를 거울로 삼을지어다."(詩云殷之未喪師 克配上帝 儀監于殷)라고 했다. 하늘의 큰 명령(峻命)은 보존함이 쉽지 않으니, **백성의 마음을 얻은 즉 나라를 얻고, 백성의 마음을 잃으면 나라를 잃는다.**
이러므로 군자는 먼저 자신의 덕에 신중해야 한다. 덕이 있으면 사람이 따르게 되고, 사

---

218) "사도"는 주(周) 나라 때 교육을 맡은 벼슬로 육경(六卿)의 하나이며, 한(漢) 나라 때는 삼공(三公)의 하나이다.
219) "전악"은 궁중 음악에 관한 일을 맡아 하던 벼슬아치를 통틀어 이르는 말.
220) 『대학·중용』, 김혁제 교열 (명문당, 1997), 1쪽.

람이 따르게 되면 영토가 있게 되고, 영토가 있게 되면 재물이 있게 되고, 재물이 있게 되면 쓰임(用)이 있게 된다. 덕은 근본이요 재물은 말단이다. 근본인 덕을 외면하고 말단인 재물을 중시하면 백성들을 다투게 하고 서로 빼앗는 짓을 가르치게 된다.
(『대학·중용』, 63-65).

강고(康誥)에는 "오직 천명은 불변하는 것이 아니다(惟命不于常)."라고 했는데, 이는 정도를 따라 선한 정치를 하면 천명을 얻고, 불선하면 잃음을 말한다(道善則得之 不善則失之矣).[221] 따라서 군자는 오로지 선을 행하여 백성들의 마음을 얻어야 하며, 이것이 나라를 얻는 방법이다. 구체적인 군자의 덕목으로 충(忠)과 신(信)을 들었다. **충성과 신의로 군자의 지위를 얻고, 교만과 방만으로 그 지위를 잃게 된다**(君子有大道 必忠信以得之 驕泰以失之)(『대학·중용』, 72).

(5) 중용(中庸)의 천명론

가. 중용은 천명(天命)으로 시작된다

중용은 "천명(天命)을 일러 본성이라 한다(天命之謂性)."라는 말로 시작한다. '천명'에서 시작한 '성(性)'과 이를 따르는 '도(道)', 도를 닦는 '교(敎)', 이 네 용어가 중용의 핵심이다. 이 모두의 시작은 '천명'임을 강조하고자 한다. '천명'은 하늘의 명령을 말하고, '본성'은 하늘로부터 부여 받은 때 묻지 않은 본래의 성품을 말한다.
'도(道)'는 무엇인가? "본성에 따르는 것을 도"라고 한다. 주희는 "천하 모든 것의 큰 근본이란 하늘이 만물에 부여한 본성이다. 천하의 이치는 모두 여기에서 나오니 이는 도의 본래 모습(體)이다. 모든 것에 두루 통하는 도는 본성을 따르는 것으로 시공을 망라해 모두 이것을 통하여 운행되니 이는 도의 작용이다."라고 말한다.[222]

하늘이 명령한 것을 본성이라 하고(天命之謂性),
본성을 따르는 것을 도라하고(率性之謂道),
도를 닦는 것을 가르침이라 한다(修道之謂敎)(『중용』 1장).[223]

---

221) 『대학·중용』, 66쪽.
222) 주희 편, 『대학·중용』, 김미영 역 (홍익출판사, 2015), 120쪽.
223) 『대학·중용』, 2쪽.

주희는 『맹자』「고자 상」 집주에서 이 본성(性)을 사람이 하늘에서 얻은 이(理)라고 한다. 인의예지(仁義禮智)의 천품(天稟. 하늘로부터 타고난 기품)은 인간만이 가지는 것으로 이 점에서 사람의 본성은 선하고 사람이 만물의 영장(靈長)이 된 까닭이라고 말한다. 이 때의 '하늘(天)'이 '이법으로서의 천'이나, '자연으로서의 천'일까? 아니다! 창조주 하느님인 '주재자로서의 천'을 말한다.

> **"성(性)이란 사람이 하늘에서 얻은 이(理)이고, 생(生)은 사람이 하늘에서 얻은 기(氣)이다. 성은 형이상의 것이요, 기(氣)는 형이하의 것이다. 사람과 만물은 나면서부터 그러한 성을 지니게 되고, 그러한 기를 지니게 된다. 기를 가지고 볼 때는 지각과 운동이 사람이나 만물이나 다르지 않은 것 같으나, 이(理)를 가지고 말한다면 인의예지(仁義禮智)의 천품을 모든 만물이 다 온전히 지닐 수 있겠는가? 바로 이 점에서 사람의 성이 선하고 만물의 영장이 된 까닭이 있다."** 고 하였다(『맹자』, 394).

군자가 항상 삼가는 이유

'도(道)'란 하늘로부터 부여받은 본성에 따르는 것이다. 주희와 정약용은 군자가 항상 조심하고 삼가야 하는 이유를 상반되게 설명한다. **주희는 '하늘의 이치'를 강조**하여 군자의 마음을 보존해야 한다고 말한다.

> "도는 평소에 마땅히 실천해야 하는 이치다. 이는 모두 하늘로부터 부여받은 본성의 덕으로 마음에 갖추어져 있다. 모든 사람이 부여받아 항상 가지고 있으므로 잠시도 떨어질 수 없다. … 그러므로 군자는 항상 깨어 있는 마음을 가지고 비록 보이고 들리지 않는다 하더라도 감히 소홀히 하지 않는다. 이는 **'하늘의 이치'**를 본래 그런 상태로 보존하는 방법이니, 한 순간이라도 떨어지게 해서는 안 된다."[224]

정약용은 이와 달리 '상제'를 강조함으로써 사람들로 하여금 선을 행하도록 강제하는 존재를 설정하고 있다.

> "군자가 아무도 없는 어두운 방에 있더라도 두렵고 떨려서 악행을 감히 못하는 것은 **상**

---

[224] 주희 편, 118-119쪽.

제가 **그와 함께 있음**을 알기 때문이다. 지금 명(命)·성(性)·도(道)·교(教)를 (주희처럼) 모두 '이(理)'로 돌려 해석해 버린다면, **'이'란 본래 지각도 없고 위엄과 능력도 없으므로, 어찌 경계할 것을 삼가며 무서워할 것을 두려워하겠는가.**"[225]

군자를 비롯한 모든 사람은 하늘로부터 본성을 부여 받았으므로 본성을 따르는 '도(道)'를 실천하는 것이 마땅하지만, 인욕(人慾)을 따르고자 하는 마음 때문에 '하늘의 이치'를 알고도 실천을 못하게 되는 것이 다반사다. 그러나 무소부재(無所不在)하고 전지전능(全知全能)하신 상제가 항상 지켜보고 선악에 따라 심판한다는 사실을 상기하면 모든 사람은 누가 보든, 안 보든 나쁜 짓을 못하게 된다. 주희의 주장보다 정약용의 주장이 설득력이 있다.

나. 성신(聖神)이 하느님을 계승하여 법도를 세운다

성리학의 주창자 주자(朱子)는 중용의 첫 머리(章句序)에 중용을 지은 이유를 말하면서 **성신(聖神)이 하늘을 계승하여 세상의 법도를 세움**으로 도통이 자연스레 이어졌음을 말한다. 이때의 **성신은 주재 천의 영(靈)**을 가리키며 하늘도 주재 천을 가리킨다고 본다.

중용은 왜 지었는가? 자사(子思)가 도학(道學)이 끊어질까 걱정하여 지은 것이다. 대개 상고시대로부터 **성신(聖神)이 하늘을 계승**하여 법도를 세움으로 도통(道統)의 전함이 자연스레 내려오게 되었다(蓋自上古 聖神繼天立極而道統之傳 有自來矣).[226]

다. 상제(上帝)를 섬기는 방법이 제사이다

고대 중국에서 **하늘에 제사지내는 교(郊)와 땅에 제사지내는 사(社)는 상제 하느님을 섬기는 방법**이다. 정약용에 의하면 우리나라에도 왕망(王莽) 시대부터 동지 때는 남교(南郊)에서 하늘에 제사하고, 하지 때는 북교(北郊)에서 지기(地祇)에 제사하는 예법이 시작되었다고 한다.(『한국민족문화대백과』. "교사")

하늘과 땅에 제사지내는 **'교사지례'**는 **상제**를 섬기는 방법이다(郊社之禮所以事**上帝**也).

---

225) 정약용, 『중용자잠』 3-1. "君子處暗室之中 戰戰栗栗 不敢爲惡 知其有上帝臨女也. 今以命性道教 悉歸之於一理 則理本無知 亦無威能 河所戒而愼之 何所恐而懼之乎."
226) 『대학·중용』, 1쪽.

'종묘지례'(宗廟之禮)는 선조에게 제사지내는 방법이다. 교사지례와 천자가 종묘에 제사지내는 체(禘)제사와 사시사철 제사지내는 상(嘗)제사의 의미를 알면, 나라를 다스림이 손바닥 보듯이 쉬울 것이다(『중용』 19장).[227]

라. 사람을 알려면 하느님을 알아야 한다(知天)

정치를 하는 군자는 자신이 먼저 인자함으로 몸을 닦아야 한다. 몸을 닦으려면 부모를 잘 섬겨야 하고 부모를 잘 섬기려면 사람에 대해서 잘 알아야 한다. **사람을 잘 알려면 사람을 만드신 하느님을 잘 알아야 한다.** 이 '지천(知天)'에서의 '천(天)'은 '이법(理法)으로서의 천'으로 볼 수도 있으나, '주재자로서의 천'이 더 합당하다고 본다. 사람을 창조하신 자가 사람의 생각과 말, 행동에 대하여 가장 정확하게 알기 때문이다.

그러므로 군자는 몸을 닦지 않을 수 없다. 몸을 닦으려면 부모를 섬기지 않을 수 없다. 부모를 섬기려면 사람을 몰라서는 안 된다. **사람을 알려면 하늘을 몰라서는 안 된다**(思事親 不可以不知人, **思知人 不可以不知天**).
천하에 알려진 도는 오륜(五倫)이고 그것을 행하는 방법은 세 가지이다. **군신과 부자, 부부, 형제, 친구 간의 사귐, 이 다섯 가지가 천하에 알려진 도이고, 지혜와 인자, 용기, 이세 가지가 천하에 알려진 덕이다.** 이것을 행하는 방법은 하나[228]이다(『중용』 20장).

마. 천재(天才)와 범재(凡才), 둔재(鈍才)

사람은 태어날 때 하늘로부터 부여받은 기품이 있다. 이 기품은 차이가 있어 **날 때부터 아는 천재(天才)와 배워서 아는 범재(凡才), 고난을 겪고서야 아는 둔재(鈍才)가 있다.** 이 때의 '하늘'은 '자연으로서의 천'이 아니라, 재능을 부여하는 '주재자로서의 천'을 말한다.
또한 행함에도 날 때부터 차이가 있어 순리대로 편안히 행하는 자가 있고, 자신에게 이로울 때만 행하는 자가 있고, 강제로 시켜야만 행하는 자가 있다. 이러한 차이도 '주재자로서의 천'이 각 사람에게 부여한 기품의 차이 때문이라고 본다.

어떤 사람은 나면서부터 알고, 어떤 사람은 배워서 알고, 어떤 사람은 고난을 겪고 나서

---

227) 『대학·중용』, 65쪽.
228) 주자는 이 '하나'를 '성(誠)'이라고 한다. (『대학·중용』, 72쪽.)

안다. 그러나 안다는 점에서는 하나이다.

어떤 사람은 편안히 행하고, 어떤 사람은 이익 때문에 행하고, 어떤 사람은 억지로 행한다. 그러나 성과를 이룬다는 점에서는 하나이다(『중용』 20장).

2) 호연지기와 천하의 넓은 집(地)

(1) 천하에 가득 찬 호연지기(浩然之氣)

맹자는 「공손추 상」에서 자연의 원기인 '호연지기(浩然之氣)'에 대해서 설명한다. '호연지기'는 **하늘과 땅 사이에 가득 찬 넓고 큰 원기**(元氣)이다. 만물이 자라는데 근본이 되는 정기인 '**원기**'는 정의와 정도를 많이 행할 때 저절로 온 우주에 가득 차게 되는 것으로 강제적으로 끌어 와서 얻는 것이 아니다. 인간을 인간답게 하는 이 호연지기가 없으면 인간은 힘이 빠지고 시들어 버린다. 이 땅의 꿈 많은 젊은이들이여! 세상에 좌절하지 말고 우주에 가득 찬 호연지기를 품어라!

그 기(浩然之氣)란 지극히 크고 지극히 강하여서 바르게 길러 해치지 않는다면 하늘과 땅에 가득 차게 될 것이다. 그 기란 정의(正義)와 정도(正道)에 부합되는 것으로써 그것이 없으면 몸이 시들어 버린다. 그것은 정의를 많이 행해 저절로 생겨나는 것이지, 정의가 외부에서 엄습해 와서 얻어지는 것이 아니다(『맹자』, 108).

(2) 천하의 넓은 집에 사는 대장부

「등문공 하」의 '천하의 넓은 집'은 '자연'을 표현한다. '자연'이라는 넓은 집에 살면서, '자연'의 바른 자리에 서서, '자연'의 순리대로 의롭게 살아가는 대장부의 호연지기를 설명한다. 진정한 대장부란 인(仁)이라는 천하의 광거에 살며, 예(禮)라는 천하의 정위에 서며, 의(義)라는 천하의 대도를 당당히 걸어가며 뜻을 얻으면 백성들과 함께 인과 예, 의를 행하고, 뜻을 얻지 못하면 홀로 그 도를 행하는 사람이다.

천하의 넓은 집(廣居)에 살며 천하의 바른 자리(正位)에 서며 천하의 대도(大道)를 행하여 뜻을 얻으면 백성들과 함께 하고, 뜻을 얻지 못하면 홀로 그 도를 행하여 부귀도 그 마음을 유혹하지 못하고 빈천도 그의 지조를 바꾸지 못하고 위엄과 무력도 그의 뜻을 꺾지 못하는 이런 사람을 일러 대장부라 하는 것이요(『맹자』, 209).

3) 유교의 인간 윤리(人)

유교의 핵심 덕목을 인(仁)과 의(義), 예(禮)와 도(道), 성(誠)과 효(孝)로 나누어 설명하고, 이어서 대학의 치국(治國) 평천하(平天下)를 차례로 기술한다.

(1) 유교의 최고 덕목 인(仁)과 의(義)

가. 논어의 인

공자는 윤리관에 있어서 **최고의 이념으로 인(仁)**을 내세우고, 그 인의 실천에서 비로소 개인적인 인격 정립과 사회의 질서가 확립된다고 보았다. **인의 출발은 가정에서 시작되며 가장 먼저 해야 할 일은 효제(孝悌)이고, 이를 갈고 닦아 충신(忠信)으로 확대**해야 한다. 이렇게 개인에서 출발한 인은 **예(禮)라는 사회 규범을 통해 완성**된다.[229] 인간의 본성을 인(仁)으로 규정하고, 인을 실현함으로써 수기치인(修己治人)하여 천하를 태평하게 하자는 이상을 공자는 제시하였다. 이러한 이상은 맹자와 순자에 의하여 계승, 발전되어 감으로써 원시유교 체계가 확립되었다(정진일, 256).

'극기복례'가 '인(仁)'이다

공자는 제자 안연이 인(仁)에 대해서 물었을 때 '극기복례'(克己復禮), 즉 '사리사욕을 극복하여 예로 돌아감'이 인이라고 대답한다.

"자기를 극복하여 예로 돌아감이 인이니, 하루라도 자기를 이겨 예로 돌아가면 천하가 인으로 돌아갈 것이다. 인을 이룩함은 나로 비롯함이니, 어찌 남에게 의존하겠는가?" …
"예가 아니면 보지 말고, 예가 아니면 듣지 말며, 예가 아니면 행동하지 말라"
(『논어』「안연」, 308).

---

229) 『논어』, 김영수 역해 (일신서적, 1997), 1쪽.

자기가 하기 싫은 것은 남에게도 시키지 말라

「안연」에서 중궁이 공자에게 물었을 때는 '인'을 간접적으로 설명하면서 몸가짐은 귀한 손님을 맞이하듯 하고, 백성에게 일을 시킬 때는 큰 제사를 받들 듯이 경건하게 하며, 자기가 싫은 것은 남에게 시키지 말라고 하였다.

또한 「위령공」에서 평생토록 지켜 행하여야 할 한 마디가 무엇이냐는 질문에 "오직 **서(恕)**[230]가 있다"고 대답하면서 '자기가 하기 싫은 것은 남도 시키지 말라'고 거듭 말하였다(『논어』, 426). 이는 기독교의 황금률인 "무엇이든지 남에게 대접을 받고자 하는 대로 남을 대접하라"(마7:12)는 말과 같은 뜻이나, 수동적·소극적 의미인가, 능동적·적극적 의미인가에 차이가 있다.

> "문을 나가면 몸가짐을 귀한 손님(大賓)을 맞이하듯 하며, 백성을 부리되 큰 제사를 받듦과 같이 하며, **자기가 하고 싶지 아니한 것을 남에게 시키지 말라(己所不欲 勿施於人)**. 그렇게 하면 온 나라에 원망이 없고 온 집안에 원망이 없다(『논어』, 309).

『논어』「옹야」에서 내가 하고 싶은 것을 남도 하도록 해주고 내가 달성하고 싶은 것을 남도 달성하게 하는 것을 제시한다. 공자의 인은 사회적인 선행(善行)이다. 현실에서 도(道)를 실현하여 만민에게 유익을 주는 것을 인이라 부른다.

> 자공이 "만약 백성들에게 널리 베풀고, 많은 사람을 구제할 수 있다면 어떻겠습니까? 인이라 부를 수 있겠습니까?"하고 묻자, 공자께서 대답하셨다. "어찌 인이라고만 하겠느냐? 필히 성(聖)이라고 하겠다. 요, 순도 그리하지 못해 걱정했다. **무릇 인(仁)이란 내가 일어서고 싶으면 남도 일어서게 해주고, 내가 성취하고 싶으면 남도 성취하게 하는 것이다(己欲立而立人, 己欲達而達人)**. 가까운 자기를 가지고 남의 입장을 아는 것이 바로 인을 실천하는 방법이라 하겠다"(『논어』, 163).

'인'은 사람을 사랑하는 것이다

「안연」에서 제자 번지(樊遲)가 '인'(仁)에 대하여 묻자 **"사람을 사랑하는 것(愛人)"**이라고

---

230) '서(恕)'는 "내 마음을 통하여 타인 마음을 이해하는 것"을 말한다. "내가 싫어하는 것은 남도 싫어 할 것이므로 남에게 시키지 말아야 한다."는 말이 '서'의 의미를 잘 표현하고 있다.

분명하게 대답한다(『논어』, 332). 기독교의 사랑, 불교의 자비와 일맥상통한다. 이 '사랑'은 아끼고, 보호하고, 가엾게 여기며, 소중히 하며, 사모하고, 즐기는 등 남을 좋아하는 여러 덕목이 포함되어 있다.

「양화」에서는 자장이 인에 대하여 묻자 공자는 "다섯 가지 미덕을 세상에 실행한다면 이것이 곧 인이다."라고 말한다. 이것은 공(恭), 관(寬), 신(信), 민(敏), 혜(惠)로 남을 사랑하고, 인을 완성하는데 필요한 실천 덕목이다.

> "공손하면 모욕을 당하지 않고, 관용하면 무리의 인심을 얻고, 신의가 있으면 임무를 맡게 되고, 민첩하면 공을 세우고, 은혜를 베풀면 백성을 부리는데 부족함이 없다"(『논어』, 466).

나. 맹자의 인

측은지심(惻隱之心)은 인(仁)의 실마리다

맹자는 인간의 본성이 선하다는 **'성선설(性善說)'을 주장하며, "사람의 본성이 선한 것은 마치 물이 아래로 내려가는 것과 같다"**(「고자 상」)고 한다. **이 성선설의 근거가 바로 '측은지심'이고, 이 마음이 바로 '인(仁)의 실마리(端緒)'다.** 「공손추 상」에서는 남의 불행을 차마 그대로 두고 보지 못하는 마음인 측은지심을 '우물 곁의 아기' 비유로 먼저 설명하고, 이어서 측은·수오·사양·시비의 사단설(四端說)에 대하여 말한다. 이것들은 밖에서부터 나에게 들어온 것이 아니라 내가 본래부터 가지고 있는 것이며, 이 네 가지 단서를 확충시킬 수 있다면 온 세상을 편안히 보전할 수 있다고 주장하였다.

> 이로 미루어 보건대 측은해 하는 마음이 없으면 사람이 아니요, 부끄러워하는 마음이 없으면 사람이 아니요, 사양하는 마음이 없으면 사람이 아니요, 시비를 가리는 마음이 없으면 사람이 아닌 것이다.
> **측은해 하는 마음은 인(仁)의 단서(端緒)이고** 부끄러워하는 마음은 의(義)의 단서이고 사양하는 마음은 예(禮)의 단서이고 시비를 가리는 마음은 지(智)의 단서이다. …
> 대체로 네 가지 단서가 나에게 있는 것을 알아서 확충해 나가면 불이 처음 타오르고 샘물이 처음 솟아나는 것과 같다. 진실로 그것을 확충시킬 수 있다면 족히 천하를 보전할

수 있고, 진실로 그것을 확충시키지 못한다면 부모를 섬기기에도 부족할 것이다(『맹자』, 125).

누구나 본성이 착하므로 수양하면 성인이 될 수 있다

맹자는 일반 백성들과 '어짊(仁)'에서 무엇이 다를까? 아무리 성인이라도 보통 사람과 다를 바가 없다는 것을 솔직히 말한다(「이루 하」).[231] 누구나 본성이 착하므로 자기 마음을 닦고 수양하면 성인의 경지에 오를 수 있다. 맹자는 「고자 상」에서도 '밀보리'를 예로 들면서 **성인도 자신과 차이가 없다는 '만민동성론(萬民同性論)'을** 주장하였다.

"지금 밀보리를 파종하고 흙을 덮어주면, 땅이 같고 심은 때가 같으면 쑥쑥 자라서 하지 때가 되면 모두 여물게 된다. 다른 점이 있다면 땅이 비옥하고 척박한 차이나 비나 이슬을 받아들이는 것이나 사람의 손길이 같지 않다는 것이다. 그러니 동류의 것이라면 모두 비슷한 것이다. 유독 사람에 있어서만 그 점을 의심하겠는가? **성인도 나와 동류의 사람인 것이다(聖人與我同類者)**(『맹자』, 404).

인자한 군주는 백성에게 일정한 산업을 마련해 준다

맹자는 패도정치로 천하를 제패하려는 제(齊)나라 선왕(宣王)에게 왕도정치의 기본이 되는 인애(仁愛) 사상에 대해 설명하고 무엇보다 백성들의 생활 근거인 **'일정한 산업(恒産)'** 을 마련해서 먹고 사는 것을 풍족히 한 후에 선행으로 이끌어 나갈 것을 강조하였다.

"일정한 산업이 없이 꾸준한 마음을 갖는 것은(無恒産而有恒心者) 오직 선비만이 할 수 있고(惟士爲能), **일반 백성들은 일정한 산업이 없으면 꾸준한 마음을 못 갖게 됩니다.** 진실로 꾸준한 마음이 없으면 방탕하고 편벽되고 사특하고 사치하는 일을 하게 되는 것이니, 죄에 빠진 뒤에 따라가서 처벌한다면 이는 백성을 속이는 것입니다. 어찌 인자한 사람이 왕위에 있으면서 백성들을 속이는 일을 할 수 있겠습니까?

그러므로 현명한 **임금은 백성들의 산업을 마련해 주되, 반드시 위로는 넉넉히 부모를 섬**

---

231) "왕이 사람을 시켜 선생님을 가만히 엿보게 하였는데, 일반 사람과 다른 점이라도 있습니까?" 맹자께서 말씀하셨다. "어떻게 일반 사람과 다른 점이 있겠소? 요임금과 순임금도 일반 사람과 같았소(『맹자』, 318쪽).

길 수 있고 아래로는 넉넉히 처자를 먹여 살릴 수 있어서, 풍년에는 일생을 배불리 먹고 흉년에도 죽음을 면하게 해 줍니다. 그런 뒤에 그들을 강권하여 선한 길로 가게 하기 때문에 백성들이 따라 가기가 수월한 것입니다(『맹자』, 39-43).

다. 유교의 의(義)

군자는 정의를 으뜸으로 숭상한다

공자는 「위령공」에서 군자는 정의가 바탕임을 강조한다. "**군자는 의로서 바탕을 삼고, 예로서 의를 행하며, 공손으로 의를 드러내고, 믿음으로 의를 완성하나니 이것이 참으로 군자다.**"라고 한다(『논어』, 423).
「양화」에서 군자는 정의를 으뜸으로 숭상한다고 하며 용맹하나 정의가 없으면 난동이 되고, 소인은 용맹하나 정의가 없으면 도둑이 된다고 하여 정의를 강조하였다.

> 자로가 "군자는 용맹함을 숭상합니까?"라고 묻자, 공자는 "**군자는 정의를 가장 으뜸으로 숭상한다(君子 義以爲上)**. 군자로서 용감하기만 하고 정의가 없으면 난동이 되고(君子 有勇而無義 爲亂), 소인으로 용맹하기만 하고 정의가 없으면 도둑이 된다(小人有勇而無義 爲盜)."고 대답하셨다(『논어』, 486).

이익을 보면 '정의'를 생각하라

「자장」에서 공자의 제자 자장은 선비의 사덕(四德) 중 '정의'를 말한다. "이득이 생기면 반드시 '정의'를 생각한다"고 하여 불의한 재물과 이익은 추호도 용납지 않는 선비의 기개를 볼 수 있다.

> "선비는 위태함을 보면 목숨을 바치며(士見危致命), 이득을 보면 정의를 생각하며(見得思義), 제사를 드릴 때는 경건히 하고(祭思敬), 장사 지낼 때는 애통해(喪思哀) 하여야 비로소 족하다."

☆ 안중근 의사와 견리사의(見利思義) ☆

『논어』「헌문」에서 공자는 '완전한 인격자'(成人)에 대한 자로의 질문에 답하면서 **"이익을 보면 정의를 생각하고 위태함을 보면 목숨을 바쳐라"**(見利思義 見危授命)고 대답했다. 공사(公私)간에 이득이 생기면 반드시 정의로운가를 생각하고, 나라가 위태하면 목숨을 바치는 것이 의인의 도리이다. 말로는 쉽지만 실천이 어렵다. '공(公)'과 '사(私)'가 충돌할 때 '공'을 택할 것이며, 돈과 재물보다 '정의'를 택할 것이다.

이 말씀은 1910년 3월 26일 뤼순(旅順) 감옥에서 31세 나이로 순국한 안중근 의사(1879-1910)가 순국 며칠 전에 친필로 남겼다. 그는 거사 동기에 대한 질문에 "이토(伊藤博文)가 대한의 독립주권을 침탈한 원흉이며 동양 평화의 교란자이므로 대한의용군 사령의 자격으로 총살한 것이라."고 당당히 외쳤다. 대한의 독립주권을 강제로 빼앗고 동양 평화를 교란한 원흉 이토를 한국의용군 참모중장의 자격으로 정의의 이름으로 처단했음을 밝혔다. 그는 유언으로 "내가 죽거든 시체는 우리나라가 독립하기 전에 반장(返葬)232)하지 말라. … 대한 독립의 소리가 천국에 들려오면 나는 마땅히 춤을 추며 만세를 부를 것이다."233)를 우리에게 남겼다.

'정의'를 듣고 실행치 못함을 근심한다

「술이」에서 공자는 "내가 걱정하는 것은 덕이 닦아지지 않는 것과, 학문이 탐구되지 않는 것과, **'의를 듣고도 실행치 못하는 것과(聞義不能徙)',** 선하지 아니함을 고치지 못하는 것'이다."(논어, 167)라고 말했다. 이 중에서 정의를 듣고도 실행치 못하는 것을 걱정했는데, 일평생 정의를 실행하고자 한 공자의 올곧은 마음이 돋보인다. 사람이 선을 행할 줄 알고도 행치 아니하면 죄(약4:17)임을 명심해야 한다.

「술이」에서 **불의로 얻은 부귀는 뜬 구름**과 같이 허무한 것이지만, 거친 밥을 먹고 물을 마시고 팔베개를 하고 누웠어도 즐거움이 있다고 안빈낙도(安貧樂道)의 삶을 노래하였다.

> **"거친 밥을 먹고 물을 마시고(飯疏食飲水), 팔을 베고 누웠어도(曲肱而枕之),**
> **즐거움은 그 가운데 있다(樂亦在其中). 의롭지 못한 부와 귀는(不義而富且貴)**
> **나에게는 뜬 구름과 같다(於我如浮雲)**(『논어』, 182).

---

232) '반장'은 "객지에서 죽은 사람을 그가 살던 곳이나 그의 고향으로 옮겨서 장사를 지냄"을 말한다. 안중근 의사의 유해는 찾을 수 없어 가묘만 효창공원에 안치되어 있다.
233) 네이버 지식백과, 「한국민족문화대백과」, "안중근".

라. 바른 역사 기록이 '정의'이다

공자는 또한 「위령공」에서 역사가 올바르게 기술되는 것을 강조했다. 바른 역사 기록이 '정의'이기 때문이다. 역사는 단순한 과거의 기록으로 그치는 것이 아니라, 과거의 잘·잘못을 가려 현재를 살아가는 사람들의 가치 규범으로서 역할을 하며, 미래의 후손들이 살아갈 목표와 방향을 제시하는 이정표 역할을 한다.

그래서 역사는 ① **진실성** ② **객관성** ③ **균형성** 등을 갖추어 기술하여야 한다. 그리고 그 일을 맡은 사관의 역할은 더없이 중요하다. 현대에도 사관 역할을 하는 사학자와 언론인들의 역사적 사실에 관한 올바른 기술은 정의로운 사회의 밑바탕이 되므로 옛날과 마찬가지로 매우 중요하다.

> "그래도 전에는 **사관이 의아하게 생각하는 것은 기록하지 않고**(史之闕文也)', 말을 가진 사람은 남에게 빌려주어 타게 하는 좋은 풍습을 볼 수 있었는데, 지금은 다 없어졌구나"(『논어』, 428).

(2) 유교의 예(禮)와 도(道)

가. 논어의 예(禮)

백성을 덕으로 이끌고, 예로서 질서를 유지시켜라

인(仁)을 실천하기 위해서는 '예'라는 형식이 요구된다. 공자의 '예'는 **"도를 지나치지 않고 사리에 맞게 적절히 조절된 행동양식"**을 말한다. 「위정」에서 공자는 백성을 덕으로 이끌고, 예로서 질서를 유지시킬 것을 강조하였다. 지금의 위정자들도 백성을 무엇으로 이끌고 있는지를 늘 반성해야 한다.

> 법령으로 백성을 이끌고, 형벌로 질서를 유지시키면, 백성들이 법망을 빠져 나가는 것을 수치로 여기지 않는다. 백성을 덕으로 이끌고, 예로서 질서를 유지시키면 부정을 수치로 여긴다(『논어』, 31).

'예'로서 극단을 조절하고, '예'로서 행동의 기준을 삼아야 한다

「태백」에서 공자는 '예'를 극단을 조절하여 중용(中庸)의 도를 지키는 것으로 보고, **공손**과 **신중, 용감, 정직** 같은 훌륭한 덕도 예로서 적절히 조절하는 것이 중요함을 역설했다.

> "공손하되 예가 없으면 헛수고 하게 되고, 신중하되 예가 없으면 두려워하게 되고, 용감하되 예가 없으면 난폭하게 되며, 정직하되 예가 없으면 각박하게 된다"(『논어』, 204-205)

나. 논어의 도(道)

생명보다 귀한 도

'도(道)'에 대해서 공자는 어떻게 설명했을까? 「이인」에서는 인간이 가장 귀하게 여기는 생명보다 귀한 것이 '도'라는 인간 모두가 명심해야 할 귀중한 말씀을 남겼다. 특히 종교인은 이 말씀을 마음에 새겨야 할 것이다. 여기에서 **"도"는 하늘의 법도이며, 자연의 순리이고, 인간이 마땅히 행해야 할 도리이다. 천지인 사상에서 '도'는 천명에 순종하고, 자연을 보호하며, 인간을 사랑하는 도리**를 말하는데 공자의 '도'와 서로 통한다.

> **"아침에 도를 들어 깨달으면 저녁에 죽어도 좋다(朝聞道 夕死可矣)."**[234]

「태백」에서도 공자는 **"목숨을 걸고 도를 높혀라"**고 하여 죽기를 무릅쓰고 '도'를 높일 것을 강조하였다. 또한 **천하유도**, 즉 "질서가 확립되고, 정의가 실현되는 사회"를 만드는데 참여할 것을 주장하는데, 이는 "인(仁)이 개인과 사회에 두루 미치는 살기 좋은 나라"를 건설하는 것을 말한다.

> 굳게 믿어 학문을 좋아하고, **목숨을 걸고 도를 높혀라**(守死善道). 위험한 나라에는 들어 가지 말고, 어지러운 나라에는 살지 말라. 천하에 도가 있으면 참여하고, 도가 없으면 은둔하라. 나라에 도가 있는데 가난하고 미천하면 수치요, 나라에 도가 없는데 부요하고

---

234) 『논어』, 91쪽.

고귀하면 또한 수치다(『논어』, 216).

세 가지 군자도(知, 仁, 勇)

「헌문」에는 세 가지 군자도(君子道)에 대해 설명한다. 군자는 세 가지 군자도, 즉 **지 (知), 인(仁), 용(勇)**을 겸비해야 하는데, 공자는 하나도 능통하지 못하다고 한다. 이는 겸손 해서 하는 말이다.

> "군자가 나아갈 도가 셋이 있는데 나는 하나도 능통한 것이 없다. 인자(仁者)는 근심하 지 않고, 지자(知者)는 미혹되지 않고, 용자(勇者)는 무서워하지 않는다." 자공은 이를 듣 고 "이는 선생님이 스스로 겸손해서 하신 말씀이다."라고 말했다(『논어』, 392-393).

다. 맹자의 도

윗사람이 본을 보이면 아랫사람이 반드시 따른다

「등문공 상」에는 윗자리에 있는 군자의 덕화(德化)에 따라 아랫자리에 있는 소인이 변화 된다는 내용을 바람과 풀을 비유로 하여 재미있게 설명하였다. 윗사람이 본을 보이면 아랫 사람이 반드시 따르게 된다. 윗사람이 범하지 않으면 아랫사람이 먼저 범하지 않는다.

> "윗사람이 좋아하는 것이 있으면 아랫사람들은 반드시 그보다 더 좋아한다. 군자의 덕 은 바람이고 소인의 덕은 풀이니 풀은 바람이 그 위에 불어오면 반드시 쓰러지는 것이 다"(君子之德 風也 小人之德 草也 草尙之風 必偃)(『맹자』, 173).

오륜의 중요성

맹자는 백성들이 배불리 먹고 살만할 때, 교육이 없으면 금수와 같은 생활을 하게 된다 고 경고하면서 사람으로서 마땅히 지켜야 할 도리인 **오륜(五倫)의 중요성**을 강조하였다.

> "후직은 백성들에게 농사일을 가르쳐 오곡을 가꾸니 오곡이 여물어 백성들이 먹고 살게

되었소. 사람이 사는 방법은 배불리 먹고 따뜻하게 옷 입고 한가하게 살면서 교육이 없으면 금수와 가까운 것이오.

　　그래서 성인이 이를 근심하여 설(契)로 하여금 사도의 직을 맡겨 인륜을 가르치게 하였으니, **부자유친(父子有親), 군신유의(君臣有義), 부부유별(夫婦有別), 장유유서(長幼有序), 붕우유신(朋友有信)**이 그것입니다(『맹자』「등문공 상」, 191).

군자삼락(君子三樂)

「진심 상」에는 '군자삼락'에 대하여 설명하며 천하에 왕 노릇하는 것은 삼락에 들어가지 않음을 강조한다. 삼락의 첫째는 가족의 평안이고, 둘째는 양심의 떳떳함이며, 셋째 영재를 얻어 교육함이다. 이 중 둘째인 "우러러 하늘에 부끄럽지 않고 굽어 사람에게 부끄럽지 않는 것"이 진수(眞髓)이다.

　　"군자에게 즐거움이 셋 있는데, 천하에 왕 노릇하는 것은 거기에 들지 않는다. **부모가 다 생존하고 형제들에게 아무 탈 없는 것이 첫째 즐거움이요, 우러러 하늘에 부끄럽지 않고 굽어 사람에게 부끄럽지 않은 것이 둘째 즐거움이요, 천하의 영재를 얻어 교육시키는 것이 셋째 즐거움**이다"(『맹자』, 479).

라. 중용의 도

'중용'을 분석해 보면, '중(中)'은 치우치거나 기울어지지 않고, 지나치거나 미치지 못함이 없는 것을 말하고, '용(庸)'은 평상성을 말한다. "'중'은 천하의 바른 도(正道)이며, '용'은 천하의 정해진 이치(定理)이다."라고 한다(『대학중용』, 1). 이 때의 **'중'은 공간적으로 양쪽 끝 어디에도 편향되지 않는 양극의 합일점**인데 비하여, **'용'은 시간적으로 언제나 변개되지 않는 영원한 상용성(常用性)**을 의미한다. 정이(程頤)는 이를 "치우치지 않는 것을 '중'이라 하고, 바뀌지 않는 것을 '용'이라"고 하였다.

중용의 '도'는 절도(節度)에 맞는 '화(和)'이다

중용의 '도'는 '화(和)'를 말한다. 희로애락의 감정을 발하되 모두 **절도에 맞는 상태를 '화**

(和)'라 이르고, 이 '화'가 바로 천하 모든 것에 통용되는 '도'라고 한다.

> 희로애락(喜怒哀樂)의 감정이 아직 발하지 않은 상태를 중(中)이라 이르고, 발하되 모두 절도에 맞는 상태를 화(和)라 이른다. 중은 천하 모든 것의 큰 근본(大本)이요, **화는 천하 모든 것에 통용되는 도**이다. 중과 화를 지극히 하면 천지가 제 자리에 안정되며, 만물이 생육하게 된다(『중용』 1장).235)

나라를 다스리는 9 원칙

나라를 잘 다스리는 9 원칙이 있는데 첫째가 수신이다. 먼저 자신의 몸을 잘 닦은 후에 다른 사람도 자신처럼 사랑해야 한다. 다른 사람이 한 번에 능히 해도 자신은 백 번을 하는 성실함과 겸손함이 위정자의 자세이다.

> 무릇 천하 국가를 다스리는데 **아홉 가지 원칙이 있으니, 수신(修身)과, 존현(尊賢), 친족 사랑, 대신(大臣) 공경, 신하를 자기 몸처럼 여김, 서민을 자식같이 사랑, 많은 기술자를 오게 함, 변방 사람을 잘 대함, 제후를 포용함**이다. …
> **다른 사람은 한 번에 능히 하면 자신은 백 번을 하고, 다른 사람은 열 번에 능히 하면 자신은 천 번을 해야 한다.** 과감하게 이 도를 행한다면 어리석은 자라도 반드시 명석해질 것이며, 유약한 자라도 반드시 강인해 질 것이다(『중용』 20장).

군자의 태도는 정곡을 맞추는 것과 같다

공자는 "활쏘기는 군자의 태도와 같음이 있다(射有似乎君子)"고 말한다. 과녁의 한 가운데 점인 '정곡'을 맞추는 것과 같이 자신의 행동이 '중용'이라는 기준에 적중(的中)하지 못하면 군자는 그 원인과 잘못을 자신에게 찾는다는 것이다. **자신의 잘못을 변명하거나 남에게 전가하지 않고 솔직하게 자신의 잘못을 인정하고 시정하는 것이 군자의 태도이다.**
이는 성경상의 '죄(罪)'의 의미와 흡사하다. 죄는 헬라어로 '하마르티아(ἁμαρτία)'인데, 그 뜻은 "과녁(표적)을 벗어나는 것"으로, 잘못, 실수, 목표 미달 의미를 포함하고 있다. 성경은 과녁인 '하나님 말씀'에 벗어나는 행위를 죄라고 한다.

---

235) 『대학·중용』, 9-11쪽.

공자는 말한다. "**활쏘기는 군자의 태도와 같음이 있다. 정곡을 맞추지 못하면 돌이켜 그 자신에게서 원인을 찾는다**"(『중용』 14장).

가정의 화목이 군자도(君子道)의 출발점이다

'군자의 도'를 비유하여 "**멀리 가려면 반드시 가까운 곳부터 걸어가야 함과 같고, 높이 오르려면 반드시 낮은 곳부터 시작해야 함과 같다.**"고 했다(『중용』 15장). 이 '가까운 곳' 이 바로 가정이며, **가정의 화목이 군자의 도의 출발점**이다. 가정의 화목을 노래하는 이 구절은 성경 시편의 "형제가 연합하여 동거함이 어찌 그리 선하고 아름다운고!"(시133:1)와 흡사하다.

『시경』에는 "처자가 즐겁게 어울림이 비파와 거문고를 타는 것 같고, 형제가 이미 마음이 합하여 화목하고 즐겁구나. 너의 집안이 화목하니 너의 처자가 즐겁구나"라고 노래했다. 공자는 이 시에 대하여 "부모님은 마음이 편안하고 기쁠 것이다."라고 하였다(『중용』 15장).

(3) 유교의 성(誠)과 효(孝)

가. 유교의 성

성실은 하늘의 도이다

맹자는 「이루 상」에서 '성(誠)'에 대해 놀라운 선언을 한다. "**성실이란 하늘의 도이고 성실하려고 생각하는 것은 사람의 도이다**"라고 성의 본질을 규명하고, "지극히 성실하고도 감동시키지 못하는 일이 없으니, 성실이 없으면 능히 감동시킬 수 없다"고 강조한다. '성실'하려면 4단계를 거쳐야 한다. **1단계**로 선(善)에 밝아 자신을 성실하게 하고, **2단계**로 부모를 기쁘게 하고, **3단계**로 벗에게 신용을 얻고, **4단계**로 윗사람인 임금에게 신임을 얻어야 백성을 잘 다스릴 수 있다.

"아랫자리에 있으면서 윗사람에게 신임을 얻지 못하면 백성을 다스릴 수 없다. … 자신을 성실하게 하는데 방법이 있으니 선(善)에 밝지 못하면 자신을 성실하게 하지 못한다. 이런 까닭에 **성실이란 하늘의 도리이고(誠者 天之道也), 성실하려고 생각하는 것은 사**

람의 도리이다(思誠者 人之道也). 지극히 성실하고도 감동시키지 못하는 일이 없으니 성실이 없으면 능히 감동시킬 수 없다"(『맹자』, 261).

일하지 않고는 먹지도 말라

「진심 상」에서 **"일하지 않고는 먹지도 말라"**는 시경의 말을 인용하여 노동의 중요성을 강조하였다. 군자가 육체적 노동은 하지 않지만 나라를 살리는 일과 자제들을 가르치는 일이 녹을 먹기에 충분한 것임을 피력하였다. 성경에도 똑같은 말이 있다. **"일하기 싫으면 먹지도 말라"**(살후3:10).

"시경에 '일하지 않고는 먹지 말라'고 했는데, 군자가 농사짓지 않고서 먹고 사는 것은 무슨 까닭입니까?"라는 질문에 맹자께서 말씀하셨다.
"군자가 한 나라에 살고 있을 때 그 나라 임금이 등용해 주면 그 임금은 평안과 부요 존귀, 영광을 누리게 되고, 그 나라의 자제들이 군자를 따라가 배우면 효제충신(孝弟忠信)을 실천하게 된다. 일하지 않고는 먹지도 말라고 했지만 이 보다 더 큰 공로가 어디 있겠는가?"(『맹자』, 492).

성실하지 않으면 어떤 일도 이룰 수 없다(不誠無物)

성실은 '일(物)'의 처음이자 마지막이므로 성실하지 않으면 어떤 일도 이룰 수 없다. 이러므로 군자는 성실을 소중하게 여긴다. 여기서 '물(物)'은 '사물', '만물', '일' 등으로 해석할 수 있으나, 성실은 사람이 마땅히 해야 할 '행위'를 뜻하므로 추상적인 용어인 '사물', '만물'보다 구체적인 용어인 '일'로 해석하는 것이 합당하다. 안으로 자신을 완성시키는 '인자(仁慈)'와 밖으로 일을 완성시키는 '지혜'도 성실이 바탕이 된다.

성실은 일의 처음이자 마지막이니, 성실하지 않으면 어떤 일도 이룰 수 없다(誠者物之終始 不誠無物). 이러므로 군자는 성실을 귀하게 여긴다(是故君子誠之爲貴).
성실은 스스로 자신을 완성시킬 뿐만 아니라 일을 완성시킨다. 자신을 완성시키는 것은 인자함이고, 일을 완성시키는 것은 지혜이다. 이는 본성의 덕이며 내외를 합하는 도이다. 그러므로 어느 때이든 상황에 맞게 된다(『중용』 25장).

나. 유교의 효(孝)

효제(孝悌)가 인(仁)의 근본이다

공자는 효도와 공경, 즉 효제의 중요성을 설파하면서 '효제'가 바로 인(仁)의 근본이라고 유자(有子)의 말을 인용한다. 사람의 됨됨이를 보면 **효제를 실천하는 자는 어른을 공경하고 법도에 어긋나는 행동을 하지 않는다**. 군자는 근본이 바로 서야 앞길이 열리는데 근본이 되는 인을 행하는 데는 효제가 지름길이다.

> "사람됨(爲人)이 효제를 실천하면서 어른을 무시하는 자가 적다. 윗사람을 범하기 싫어하는 사람은 난동을 즐겨하지 않는다. 군자는 근본을 세우고자 힘을 쓰고, 근본이 서면 자기가 나갈 길이 열린다. **효제는 바로 인(仁)의 근본**이 된다."(『논어』「학이」)[236]

또한 공자는 제자들에게 윤리의 근본인 인(仁)을 구현함에 있어서, 효도와 공손, 근면, 신의, 사랑을 먼저 실천하기를 주장한다. 이후에 남은 힘이 있으면 학문을 하라고 한다. **덕(德)이 재주를 앞서야 한다(德勝才)**. 인재 채용에서 반드시 학문이나 재주보다 성품과 도덕을 먼저 살펴야 한다.

> 공자는 제자들에게 "**집에서는 효도하고, 나가서는 공손하며, 근신하고 신의를 지키며, 널리 대중을 사랑하되, 인(仁)을 친근히 하여야 한다**. 이러한 덕행을 실천하고 여력이 있으면 학문의 길에 나서라."고 하셨다(『논어』「학이」, 16).

효는 가장 큰 섬김이나, 후손 없는 것은 가장 큰 불효이다

맹자는 세상에서 섬기는 일 중에 가장 큰 일이 부모 섬기는 일임을 말하며, 이 일을 행할 때 자기 몸을 불의에 빠뜨리고 그 부모를 잘 섬길 수 없다고 말한다.

> "**섬기는 일 가운데 큰 것은 부모 섬기는 일이다. 지키는 일 가운데 큰일은 몸을 지키는 것**이다. 자기 몸을 불의에 빠뜨리지 않고 그 부모를 섬길 수 있었다는 말은 내 들었어도,

---

236) 『논어』, 김영수 역해 (일신서적, 1997), 11-12쪽.

자기 몸을 불의에 빠뜨리고 그 부모를 섬길 수 있었다는 말은 내 듣지 못하였다. 어느 일이나 섬기는 일이 아니리오 마는 부모 섬기는 일이 모든 섬기는 일의 근본이 되고 어느 일이나 지키는 일이 아니리오 마는 몸 지키는 일이 모든 지키는 일의 근본이 된다(『맹자』,「이루상」271).

또한 맹자는 **불효의 세 가지 중에 후사 없는 것이 가장 큰 불효**라고 말한다. 자손이 끊어져 부모나 조상을 섬길 후손이 없는 것은 효도 자체를 할 수 없게 만드는 것이다. 그래서 창조주는 "생육하고 번성하여 땅에 충만하라"(창1:28)고 명령한다. 병폐 문화 6호인 '저출산'은 창조주의 명령을 무시하는 것뿐만 아니라 약속 있는 첫 계명인 효도를 저해하는 불효이다.

> **"불효에는 세 가지가 있으니 그 중에 후사 없는 것이 가장 크니라(不孝有三 無後爲大).** 순임금이 보모에게 고하지 않고 아내를 맞이한 것은 후사가 없게 될까 걱정되어서니, 군자들이 그것을 부모에게 고한 것이나 마찬가지라고 하였느니라"(『맹자』,「이루상」277).

불효의 다섯 기준

「이루 하」의 불효의 다섯 가지 기준은 우선순위의 문제이다. 자식의 나태와 방탕, 재물, 욕망, 다툼으로 인간 최고의 계명인 부모 봉양을 망각하는 것이다. 불효가 만연한 오늘날에는 더욱 명심해야 할 사항이다.

> "세상에서 말하는 다섯 가지 불효가 있다. **사지(四肢)를 게을리 하여 부모 봉양을 돌보지 않는 것이 첫 번째 불효요, 도박과 바둑, 술을 좋아하여 부모 봉양을 돌보지 않는 것이 두 번째 불효요, 재물을 좋아하고 처자에 빠져 부모 봉양을 돌보지 않는 것이 세 번째 불효요, 귀와 눈의 욕구를 만족시키느라 부모를 욕되게 하는 것이(從耳目之欲 以爲父母戮) 네 번째 불효요, 용맹을 좋아하여 싸우고 난폭하여 부모를 위태롭게 하는 것이 다섯 번째 불효이다**(『맹자』, 313-314).

(4) 대학의 치국(治國) 평천하(平天下)

대학에는 백성이 지녀야 할 '**3 강령**'으로 '**명명덕**'(明明德, 명덕을 밝힘)'과 '**친민**'(親民,

백성을 새롭게 함), '**지어지선**'(止於至善, 지극한 선에 머물게 함)'이 있다. '**8 조목**'에는 '**격물치지**'(格物致知, 사물의 이치를 탐구하여 지식을 완전하게 함), '**성의정심**'(誠意正心, 뜻을 성실히 하여 마음을 바르게 함), '**수신제가**'(修身齊家, 자기 몸을 수양하여 집안을 잘 다스림), '**치국평천하**'(治國平天下, 나라를 잘 다스려 천하를 화평하게 함)가 있다. 이는 인간이 마땅히 갖추어야 할 윤리, 도덕이다. 이 중 '치국평천하'에 대하여 살펴보자.

가. 치국(治國)

나라를 잘 다스리려면 먼저 그 집을 잘 다스릴 줄 알아야 한다. 그 집의 식구들을 잘 가르치지 못하면서 수많은 백성들을 잘 가르칠 수는 없기 때문이다. 그래서 군자는 **집에서 효도와 공손, 자애의 실천을 통해 군주와 윗사람, 백성들을 섬기는 도리를 배우는 것**이다.

> 이른바 '나라를 다스림에는 반드시 먼저 그 집을 다스려야 한다.'라는 것은 그 집안사람들을 가르치지 못하면서 능히 백성을 가르칠 수 있는 사람은 없기 때문이다. 그러므로 군자는 집을 나서지 않고도 나라에 교화를 이룰 수 있다. 효도는 군주를 섬기는 방법이 되고, 공손은 윗사람을 섬기는 방법이 되고, 자애는 무리를 부리는 방법이 된다.[237]

나. 평천하(平天下)

천하를 화평으로 다스리고자 하는 자는 먼저 그 나라를 잘 다스려야 한다. 나라를 다스리는데 꼭 필요한 세 가지 요소, 즉 '효도'와 '공손'과 고아를 돌보는 '자애'를 군자가 잘 행하면 백성들도 일어나 효도와 공손, 자애를 행하게 된다. 치국평천하(治國平天下)를 위한 근본적인 도(道)로 '혈구지도(絜矩之道)'[238]를 들었는데, 이 도는 군자가 자기를 척도로 삼아 백성들을 보살펴서 바른 길로 가게 하는 것이다.
군자는 백성들의 선심(善心)만 흥기시키는 것이 아니라, 선행(善行)을 할 수 있는 여건을 마련해 주는 것이 치국평천하의 필수조건이다. 그래서 군자는 정치를 안정시키고 부세(賦稅)를 가볍게 하여 백성들이 마음껏 부모를 봉양하고 처자를 잘 부양할 수 있도록 해야 하는 것이다.

---

237) 주희 편, 95쪽.
238) "혈구지도"란 곱자(曲尺)를 가지고 잰다는 뜻으로 "자기를 척도로 삼아 남을 생각하고 살펴서 바른 길로 향하게 하는 도덕상의 길"을 말한다.

이른바 '천하를 화평하게 하는 것은 자신의 나라를 다스리는데 있다'는 것은 윗사람이 노인을 노인답게 섬기면 백성들이 효도를 일으키고, 윗사람이 어른을 어른답게 섬기면 백성들이 공손함을 일으키며, 윗사람이 고아를 돌보면 백성들이 배반하지 않는다. 이러므로 군자는 혈구지도(絜矩之道)가 있다.

시경에 이르기를 '도(道)를 좋아하는 군자는 백성들의 부모로다' 하니, 백성들이 좋아하는 것을 좋아하고, 백성들이 싫어하는 것을 싫어함을 일러 백성들의 부모라 한다(『대학중용』, 58-62).

군자에게 백성들을 풍족케 하는 '경제'는 매우 중요하다. 경제를 성장시키려면 열심히 생산하는 백성들이 많아야 하고, 놀고 먹는 백성들이 적어야 한다. 그리하면 국가 재정이 늘 풍족하다. 그런데 국가를 이끌어 가는 군주가 소인처럼 재물 쓰는 데만 몰두한다면 재앙과 손해가 함께 이른다. 통치자가 국가 채무를 늘려 국민 소비를 촉진하는 것은 바람직하지 않다. 매일매일 늘어나는 국회 예산정책처의 **'국가채무 시계'**를 보라. **국가는 이익만을 위해서 정책을 시행하지 않고 정의를 위해서 시행**해야 한다. 『대학』의 마무리를 실질적인 백성들의 행복을 위해 국가의 '경제 정의'를 말한 것은 시사하는 바가 크다.

군자에게 큰 원칙(大道)이 있으니, 반드시 충성(忠)과 신의(信)로 그 지위를 얻고, 교만(驕)과 방만(泰)함으로 잃는다.

재물을 늘리는 데도 큰 원칙이 있으니, 생산자는 많고 먹는 자가 적으며, 일하는 자는 빨리 하고 소비하는 자가 천천히 하면, 재물은 항상 풍족할 것이다. …

국가의 수장으로 재물 소비하는데 힘쓰는 것은 반드시 소인에게서 비롯된다. **소인에게 국가를 다스리게 한다면 재앙과 손해가 함께 올 것**이다. 비록 어진 사람이 있다 하더라도 어찌할 수 없다. 이를 일러 **'국가는 이익만을 위해서 이익을 창출하지 않고, 정의를 위해서 이익을 창출해야 한다'(國不以利爲利 以義爲利也)**[239]고 한다(『대학중용』, 72-73, 77).

4. 도교

도교(道敎)는 고구려는 영류왕 7년(624)에 처음 전해졌고, 보장왕 2년(643)에 연개소문의 권유로 당(唐)에서 도사(道士) 8명과 노자의 도덕경을 얻고 도교 사원을 지었다. 백제에서

---

239) 이 번역을 직역하면 '국가는 이익으로써 이로움을 삼지 않고, 정의로써 이로움을 삼는다'이다.

는 전래 시기는 알 수 없으나 산경전(山景塼)의 무늬가 도교사상을 표시하고 있고, 신라는 화랑도의 명칭을 국선(國仙), 선랑(仙郞) 등으로 칭한 것을 보아 도교 유행을 짐작할 수 있다.[240]

　도교의 경전 역할을 하는 『도덕경』에는 '도(道)'와 자연, 인간에 대하여 서술하였다. 여기서 '도'는 유가(儒家)에서 말하는 인도(人道, 인간의 도덕 법칙)를 의미하는 것이 아니라 '천도'(天道, 자연의 궁극적 근원과 법칙)를 의미하므로,[241] 천지인 사상과도 밀접하게 관련되어 있다. 『장자』에서도 노자와 같이 '도'를 천지만물의 근본원리로 삼고, 인위적으로 어떤 일을 이루려고 욕심내지 않고(無爲), 주어진 대로 자연스럽게 행함(自然)을 주장하였다. 하늘의 뜻대로 탐욕을 버리고 순리대로 살자는 내용이 도교 경전에 가득 담겨져 있다.

1) 하늘의 도(天道)

(1) 노자의 하늘의 도(天道)

가. 공을 이루면 물러나는 것이 하늘의 이치다

　하늘의 도는 공(功)을 이루면 물러나야 한다는 것이다. 인간의 욕심은 끝이 없어 만족할 줄 모른다. 가지고 있으면서도 더 채우려는 것은 탐욕이고 그 결과는 패망이다. 욕심이 잉태하면 죄를 낳고 죄가 장성하면 사망에 이른다. 재물이 가득하면 나누어야 하고 부귀를 누리면 겸손해야 한다. 부귀를 누리며 교만하면 패망의 선봉이다. **하늘의 도는 베풀고 낮아지며, 스스로 만족하고 때를 알아 물러나는 것이다.**

> 가지고 있으면서 가득 채우려는 것은 그만두는 것만 못하고(持而盈之 不如其已),
> 날을 다듬으면서 그것을 뾰족하게 하면 오래 보존할 수 없다(揣而銳之 不可長保).
> 금은보화가 집에 가득하면 능히 지킬 수 없고(金玉滿堂 莫之能守)
> 부귀를 누리면서 교만하면 스스로 허물을 남긴다(富貴而驕 自遺其咎)
> **공을 이루었으면 물러나는 것이 하늘의 도이다(功遂身退 天之道)**(『도덕경』, 9장).[242]

---

240) 이현종, 91쪽.
241) 정진일, 282쪽.
242) 노자, 『노자도덕경』, 김원중 역 (휴머니스트, 2018), 66쪽.

나. 하늘의 도는 이롭게 해주면서도 해를 끼치지 않는다

『도덕경』81장에서 하늘의 도와 성인(聖人)의 도가 무엇인지 가르쳐 준다. 남을 이롭게 해주면서도 해를 끼치지 않고, 일을 하면서도 다투지 않는 것이다. 위정자는 백성들을 이롭게 해주되 압제하거나 군림하지 말고, 자연처럼, 성인처럼 겸손하게 본을 보이며 낮아지면 백성들이 저절로 따르게 된다.

> "하늘의 도는 이롭게 해주면서도 해를 끼치지 않고,
> 성인(聖人)의 도는 일을 하면서도 다투지 않는다."
> (天之道 利而不害 聖人之道 爲而不爭)

다. 하늘의 그물은 성기지만 빠뜨리지 않는다

자연만물에는 공의의 법칙이 있다. 선악 간에 심는 대로 거두게 된다. 하늘의 그물은 넓고도 넓어 그 눈은 성긴 듯 하지만 어떤 악인도 빠져 나갈 수 없다. 반드시 심판 받고 벌을 받는다. 반면에 선인은 한 사람도 빠지지 않고 건져내어 상을 베푼다. 인간 세상에서는 개인적으로 '양심'의 심판이 있고, 사회적으로 '법정(法廷)'의 심판이 있고, 시대적으로 '역사'의 심판이 있다. 이 세상의 심판은 불공정하고 불완전할 수 있으나 우주만물을 통치하는 하나님의 공의의 심판은 공정하고 완전하다.

> 하늘의 그물은 넓고도 넓어, 성기지만 작은 것도 빠뜨리지 않는다.
> (天網恢恢 疎而不失)(『도덕경』73장).

라. 남는 것은 덜어내고 부족한 것은 보태준다

천도(天道)와 인도(人道)가 서로 반대됨을 드러내 준다. 천도는 자연의 법도대로 남는 것은 덜어내고 부족한 것은 보태주지만, 인도는 반대로 부족한 데서 덜어내어 남는 데에 바친다. 인간 세상에는 빈익빈(貧益貧) 부익부(富益富) 현상이 자주 일어난다. 약육강식(弱肉強食)의 사회이다. 국가가 재정정책을 통해 이를 시정하는 것이 바람직하다. 부자에게서 세금을 더 거두어 빈자를 도와야 한다. **국가 예산으로 소득재분배 정책**을 시행해야 한다.

골고루 잘살고 서로 돕는 나라가 행복한 나라이다.

> 하늘의 도는 활시위를 당기는 것과 같구나!
> 높아지면 눌러주고 낮아지면 올려준다.
> 남는 것은 덜어내고 부족한 것은 보태준다.
> **하늘의 도는 남는 것을 덜어내어 부족한 것을 보태주나,**
> **사람의 도는 그렇지 않으니 부족한 것을 덜어내어 남는 것에 바친다.**
> 누가 여유 있는 것으로 천하에 봉사할 것인가?
> 오직 하늘의 도를 따르는 자 밖에 없다(唯有道者).
> 이러므로 성인은 일을 하되 대가에 의지하지 않고(是以聖人爲而不恃)
> 공을 이루어도 머물지 않으니(功成而不處)
> 그것은 현명함을 드러내지 않고자 함이다(其不欲見賢)(『도덕경』77장).

(2) 장자의 천(天)

가. 불가사의한 일과 참된 주재자

장자도 만물을 주재하는 인격적인 천(天)인 참된 주재자를 설정하고 있다. 인간의 희로애락 등 온갖 감정이 수시로 일어나는 것은 이것들이 일어나는 근원이 있기 때문이라고 보았다. 100개의 뼈대와 9개의 구멍과 6개의 내장을 움직이는 것과 버섯을 수증기로 자라게 하는 그 근원이 바로 참된 주재자로 보고 있지만, 증거를 못 잡고 있다.

> 희로애락(喜怒哀樂)과 걱정·탄식·변덕·고집, 경박·방탕·뽐냄·허세 같은 사람의 마음이
> – 음악이 공간에서 생겨나고 버섯이 수증기로 자라는 것처럼 – 밤낮으로 우리 앞에 엇바뀌어 나타나지만, 그 싹이 트는 곳을 알지 못한다. 아아, 안타까워라! 아침저녁으로 이것들이 나타남은 그 근원이 있어서 생기는 것이 아닌가! …
> 혹 참된 주재자가 있을 법도 하지만(若有眞宰), 특별한 증거를 잡아낼 수는 없다. 그것(주재자)의 작용에 대해서는 이미 믿고 있다 하더라도 그 형체는 볼 수가 없다. 사람에게는 백 개의 뼈대와 아홉 개의 구멍과 여섯 가지의 내장이 모두 갖추어져 있다.[243]

---

243) 장자, 『장자』, 김학주 역 (연암서가, 2019), 62쪽.

나. 생사(生死)와 주야(晝夜)의 신비한 일은 하느님만이 할 수 있다

인간이 관여할 수 없는 '하늘'만이 할 수 있는 일이 있다. 죽음과 삶의 문제와 쉼 없이 일정하게 밤낮이 교대하는 것은 참으로 신비스런 일이다. 이 때의 '하늘'은 허공의 하늘이 아니라 우주만물을 운행하는 주재자 천(天)을 말한다. 그를 사람들이 아버지처럼 여기면서 사랑하고 있는데, 그가 바로 창조주 하느님이라고 본다.

> **죽음과 삶은 운명이다. 밤과 낮이 일정하게 있는 것은 하늘의 뜻**이다. 사람들이 관여할 수 없는 그런 일이 있는 것은 모두가 만물의 실정인 것이다. 그들은 **특히 하늘을 아버지처럼 여기면서 몸소 그것을 사랑하고 있다.**[244]

라. 어떤 사람으로 태어나든 조물주의 뜻에 순종하라

쇠는 야금사가 쇳물을 붓는 대로 호미도 되고, 괭이도 되며, 식도(食刀)도 되고 명검도 될 수 있다(장자, 제6편). **천지는 큰 용광로이고 조물주는 훌륭한 야금사와 같다.** 쇠나 사람이나 조물주의 뜻을 무시하고 피조물 마음대로 무엇이 되겠다고 고집한다고 그대로 되겠는가? 어떤 물건으로 지어지든, 어떤 사람으로 태어나든 그것은 전적으로 조물주의 뜻에 달려 있다. 피조물은 조물주의 뜻에 순종할 따름이다.

성경에도 인간은 진흙이요, 우리 주 여호와는 토기장이이며, 우리를 지으신 자(사64:8)로 표현했다. 피조물이 조물주인 하나님에게 항의할 수 없다. 왜냐하면 토기장이가 진흙 한 덩이로 하나는 귀히 쓸 그릇으로, 하나는 천히 쓸 그릇으로 만들 권한이 있기 때문이다(롬 9:20-21).

> 지금 훌륭한 야금사(冶金師)가 쇠를 붓는다 합시다. 이때 쇠가 튀어 나오면서 '나는 반드시 막야(鏌鋣)[245]의 명검(名劍)이 되겠다'고 말한다면 훌륭한 야금사는 상서롭지 않은 쇠라고 생각할 것이요. 지금 한 번 사람의 형체를 타고났다고 해서 '사람으로 살아야지, 사람으로 살아야지' 하고 말한다면 조물주는 반드시 상서롭지 않은 사람이라고 생각할 것이요. 지금 한결같이 **하늘과 땅을 큰 용광로라 생각하고 조물주를 훌륭한 야금사라 생각한다면 어디로 가게 된들 안 될 곳이 있겠소?**[246]

---

244) 장자, (제6편), 177쪽.
245) '막야'는 오나라의 대장장이인 간장(干將)이 만든 유명한 칼로 쇠도 잘랐다고 한다.

자여는 곱사등이 되었지만, 그렇게 만든 조물주 하느님을 찬양하였다. 자기 몸의 변화를 위대한 자연 변화와 같은 것으로 보고, 이런 변화에 순응하는 것은 조물주의 뜻에 순응하는 것으로 보았기 때문이다.

> 자여(子輿)가 말하였다. "**위대하도다. 조물주여!**(偉哉 夫造物者) 내 몸을 이토록 구부러지게 만들다니. 등은 구부러져 곱사등이 되고, 오장의 힘줄은 위쪽으로 올라가고, 턱은 배꼽 아래로 감추어지고, 어깨는 머리끝보다도 높고, 머리꼬리는 하늘을 향하고 있다. … 아아! 조물주가 나의 몸을 이토록 구부러지게 만들다니!" …
> "당신은 그것이 싫소?"
> "아니오. 내가 어찌 싫어하겠오? … **사물이 하늘을 이기지 못한다는 것은 오래된 진리요. 내가 또 어찌 싫어하겠오?**"247)

2) 자연의 도(地道)

(1) 노자의 자연의 도(地道)

가. 때를 기다리면 순리대로 이루어진다

하늘의 도, 즉 천도는 자연의 이치와 같다. 사시사철이 때가 되면 돌아오는 것처럼 느긋하게 때를 기다려도 자연만물은 순리대로 이루어진다. 따라서 인간이 다투고, 재촉하지 않아도 된다. "하늘의 도는 다투지 않아도 잘 이긴다"고 말한다. 단지 인간이 할 일은 자연만물의 법칙인 천도를 따라가면 된다.

> **하늘의 도는 다투지 않아도 잘 이기고, 말하지 않아도 잘 응답하며,**
> (天之道 不爭而善勝, 不言而善應,)
> **부르지 않아도 스스로 오며, 느슨하면서도 잘 도모한다.**
> (不召而自來, 繟然而善謀)(『도덕경』, 73장).

---

246) 장자, (제6편), 189-190쪽.
247) 장자, (제6편), 186-187쪽.

나. 지극히 부드러운 것이 지극히 단단한 것을 극복한다

 도(道)는 우주만물의 근본 원리이며 그 속성은 부드러움(柔)이며, 그것도 지극한 부드러움이다(至柔). 천하에서 가장 부드러운 것이 가장 단단한 것을 극복한다. 가장 부드러운 것은 형체가 없는 물과 같이 저절로 낮은 곳으로 흐르며, 틈이 없는 어떤 곳에도 파고 들어갈 수 있다.

> **천하에서 지극히 부드러운 것이 천하에서 지극히 단단한 것을 극복**한다.
> 형체가 없는 것이 틈이 없는 곳에 까지 들어가니
> 이러므로 나는 무위(無爲)가 이로운 것임을 안다.
> **말없는 가르침과 무위의 이로움**(不言之教 無爲之益),
> 천하에서 이런 경지에 이른 경우는 드물다(『도덕경』 43장).[248]

 천하에 물보다 유약한 것이 없으나 단단하고 강한 것을 공격하는 데는 물보다 나은 것이 없다. 약한 것이 강한 것을 이기고, 부드러운 것이 굳센 것을 이긴다.

> **천하에 물보다 부드럽고 약한 것은 없으나**
> **단단하고 강한 것을 공격하기로는 물보다 나은 것이 없으니**
> 그 무엇으로도 물을 바꿀 수 있는 것은 없다.
> **약한 것이 강한 것을 이기고, 부드러운 것이 굳센 것을 이긴다**는 것은
> 천하에서 알지 못하는 사람이 없으나 아무도 행동하지 않는다(『도덕경』 78장).

다. 가장 좋은 것은 물과 같다(上善若水)

 가장 좋은 것은 물과 같다. 물은 만물을 이롭게 하나 다투지 않고, 모든 이가 싫어하는 낮은 데로 흐르며, 모든 이와 다투지 않고 관용을 베풀기 때문이다.

> **가장 좋은 것은 물과 같다(上善若水).**
> **물은 만물을 매우 이롭게 하면서도 다투지 않고**(水善利萬物而不爭),

---

248) 노자, 『노자도덕경』, 김원중 역 (휴머니스트, 2018), 172쪽.

모든 사람이 싫어하는 곳에 머문다. 그러므로 도에 가깝다(處衆人之所惡 故幾於道). …
오직 다투지 않으므로 허물이 없다(夫唯不爭 故無尤)(『도덕경』8장).

라. 하늘은 도를 본받고, 도는 자연을 본 받는다

'사람'은 만물을 기르는 땅의 도리를 본받고, '땅'은 만물을 운행하는 하늘의 이치를 본
받고, '하늘'은 우주의 본질이며 만물의 근본인 '도'를 본받고, '도'는 '자연'의 순리를 본받
는다. 이 때의 자연은 우주만물의 궁극적 질서로 본다.

> **"사람은 땅을 본받고, 땅은 하늘을 본받으며, 하늘은 도를 본받고, 도는 자연을 본받는
> 다."(人法地 地法天 天法道 道法自然)**(『도덕경』25장).

(2) 장자의 자연관

가. 지극한 사람은 자연 법칙에 맞는 삶을 산다

지극한 사람은 자연의 법칙에 맞는 삶을 사는 사람이다. 분수에 맞고, 법도와 천성에 맞
고, 자연과 합치되고, 만물과 조화되는 사람이다. 이런 사람은 얼굴(貌)과 모양(象), 소리와
색채와 같은 외형적인 물건에 유혹 받지 않고, 본성에 따라 살아간다.

> **지극한 사람(至人)은 자기 분수에 지나치지 않게 처신하고, 무한히 변화하는 법도에 몸
> 을 맡기고, 만물이 끝나고 시작되는 변화 속에 노니네.** 그의 본성을 통일하고, 그의 정기
> 를 기르고, 그의 덕을 자연에 합치시켜, 만물을 이루는 조화에 통달하는 것일세. 이러한
> 사람은 천성을 지키는 것이 완전하며, 그의 정신에는 틈이 없는 것이니, 물건이 어디로부
> 터 그에게 끼어들겠는가?[249]

나. 각종 동물들은 자기 본성에 맞게 태어난다

각 가지 동물들은 다 처음부터 자기 본성에 맞게 태어난다. **물오리의 다리가 짧은 것은**

---

249) 장자, (제19편), 441쪽.

헤엄치기에 적당하고, 학의 다리가 긴 것은 빨리 걷기에 좋다. 구태여 짧게 태어난 다리를 길게 할 필요가 없고, 길게 태어난 다리를 짧게 할 필요가 없다. 피조물은 모두 창조주의 걸작품이다. 자세히 모양을 살펴보면 아름다움이 있고 이유가 있다. 사람도 마찬가지다. 한국 여성의 미모는 세계적으로 정평이 나 있다. 그런데도 성형 왕국이라는 말이 들린다. 태어난 대로 자기 분수에 맞게 만족하며 살아가면 된다. 남이 가진 부귀영화를 시기하고 원망하기 보다는 자기의 장점을 계발하는 것이 바람직하다.

물오리의 다리는 비록 짧지만 길게 이어 주면 걱정이 될 것이며, 학의 다리가 비록 길지만 짧게 잘라 주면 슬퍼하게 될 것이다. 그러므로 본성이 길면 잘라 주지 않아도 되고, 본성이 짧으면 이어 주지 않아도 된다. 아무 것도 걱정할 것이 없는 것이다.[250)

다. 솔개와 개미들이 먹는 장자의 시체

장자가 죽으려 하자 제자들은 그를 성대하게 장사지내려 하였으나, 장자는 아무 장식 없이 천지와 해와 달, 별과 같은 자연으로 돌아가는 것이 가장 훌륭한 장사라고 말했다. 땅 위의 까마귀·솔개가 시체를 먹든, 땅 아래 개미가 먹든 다 자연의 품속으로 돌아가는 것이다.

"나는 하늘과 땅을 관과 겉관으로 삼고, 해와 달을 한 쌍의 구슬 장식으로 삼고, 별자리를 진주와 옥 장식으로 삼고, 만물을 부장품으로 삼으려 하니, 나의 장사 도구는 이미 다 갖추어진 것이 아닌가? 여기에 무엇을 더 보태겠느냐?"
제자들이 말하였다. "저희들은 까마귀나 솔개가 선생님을 먹어 버릴까 두렵습니다."
장자가 말하였다. "땅 위에 놓아두면 까마귀와 솔개가 먹을 것이고, 땅 아래에 묻으면 개미들이 먹을 것이다. 이쪽 놈이 먹는다고 그것을 빼앗아 딴 놈들에게 주는 것 같이 어찌 그렇게 편벽되게 생각하느냐?"[251)

3) 사람의 도(人道)

---

250) 장자, (제8편), 227쪽.
251) 장자, (제32편), 782-783쪽.

(1) 노자의 사람의 도(人道)

가. 명예를 얻으면 몸은 물러나야 한다

인간의 욕심은 한이 없다. 어느 하나를 얻으면 하나는 버려야 한다. 명예를 얻으면 몸은 물러나야 하고, 재산이 많으면 몸을 상하게 된다. 지나치게 좋아하거나 쌓아두면 반드시 큰 손해가 나므로 절제가 필요하다. 만족할 줄 알고, 그칠 줄 아는 것이 사람의 도이며, 도에 따라 행하는 자는 장구할 수 있다. "**화(禍)는 만족할 줄 모르는 것보다 더 큰 것이 없고, 허물은 얻으려고 욕심내는 것보다 더 큰 것이 없다.**"(『도덕경』46장). 주어진 것에 감사하고 만족하며 살자. 탐심은 패가망신이다.

> 명성과 몸 중에서 어느 것이 더 친한가?
> 몸과 재물 중에서 어느 것이 더 중요한가?
> 얻음과 잃음 중에서 어느 것이 더 해로운가?
> 이러므로 지나치게 좋아하면 반드시 크게 손해 보고
> 많이 쌓아두면 반드시 크게 잃는다.
> **만족할 줄 알면 욕되지 않고,**
> **그칠 줄 알면 위태롭지 않아 오래도록 지속**될 수 있다(『도덕경』44장, 174).

나. 전쟁은 또 다른 보복을 낳는다

전쟁을 좋아하지 마라. 전쟁은 국토를 황폐화시키고, 수많은 사람을 죽이고, 반드시 흉년이 든다. 그리고 또 다른 보복을 초래한다. 그래서 전쟁은 하지 않도록 군주와 보좌하는 신하는 도로서 다스려야 한다. 전쟁을 잘하는 자는 성과를 이루면 바로 그쳐야 하고, 세가지 금물을 지켜야 한다. **뽐내지 말고, 자랑하지 말고, 교만하지 말아야 한다.** 자연 법도에 맞지 않는 무례한 행동을 하면 수명이 일찍 끝나 버림을 명심해야 한다.

> 도(道)로 군주를 보좌하는 자는 군사로 천하를 강압하지 않는다.
> 그(군사) 일은 곧잘 보복으로 되돌아온다.
> 군사가 머무른 곳에는 가시덤불이 자라고

대군이 지나간 후에는 반드시 흉년이 든다.

(전쟁을) 잘하는 자는 이루면 곧 그치며 감히 강제로 취하지 않는다. …

이루어도 뽐내지 말고, 이루어도 자랑하지 말며, 이루어도 교만하지 마라. …

도에 맞지 않으면 일찍 끝나버린다(不道早已)(도덕경 30장).

다. 성인의 4덕

『도덕경』 57장에는 치국의 원리가 제시되어 있고 '성인(聖人)의 4덕'을 요구한다. 그것은 **첫째 하는 일을 없애고(無爲), 둘째 고요함을 좋아하며(好靜), 셋째 일거리를 만들지 않고 (無事), 넷째 욕심을 없애는(無欲)** 것이다. 이것이 자연의 도이며, 사람의 도이다. 특히 오늘날과 같은 4차산업혁명 시대에 **'규제'로 기업이나 백성을 옥죄어서는 안 된다. 온 기업과 백성이 대망을 품고 온 세계로 뻗어가도록 위정자는 '신바람'**을 불어주어야 한다.

> 올바름으로 나라를 다스리며, 기습으로 용병하며 일을 만들지 않음으로 천하를 얻는다.
> 내가 무엇으로 그러하다는 것을 알겠는가? 이러한 이치 때문이다.
> 천하에 꺼리고 피하는 것이 많아지면, 백성들은 더욱 가난해지고
> 백성들이 이로운 기물을 많이 갖게 되면, 국가는 점점 더 혼란해지고,
> 사람들이 기교와 사치가 많아지면, 기이한 물건들이 점점 더 많아지고,
> 법령이 많아질수록 도적이 많아지게 된다.
> 그러므로 성인은 말한다. **내가 하는 일을 없애니 백성이 저절로 교화되고,**
> **내가 고요함을 좋아하니 백성이 저절로 올바르게 되며,**
> **내가 일을 만들지 않으니 백성이 저절로 부유해지고,**
> **내가 욕심을 없애니 백성이 저절로 순박해진다**(『도덕경』 57장, 213쪽).

라. 상제를 대신한 통치자는 법 집행을 엄정하게 해야 한다

통치자는 백성들이 죽음을 두려워하게 해야 한다. 그렇게 하려면 생사여탈권(生死與奪權)을 가진 통치자가 법 집행을 엄정하게 해야 하고, 사악한 자는 처단해야 한다. 뛰어난 목수가 귀한 목재를 다룰 수 있는 것처럼, 사람의 목숨은 늘 공정하게 **'죽음을 집행하는 자(司殺者)'**에게 맡겨 처리해야지 서투르고 자의적인 **'대신 죽음을 집행하는 자(代司殺者)'**[252]가 함부로 나서서는 안 된다. 우주만물의 주재자인 상제를 대신하여 생사여탈권을 행사하

는 위정자의 책임은 막중하므로 하늘의 법도에 따라 공정하게 판결해야 한다.

> 백성이 죽음을 두려워하지 않는데 어찌 사형으로 그들을 위협할 수 있겠는가.
> 만약 백성들이 늘 죽음을 두려워하게 해놓고, 사악한 짓을 하는 자를
> 내가 잡아 죽인다면 누가 감히 그런 짓을 하겠는가?
> **늘 죽음을 집행하는 자를 두어 그가 죽이게 해야 한다(常有司殺者殺).**
> 죽음을 집행하는 자를 대신하여 죽이는 것은(夫代司殺者殺),
> 뛰어난 목수를 대신하여 나무를 깎는 것과 같은 것이다(是謂代大匠斲).
> 뛰어난 목수 대신 나무를 깎는 자는 그의 손을 상치 않는 경우가 드물다(『도덕경』 74장).

마. 과도한 세금과 규제가 나라를 싫어하게 한다.

통치자는 백성들을 자식처럼 아끼고 사랑해야 한다. 백성들에게 과도한 세금을 부과하여 굶주리게 하고, 백성들의 온갖 일을 규제하여 나라를 싫어하게 하고, 백성들의 재산을 수탈하여 죽게 만들어서는 아니 된다. 위정자가 세금을 가볍게 하고, 규제를 완화하며, 수탈을 그쳐서 목숨을 걸고 저항하는 일이 없어야 한다. 위정자가 먼저 강압과 탐욕에서 벗어나 국리민복의 초연한 삶을 사는 것이 선정의 기본이다.

> **백성이 굶주리는 것은 윗사람이 세금을 많이 거두어 먹기 때문에** 굶주린다.
> **백성을 다스리기 어려운 것은 윗사람이 (간섭을) 하기 때문에** 다스리기 어렵다.
> **백성이 죽음을 가볍게 여기는 것은 윗사람의 탐욕** 때문이다.
> 오직 삶에 집착하지 않는 자가 삶을 귀하게 여기는 자보다 현명하다(『도덕경』 75장).

바. 성인은 쌓아두지 않고 내어줌으로 더욱 풍성하다

성인(聖人)은 재물과 재능을 자신을 위해 쌓아두지 않고 남을 위해 사용함으로써 더욱 풍성하게 된다. "주라! 그리하면 너희에게 줄 것이니, 곧 후히 되어 누르고 흔들어 넘치도록 하여 안겨 주리라(눅6:38)"와 같다. 만물을 이롭게 하지만 해치지 않는 하늘의 도와 만물을 위해 일하고도 다투지 않는 성인의 도는 만물을 사랑하라는 면에서 보면 같은 의미이

---

252) 이는 가혹한 형벌과 학정을 일삼는 폭군에 대한 비유이다 (노자, 267쪽).

다. **하늘의 도와 사람의 도가 일치하는 것이 자연의 원리**이며 노자의 가르침이다. 도덕경의 마지막 장(81장)은 하늘(天)과 자연(地), 사람(人)이 만물을 이롭게 하는 도(道)로서 하나 되는 방법을 제시해 준다.

> 성인은 자신을 위해 쌓아두지 않고(聖人不積),
> 이미 남을 위함으로 자신이 더욱 있게 되고(旣以爲人 己愈有),
> 이미 남에게 주지만 자신이 더욱 많아지게 된다(旣以與人 己愈多).
> **하늘의 도는 이롭게 하지만 해치지 않고(天之道 利而不害),**
> **성인의 도는 일을 하면서도 다투지 않는다(聖人之道 爲而不爭)**(도덕경 81장).

(2) 장자의 인간관

가. 9만리를 나는 붕(鵬)과 함께 하는 원대한 계획

장자의 첫 장은 북극 바다에 사는 길이가 수 천리나 되는 곤(鯤)이라는 고기와 그것이 변하여 된 붕(鵬)이라는 새 이야기로 시작된다. 붕이 남극 바다로 옮겨 갈 때에는 물을 쳐서 **3천리를 튀게 하고, 회오리바람을 타고 9만리나 올라가며, 6개월을 날아가서 쉰다**고 한다.[253]

짧은 날 밖에 못 사는 매미와 작은 새는 붕의 뜻을 알지 못하고 비웃지만, 나라를 다스리고 천하를 평정할 위인은 천 리길을 가려는 사람과 같이 양식을 준비하고 원대한 계획을 세워야 할 것이다. 우리 지도자들과 국민들이 붕처럼 구만리 창공을 나는 비전을 품고, 천 리 길을 가려는 원대한 계획을 세워 나라를 다스리고 사명에 충성하기 바란다.

> 이를 보고 매미와 작은 새가 웃으면서 말한다. '우리는 펄쩍 날아 느릅나무 가지에 올라가 머문다. 때로는 거기에도 이르지 못하고 땅에 떨어지는 수도 있다. 무엇 때문에 구만리나 높이 남극까지 가는가?'
> 가까운 교외에 갔던 사람은 하루 종일 있다가 돌아와도 배는 그대로 부를 것이다. 백 리 길을 가려는 사람은 전날 밤에 양식을 찧어 준비하고, 천 리 길을 가려는 사람은 석 달 동안 양식을 모아 준비한다.[254]

---

253) 장자, (제1편), 36쪽.
254) 장자, (제1편) 39쪽.

나. 옳고 그름의 판정

장자가 볼 때 어짊과 의로움의 기준이나, 옳고 그른 방향이 어지러이 뒤섞여 있어 분별하기가 어렵다고 말한다. 논쟁도 마찬가지다. 인간의 이성이나 판단은 불완전하기 때문에 누가 옳고 그른지 판정하기 어렵다. 그래서 전문가가 필요하다. 그 분야에 오랜 기간 연구하거나 종사하여 **전문적인 지식과 경험을 가진 자가 양심에 따라 공정하고 용기 있게 옳고 그름을 밝혀야** 한다. **전문가를 우대하고 전문가가 존경받는 나라가 선진국**이다. 이 나라의 넘치는 갈등 문제도 정치가가 나서는 것이 아니라 전문가가 나서야 한다.

나와 당신이 논쟁을 했다고 가정합시다. 당신이 나를 이기고 나는 당신을 이기지 못했다면, 과연 당신이 옳고 나는 그른 것일까요? 내가 당신을 이기고 당신이 나를 이기지 못했다면, 과연 내가 옳고 당신은 그른 것일까요? 그 어느 쪽은 옳고 그 어느 쪽은 그른 것일까요? 우리 모두가 옳거나 우리 모두가 그른 것일까요?

나나 당신이나 모두 알 수 없는 것입니다. 그렇다면 다른 사람들도 본시부터 제대로 알 수 없는 것입니다. 그러면 나는 누구에게 올바로 판정해 달라고 해야 하는 것입니까?[255]

다. 19년 된 칼잡이 전문가 백정

사회 갈등이 심하고 모두가 제각각 옳다고 나서는 혼란한 시대일수록 전문가가 필요하고 전문가의 의견을 들어야 한다. 백정이 19년 동안 소를 잡을 때 사용한 칼의 날이 새로 숫돌에 갈아 놓은 것과 같다는 것은 무엇을 말하는가? 소 잡는 재주보다 소 잡는 '도(道)'를 따라 행하기 때문이다.

그래서 처음 소를 잡을 때는 소 밖에 보이는 것이 없었지만, 3년 뒤에는 소 전체가 보이지 않았고, 지금에는 정신으로 소를 대하지 눈으로 보지 않는다. 쓸 데 없는 곳을 치지 않고 정확하게 뼈마디의 틈을 찌른다. 우리나라에도 이 백정 같은 전문가가 절실히 필요하다. **전문성과 도덕성, 성실성을 갖춘 각 분야의 전문가들이 사명감을 가지고 무너지는 한국을 살려야** 한다.

훌륭한 백정은 일 년마다 칼을 바꾸는데 살을 자르기 때문입니다. 보통 백정들은 달마

---

255) 장자, (제2편) 94쪽.

다 칼을 바꾸는데 뼈를 자르기 때문입니다. 지금 저의 칼은 십구 년이 되었으며 그 사이 잡은 소는 수천 마리나 됩니다. 그러나 칼날은 숫돌에 새로 갈아 내온 것과 같습니다.

소의 뼈마디엔 틈이 있는데 칼날에는 두께가 없습니다. 두께가 없는 것을 틈이 있는 곳에 넣기 때문에 휑하니 칼날을 움직이는데 언제나 반드시 여유가 있게 됩니다. 그래서 십구 년이 지나도 칼날은 새로 숫돌에 갈아 놓은 것과 같은 것입니다.[256]

라. 제 분수를 모르는 사마귀 같은 인간

'당랑거철(螳螂拒轍)'은 "사마귀(螳螂)가 수레바퀴를 막는다."는 뜻이다. 제 분수를 모르는 사마귀 같은 연약한 자가 거대한 수레바퀴 같은 강자에게 함부로 덤비는 것이다. 사마귀처럼 무모하게 권력자에게 대들면 위태로워진다. **사마귀를 인간으로 보면 수레바퀴는 자연이고, 하늘이다. 인간은 자연과 하늘을 거스를 수 없다. 자연의 법도와 하늘의 법도를 따라야 한다. 그렇지 않으면 죽음이 그를 기다린다.**

당신은 사마귀를 알지 못합니까? 화가 나면 그의 집게를 벌리고 수레바퀴 앞에 막아 서서 자기가 깔려 죽을 것도 알지 못합니다. 자기 재질의 훌륭함만 믿고 있는 것이지요. 경계하고 조심해야 합니다. 자기의 훌륭함을 크게 뽐내면서 상대방의 권위를 범하면 위태로워집니다.[257]

마. 자연의 법도대로 살면 근심이 기쁨이 된다.

사람들이 좋아하는 자식과 재물, 장수도 문제점이 있다. **아들이 많아지면 근심이 늘고, 부자가 되면 일이 늘고, 오래 살면 치욕이 는다.** 그러나 아들이 많아도 하늘이 반드시 직분을 주니까 걱정 없고, 부자가 되면 나눔의 삶을 살고, 오래 살아도 분별하여 절제하며 살면 된다. 자연의 법도에 따른 순리로 살면 우리의 삶은 슬픔과 걱정이 아니라 기쁨과 보람의 삶이 된다. 많은 것을 받았으면, 많은 것을 베풀며 살면 된다.

요임금이 말하였다. "아들이 많으면 근심이 많아지고, 부자가 되면 일이 많아지고, 오래 살면 욕된 일이 많아지오. 이 세 가지 것들은 덕을 기를 수 있는 것들이 못 되기에 사양

---

256) 장자, (제3편) 103쪽.
257) 장자, (제4편) 134-135쪽.

한 것이오."

경계지기가 말하였다. " … **하늘은 만민을 낳고 반드시 그들에게 직분을 줍니다**(天生萬民 必授之職). 아들이 많다 하더라도 그들에게 직분이 주어지는데 무슨 두려움이 있다는 것입니까? **부자가 된다 하더라도 사람들로 하여금 나누어 갖도록** 한다면 무슨 일이 있겠습니까? … 천하에 올바른 도가 행해지면 모두와 함께 번창하지만, **천하에 도가 행해지지 않을 때에는 덕이나 닦으면서 한가히 지냅니다.**"258)

바. 어린 아이와 같은 순진한 삶

삶을 보양하는 방법은 위대한 도(道) 하나를 지니는 것이다. 이것은 하늘이 준 본성대로 살며, 점치는 미신으로 길흉을 판단하지 말며, 분수를 지키며 자연스럽게 사는 것이다. 이는 곧 어린 아이와 같이 순수한 삶을 말한다. 예수도 어린아이들과 같이 되지 않으면 천국에 들어가지 못한다고 했고, 어린아이와 같이 자기를 낮추는 자가 천국에서 큰 자라고 말했다(마18:3-4).

노자가 말하였다. "삶을 보양하는 방법이란 위대한 도 하나를 지니는 것이며, 자기 본성을 잃지 않는 것이오. **점치는 것으로 자기의 길흉을 판단하지 말아야 하고, 자기 분수를 지킬 줄 알아야 하고, 인위적인 행위를 그만둘 수 있어야** 하오. 남에 대한 관심을 버리고 자기를 충실히 지닐 수 있어야 하오. 행동이 자연스러워야 하고, 마음은 거리낌이 없어야 하며, **아이처럼 순진**할 수 있어야 하오."259)

순수하고 겸손한 어린아이의 삶과 반대인 '**가식적(假飾的)인 삶**'의 전형을 들어 보자. **세평과 당파, 교만, 이기심, 간악, 사치**는 해서는 안 될 일이다. 이 세상의 가진 자는 베풀고, 배운 자는 낮추고, 권력자는 부드러워야 한다. 조물주에게서 많은 것을 받은 자는 조물주가 많은 것을 찾을 것이라는 사실을 명심해야 한다(눅 12:48).

"세상의 명성을 바라며 행동하고, 자기와 친하게 어울리는 사람들만을 벗하고, 학문은 남에게 뽐내기 위해서 하고, 가르침은 자기의 이익을 위해서 하고, 인의를 내세워 간악한 짓을 하고, 수레와 말을 장식하는 일들은 나로서는 차마 하지 못하는 일이오."260)

---

258) 장자, (제12편) 293-294쪽.
259) 장자, (제23편) 560쪽.

사. 칼을 쓰려면 제대로 써야 한다

장자가 칼싸움을 좋아하는 조나라 문왕(文王)을 만나 칼을 쓰려면 제대로 써야 함을 말한다. 사방의 적국과 오랑캐들을 설복시키고, 오행(五行)으로 제어하고, 형벌과 덕으로 시비를 따지며, 모든 제후들의 기강을 바로 잡고, 천하가 굴복하는 '**천자의 칼**'을 쓰거나, 백성들의 뜻을 알아차려 사방의 온 나라를 편안하게 하며, 모든 백성들이 임금의 명령을 따르게 만드는 '**제후의 칼**'을 써야 한다고 주장한다.

만백성의 임금이 되어서 형벌과 덕으로 시비를 따지지 않고, 무모하게 백성들의 목을 치고, 오장(五臟)을 찢어 놓는 닭싸움과 같이 나라 일에 전혀 도움이 되지 않는 '**서민의 칼**'을 사용해서는 안 됨을 강조한다. 대통령과 법관, 검사 등 우리의 권력자들이 다시 한 번 새겨 봐야할 내용이다.

> **천자의 칼**이란 연(燕)나라의 국경 밖 계곡의 석성(石城)이 칼끝이 되고, 제(齊)나라 태산이 칼날이 되고, 진(晉)나라와 위(魏)나라가 칼등이 되며, … 사방의 오랑캐들로 싼 뒤 … 발해로 둘러치고 … 그리고 이 칼을 씀에 있어서는 오행(五行)으로 제어하고, 형벌과 덕(德)으로써 시비를 따지며, 음양의 변화를 따라 움직이고, … 이 칼을 곧장 내지르면 앞을 가로막는 것이 없고, … 이 칼을 한 번 쓰기만 하면 제후들이 바로잡히고 천하가 굴복하게 됩니다. …
>
> **제후의 칼**은 지혜와 용기 있는 사람으로 칼끝을 삼고, 청렴한 사람으로 칼날을 삼으며, 현명하고 어진 사람으로 칼등을 삼고, 충성스런 사람으로 칼 콧등을 삼으며, 호걸로 칼집을 삼습니다. … 이 칼을 한 번 쓰면 우레 소리가 진동하는 것 같아서, 사방 나라 안 사람들이 복종하지 않은 이가 없게 되어 모두가 임금님의 명령을 따르게 됩니다. …
>
> **서민의 칼**은 … 위로는 사람의 목을 치고 아래로는 간과 폐를 찢어 놓습니다. 이 서민의 칼은 닭싸움이나 다를 것이 없습니다. 일단 목숨만 끊어버리고 나면 국사에 쓸 곳이 없게 됩니다. 지금 임금님께서는 천자와 같은 위치에 계시면서도 서민의 칼을 좋아하고 계시니 저는 마음속으로 임금님을 낮게 평가하고 있습니다.[261]

아. 인격 파악의 9 원칙

---

260) 장자, (제28편) 691쪽.
261) 장자, (제30편) 741-742쪽.

겉과 속이 다른 사람의 마음은 산천보다 복잡하기 때문에 공자는 '인격 파악의 9 원칙'을 제시하였다. 군자는 여러 가지 시험을 통하여 **충성과 공경, 능력, 지혜, 신용, 어짊, 절의, 법도, 호색** 정도를 파악해야 한다. '인사(人事)가 만사(萬事)'라고 한다. 경영학의 네 가지 관리인 인사·생산·재무·마케팅(marketing) 관리 중 '인사관리'가 가장 중요하다. 왜냐하면 생산도, 재무도, 마케팅도 사람이 주도적으로 행하기 때문이다. 나라를 다스리고, 국민을 이끌 인재 발굴은 더없이 중요하다. 훌륭한 인재가 있으면 유비가 제갈량을 모시는 것처럼 삼고초려(三顧草廬)도 아끼지 말아야 한다.

군자는 사람을 멀리 놓고 부리면서 그의 충성됨을 살피고, 가까이 놓고 부리면서 그의 공경함을 살핀다. 그에게 번거로운 일을 시키고서 그의 능력을 살피고, 갑자기 질문함으로써 그의 지혜를 살핀다. 갑자기 그와 약속을 함으로써 그의 신용을 살피고, 재물을 그에게 맡겨 봄으로써 그의 어짊을 살피는 것이다. 그에게 위험을 알려줌으로써 그의 절의를 살피고, 술로 취하게 함으로써 그의 법도를 살핀다. 남녀가 섞여 지내게 함으로써 그의 호색을 살피는 것이다.[262]

5. 동학

동학은 외래 종교가 아니라 창시자가 한국인인 우리나라 종교이다. **창시자 수운(水雲) 최제우(崔濟愚, 1824-1864)**는 조선 말기 학정과 삼정(三政)의 문란으로 백성들은 피폐하고, 유·불·도(儒佛道) 세 종교는 정신적 지도이념으로서의 역할을 감당하지 못하고 있을 때 '시천주(侍天主)'를 통한 민중 구제와 '인간 평등'을 기치로 한 사회개혁을 주장했다. 「논학문」은 "시천주(侍天主) 조화정(造化定)"이 중심을 이룬다. 이는 한울님을 내 마음에 모셨으니 한울님 이치대로 자연스레 이루어진다는 뜻이다. 여기의 '천주(天主)'는 천지의 창조주요 주재인인 인격적인 내 안의 한울님을 말한다. 또한 이 "한울님 마음이 곧 사람의 마음이다(天心卽人心)"라고 말한다.

1) 한울님과 21자 기도문(天)

(1) 수운이 만난 상제

---

262) 장자, (제32편) 776-777쪽.

가. 수운을 찾아오신 한울님

동학은 수운이 1860년 4월 5일, 상제(上帝)의 음성을 직접 들은 것에서 시작된다. 유교, 불교, 천주교 등 기성종교를 통해 민족을 구하려고 했으나, 실망한 수운에게 상제가 직접 찾아 오셨다. 유동식 교수는 이를 "**수운이 받은 하늘의 진리는 스스로 노력해서 깨달은 도가 아니라 하나님이 내리신 계시이며, 수운이 만나 대화한 초월적 존재는 인격적 하나님이었다**"라고 주장한다.[263] 수운이 상제로부터 받은 말씀이 서도(西道)인 천주교의 도리와는 다른 것이지만, 나라를 살리려는 동학은 상제를 만남으로부터 시작되었다. 창조주 한울님은 우리 모든 인간이 구원 받고 진리에 이르기를 원하신다. 인류를 구원하기 위하여 한울님은 시대 별로, 지역 별로, 다른 사자(使者)를 보내 그 시대와 그 지역에 맞는 방법으로 구원의 내용을 선포한다. 1860년 4월 경주에서 수운은 한울님으로부터 신비한 말씀을 듣고 민족 구원의 큰 뜻을 펼친다. 수운은 '하나님'을 한글 가사체의 「교훈가」에서는 '**한울님**'으로,[264] 한문체인 「포덕문」에서는 '**상제(上帝)**'로, 「논학문」에서는 '**천주(天主)**'로[265] 표현하였다.

> 뜻밖에도 경신년(1860년) 4월, 마음이 선뜻해지고 몸이 떨리며, 무슨 병인지 증세를 알수 없고, 그 상태를 말로 표현 할 수도 없었다. 바로 이때 문득 어디에선가 신비한 말씀이 귀에 들려 왔다. 깜짝 놀라 물어보니, "두려워 말고 무서워 말라. 세상 사람들이 나를 상제라고 하는데(世人謂我上帝), **너는 상제를 모르느냐?**"라고 하였다(「포덕문」).[266]

나. 천지창조와 한울님의 조화 흔적

수운은 「포덕문(布德文)」에 천지가 창조된 태초부터 사계절의 성함과 쇠함이 변하지 않고 이어져 왔는데, 이것이 바로 '천주(天主, 한울님)'의 조화 흔적이 온 천하에 밝히 드러난 것이라고 말한다. 성경의 "땅이 있을 동안에는 심음과 거둠과 추위와 더위와 여름과 겨울과 낮과 밤이 쉬지 아니하리라(창8:22)"는 말씀과, 창조 넷째 날 해와 달을 창조하신 하나님이 "그 광명으로 사시(四時)와 일자와 연한을 이루라(창1:14)"는 말씀이 「포덕문」의 이

---

263) 유동식, 『풍류도와 한국의 종교사상』, 159-160쪽.
264) "한울님이 사람 낼 때 녹(祿) 없이는 아니 내네"(라명재 주해, 135)
265) 윤석산 역주, 『동경대전』(모시는 사람들, 2016) 30쪽.
266) 위의 책, 15-16쪽.

말씀과 같은 뜻이다. 「포덕문」을 쓴 1861년은 철종(1849-1863) 말기로 천주를 믿는 서학이 극심한 박해를 받는 것을 보면서도 수운은 '천주'를 사용하여 한울님에 대한 지극한 사랑과 경외심을 표현하였다.

> 천지가 창조된 태초부터 계절은 바뀌며 대대로 이어져 왔고,
> 봄·여름·가을·겨울의 성함과 쇠함이 변하지도, 바뀌지도 아니한다.
> 이것 또한 한울님 조화의 흔적이 온 천하에 밝히 드러난 것이다(是亦 **天主**造化之迹).
> 그러나 어리석은 백성들은 비와 이슬을 내려 주시는 한울님의 은혜를 모르고
> 행함이 없이 스스로 변화하는 줄로 알았다(知其無爲而化矣). …
> **활동하다가 정지하고, 번성하고 패망하는 것이 한울님의 명령(天命)에 따라 하는 것이며**
> 이는 **천명을 공경하고 천리에 순응하는 것이다(敬天命而 順天理).**
> 그러므로 천명과 천리를 따르는 사람은 군자가 되고,
> 학문은 도(道)와 덕(德)을 이루었으니 도는 하늘의 도이고, 덕은 하늘의 덕이다.
> 그 도를 밝히고 그 덕을 닦아서 군자가 되고 지극한 성인(聖人)에 이르게 되니
> 어찌 존경하여 찬탄하지 않겠는가! …
> 그런데 이 근래에 이르러서는 **온 세상 사람들이 각자의 이익만 추구하므로**
> **천리를 따르지 않고, 천명을 돌아보지 않으니**
> **내 마음이 항상 두려워 어찌할 바를 모르게 되었다.** …
> **참으로 애석하구나!**
> 지금 세상 사람들은 시대의 운수를 알지 못하고
> 나의 이 말을 듣고도 들어와서는 마음속으로 그르게 여기고
> 나가서는 모여서 수군거리며,
> 도(道)와 덕(德)을 따르지 않으니 심히 두려운 일이다.[267]

다. 천지인(天地人)의 이치와 음양(陰陽) 오행(五行)

「논학문」에는 천지만물을 주관하는 하늘의 법도와 땅의 사방(四方)과 팔방(八方)을 정해 주는 땅의 이치가 있다. 사계절의 바뀜이나 낮밤의 교차, 밀물과 썰물, 달의 차고 기움과 같은 우주 운행이 무궁히 이어지고, 만물의 생사 이치도 변하지 않는다. 이러한 '하늘의 법도(陽)'와 '땅의 이치(陰)'가 저절로 시행되는가? 아니다. 전지전능하신 창조주 한울님의

---

267) 윤석산 역주, 동경대전, (모시는 사람들, 2016), 10-13, 18쪽.

조화의 흔적이다.

온갖 만물이 음양의 조화로 화생되고, 그 중에서 가장 신령한 존재가 바로 사람이라고 한다. 그래서 사람을 만물의 영적인 우두머리라고 하여 '영장(靈長)'이라고 부른다. 한울님의 형상을 받은 인간은 한울님의 대리자로서 만물을 다스리는 권세를 부여받았다.

천지인과 오행의 관계를 보면 **하늘(天)은 오행을 생성하는 근본이 되고, 땅(地)은 오행이 자라는 바탕이 되며, 사람(人)은 오행을 운용하는 기운이 된다**고 한다. 따라서 **천지인이 우주 형성의 세 근본이** 된다. 천지인 중 **오행을 생성하는 근본이 하늘(天)**이므로 이는 우주 만물을 처음 만든 창조주를 가리킨다.

> 하늘의 법도(天道)는 형체는 없으나 자취가 있고,
> 땅의 이치(地理)는 한없이 넓고 커나 일정한 방위가 있다. …
> 음양이 서로 조화를 이루어 온갖 만물이 그 속에서 화생되지만
> 유독 사람이 최고로 신령한 존재이다.
> 그러므로 하늘, 땅, 사람의 '삼재의 이치'가 정해지고(故定三才之理),
> 오행(목·화·토·금·수)의 수가 나왔다.
> 오행이란 무엇인가?
> **하늘은 오행의 근본이 되고(天爲五行之綱)**
> **땅은 오행의 바탕이 되고(地爲五行之質)**
> **사람은 오행의 기운이 된다(人爲五行之氣).**
> **따라서 하늘·땅·사람이 세 근본이 되는 이치(天地人三才之數)**를 여기에서 볼 수 있다.[268]

(2) 한울님을 모시는 21자 기도문

동학의 핵심 교리가 「주문(呪文)」의 '21자 기도문'속에 요약되어 있고, 그 핵심은 "시천주(侍天主) 조화정(造化定)"이다. 이 말은 **우주만물을 창조하신 천주 한울님을 온전히 영접하였으니 모든 일이 한울님 이치대로 자연스레 이루어 질 것이며, 일평생 한울님의 큰 뜻을 잊지 않고, 모든 일에 한울님 도를 깨달아 실천하는 삶을 살겠다**고 결단하는 것이다. 필자의 '21자 기도문' 번역은 다음과 같다.

---

268) 윤석산 역주, 22-23쪽.

지극한 한울님의 기운이 지금 내게 이르렀으니(至氣今至),

한울님 기운과 나의 기운이 융화일체 되게 하소서(願爲大降).

한울님을 내 마음에 온전히 모셨으니(侍天主),

한울님 이치대로 이루어지이다(造化定).

일평생 한울님의 뜻을 잊지 않고(永世不忘),

모든 일에 한울님 도를 깨닫고 실천코자 합니다(萬事知).

'21자 기도문'에 대한 수운의 설명이 「논학문」에 자세히 기록되어 있다. **'시(侍)'**를 설명하면서 "안에는 한울님의 신령한 마음이 있고(內有神靈)"에서 '한울님의 신령한 마음'은 한울님의 영인 '성령(聖靈)'을 말하는 것으로 본다. '외유기화(外有氣化)'는 밖으로 우주에 가득 찬 한울님의 무궁한 기운인 성령과 나의 기운이 일체를 이루는 것이다.

천주(天主) '한울님'에 관하여 윤석산 교수는 **"한울님은 우주의 자율적인 원리로서의 '천(天)'이 아니라, 우리 인간을 비롯한 모든 존재의 근본이 되고, 나아가 우리를 낳은 부모와 같은 존재"**라고 설명한다. 과거의 성인(聖人)들은 '천(天)'을 우주의 자율적 원리로 이해한 데 비하여, **수운 선생은 만유와 인사(人事)를 모두 간섭하는 인격적인 존재로 천명했기 때문에 '존칭하여 부모와 같이 섬겨야 하는'** 의미의 **'주(主)'**를 붙여 천주(天主) 곧 한울님이라고 말씀한 것이다(윤석산 역주, 36쪽).

'지기(至氣)'는 지극히 커서 빈 것과 같은 한울님의 영기(靈氣)로

우주에 가득 차 있고, 우주만상에 간섭하지 않는 것이 없으며,

그 명을 부여하지 않는 것이 없다. …

'시(侍)'는 안에는 한울님의 신령한 마음이 있고(內有神靈),

밖에는 한울님의 무궁한 기운과 일체를 이루고(外有氣化),[269]

세상 사람들이 각자 이 경지를 깨달아 마음을 변치 않고 실천하는 것이다.

'주(主)'는 한울님의 존칭이며 부모와 같이 섬긴다는 것이다.

(主者 稱其尊而與父母同事者也).

'조화(造化)'는 행함이 없이 저절로 이루어지는 한울님의 힘을 말하며(無爲而化),

'정(定)'은 한울님의 큰 덕과 나의 덕을 합하여

---

269) 이를 윤석산은 "내유신령(內有神靈)이란 처음 포태될 때 한울님으로부터 받는 가장 순수한 마음을 다시 회복하는 것이며, 외유기화(外有氣化)란 처음 인간의 생명이 형성될 때, 즉 무형의 생명에서 유형의 생명으로 화생할 때 우주의 기운, 즉 한울님의 기와 접하는 신비함을 체득하는 것"이라고 말한다.(윤석산 역주, 35쪽)

내 안의 한울님 마음을 지키는 것을 말한다.

'영세(永世)'는 사람의 일평생을 말하며

'불망(不忘)'은 한울님을 모시겠다는 마음을 항상 보존하는 것이다.

'만사(萬事)'는 수가 많음을 말하며

'지(知)'란 한울님의 도를 깨달아, 그 지혜를 받는 것이다.

그러므로 한울님의 덕을 밝히고 밝혀,

잠시라도 한울님을 잊지 않고 생각하고 생각하면

한울님의 지극한 기운에 동화되어 지극한 성인의 경지에 이르게 된다.[270]

(3) 조물자인 창조주 한울님

가. 존재와 생명의 근원인 한울님

「불연기연(不然其然)」에서 존재의 근원이고 생명의 근원인 한울님에 대하여 설명했다. '불연'은 인간의 일상적인 경험과 인식으로 설명할 수 없는 것을 말하며, '기연'은 인간의 경험과 인식으로 알 수 있는 것을 말한다.[271] **인류의 시조와 만물의 시초는 도무지 알 수 없는 '불연'에 속하므로 조물주 한울님이 창조**하였음을 드러내고 있다. 이 세상의 모든 사람은 부모에 의해서 태어나고, 그 자식이 또 자식을 낳아 가계(家系)가 이어진다. 이는 인간의 경험과 인식으로 이해할 수 있는 '기연'이 된다.

처음 사람은 어떻게 태어났으며, 또 처음 만물은 어떻게 생겨났는지 그 근원 문제를 헤아리면, 세상만사가 모두 알 수 없는 '불연'이 된다. … 먼 옛날 인류 최초의 사람이라고 일컫는 천황씨는 어떻게 최초의 사람이 되었고, 또 왕위를 물려 준 사람도 없었는데 어떻게 임금이 되었는가. 이 사람의 근원 없음이여, 이러한 사실을 어찌 '불연'이라고 말하지 않을 수 있겠는가. …

이 세상 어느 누가 부모 없이 태어난 사람이 있는가. 부모가 자식을 낳고 그 자식이 또 자식을 낳음으로 계승된 것이니, '기연', '기연'이며 또 '기연'이 되는 것이다.

이 세상을 위하여 (하늘이) 천황씨(天皇氏)를 임금으로 삼고 또 스승을 삼았으니, 임금은 법으로써 다스리고 스승은 예로써 가르치는 것이다. 최초의 임금은 물려준 앞의 임금이

---

270) 윤석산 역주, 34-37쪽.
271) 윤석산 역주, 65쪽.

없었는데 누구로부터 법과 강령을 받았으며, 또 최초의 스승은 가르침을 준 스승이 없었는데 예와 의를 어떻게 드러냈는가. 알 수 없구나, 알 수 없구나(윤석산 역주, 65-67).

나. 오묘한 한울님의 섭리

수운은 세상의 어리석은 사람들이 자기 생명의 근원인 한울님을 알지 못함을 한탄한다. 황하의 물이 천 년에 한 번 맑아지고, 이 때에 성인이 탄생하는데 이 운(運)이 스스로 오는 것인가, 아니면 황하 물이 스스로 알고 맑아지는가를 자문한다. 이 모두가 한울님의 섭리임을 밝히고 있다.

또한 까마귀가 늙은 어미에게 먹이를 물어주며, 봄이면 강남 갔던 제비가 자기가 살았던 집에 다시 찾아오는 것은 인간이 이해하기 어려운 '불연'이라고 한다. 오직 만물을 창조하신 한울님인 '조물자(造物者)'의 섭리에 의탁하여 살펴보면 수긍할 수 있는 '기연'이 되는 것이다.[272]

이 세상의 어리석은 사람들이여! 어찌하여 자기 생명의 근원인 한울님을 알지 못하는가. 성인(聖人)이 태어날 때에 황하의 물이 천 년에 한 번 맑아지는구나. 성인이 탄생할 운이 스스로 와서 황하의 물이 맑아지는가, 아니면 황하의 물이 성인의 탄생을 스스로 알고 맑아지는 것인가. 밭가는 소가 농부의 말을 알아듣고 시키는 대로 일하는구나. 사람의 생각을 헤아리는 마음이 있는 것 같고, 사람이 하는 말을 알아듣는 것 같다. …

까마귀 같은 미물도 어미가 물어다 주던 그 은혜를 잊지 않고, 늙은 어미에게 먹이를 물어주는 반포의 보은을 행하나니 저들 까마귀들이 과연 부모 공경하는 효제를 아는 것인가. 봄이 돌아오면 강남 갔던 제비가 어김없이 자기 살던 집으로 날아온다. 그 주인집이 아무리 가난해도 역시 돌아오고, 또 돌아오는구나.

이런 까닭에 인간의 이성이나 경험으로 분명히 이해하기 어려운 것을 '불연'이라 말하고, 인간의 일반적인 견식으로 판단하여 이내 납득이 가는 것을 '기연'이라 말한다. 아득히 먼 근원을 캐어 견주어 보면 불연, 불연이고 또 불연의 일이 되지만, 이 모든 불연의 일을 **조물자(造物者)**인 한울님 섭리에 부쳐서 헤아려보면, 이 불연의 일도 모두 기연, 기연이고, 또 기연의 이치가 된다.[273]

---

272) 윤석산 역주, 71쪽.
273) 윤석산 역주, 69-72쪽.

다. 생명을 주신 한울님이 생업(生業)도 주신다

「교훈가」에는 "한울님이 만민에게 생명을 주셨으니 반드시 직업도 주실 것이요, 한울님께 달린 목숨이니 죽을 염려 왜 하느냐? 한울님이 사람을 낼 때 먹을거리 없이는 아니 낸다." 고 말한다. 먹을 것과, 입을 것, 마실 것을 염려하지 말고, 먼저 하나님 나라와 그의 의 (義)를 구하라(마6:33)는 성경 말씀과도 서로 통한다.

한울님이 주신 생명을 엄마 뱃속에서 함부로 죽이는 '낙태'와 스스로 목숨을 끊는 '자살' 은 한울님을 대적하는 것이다. 생명을 주신 한울님께서 반드시 보호해 주시고 인도해 주실 것을 믿는다. 그래서 우리 인간은 한울님을 경외하는 마음으로 내 생명과 남의 생명을 귀 히 여기며 맡은 사명에 충성하며 사는 것이다.

> 천생만민(天生萬民) 하였으니 필수기직(必授其職) 할 것이요
> 명내재천(命乃在天) 하였으니 죽을 염려 왜 있으며
> 한울님이 사람 낼 때 녹(祿) 없이는 아니 내네.[274]

라. 한울님을 공경하지 않는 이유

세상 사람들이 한울님을 공경하지 않는 이유는 무엇일까? 「논학문」에서 아직 **한울님이 만 백성을 창조하셨다는 사실을 상세히 모르기 때문**이라고 수운은 대답한다. 인간은 피상 적으로 한울님에 대해 아는 것이 아니라, **수운처럼 한울님을 체험적으로 알고, 그 분을 진 정한 주인으로 모셔야만 온전히 공경**할 수 있는 것이다.

> 죽음에 임하여 한울님을 부르는 것은 누구나 가지는 보통의 마음이다. 이는 사람의 목 숨이 한울님에 달려있기 때문이다(而命乃在天). 한울님이 만 백성을 내셨다는 것은(天生萬 民) 옛 성인들의 말씀으로 지금까지 전해 내려오는 것이다. 그러나 사람들은 과연 한울님 이 만 백성을 내셨는지 아니 내셨는지 아직 상세히 모르기 때문이다.[275]

---

274) 라명재 주해, 134-135쪽.
275) 윤석산 역주, 39쪽.

2) 동학의 자연관(地)

(1) 삼경설(三敬說)의 경물(敬物)

삼경설은 『해월신사 법설』 중 「삼경」에 나오는 경천(敬天)·경인(敬人)·경물(敬物)의 가르침을 말한다. 이 중 '경물'에 대해서 해월은 사람을 공경하는 것은 당연한 도리이고 '물(物)'까지도 공경해야 한다고 주장한다. 만물이 한울님을 모시고 있다는 범재신관(凡在神觀)이 삼경설의 바탕이다. 이 때의 '물(物)'은 자연을 말한다.

> "사람이 사람을 공경하는 것은 당연한 도리이므로 도덕의 극치가 되지 못하고, 나아가 물(物)을 공경함에까지 이르러야 천지기화(天地氣化)의 덕에 합일될 수 있느니라"(라명재 주해, 383-384).

해월은 「영부주문(靈符呪文)」에서 "어찌 반드시 사람만이 홀로 한울님을 모셨다 이르리오. 천지만물이 다 한울님을 모시지 않은 것이 없느니라(天地萬物皆莫非侍天主也). 저 새소리도 또한 시천주(侍天主)의 소리니라."[276]고 하여 천지만물이 다 한울님을 모셨다고 한다.
「내수도문(內修道文)」에서는 **"육축이라도 다 아끼며, 나무라도 생순을 꺾지 말라"**[277]고 하였다. 여기서 중요한 것은 공경의 대상인 '물'의 범위이다. 공경해야 할 '물'은 한울님을 모신 '물'이며, 한울님을 모셨기 때문에 사람도 '물'을 공경하는 마음으로 아끼고 사랑해야 한다.

(2) 천지부모설(天地父母說)

『해월신사 법설』 중 「천지부모」에서 "천지는 곧 부모요, 부모는 곧 천지니, 천지와 부모는 일체"라고 주장한다. 이것은 「영부주문(靈符呪文)」에서 "사람만이 홀로 한울님을 모신 것이 아니라, 천지만물이 다 한울님을 모시지 않은 것이 없다."는 말과 관련하여 이해해야 한다. 천지만물이 한울님을 모시고 있다는 것은 한울님의 기운을 간직하고 있다는 뜻이다.

---

276) 라명재 주해, 310쪽.
277) 위의 책, 394쪽.

만물도 한울님을 모시고 있으므로 부모처럼 만물도 받들어야 한다고 말한다. 이는 부모를 봉양하는 것처럼 천지를 사랑하고 아껴야 한다는 뜻이다.

> 천지는 곧 부모요 부모는 곧 천지니, 천지와 부모는 일체이니라. 부모의 포태가 곧 천지의 포태니, 지금 사람들은 다만 부모 포태의 이치만 알고 천지포태의 이치와 기운을 알지 못하느니라. … 천지는 만물의 부모니라.[278]

해월은 또 '젖'과 '곡식'을 비교한다. 사람이 어릴 때는 사람의 몸에서 나는 곡식인 어머니의 '젖'을 빨지만, 자라서는 천지에서 나는 젖인 '곡식'을 먹는다. 어릴 때 어머니의 젖을 빠는 것이나, 커서 천지 부모가 주는 곡식을 먹는 것이 다 천지가 주는 녹봉이요, 한울님의 선물이다.[279]

(3) 아무리 어려워도 꽃피는 봄날은 반드시 온다.

수운이 쓴 「시문(詩文) 3」에 수록된 "우음(偶吟) 2"에는 고난의 시절이 지나면 따뜻한 계절이 옴을 기술한다. 비바람 몰아치던 나뭇가지에 더 혹독한 한 겨울의 서리, 눈까지 몰아쳤지만, 계절이 바뀌면 다 물러나고, 꽃피는 봄날이 반드시 온다. 봄·여름·가을·겨울이 때를 따라 순환하는 것처럼 고난이 끝나면 반드시 평화가 온다는 것이다. **순리대로 이루어지는 것이 만고불변의 자연원리이다.**

고난 받는 동학이 더 큰 박해를 겪겠지만, 그 고난 다 지나간 후 온 세상에 평화가 온다는 의미이다. 이 때 나뭇가지를 한민족으로 보고, 한 나무를 한국으로 보면 일제 35년 식민지와 6.25 3년 전쟁의 혹독한 시련을 겪은 후 한국에 **자유·민주·번영의 평화통일**이 오고, 온 세계에 평화의 시대가 도래(到來)한다는 의미도 내포한다. '만세(萬世)'는 공간적으로는 온 세계를, 시간적으로는 영원을 의미한다.

> 비바람 몰아치던 나뭇가지에(風過雨過枝)
> 비바람에 서리, 눈까지 몰아쳐 오네(風雨霜雪來).
> **비바람, 서리, 눈 지나간 후에(風雨霜雪過去後)**

---

278) 위의 책, 261-262쪽.
279) 위의 책, 263-264쪽.

한 나무에 꽃 피니 온 세상에 봄이로다(一樹花發萬世春)[280].

(4) 사람이 방에 들면 바람은 밖에 나간다

밤을 노래하는 「영소(詠宵)」에는 자연의 아름다움과 순수함과 순리가 드러나 있고, 자연과 함께 착하고 바르게 살아가는 수운의 마음이 이 시에 담겨 있다. 사람이 방에 들면 바람은 기꺼이 밖에 나가 주는 시구에는 **자연의 겸손과 관용이 돋보인다. 자연(地)과 인간(人)이 함께 어울려 서로 사랑하며 아끼며 살아야 한다.** 애석하게도 **이 시 끝 두 절은 최후의 시로 수운은 아무 잘못 없이 마른 나무처럼 죽어 가지만, 동학의 진리는 힘 있게 이어질 것을 예언**하고 있다.

> **달밤에 시냇돌을 구름이 세며 가고**(月夜溪石去雲數)
> 바람 뜰 꽃가지를 나비가 재며 춤추네(風庭花枝舞蝴尺).
> **사람이 방에 들면 바람은 밖으로 나가고**(人入房中風出外)
> 배가 언덕머리로 가면 산은 물로 내려오네(舟行岸頭山來水).
> **꽃 사립문 저절로 열리니 봄바람 들어오고**(花扉自開春風來)
> 대울타리 성글게 비추며 가을달이 지나가네(竹籬輝疎秋月去). …
> 등불을 물 위에 비추나 잘못은 찾을 수 없고(燈明水上無嫌隙)
> **기둥이 마른 것 같으나 힘은 남아 있도다**(柱似枯形力有餘).[281]

3) 동학의 인간 윤리(人)

(1) 성 · 경 · 신(誠敬信)

수운(水雲)의 성·경·신(誠敬信)

수운은 「좌잠(座箴)」에서 **성(誠, 정성) · 경(敬, 공경) · 신(信, 믿음)을 동학의 핵심 덕목으로 강조**하였다. "우리 도는 넓으나 간략하여 많은 말과 뜻을 사용할 필요가 없다. 별다른 도

---

280) 윤석산 역주, 133쪽.
281) 윤석산 역주, 123-124쪽.

리가 있는 것이 아니라 **오직 성경신(誠敬信) 세 자 뿐**이다."282)라는 말로 동학의 도를 설명하였다. 「교훈가」283)에서는 '정성과 공경'을 중시하여 "정성을 다해 공경해서 마음을 바르게 하고 몸을 수양하여라."고 가르쳤다.

> 대저 이 도는 마음으로 '믿는 것'이 '정성'이 된다(信心爲誠). '믿을 신'자를 풀이해 보면(以信爲幻), '사람의 말'(人而言之)이라는 뜻이다. 사람의 말 중에는 옳은 말과 그른 말이 있으니, 옳은 말은 취하고 그른 말은 버리되 거듭 생각하여 마음을 정해야 한다. 한 번 정한 후에 다른 말은 믿지 않는 것이 믿음이다(定之後言 不信曰信).
>
> 이와 같이 믿음을 닦아야 마침내 그 정성을 이루게 된다. 정성과 믿음이라는 것은 그 원칙이 멀리 떨어져 있지 않다. 사람의 말로 이루었으니 **먼저 믿은 후에 정성을 다해야 한다**.284) 내가 지금 밝히 가르치니 어찌 믿고 또 믿어야 하지 않겠는가? **공경하는 마음으로 정성을 다하여 이 가르치는 말을 어기지 말라**.285)

해월(海月)의 성·경·신(誠敬信)

『해월신사 법설』 중 「성경신誠敬信」에서 "우리 도는 다만 성·경·신 세 글자에 있다. … 성·경·신에 능하면 성인되기가 손바닥 뒤집기와 같다."고 했다.

'**정성(誠)**'은 순일(純一)한 것과 쉬지 않는 것을 말하며, 이 쉬지 않는 정성으로 천지와 더불어 법도를 같이 하고 운(運)을 같이 하면 가히 대성(大聖)과 대인(大人)에 이른다.286)

'**공경(敬)**'에 대해서는 경심(敬心)·경인(敬人)·경물(敬物)을 제시했다. 사람마다 마음을 공경하면(人人敬心) 기혈이 크게 평안하고, 사람마다 사람을 공경하면 많은 사람이 와서 모이고, 사람마다 만물을 공경하면 만상(萬相)이 거동하여 온다.287)

'**믿음(信)**'에 관하여는 "인의예지(仁義禮智)도 믿음이 아니면 행하지 못하고, 억천만사(億千萬事)가 모두 믿을 '신'한 자 뿐이라. 사람의 믿음 없음은 수레의 바퀴 없음과 같다."288)고 믿음을 강조하였다.

---

282) 윤석산 역주, 85쪽.
283) 라명재 주해, 152-153쪽.
284) 믿을 '신(信)'자는 '사람(人)의 말(言)'이라는 뜻이고, 정성 '성(誠)'자는 '말(言)이 이루어 짐(成)'이라는 뜻이다. 두 글자가 '말씀'을 공통으로 하고 있다.
285) 윤석산 역주, 61-62쪽.
286) 라명재 주해, 324-325쪽.
287) 라명재 주해, 325쪽.
288) 라명재 주해, 327쪽.

(2) 인의예지와 수심정기

「수덕문(修德文)」에서 수운은 유교의 '인의예지'를 말하고, 그가 정한 '**수심**정기(**修心正氣**)'를 말한다. 즉 한울님이 부여한 마음을 닦고 그 마음에 따라 올바른 실천을 하는 것이다. 현재 천도교에서는 '**수심**'을 '**修心**'이 아니라 '**守心**'으로 적어 '한울님이 주신 본래의 깨끗한 마음을 지키는 것'으로 이해한다. 두 용어는 마음의 상태와 관련되는 것으로 한울님이 주신 깨끗한 마음은 지켜야 하고(守心), 더러워진 마음은 깨끗하게 닦아야(修心) 한다.

> 인의예지 네 덕목은 옛 성인의 가르친 바요(仁義禮智 先聖之所敎),
> **마음을 닦고 기운을 바르게 함은 오직 내가 다시 정한 것**이다(修心正氣 惟我之更定)[289].

사람을 교정하여 수신(修身), 양재(養才), 정심(正心)하라

「논학문」에서 도(道)에 대한 물음에는 이렇게 대답한다. 먼저 사람을 바로 잡아 몸을 닦고, 재주를 기르고 마음을 바르게 하면 두 갈래 길에서 방황하지 않는다고 말한다. 도의 핵심은 수신과 정심이다. 동학의 가르침과 유학의 가르침이 일맥상통한다.

> 비록 내 글이 보잘 것 없어, 정확한 뜻과 올바른 종지(精義正宗)에 미치지 못한다 해도, 사람을 **교정하여 몸을 닦고**(矯其人修其身), **재주를 기르고 마음을 바르게** 하면(養其才正其心) 어찌 두 갈래 길에서 방황하겠는가?[290]

(3) 군자와 소인의 차이

「논학문」에서 한울님은 귀천(貴賤)의 기준과 고락(苦樂)의 이치만을 정해 주었고, 인간 개개인이 자유롭게 생각하고 행동할 수 있다는 것이다. 군자의 덕은 한울님의 기운처럼 바르고, 마음이 불변하므로 천지(天地)와 더불어 그 덕이 합일된다.
그렇지만 **소인의 덕은 군자와 반대로 한울님과 자연의 명령에 위배되는 것이다**. 세상 사

---

289) 윤석산 역주, 178쪽.
290) 윤석산 역주, 43쪽.

람들이 군자의 덕을 쌓으면 성운(盛運)을 맞이하고, 소인의 덕을 쌓으면 쇠운(衰運)을 맞게 되는 것이 하늘의 이치이다. 인간이 어떤 마음을 갖고, 어떤 행동을 하느냐에 따라 개인이나 국가의 흥망성쇠가 결정된다는 사실을 수운은 엄중히 경고하고 있다.

'한울님 마음이 곧 사람의 마음(天心卽人心)'인데, 어찌하여 선과 악의 구별이 있습니까? 대답하기를 '한울님은 귀한 사람과 천한 사람이 되는 기준을 명하고, 괴로움과 즐거움의 이치를 정해 줄 뿐이다. 그러나 군자의 덕은 기운이 바르고 (한울님 섬기는) 마음이 불변하므로 천지와 더불어 그 덕이 합일된다. 이에 비해 소인의 덕은 기운이 바르지 않고 마음이 자주 변하므로 천지와 더불어 그 명령에 위배되는 것이다. 이것이 성하고 쇠하는 이치가 아니겠느냐?[291]

소인 참소와 만고 충신 김덕령(金德齡)

『용담유사』「안심가」에는 억울하게 무고로 죽은 사연이 나온다. 임진왜란 때 광주(光州) 출신 김덕령(1567-1596)은 의병장으로 용맹을 떨쳤으나, 난을 일으킨 이몽학(李夢鶴)과 내통했다고 소인들이 무고하여 혹독한 고문으로 29세에 옥사하였다. 만고 충신 김덕령이 살아 있었다면 3개월이면 끝낼 임진년의 전쟁을 8년이나 지체했다고 안타까워했다.

수운(水雲) 자신도 한울님의 도를 깨달은 신선 같은 존재인데 이런 고난을 겪는 것이 무슨 일인가 하며 한탄한다. 몰락한 선비가 한울님을 만나 동학이라는 도를 만들고 도탄에 빠진 백성을 구하려고 했지만 끝내 혹세무민(惑世誣民)의 죄를 덮어 쓰고 순교자로 마감한 수운의 애끓는 마음이 예언처럼 노래에 담겨져 있다. 충신과 의인들이 존경받고 우대받는 나라는 흥하고, 간신과 악인들이 득세하는 나라는 망한다. 거짓으로 남을 모함하는 '무고'는 상대방을 파멸시키고, 나라를 도탄(塗炭)에 빠뜨리지만, 진실은 반드시 밝혀지고 무고자도 하늘의 심판을 면하지 못한다.

만고 충신 김덕령이 그때 살아 있었다면 임진년의 고난이 왜 있을꼬.
소인 참소 기험(崎險)하다. 불과 삼삭(三朔) 마칠 것을 팔년 지체 무삼 일고
나도 또한 신선으로 이런 풍진 무삼 일고 (라명재 주해, 171).

---

291) 윤석산 역주, 37-38쪽.

6. 기독교

한국 기독교는 순교의 붉은 피가 교회 성장의 밑거름이 되었다. 1784년 2월 이승훈이 북경의 북당(北堂)에 가서 영세를 받고 돌아와 이벽·정약전 등과 천주교 신앙공동체를 설립한 후부터 박해는 시작되었다. 유일신 천주(天主) 경외와 우상 금지가 왕조체제와 조상 제사에 배치(背馳)되자 조선 조정은 4대 교난(教難), 즉 신해(1791년)·신유(1801)·기해(1839)·병인(1866) 교난을 통하여 탄압하였다. 이 중 최대 교난인 **병인교난 3년간의 순교자 수가 8,000여 명**이며,[292] 종적 없이 죽어간 신도의 수를 합치면 수만 명이 될 것이다. 이들의 붉은 피가 오늘날 한국 기독교 성장(신·구 교인 1,357만 명)의 밑거름이 되었다.

개신교는 1832년 프로이센 출신의 **구츨라프**(K. F. A. Gutzlaff) 선교사가 서해안을 답사하며 한문 성경을 배포함으로 전래되었다. 그 후 1866년 영국의 **토마스**(R. J. Thomas) 선교사가 1866년에 제너럴 셔먼 호를 타고 대동강에 왔으나 칼을 들고 달려드는 조선 병사에게 성경을 내어주면서 죽음을 당했다.[293] 1885년 4월 5일에 장로교의 **언더우드**(H. G. Underwood)와 감리교의 **아펜젤러**(H. G. Appenzeller) 선교사가 한국에 들어와 전도와 함께 학교와 병원 설립을 통하여 교세가 획기적으로 늘어났다.

기독교도 한국의 전통 종교와 같이 성경에는 천지인(天地人)에 대한 내용이 핵심을 이루며, 창조주 하나님과 피조물 인간이 자연을 관리하며, 천지인이 조화를 이루며 사는 방법이 수록되어 있다. 다른 종교와 달리 기독교는 **하나님인 성자(聖子) 예수가 인간으로 세상에 와서 죄인을 구원하기 위해 십자가에 죽은 후 3일 후에 부활**하여 승천하였고, 하나님 보좌 우편에서 우리를 위해 간구하신다(롬8:34). 성경은 **하나님(天)**이 태초에 **자연만물(地)**을 **창조**함에서 시작되고, 죄인된 **인간(人)**을 **구원**하고, 선악에 따라 **심판**한다는 주제로 전개된다. 하나님이 창조하신 자연만물에는 신성(神性)이 깃들어 있으므로 거룩하며, 인간의 생활터전으로서 소중한 것이다. 하나님의 형상으로 창조된 고귀한 인간은 자유의지를 가지고 서로 사랑하며 생활터전인 자연만물을 보호해야 할 책임이 있다.

1) 만물을 창조하신 하나님(天)

(1) 하나님은 존재하는가?

---

292) 민경배, 『한국기독교회사』(연세대학교출판부, 1996), 91-95쪽.
293) 위의 책, 136-139쪽.

어리석은 자는 그 마음에 이르기를 하나님이 없다(시53:1)고 한다. 그러나 무신론을 주장하는 자는 그 근거를 분명하게 대지 못하고 있다. 신앙은 절대자 또는 절대적 진리를 믿는 것이다. 신(神) 중의 신인 하나님은 태초부터 존재하셨고, 천지만물과 인간을 창조하셨고, 지금도 우주만물을 통치하시며, 미래에도 계획대로 통치하실 것이며, 종말에는 최후의 심판을 하실 것이다. 성경을 통해 하나님의 존재를 증명해 보자.

가. 제작자론

모든 물건마다 제작자가 있다. 종이 한 장도, 연필 한 자루도 만든 자가 없으면 존재할 수 없고 시계도 마찬가지다. 원숭이 한 마리도 저절로 태어나지 않고, 사과나무도 저절로 존재하지 않는다. 매일 아침 떠오르는 태양과 매일 밤 나타나는 달과 셀 수 없는 별들은 저절로 생겨나고 저절로 운행하는 걸까? 아니다.

사람도 마찬가지로 저절로 존재하지 않는다. 나의 아버지가 있고, 할아버지, 증조(曾祖) 할아버지, 고조(高祖) 할아버지가 있다. 그 위에 계속 올라가면 인류의 조상 '아담'이 나오고 그를 창조하신 자가 나온다.

우주만물이 존재하는 데는 **제1원인자인 '자존재(自存在)'**가 있어야 하는데,[294] 다른 종교는 말이 없다. 그 자존재를 성경에서는 **"'스스로 있는 자'인 하나님"**(출3:14)이라고 분명히 말한다. 이 하나님이 태초에 천지를 창조하였고, 해·달·별과 사람을 비롯한 만물을 창조하였다(창1:1-27).

> **태초에 하나님이 천지를 창조하시니라.**
> 땅이 혼돈하고 공허하며 흑암이 깊음 위에 있고 하나님의 영은 수면 위에 운행하시니라. 하나님이 이르시되 빛이 있으라 하시니 빛이 있었고, 빛이 하나님 보시기에 좋았더라 (창1:1-4).

> 하나님이 모세에게 이르시되 **'나는 스스로 있는 자'**이니라. 또 이르시되 너는 이스라엘 자손에게 이같이 이르기를 '스스로 있는 자'가 나를 너희에게 보내셨다 하라(출3:14).

---

294) 스피노자(B. Spinoza)는 신(神)을 '자기(自己) 원인(原因)' 혹은 '제1 원인'이라고 하였다. 자기 원인이란 그것의 원인을 다른 것으로부터 받지 않는 최후의 원인, 즉 마지막 원인을 가리킨다. 모든 사물에는 그것이 있게 된 원인이 있다 (정진일, 123쪽).

나. 만물질서론

우주만물은 저절로 무질서하게 운행하는 것이 아니라 사시사철 일정한 질서와 불변하는 법칙에 따라 운행하고 있는데, 이를 주관하는 전지전능한 존재가 있어야 한다. 성경에는 하나님이 해와 달을 창조하여 낮과 밤을 주관하게 하시고, 봄·여름·가을·겨울 사계절과 날(days)과 해(years)를 이루었음을 말한다. 창조주 하나님이 해와 달, 지구, 별, 산과 바다 등 우주만물을 한 치의 오차도 없이 지금도 통치하기 때문에 우주만물은 오늘도 질서정연하게 운행되고 있다.

> 하나님이 이르시되 **하늘의 궁창에 광명체들이 있어 낮과 밤을 나뉘게 하고, 그것들로 징조(signs)와 계절과 날과 해를 이루게 하라.** 또 광명체들이 하늘의 궁창에 있어 땅을 비추라 하시니 그대로 되니라.
> 하나님이 두 큰 광명체를 만드사 **큰 광명체로 낮을 주관하게 하시고 작은 광명체로 밤을 주관하게 하시며 또 별들을 만드시고,** 하나님이 그것들을 하늘의 궁창에 두어 땅을 비추게 하시며, 낮과 밤을 주관하게 하시고 빛과 어둠을 나뉘게 하시니 하나님이 보시기에 좋았더라(창1:14-19).
> 땅이 있을 동안에는 **심음과 거둠과 추위와 더위와 여름과 겨울과 낮과 밤이 쉬지 아니하리라**(창8:22).

춘하추동의 일출시간과 일몰시간을 보면 하나님의 우주 통치가 얼마나 정확하게 빈틈없이 이루어지는가를 알 수 있다. 해마다 3월 21일 경에 밤과 낮의 길이가 같은 '춘분'이 있고, 3개월이 지나면 낮의 길이가 가장 긴 '하지', 또 3개월이 지나면 밤낮의 길이가 같은 '추분', 다시 3개월이 지나면 밤이 가장 긴 '동지'가 된다. 변함없이 춘하추동 4계절이 일정하게 바뀐다.

일출과 일몰 시간도 마찬가지다. **2020년과 2019년의 일출·일몰 시간을 보면 하지인 6월 21일은 05시 11분과 19시 57분으로 똑같고, 동지인 12월 21일도 07시 43분과 17시 17분으로 똑같다**<표 6>. 다른 날도 그 차이가 1~2분에 불과하다. 참으로 신기한 일이다. 저절로 그렇게 된다면 기적 중의 기적이다. 전지전능하신 창조주 하나님이 빈틈없이 운행하심으로 이런 기적이 일어나고 있다. 그 신묘한 정확성·주기성(週期性)에 대해 다시 한 번 경탄(敬歎)할 따름이다.

<표 6> 춘하추동의 일출·일몰 시간 비교

계 절	봄	여름	가을	겨울
절기(2020년)	춘분(3. 20)	하지(6. 21)	추분(9. 22)	동지(12. 21)
일출시간(2020/2019)	06:35/06:37	05:11/05:11	06:20/06:19	07:43/07:43
일몰시간(〃)	18:44/18:43	19:57/19:57	18:29/18:30	17:17/17:17

* 출처: 천문우주지식포털(일출·일몰 시간은 서울 양천구 기준)

다. 양심론

양심은 하나님이 만인에게 태어날 때부터 부여한 옳고 그름과 선과 악, 좋고 나쁨의 판단에 대한 의식을 말한다. 인간은 하나님이 창조하신 이 양심에 따라 선함과 옳음과 좋은 것을 기뻐하고, 악함과 그른 것과 나쁜 것을 싫어하는 마음이 있는데, 그에는 **인간을 도덕적 존재로 창조하신 하나님**이 있다. 하나님이 자기 형상대로 사람을 창조하셨기 때문이다(창 1:27). 하나님이 가지신 판단능력을 인간도 공유하고 있다. 성경은 '**하나님을 향한 선한 양심**'(벧전3:21)이 있다고 말한다. 피조물 인간은 모두 창조주 하나님께 소망을 두고 그 분을 찾고, 그 분께 순종하는 거룩하고 착한 양심이 있다.

이(세례)는 육체의 더러운 것을 제하여 버림이 아니요, **하나님을 향한 선한 양심**의 간구니라(벧전3:21).

이 선한 양심이 '**하나님을 찬양하고 하나님을 기쁘게 하는 마음**'이고, '**인간이 하나님을 향해서 살도록 창조하신 마음**'[295]이다. 사람에 따라 이 양심의 정도가 깨끗하고 흐림의 차이는 있으나 누구나 일말의 양심은 있다. 이 양심도 약해지고 더러워질 수 있으므로(고전 8:7) 그리스도의 피로 깨끗하게 씻어야 한다(히9:14). 그리고 항상 하나님과 사람에 대하여 거리낌이 없는 양심(행24:16), 청결한 양심(딤후1:3), 선한 양심(히13:18)을 간직해야 한다.[296]

---

295) 서방교회 교부이며 대표적 신학자인 어거스틴(Augustine of Hippo, 354-430년)은 창조주를 향하는 양심을 주신 하나님을 마음껏 찬양한다. "당신은 우리 인간의 마음을 움직여 당신을 찬양하고 즐기게 하십니다. **당신은 우리를 당신을 향해서 살도록 창조하셨으므로 우리 마음이 당신 안에서 쉴 때까지는 편안하지 않습니다.**"(어거스틴, 『고백록』, 성한용 역(대한기독교서회, 1997), 19쪽)
296) 맹자도 「공손추 상」에서 인간은 누구나 본래부터 "불쌍히 여기는 마음과 부끄러워하는 마음, 사양하는 마음, 시비를 가리는 마음"이 있는데 이 마음이 없으면 사람이 아니라고 했다. **태어날 때부터 가지고 있는 이 인의예지(仁義禮智)의 마음이 바로 '양심'이다.** 이 양심은 저절로 된 것도 아니고, 인간이 만든 것도 아닌 하나님이 자신의 형상을 따라 인간을 창조하실 때 부

175

또한 성경은 율법 없는 이방인도 본성으로 율법의 일을 행할 수 있고, 이 양심이 증거가되어 그 마음에 새긴 율법의 행위를 나타낸다고 한다(롬2:14-15). 이 율법의 행위에 따라심판을 받게 된다.

> 율법 없는 이방인이 본성으로 율법의 일을 행할 때에는 이 사람은 율법이 없어도 자기가 자기에게 율법이 되나니, 이런 이들은 그 **양심이 증거**가 되어 그 생각들이 서로 혹은 고발하며 혹은 변명하여 그 마음에 새긴 율법의 행위를 나타내느니라(롬2:14-15).

(2) 삼위일체 하나님

삼위일체론은 **하나님이 본질에서는 하나(mia ousia)**이나, **세 위격(tres hypostases) 으로 구분**된다는 교리이다.[297] 수 세기에 걸친 논란 끝에 니케아 회의(A.D. 325)와 콘스탄티노플 회의(A.D. 381)에서 결정된 사항이다. 하나님은 인간을 포함한 우주만물의 근원이 되는 **성부(聖父)**(고전8:6)와, 인류 구원을 위해 인간으로 오신 **성자(聖子)**(요1:14)와, 성부와 성자의 영(靈)으로 진리로 인도하실 **성령(聖靈)**(요15:26)의 세 위격으로 구분되지만 본질은 하나이다. 삼위일체 하나님은 세 인격체가 한 몸을 이루는 신비의 관계를 이룬 분이다.

성부(聖父) 하나님은 자신의 말씀인 성경을 통하여 **사랑과 공의(눅11:42)를 나타내시며, 자신이 창조한 우주만물을 통하여 신성(神聖)을 나타내시고(롬1:20), 자신과 본체이신 예수 그리스도(빌2:6)를 통하여 자신을 알리셨다.** 이스라엘 백성에게 직접 나타나신 하나님은 다른 민족에게도 하나님의 신성을 지닌 만물을 통하여 보이셨지만(롬1:20), 깨닫지 못한 백성들은 지금도 하나님 대신 **"알지 못하는 신(神)"**(행17:23)을 섬기고 있다.

성자(聖子) 하나님은 죄로 멸망하는 백성들을 구원하기 위하여 이 땅에 인간으로 오신 예수이며, 그는 근본 하나님의 본체이다(빌2:6). 성부 하나님은 인간의 죄를 대속(代贖)할 제물로 예수를 동정녀(童貞女) 마리아에게서 성령으로 잉태하게 하신 후 출생하게 하셨다. 그러므로 **예수는 참 하나님인 동시에 참 사람이다.** 성자 예수는 성경대로 모든 **인간의 죄를 대신 지고 십자가에 못 박혀 죽으신 후 사흘 만에 부활**(고전15:3-4)하신 후 하나님 보

여한 것이다.
　　다산(茶山)도 「중용자잠」에서 **"사람이 잉태되면 하나님이 선을 기뻐하고 악을 미워하며, 덕을 좋아하고 더러운 것을 부끄러워하는 마음을 부여한다"**고 했다. 이 권선징악(勸善懲惡)의 마음이 바로 '**양심**'이다.
297) 다니엘 L. 미글리오리, 『조직신학 입문』(나단, 1994), 108쪽.

좌 우편에서 우리를 위해 간구하고 계신다(롬8:34).

　성령(聖靈) 하나님은 하나님의 영(靈)이자 예수의 영으로 예수가 승천한 후 성도들과 영원토록 함께 거하신다(요14:16). 또한 성령은 **진리의 영으로**(요14:17) 성도를 가르치시고(요14:26), **인도하시고**(롬8:14), **우리를 위하여 친히 간구해 주신다**(롬8:26). 우리의 대적 마귀가 우는 사자처럼 두루 다니며 삼킬 자를 찾고 있고(벧전5:8), 온갖 악령들이 횡행하고, 온갖 정욕과 이생의 자랑이 가득 찬 세상(요일2:16)에서 성령께서 우리와 늘 함께 하시면서 우리를 보호하시며 피할 길을 주시며 인도해 주신다. 그 성령께서 함께 하셔서 우리가 하나님의 사랑과 공의를 행하고, 자연을 보전하고 개발하며, 무한한 자유 가운데서 책임을 행할 수 있게 한다. 이 성령은 지금, 여기(Now and Here)에서 성도와 함께 하시며, 자유함을 주시며(고후3:17), 공동체를 세우신다(행2:1-4).

☆ 새해의 기도 ☆

새해엔 기쁨 속에 살게 하소서.
세월이 소리 없이 흘러갈수록
지혜가 자라고 믿음이 성숙함을 기쁘게 하소서.
오늘은 비바람 쳐도
내일의 태양은 다시 뜨고
환난 속에서도 소망이 자람을 기쁘게 하소서.

새해엔 기도 속에 살게 하소서.
육신의 고통 심령의 고뇌
참회와 눈물로 고하게 하소서
가진 자에겐 자비를
배운 자에겐 겸손을
다스리는 자에겐 관용을 안겨 주소서.

새해엔 늘 감사 속에 살게 하소서.
잊어버린 어머니의 사랑에
아내의 갈라진 손등에
우리 아가 미소에도 감사하게 하소서
이 육신 주신 분께
이 생명 구원하신 분께
이 세상 끝 날까지 지켜주실 그 분께
늘 감사하게 하소서.

(3) 창조주 하나님

가. 태초에 하나님이 천지를 창조하시니라(창1:1).

성경은 다른 종교의 경전과 달리 ① '언제' ② '누가' ③ '무엇을' ④ '어떻게' 창조하였나로 시작한다.

① '태초(太初)'는 시간이 처음 시작된 원점(原點), 곧 시간의 출발점을 말한다.
② '하나님'은 '스스로 있는 자'(출3:14)요, 전능자요, 초월자요, 주재자이다.
③ '천지'(the heavens and the earth)는 고대 히브리인들이 가진 세 개의 층으로 나누어진 하늘과 온 땅을 말한다.
④ '창조하다'(create)의 히브리어 **'바라(אָרָב)'는 '무(無)에서 유(有)를 창조'**(Creatio ex nihilo)[298]하는 것으로 원형질이 없는 상태에서 새로운 것을 만드는 것을 말한다. 이에 비해 '만들다'(make)의 '아솨(asha)'는 원형질이 있는 상태에서 모양이나 성질이 다른 것을 만드는 것을 말한다.

사랑 자체(요일4:8)인 하나님은 태초에 ― 땅이 혼돈하고 공허하며 흑암이 깊음 위에 있는 때에(창1:2) ― 자신의 사랑을 천지창조로 표현하였다. ① 빛, ② 궁창, ③ 식물, ④ 해·달·별, ⑤ 새·물고기, ⑥ 육축을 6일 동안 순서대로 창조하신 후 인간이 행복하게 살 수 있는 모든 여건을 갖추어 주신 후에 인간을 창조하셨다.

나. 하나님 형상 따라 창조된 인간

자연만물과 달리 인간은 삼위일체 하나님이 자기 형상대로 사람을 창조하시되 남자와 여자를 창조하셨다(창1:27). **원숭이가 진화된 것이 아니라 전능하신 하나님이 직접 남과 여로 창조하셨다.** 인간이 하나님의 형상을 닮은 만물의 영장으로 창조된 것도 지극히 영광스러운 일이지만, 하나님을 대신하여 만물을 다스리는 '대리자'의 권세를 주신 것은 더욱 영광스러운 일이다.

---

298) 다니엘 L. 미글리오리, 139쪽.

하나님이 이르시되 우리의 형상을 따라 우리의 모양대로 우리가 사람을 만들고, 그들로 바다의 물고기와 하늘의 새와 가축과 온 땅과 땅에 기는 모든 것을 다스리게 하자 하시고, 하나님이 자기 형상 곧 하나님의 형상대로 사람을 창조하시되 남자와 여자를 창조하시고(창1:26-27).

'하나님 형상'(image of God)에서 '형상'의 히브리어 '첼렘(tsellem)'은 '그늘지다'에서 유래하며, '그림자'(시39:7)를 가리킨다. 그러나 그 뜻이 더욱 확장되어 그림자가 그 실체의 모양을 반영하는 '형상'으로 번역되었다(창5:3, 9:6, 삼상6:5).[299] 따라서 인간은 하나님의 성품을 닮은 복사판과 같은 것이다. 이렇게 인간은 하나님의 형상을 따라 창조되었으므로 만물을 다스리는 가장 고귀한 존재가 되었다. **"여호와 하나님이 땅의 흙으로 사람을 지으시고 생기를 그 코에 불어넣으시니 사람이 생령이 된지라**(창2:7)"에서 '생기(生氣)'는 '숨(breath)'과 '생명(life)'의 합성어로 생명들의 기운, 즉 '생명력'을 나타내며, '생령(生靈)'은 '살아있는(living) 영(soul)'을 말한다. 동물은 하나님이 말씀을 통하여 육체와 생명을 동시에 창조하셨지만, 사람은 하나님이 육체를 흙으로 지으시고, 친히 그 코에 생기를 불어 넣어 생령이 되게 하셨다(창2:7). 이는 하나님과 인간이 영적인 존재로서 서로 교제할 수 있고, **하나님의 영인 성령과 인간의 영인 생령이 소통**할 수 있다는 것을 나타낸다. 이래서 인간은 만물의 영적인 우두머리인 '영장(靈長)'이라고 불린다.

인간의 몸은 하나님에 의해 참으로 신비하게 창조되었다. 한 예로 세계 인구 77억 명이 제 각각 다른 성격과 재능을 가지고 태어난다. 똑같은 사람이 하나도 없다는 것은 지문이 같을 확률이 640억분의 1이라는 사실에서 알 수 있다. 인간의 심장은 모든 세포에게 충분한 양의 산소를 공급하기 위해서 한 시간에 284리터, 하루에 6,816리터, 1년에 2,488,000리터의 혈액을 퍼내고 있다. 이 정도면 올림픽 경기장 규모의 수영장을 채울 수 있는 양이다. 이것은 쉬고 있을 때의 양이고, 운동할 동안에는 그 속도가 최대 6배까지 늘어날 수 있다.[300]

인류의 첫 조상은 아담과 하와이고, 그들은 낙원인 에덴동산에서 조물주와 함께 살았다. 에덴동산에서 네 강, 즉 비손, 기혼, 힛데겔, 유브라데 강이 흘러 내렸는데, '힛데겔' 강은 지금의 티그리스 강이고, '유브라데' 강은 지금의 유프라테스강[301](창2:14)이다. 성경 기록

---

299) 『옥스퍼드 원어성경대전』 <창세기 제1-11장> (제자원, 2009), 147쪽.
300) 빌 브라이슨, 『거의 모든 것의 역사』, 이덕환 역 (까치글방, 2010), 397쪽.
301) 이 유프라테스·티그리스 강 사이의 메소포타미아 지역에서 인류 최고(最古)의 문명 수메르 문명이 BC 3,000년대에 태동되었다.(새뮤얼 노아 크레이머, 『역사는 수메르에서 시작되었다』, 박성식 역 (가람기획, 2018), 13쪽)

이 진실이고 에덴동산이 실재했음을 알려준다.

> 주께서 내 내장을 지으시며 나의 모태에서 나를 만드셨나이다.
> 내가 주께 감사하오음은 나를 지으심이 심히 기묘하심(神妙莫測)이라. 주께서 하시는 일이 기이함을 내 영혼이 잘 아나이다(시139:13-14).

다. 신묘막측한 우주 운행

창조주 하나님은 우주만물을 창조하시고 지금도 주관하고 계신다. '소우주'에는 우리가 살고 있는 지구 같은 별이 1,000억 개가 있고, '대우주'에는 이 소우주가 1,000억 개 있다고 한다.[302) 그래서 '대우주'에는 100조(1,000억×1,000억) 개의 별들이 질서정연하게 운행하고 있다. 이러한 별들을 창조하시고 하늘의 법도대로 때를 따라 질서정연하게 운행하시는 분이 전능자 하나님이다. 하나님이 하늘의 법도에 따라 묘성[303)을 매어 묶고, 삼성의 띠를 풀며, 12 별자리(궁성)[304)를 때를 따라 이끌어 내고, 북두성과 그 속한 별들을 인도하신다(욥38:32-33 개역).

별과 별 사이의 평균 거리는 약 3 광년이고, 대우주의 직경은 200억만 광년이 된다고 한다. 빛은 초속 30만 km를 가며, 1 광년은 빛이 1 년간 가는 거리이니, 대우주의 크기는 상상도 못할 만큼 넓다.[305) 호킹(S. Hawking)에 의하면 우리가 알고 있는 가시적인 우주는 그 지름이 100만 km의 100만 배의 100만 배의 100만 배(10^{24}km)라고 한다.[306) 세이건(C. Sagan)은 우주 전체에 존재하는 행성의 수는 상상을 넘어서는 1조 개의 100억 배일 것으로 추산했다.[307)

이 문명이 인류 4대문명 중의 하나인 메소포타미아 문명의 밑거름이 되었고, 동쪽으로 나아가 인도의 인더스 문명과 중국의 황허 문명, 서쪽으로 나아가 이집트 문명으로 전파되었다.

302) 유동식, 『풍류도와 한국의 종교사상』(연세대학교출판부, 1997), 17쪽.
303) '묘성'은 시리우스를 포함한 일군의 별자리를 말한다.
304) '12 별자리'는 태양 주위를 도는 별자리들을 가리키며, ① 양 자리(Aries), ② 황소 자리(Taurus), ③ 쌍둥이 자리(Gemini), ④ 게 자리(Cancer), ⑤ 사자 자리(Leo), ⑥ 처녀 자리(Virgo), ⑦ 천칭 자리(Libra), ⑧ 전갈 자리(Scorpio), ⑨ 사수 자리(Sagittarius), ⑩ 염소 자리(Capricorn), ⑪ 물병 자리(Aquarius), ⑫ 물고기 자리(Pisces)가 있다(『옥스퍼드 원어성경대전』(욥기 제32-42장), 416쪽).
305) 유동식, 『풍류도와 한국의 종교사상』, 17쪽.
306) S. Hawking, *A Brief History of Time*(London: Bantam Books, 1988), p. 13. 재인용: 빌 브라이슨, 30쪽.
307) 빌 브라이슨, 41-42쪽.

우리가 살고 있는 **지구는 지금도 시속 1,667km(적도 기준)로 빠르게 자전하면서, 시속 107,000km로 더 빠르게 태양 주위를 1년에 한 번씩 공전한다.** 또한 태양계 전체는 시속 10만 km로 은하계를 가로지르고, 은하계 전체도 시속 77만 km로 공전한다.[308] 이렇게 빠르게 움직이지만 아무도 못 느끼고 있다. 수많은 별들 사이에서 운행하는 지구의 원심력(遠心力)과 구심력(求心力)이 같지 않으면 지구는 궤도 밖으로 튕겨져 없어지거나 궤도 안으로 빨려 들어가 없어질 것이다. 또한 지구 중심에서 당기는 적절한 중력(重力)이 있기 때문에 우리 인간이 지구 위에서 자유롭게 활동할 수 있다. 중력이 없다면 사람은 우주 공간으로 튕겨져 나갈 것이고, 중력이 지금보다 크다면 사람은 땅에 붙어 활동할 수가 없을 것이다. 전지전능하신 창조주의 신묘막측(神妙莫測)함에 경탄할 뿐이다.

라. 식물과 동물의 창조

최초의 생명체는 셋째 날에 창조된 식물이다. "땅이 풀과 각기 종류대로 씨 맺는 채소와 각기 종류대로 씨 가진 열매 맺는 나무를 내니 하나님이 보시기에 좋았더라."(창1:12)에서 **'각기 종류대로'**(according to his kind)에는 3인칭 단수형 어미가 붙어 한 종류의 생물에서 다른 종류 생물로의 진화는 결코 있을 수 없음을 보여 준다. 하나님이 큰 바다 짐승들과 물에서 움직이는 모든 생물과 날개 있는 모든 새를 그 종류대로 창조하셨고, 가축과 땅의 기는 것(파충류와 곤충류)과 짐승을 그 종류대로 창조하셨다(창1:21, 24, 25).

생물은 크게 식물과 동물로 나누고, 식물은 다시 풀과 나무와 같이 씨앗으로 번식하는 식물(속씨식물·겉씨식물)과 홀씨로 번식하는 식물(양치식물·선태식물)로 나눈다. 지구상에는 30만 종 이상의 식물이 있다고 하며, 한반도에는 총 9,731종이 있다고 한다.[309] 동물은 척추동물로 어류·양서류·파충류·조류·포유류가 있고, 무척추동물로 강장동물·편형동물·환형동물·연체동물·절지동물·극피동물 등이 있다. 지구상의 동물은 100만 종이 넘는다고 한다. 어류만 총 24,618종이며, 우리나라에 분포하는 동물 종수도 18,052종이나 된다.[310]

이런 많은 생물들은 **하나님이 창조하실 때 이미 운동력, 번식력은 물론 아름다움까지 갖추어 하늘과 바다와 땅을 마음껏 누비고 즐길 복스러운 존재들로 창조**되었다. 예를 들면 새는 창조될 때 이미 어미 새로 창조되어 모든 생존 능력들을 갖추고 지구를 반 바퀴 이

---

308) 『옥스퍼드 원어성경대전』(창세기 제1-11장), 162쪽.
309) 한반도에 있는 9,731종 중에서, 2012년에 환경부는 77종을 멸종 위기 종으로 지정하였다. (네이버 지식백과, <한국민족문화대백과>, "식물".)
310) 네이버 지식백과, <한국민족문화대백과>, "동물".

상 정확히 횡단하거나 제각기 자기에 맞는 먹이를 찾는 능력을 부여 받고 이를 새끼에게 전수하여 왔다.[311]

위와 같은 사실은 진화론자들이 자연 상태에서 단백질이 형성되고 세포가 만들어져 하등 생물에서 고등 생물로 오랜 시간에 걸쳐 진화되었다는 주장이 잘못되었다는 것을 증명한다. 그들은 무기물인 수소원자에서 시작하여 "수소원자 → 아메바 → 원생동물 → 무척추동물 → 척추동물 → 파충류 → 포유동물 → 사람"의 순서로 진화되었다고 한다.[312] 자연 상태에서 단백질과 세포가 형성되는 것도 불가능하지만, 수많은 장애요소를 극복하고 생명체가 발생하여 다양한 환경의 변화에 적절하게 적응하는 고등생물로 진화한다는 주장은 허구이다.

> 지구의 자연 상태로부터 모든 생명체의 기초 구성단위인 세포 형성에 필수적으로 요청되는 단백질 한 종류가 생성될 확률은 $1/10^{130}$이고, 하나의 유전인자(DNA) 사슬이 형성될 확률은 $1/10^{600}$이라고 한다. 통계학에서는 $1/10^{50}$ 이하는 결코 일어날 수 없는 것으로 간주하여 확률 0으로 본다.[313]

(4) 사랑의 하나님

가. 인간의 범죄

여호와를 경외하고 그 명령을 지키는 것이 인간의 본분이다(전12:13). 그런데도 인간은 마음에 하나님 두기를 싫어하고(롬1:28), 하나님을 영화롭게도, 감사하지도 아니하고, 오히려 그 생각이 허망해지며 미련한 마음이 어두워져(롬1:21) 온갖 범죄를 저지르게 된다. 그토록 귀하게 창조된 인간이 범죄함으로 인해 하나님과 인간 사이, 인간과 인간 사이, 인간과 자연 사이에 괴리가 생겼다. **천지인(天地人) 관계가 파괴된 것은 하나님 때문도, 자연 때문도 아니고 인간 때문이다.** 사랑의 하나님은 자신이 창조한 피조물 중 모든 인간이 죄를 범하고 그 죗값으로 사망(롬6:23)하는 것을 가슴 아파하신다. 이스라엘 백성들은 사사

---

311) 『옥스퍼드 원어성경대전』(창세기 제1-11장), 165쪽.
　　수운(水雲)도 「불연기연」에서 까마귀가 늙은 어미에게 먹이를 물어주고, 강남 갔던 제비가 봄이 오면 어김없이 자기 살던 집으로 돌아옴을 통해 조물자(하나님)의 섭리를 찬탄하였다.
312) 다음 블로그, <고양마을>, "모든 생물은 종류대로 창조되었다(1)", 2006. 7. 17.
313) 『옥스퍼드 원어성경대전』(창세기 제1-11장), 163-164쪽.

기(士師記) 340년 동안 "범죄 → 심판 → 회개 → 구원 → 범죄"를 반복했다. 에덴동산에서 창조주 하나님과 행복하게 살던 아담과 하와가 따 먹지 말라고 한 단 한 가지 실과, 선악과를 뱀(사탄)의 유혹에 넘어가 따 먹음으로 그곳에서 쫓겨나게 되었다.

그 후손들도 점점 더 많은 죄를 짓게 되었고, **노아 당시에는 죄악이 차고 넘쳐 창조주가 모든 인류를 홍수로 심판하고 의인 노아의 8식구만 생존**하게 되었다. 노아 홍수는 노아의 나이 600세 되던 해 2월 17일(창7:11)[314]에 일어났고, 성경에는 홍수의 원인과 과정, 결과가 자세하게 기록되어 있다(창6-8장). 이 설화는 노아의 후손을 통하여 세계 각처에 전파되었으며, 리차드 안드레(Richard Andree) 박사가 수집한 대홍수 설화만 해도 아메리카 대륙에서 46가지, 아시아 대륙 20가지, 유럽 대륙 5가지, 아프리카 대륙 7가지, 대양주에서 10가지 등 도합 88가지나 된다.[315]

인간의 범죄는 인간이 가장 소중하게 여기는 수명의 단축을 가져왔다. 홍수 이전에는 아담 930세, 므두셀라 969세 등 보통 900세에 달하던 수명이 범죄로 인한 노아 **홍수 이후**에는 셈 600세, 에벨 464세 등 400세를 넘겼으나, **바벨탑 사건**이 있었던 벨렉(창10:25)부터는 239세에서 나홀 148세, 데라 205세로 점점 더 줄어들게 되었다.[316] 창세기 기록자는 인간이 본분을 벗어나 수명의 제한을 피해보려는 그릇된 시도를 할 때마다 오히려 그 수명이 감소해 왔음을 전해주며, 하나님께서 창조하신 생명체로서의 자기 정체성에 맞는 본분을 지키는 것이 사람에게 가장 중요한 일이라는 것을 보여준다.[317]

인간의 범죄로 인한 대홍수로 생명 있는 모든 것이 죽었으나 노아의 후손들이 온 세계로 뻗어 나갔다. 노아의 세 아들 중 셈은 아시아 지역에 살았으며 그 후손들이 중동 지역에서 동쪽인 중국과 한반도로 이동해 한민족(韓民族)의 조상이 되었다고 본다. 이들은 '전능하신 하나님'(God Almighty)을 히브리어로 '엘 샤다이'(창17:1)라고 불렀다. '엘'은 하나님이고

---

314) **노아 홍수는 언제 일어났을까?** 노아 나이 600세 때라는 기록만 있어 우선 생존 연대가 비교적 확실한 **아브라함(BC. 2166~1991)**을 찾아 창세기 5장(32절)과 11장(10-26절)의 노아 이후 장자를 낳은 나이를 합산한다 (『옥스포드 원어성경대전』(창1-11), 27쪽).
노아 출생 이후 아브라함 출생까지의 기간 890년에 아브라함의 출생년도(BC. 2166)를 합한 후 홍수 때의 노아 나이 600세를 빼면 된다. 즉 '890＋2166-600=2456'으로 **BC. 2,456년**을 홍수 발생년도로 추정한다(족보 기록에 중간 누락이 없다는 전제로).
아담이 창조된 때는 언제일까? BC. 4,242년으로 추정한다. 아담이 셋을 출생한 나이(130세)에 셋 출생 이후 데라가 아브라함을 출생한 때까지의 기간을 모두 합하고(1,946년), 아브라함 출생연도(BC 2,166)을 더하면 된다. 즉 '130+1,946+2,166=4,242'이다.

315) 『옥스퍼드 원어성경대전』(창세기 1-11), 491쪽.

316) 김홍석, 『창세기의 창조, 아담, 셈 톨레도트에 나타난 시간 연구』(그리스도대학교 대학원 박사학위논문, 2014), 200쪽.

317) 위의 책, 같은 면.

'샤다이'는 전능함을 뜻한다. 중국 사람들은 전능하신 하나님을 '상제(上帝)'라 부르고 '샹디'로 발음한다. '천상의 하나님'을 의미한다. 최초의 인류 조상들이 불렀던 '샤다이'를 중국인들은 '샹디'로 불렀다고 본다. 또한 수많은 한자(漢字)들이 성경 내용을 표현하고 있다.[318)]

나. 하나님의 사랑

하나님의 헌신적이고 무조건적인 사랑은 구약에서는 '헤쎄드(חסד)'요, 신약에서는 '아가페(ἀγάπη)'이다. 이 사랑은 하나님의 **독생자마저 주신 희생적인 사랑과 계속적으로 인간의 죄성과 연약함을 끝없이 참으시는 무조건적인 사랑**을 나타낸다. 이 사랑은 친구 사이의 사랑을 뜻하는 '필리아(philia)'나 남녀 간의 사랑을 의미하는 '에로스(eros)'와도 구분되는 **'지고(至高)의 사랑과 무한한 사랑'**을 의미한다.

하나님은 죄의 노예, 죽음의 노예가 되어버린 인간을 구원하기 위한 방안을 마련하셨다. 바울은 하나님의 희생적인 사랑을 "우리가 아직 죄인되었을 때에 그리스도께서 우리를 위하여 죽으심으로 하나님께서 우리에게 대한 자기의 사랑을 확정하셨다"(롬5:8)고 표현한다. **죄인을 살리기 위한 십자가 사랑은 '아가페' 사랑 최고의 표현이다.** 사랑의 사도 요한은 하나님이 인간들을 사랑하사 죄를 대속하기 위하여 그 아들 예수를 화목제물로 보냈다고 거듭거듭 말한다.

> 사랑은 여기 있으니 우리가 하나님을 사랑한 것이 아니요 하나님이 우리를 사랑하사 우리 죄를 속하기 위하여 화목제물로 그 아들을 보내셨음이라(요일4:10).
> 우리가 사랑함은 그가 먼저 우리를 사랑하셨음이라(요일4:19).

사랑에는 순서가 있다. **하나님의 지극하신 인간 사랑을 깨달은 자는 하나님을 사랑하게 되고, 하나님이 창조하신 인간을 사랑하고 자연도 사랑하게 된다.** 하나님의 사랑은 창조로부터 시작된다. 6일간 인간이 풍요롭게 살 수 있도록 자연을 포함하여 모든 것들을 먼저 창조하시고, 마지막으로 인간을 창조하여 그것들을 누리며 살게 하셨다.

하나님은 **'세상'**(코스모스, κὸσμος)을 사랑하여 독생자 예수를 십자가에 내어주셨다(요 3:16). 이 때의 '세상'은 악한 세상(엡2:2), 구원의 대상으로서의 세상(딤전1:15)을 의미한다.

---

318) '배 선(船)'자는 '방주(舟)에 (노아의) 여덟(八) 식구(口)를 태움'을 표현하고, '옳을 의(義)'는 '양(羊)이 나(我) 대신 죽어 의롭게 됨'을 표현한다.

하나님이 세상을 이처럼 사랑하사 독생자를 주셨으니 이는 그를 믿는 자마다 멸망하지 않고 영생을 얻게 하려 하심이라(요3:16).

천지인 사상에서의 '세상'은 좁게 인간으로만 보지 않고, 세상의 **모든 인간과 인간의 생활터전인 자연을 포함**한다. 하나님은 진실로 모든 사람이 구원을 받으며 진리를 아는데 이르기를 원하신다(딤전2:4). 특히 아직 하나님의 품에 오지 않은 잃어버린 자들에게 큰 관심을 가지신다. 양 일백 마리가 있는데 그중에 하나를 잃으면 99마리를 들에 두고 그 잃은 양을 찾아다니며 찾은 즉 어깨에 메고 집에 와 이웃과 함께 잔치를 벌린다(눅15:4-6). 하나님은 죄인 하나가 회개하면 회개할 것 없는 의인 아흔 아홉을 인하여 기뻐하는 것보다 더 기뻐하신다(눅15:7).

사랑의 대상은 모세 당시는 동족에 국한되었으나, 예수 당시 바리새인들은 이방인과 사마리아인을 배제한 모든 사람이 대상이었다. 그러나 예수는 모든 사람을 포함하여 "원수까지도 사랑하라"(마5:44)고 하였고, 특히 헐벗고, 병들고, 굶주리는 지극히 작은 자들을 사랑하라(마25:40)고 하였다.

다. 예수의 십자가(행4:12, 요일4:9)

예수는 왜 십자가를 지셨을까? 죄인을 구원하기 위해서는 죄 없는 사람이 대신 죽어야 한다. **피 흘림이 없으면 사함이 없기 때문이다**(히9:22). 모든 사람이 죄인이므로 죄 없는 하나님이 인간으로 성육신(成肉身, incarnation)하여 십자가를 지셨다. 하나님은 인간을 구원할 수 있는 오직 한 가지 방안 곧 하나님이 인간이 되어 그들의 죄를 대신하여 죽는 방법을 시행하셨다. 그러므로 예수는 **"내가 곧 길이요, 진리요, 생명이니 나로 말미암지 않고는 아버지께로 올 자가 없느니라"**(요14:6)고 담대히 말한다. 예수는 자신의 십자가 죽음을 통하여 죄인된 온 인류를 구원하는 길을 열어 주었다. 이는 곧 **파괴된 천지인 관계를 회복하는 통로를 개통**한 것이다.

다른 이로써는 구원을 받을 수 없나니, 천하사람 중에 구원을 받을 만한 다른 이름을 우리에게 주신 일이 없음이라(행4:12).
하나님의 사랑이 우리에게 이렇게 나타난바 되었으니 **하나님이 자기의 독생자를 세상에 보내심은 그로 말미암아 우리를 살리려 하심이라**(요일4:9).

하나님은 자신이 창조하신 세상을 사랑하신다. 그래서 세상을 구원하기 위해서 독생자 예수를 **십자가**에 내어 주셨다. 하나님은 **근본 하나님과 본체시며 동등하신 예수를 종의 형체로 세상에 보내주셨고 십자가에 죽기까지 내어 주셨다**(빌2:6-8). 이에는 세상의 인류를 구원하려는 지극하신 사랑이 담겨 있다. 그리고 그들이 돌아오기를 하루가 천년같이 기다리신다(벧후3:8).

예수가 십자가에 죽으심으로 죄인인 인간은 세 차원의 화평을 이루었다. **수직적으로 하나님과 원수된 것에서 화목하게 되었고**(엡2:16-18), **수평적으로 그리스도 밖에 있던 외인들과 화평을 이루었고**(엡2:12-14), **우주적으로 만물과 화목**을 이루었다(골1:20).[319] 천지인 사상에서도 **예수의 십자가 죽음은 ① 하나님과 인간의 화평, ② 인간과 인간의 화평, ③ 인간과 자연의 화평을 이룬 놀라운 사건**이다.

(5) 공의(公義)의 하나님

하나님은 온 인류를 구원하려는 '사랑의 하나님'이지만 동시에 온 인류를 선악에 따라 심판하시는 '공의의 하나님'이다. 국어사전에서의 공의(公義)는 "선악의 제재를 공평하게 하는 천주의 적극 품성"이라고 말한다.

구약에서의 '공의'(משפט(미쉬파트), judgment)는 '재판하다', '다스리다'의 뜻을 가진 동사 '샤파트(שפט)'에서 유래된 말로 재판, 통치, 법도, 규례 등으로도 번역된다. 이 공의는 **"하나님의 법도를 근거로 한 공정한 재판과 올바른 통치"**를 말한다. 공의의 핵심은 공정한 재판과 올바른 통치이며 공의의 기준이 정의(체다카, righteousness)이다. 정의는 인간이 마땅히 행해야 할 올바른 도리를 말하며, 이 '정의'를 기준으로 하여 공의의 하나님이 심판하신다. 공의의 하나님이 선악 간에 공정하게 심판하심을 알면 하나님을 경외하며, 하나님의 피조물인 자연과 인간을 사랑하게 된다.

가. 이 세상 행위의 감찰(鑑察)

하나님은 불꽃같은 눈으로 온 땅을 감찰(鑑察)하신다(대하16:9). 전지전능하신 하나님은 온 세상 이 끝에서 저 끝까지 두루 다니며 인간의 일거수(一擧手) 일투족(一投足)을 면밀히 살피며, 언제나 변함없이 온전한 마음으로 주를 의지하는 자들을 찾아 능력을 베푸신

---

319) 예수의 십자가 보혈로 하나님과 만물이 화목하게 되면, 인간과 만물의 관계도 화목하게 된다.

다. 하나님은 사람의 마음속에 있는 것을 아시며(요2:25), 마음의 생각과 뜻을 감찰하시고 만물을 벌거벗은 것같이 드러나게 하시며(히4:12-13), 인간의 부패한 마음과 심장과 폐부를 살피신다(렘17:9-10).

만물보다 거짓되고 심히 부패한 것은 마음이라. 누가 능히 이를 알리요마는 나 여호와는 심장을 살피며, 폐부를 시험하고, 각각 그 행위와 그 행실대로 보응하나니(렘17:9-10).

사람이 외모를 볼 때 하나님은 마음 중심을 보신다(삼상16:7). 하나님이 인간의 모든 생각과 말과 행동을 면밀히 살피신다는 것을 자각하면 인간은 항상 '하나님 앞에서'란 '신전(神前) 의식'을 갖게 된다. 인간의 눈에 보이지 않는 거짓·탐욕·음행·우상숭배와 미움·시기·질투·교만을 심판주 하나님이 보고 계신다는 것을 알 때 인간의 모든 행위는 신중하고 엄숙해질 것이다.

다산(茶山)도 "천(天)의 영명(靈明)은 인심과 바로 통하여 아무리 숨은 것이라도 살피지 않음이 없고 아무리 작은 것이라도 밝히지 않음이 없다."고 「중용자잠」에서 말한다. 사람이 참으로 하나님이 인간의 세밀한 부분도 감찰하심을 안다면 아무리 대담한 사람이라도 삼가며 두려워하지 않을 수 없을 것이다.

나. 이 세상의 심판

창조주 하나님은 지극한 사랑으로 천지를 창조하시고 죄인을 구원하기 위해 성자(聖子) 예수의 십자가 대속(代贖)으로 구원을 베푸셨다. 이제 우리 인간이 할 일은 하나님 말씀에 순종하며 사는 것이며, 그 선악행위에 따라 공의의 하나님이 심판하신다. 사랑하는 자식이 잘못할 때 징계하는 부모처럼 하나님도 사랑하는 그 자녀들이 범죄하면 심판하신다.

심판의 목적은 ① **굽히지 않는 하나님의 공의를 세우기 위함이고**(욥34:11-12), ② **인간이 행복하게 살 수 있도록 범죄를 예방하고, ③ 범죄는 반드시 형벌의 대가가 따름을 공지하며 ④ 죄인을 교정하여 바르게 세우려는데 있다.**

노아 당시에 사람의 죄악이 온 세상에 가득 차고 그 마음의 생각과 모든 계획이 항상 악할 뿐임을 보시고(창6:5) 하나님은 진노하셨다. 40일 동안 폭우가 쏟아져 온 세계가 물에 잠기고 방주에 탄 노아의 여덟 식구와 동물들 외에는 땅 위의 모든 생물들이 전멸되었다(창7장). 소돔과 고모라 성에 동성애가 만연했을 때 하나님은 유황과 불을 비같이 내려 롯과 두 딸 외에는 모두가 몰살당했다(창19장). 신기하게도 아담으로부터 10대째인 노아 시대에 '물 심판'이 있었고, 노아로부터 10대째인 아브라함 시대에는 '불 심판'이 있었다. 그리고 세상 끝날에는 **다시 '불 심판'**이 있을 것이다.

> 이로 말미암아 그때에 세상은 물이 넘침으로 멸망하였으되, 이제 하늘과 땅은 그 동일한 말씀으로 불사르기 위하여 보호하신 바 되어 경건하지 아니한 사람들의 심판과 멸망의 날까지 보존하여 두신 것이니라(벧후3:6-7).

인간이 범죄하면 공의의 하나님은 반드시 심판하신다. 심판의 도구 중 가장 중요한 세 가지는 **전염병과 기근, 그리고 전쟁**이다(신28:21, 22, 25). 이 세 가지 심판으로 인간만 파멸하는 것이 아니라 자연도 함께 파멸한다. 그래서 인간의 책임이 더욱 막중하다. 아합왕이 온갖 악을 행하여 수 년 동안 비가 내리지 않으므로 온 백성과 자연이 **기근**으로 고통을 당했다(왕상16:30-17:12). 다윗 왕이 교만한 마음으로 인구조사를 시행했다가 삼일 동안 **전염병**으로 무고한 백성 7만 명이 죽었다(삼하24:10-15). 유다 왕(20대) 시드기야는 하나님 보시기에 악을 행하고, 제사장과 백성들도 크게 범죄하여 우상을 섬기다 **바벨론의 침략**을 받고 나라가 망하게 되었다(대하36:11-20).

이 땅에서도 세 가지 심판이 있다. **개인적으로 양심의 심판**(롬2:14-14)이 있고, **사회적으로 법의 심판**이 있고, **자손만대 기록되는 역사의 심판**이 있다. 이 세상의 심판은 불공정하고 불평등할 수 있으나 하나님의 심판은 공정하고 평등하다. 반드시 선악과 시비(是非)에 따라 정의로 심판하신다. 하나님 심판의 무서움을 알고 죄와 싸우되 피 흘리기까지 대항하여야 한다(히12:4). 이 땅에서도 매일 매일 심판하시지만 완전한 심판은 사후에 있다.

> **아침마다 내가 이 땅의 모든 악인을 멸하리니** 악을 행하는 자는 여호와의 성에서 다 끊어지리로다(시101:8).
> 여호와는 의로우사 불의를 행하지 아니하시고, **아침마다 빠짐없이 자기의 공의를 비추시거늘** 불의한 자는 수치를 알지 못하는도다(습3:5).

다. 최후의 심판

최후의 심판은 하나님의 공의가 완전히 실현되는 최종적, 단회적 심판을 말하며, 모든 사람은 이 세상에서의 죽음 뒤에 하나님의 심판대 앞에 서게 된다(롬14:10).

> 우리가 다 하나님의 심판대 앞에 서리라. 기록되었으되 '주께서 이르시되 내가 살았노니
> 모든 무릎이 내게 꿇을 것이요 모든 혀가 하나님께 자백하리라' 하였느니라. 이러므로 우
> 리 각 사람이 자기 일을 하나님께 직고(直告)하리라(롬14:10-12).

구원은 믿음으로 받지만 상급은 행함으로 받는다. "사람이 무엇으로 심든지 그대로 거두
리라(갈6:9)"고 했고, "각 사람에게 그의 일한 대로 갚아 주리라(계22:12)"고 약속하였다.
심판의 원칙은 '개별성의 원칙'과 '공평성의 원칙'이 있다. 개별성의 원칙대로 모든 사람을
각자의 행위별로 따로따로 심판하시며, 공평성의 원칙대로 각 사람의 선악행위에 따라 공
정하게 심판하신다. "참고 선을 행하여 영광과 존귀와 썩지 아니함을 구하는 자에게는 영
생으로 하시고, 오직 당을 지어 진리를 좇지 아니하고 불의를 좇는 자에게는 노와 분으로
하시리라"(롬2:7-8)고 엄정한 상벌을 강조하신다.

인간에게는 두 가지 사망이 있다. 첫째 사망은 모태에서 출생하여 이 땅에서 살다가 죽는
육체적 사망이 있고, 둘째 사망은 육체적 죽음 이후 생명책에 기록된 자기 행위에 따라 백
보좌 심판을 받고(계20:11-12), 죄인들은 불과 유황이 타는 지옥 못에 던져지는 사망이다
(계21:8). 불신자들이 가지만, 한국의 10대 병폐에 올라간 '거짓'과 '음행', '우상숭배', '살
인'(자살·낙태) 등 8 종류의 죄인들이 모두 지옥으로 간다.

> 그러나 두려워하는 자들과 믿지 아니하는 자들과 흉악한 자들과 살인자들과 음행하는
> 자들과 점술가들과 우상숭배자들과 거짓말하는 모든 자들은 불과 유황으로 타는 못에
> 던져지리니 이것이 둘째 사망이라(계21:8).

라. 최후 심판의 근거

최후 심판의 근거는 무엇일까? 믿음은 구원의 근거이고 행함은 심판의 근거이다. 우리가
다 반드시 그리스도의 심판대 앞에 드러나 각각 선악 간에 그 몸으로 행한 것을 따라 받
게 된다(고후5:10). 예수 믿음으로 값없이 구원 받지만(엡2:8), 상벌의 심판은 정의로운 행
위가 기준이다. 백보좌 심판에서도 죽은 자들이 자기 행위를 따라 책들에 기록된 대로 심
판받는다고 거듭 말한다(계20:12, 13).

예수는 이를 '양과 염소의 비유'를 통해서도 분명하게 제시한다(마25:31-46). 예수가 재림하여 심판하는 영광의 보좌에 앉아 모든 민족을 각각 분별한다. 의인인 양의 무리는 영생에, 염소의 무리는 영벌에 들어가게 한다. 예수는 **'내 형제 중 지극히 작은 자'**에게 한 행위를 심판의 기준으로 삼는다. 누가 예수의 형제인가? ① 주님의 제자들(마12:48-49, 28:10)이라는 견해와(R. T. France) ② 주님의 자녀가 된 모든 성도들(요20:17, 롬8:29, 히2:11)이라는 견해(D. A. Hagner)가 있지만, ③ **'그리스도인과 비 그리스도인을 막론하고 고난 받는 모든 자'**라는 견해(A. L. Williams)를 지지한다.[320] 그 이유는 99마리를 산에 두고 잃은 양 한 마리를 찾아나서는 '예수의 마음'(마18:12)과 모든 사람이 구원받기를 소원하시는 '하나님 마음'(딤전2:4) 때문이다. 우리 주위에 주리고, 목마르고, 나그네 되고, 헐벗고, 병들고, 옥에 갇힌 지극히 작은 자가 있으면 위로해 주고, 마시게 하고, 기도해 주는 작은 선행이라도 베푸는 것이 구원받은 하나님 자녀가 마땅히 할 일이다. 믿음이 행함과 함께 일하고 행함으로 믿음이 온전케 된다(약2:22). 행함이 없는 믿음은 그 자체가 죽은 믿음이기 때문이다(약2:26).

> 임금이 대답하여 이르시되 **'내가 진실로 너희에게 이르노니 너희가 여기 내 형제 중에 지극히 작은 자 하나에게 한 것이 곧 내게 한 것이니라'** 하시고, 또 왼편에 있는 자들에게 이르시되 **'저주를 받은 자들아! 나를 떠나 마귀와 그 사자들을 위하여 예비된 영영한 불에 들어가라'**(마25:40).

2) 인간의 생활터전인 신성(神性)이 깃든 자연(地)

성경에서의 자연은 하나님이 창조하시고 인간이 다스리는 것으로 만물을 자라게 하는 모든 존재를 말한다. 사람이 만들지 아니한 땅과 바다, 공중과 그 속에 있는 산, 들, 강, 호수, 식물, 동물 등이 다 자연에 속한다.

하나님이 천지(창1:1)와 사람(창1:27)을 창조하심에서 천지인 관계는 시작된다. 이후 인간에게 "땅을 정복하라. … 모든 생물을 다스리라"(창1:27~28)고 명령하심에서 인간의 역할이 주어지고, 하나님(天)과 자연(地)의 연결자로서 인간(人)의 책임이 강조된다.

---

320) 『옥스퍼드 원어성경대전』(마태복음 21-28장), 443쪽.

(1) 자연의 주인은 하나님이다

하나님이 자연, 곧 하늘·땅(天地)과 만물을 창조하였으므로 자연의 주인은 하나님이다. 특히 **토지와 관련하여 하나님은 소유권이 자신에게 있다**(레25:23)고 강조하였다. 이스라엘 백성에게 기업(基業)으로 분배하였지만, 그 토지를 사용하고 경작하여 수익을 낼 따름이지 처분할 수는 없다. 부득이한 사정으로 팔았더라도 무르기를 할 수 있고 희년에는 원래 주인에게 반환해야 한다.

이렇게 인간은 하나님이 주인인 자연을 관리하는 청지기이지 주인이 아니므로 주인의 뜻대로 관리해야 한다. 토지를 비롯한 자연의 소유권이 하나님께 있는 것을 알면 자연에 대한 탐욕을 줄일 수 있다. 소수의 나라나 소수의 인간이 자연을 독차지해서는 안 된다.

> **토지를 영구히 팔지 말 것은 토지는 다 내 것임이니라**. 너희는 거류민이요 동거하는 자로서 나와 함께 있느니라. 너희 기업의 온 땅에서 그 토지 무르기를 허락할지니, 만일 네 형제가 가난하여 그의 기업 중에서 얼마를 팔았으면 그에게 가까운 기업 무를 자가 와서 그의 형제가 판 것을 무를 것이요(레25:23-25).

만물의 주인이신 하나님은 인간의 가장 기본적 권리가 토지이므로 모든 사람에게 토지를 공평하게 기업(基業)으로 나눠 주었다. 루소(J. J. Rousseau)는 그의 책 『인간불평등 기원론』에서 인간 불평등의 기원이 토지에 울타리를 치는 것에서 시작되었다고 한다. 힘 있는 자가 더 많은 토지를 가지려는 탐욕에서 시작된 분배의 불평등은 힘없는 자의 눈물로 귀결된다. 토지는 하나님 것이므로 개인이 탐욕으로 소유해서는 안 된다. 모든 인류와 자연 만물이 함께 누려야 할 공공재이다.

(2) 자연에는 하나님의 능력과 신성이 깃들어 있다

> 창세로부터 그의 보이지 아니하는 것들, 곧 그의 영원하신 능력과 신성이 그가 만드신 만물에 분명히 보여 알려졌나니 그러므로 그들이 핑계하지 못하느니라(롬1:20).

하나님이 창조하신 자연만물에는 하나님의 영원하신 능력과 신성이 잠재되어 있다. 인간이 살고 있는 지구와 하늘의 달과 별의 오묘함과 질서, 끝없이 전개되는 바다와 광활한 평야, 기뻐 지저귀는 새들과 소리 없이 피고 지는 아름다운 화초들, 이 모든 만물에 창조주의 신비와 조화, 위대하고 미묘한 능력과 신성이 들어 차 있다. 만물이 하나님의 영광을 선포하고 그의 손으로 창조하신 일을 찬양한다.

여호와 우리 주여! 주의 이름이 온 땅에 어찌 그리 아름다운지요. 주의 영광이 하늘을 덮었나이다(시8:1). …

주의 손가락으로 만드신 주의 하늘과 주께서 베풀어 두신 달과 별들을 내가 보오니 사람이 무엇이기에 주께서 그를 생각하시며 인자가 무엇이기에 주께서 그를 돌보시나이까.

주의 손으로 만드신 것을 다스리게 하시고 만물을 그의 발아래 두셨으니, 곧 모든 소와 양과 들짐승이며 공중의 새와 바다의 물고기와 바닷길에 다니는 것이니이다. **여호와 우리 주여! 주의 이름이 온 땅에 어찌 그리 아름다운지요!**(시8:3-9).

(3) 자연은 인간의 원천이고 생활 터전이다

자연은 인간의 원천이고 인간 창조의 바탕이다. **여호와 하나님이 땅의 흙으로 사람을 지으시고 생기를 그 코에 불어 넣으셨다**(창2:7). 자연을 대표하는 땅의 흙으로 인간을 창조하였기에 인간과 자연은 같은 성질을 가졌고, 공동생활체이다. '신토불이(身土不二)'말처럼 사람의 몸과 땅은 둘이 아니라 일체이다. 인간과 같은 성질의 자연을 가까이 하면 건강해진다. **인간이 건강해지려면 ① 흙(地)을 가까이 할 뿐만 아니라 ② 맑은 공기(風), ③ 깨끗한 물(水), ④ 햇볕(火)을 가까이 해야 한다. 건강을 위한 철칙이다.**

사랑의 하나님이 창조하신 인간의 생활터전이 자연이다. 전지전능하신 하나님은 인간이 가장 행복하게 살 수 있는 자연을 6일 동안 창조하시고 **"보시기에 좋았더라"**(창1:4-25)고 흡족해 하셨다. 창조주 하나님이 인간의 생존을 위해 온 정성을 다해 베풀어 주신 이 생활터전을 인간은 자신을 사랑하듯 사랑해야 한다.

(4) 인간의 범죄와 자연의 황폐

인간의 타락으로 인해 피조물인 자연도 함께 탄식하며 함께 고통을 겪는다(롬8:22). 창조주 하나님은 인간들이 허무한 욕심에서 해방되어 피조물과 함께 영광의 자유를 누리기를 원하신다(롬8:21). 인간은 자신의 타락으로 인해 자신을 죽일 뿐만 아니라 자연까지도 죽이고 있다. 인간은 자연과 별개의 것이 아니다. 인간이 범죄하면 땅이 토하여 낼 것이라고 성경은 말한다.

> 너희는 나의 모든 규례와 법도를 지켜 행하라. 그리하여야 내가 너희를 인도하여 거하게 하는 땅이 너희를 토하지 아니하리라(레20:22).

사람이 악을 행하면 그 땅은 황폐하게 된다. 선악과를 따먹은 아담에게 하나님은 땅이 너의 범죄 때문에 저주를 받아 가시덤불을 낼 것이며, 거주민들의 악행 때문에 옥토가 소금밭이 될 것이라고 말한다.

> 땅은 너로 인하여 저주를 받고 너는 종신토록 수고하여야 그 소산을 먹으리라. 땅이 네게 가시덤불과 엉겅퀴를 낼 것이라(창3:17-18).
> 그 주민의 악으로 말미암아 옥토가 변하여 염전이 되게 하시며(시107:34).

가인이 선한 아우 아벨을 시기심으로 쳐 죽였을 때도 하나님은 인간의 죄로 인해 땅에서 인간이 저주를 받고 땅이 그 효력을 내지 않는다고 경고한다(창4:11-12).

(5) 인간의 자연 관리

인간은 청지기로서 자연의 주인이신 창조주의 뜻대로 관리해야 한다. 그 뜻은 '자연은 보전이 원칙이고, 예외적으로 개발할 때는 공익을 위하여 필요 최소한'으로 해야 한다는 것이다.

가. 땅을 '정복하라'는 발로 밟고 삶의 터전으로 삼는 것이다

창세기(1:28)의 '정복하다'(כבשׁ, 카바쉬)는 "전쟁을 통하여 나라를 복종시키다"(민32:22, 29, 수18:1), "백성들을 예속시키다"(삼하8:11), "주민들을 노예로 삼다"(대하28:10, 느5:5)라는 의미를 갖고 있다. 그래서 이 용어는 자연에 대한 인간의 무제한적인 지배를 허용하는 것으로 이해될 수 있다.[321] 이러한 해석 때문에 성경의 창조 신앙은 자연에 대한 기독

---

321) 김균진, 『생태계의 위기와 신학』(대한기독교서회, 1997), 102쪽.

교적인 교만을 초래했으며, 무자비한 지배를 초래했다. 또한 이 용어는 베이컨(F. Bacon) 등 서양학자들에 의해 기술과학의 지배력으로 오도되어 인간의 무자비한 자연 파괴로 이어지게 되었다.

그러나 '정복하다'의 일차적 의미는 '발로 밟다'(슥9:15, 미7:19)로 이 세상의 여러 곳을 다니며 그 곳을 자신의 발로 밟고 삶의 터전으로 삼는 것을 가리킨다.[322] 이 용어는 정벌하여 복종시킨다는 의미보다는 자연을 잘 보전하고 개발하라는 의미이다.

> 하나님이 그들에게 **복을 주시며** 하나님이 그들에게 이르시되 생육하고 번성하여 땅에 충만하라. **땅을 정복하라**. 바다의 물고기와 하늘의 새와 땅에 움직이는 모든 생물을 다스리라 하시니라(창1:28).

"땅을 정복하라"는 구절이 **"하나님이 그들에게 복을 주시며"**라는 구절에 연결되어 있다. "땅을 정복하라"는 인간에 대한 하나님의 축복의 형식이다. 이것이 인간을 위한 하나님의 축복이라면, 자연의 파괴와 착취를 뜻할 수 없다. 자연을 파괴하고 착취하면서 인간은 하나님의 축복을 받을 수 없기 때문이다.

따라서 이 용어는 인간이 자연을 가꾸며 자연과 더불어 건강하고 행복하게 살라는 뜻이다. 성경은 자연을 수단이 아니라 그 자체를 목적으로 이해한다. 자연은 결코 인간만을 위한 자연이 아니라는 것이다. **인간은 우주만물을 마음껏 향유하고 통제할 권리와 함께 우주만물을 잘 보전하고 개발하여 하나님께 영광을 돌릴 의무**를 함께 갖고 있다. 하나님이 인간에게 우주만물의 관리권을 위임한 것은 하나님께서 인간에게 주신 지·정·의(知情意)를 잘 활용하여 성경적인 문화 창출을 하라는 것이다.

나. 땅을 '다스리라'는 '돌보라'는 의미이다

'다스리다'(창1:26, 28)라는 히브리어 '라다(רָדָה)'는 '사로잡다'(사14:12), '치리하다'(사41:2), '거느리다'(왕상5:16)와 같은 다양한 의미를 가지고 있다. 김균진 교수는 '다스린다'의 본래 의미는 억압하고 파괴하는 것이 아니라 **다스림을 받는 자의 행복을 위하여 '돌본다'**는 뜻이라고 말한다.[323] 하나님의 대리인에 불과한 인간이 '하나님이 보시기에 좋았다'

---

322) 『옥스퍼드 원어대전』(창세기 제1-11장), 150쪽.
323) 김균진, 101쪽.

고 말한 자연을 파괴하고 훼손하는 것이 아니라 돌보고 보호하는 것이 마땅하다. 왜냐하면 자연은 인간과 그 후손이 영원토록 살아갈 생활 터전이기 때문이다.

다. 천지인의 조화를 위한 자연 관리

① 하나님의 뜻대로 하는 관리

성경의 '정복하라'와 '다스리라'는 지배와 훼손이 아니라 보호와 돌봄으로 보고 이를 포괄하는 관리의 뜻으로 이해하자. 하나님(天)이 주인인 자연은 하나님의 뜻대로 관리해야 한다. 성경은 인간 창조의 목적을 '하나님 영광'(사43:7)에 두고 "무슨 일을 하든지 다 하나님 영광을 위하여 행하라"(고전10:31)고 명령한다. "하나님이 보시기에 좋았더라"고 한 자연을 하나님 영광을 위해 관리해야 한다. 창조하신 하나님의 목적에 맞게 사용해야 하며, 하나님의 방법대로 관리해야 한다. 하나님은 인간과 자연만물이 다 하나님의 법도를 지키며 행복하게 사는 것을 원하신다.

② 하나님의 뜻을 살린 안식년 제도

6년 동안 땅을 경작하지만, 제 7년에는 묵히고 기경하지 않는 것이다. 안식년의 목적은 휴식을 통한 하나님에 대한 신뢰와 탐욕의 억제, 이웃과 자연에 대한 사랑이다. 일곱째 해에 경작하지 않아도 신실하신 하나님이 보호해 주신다는 확신이 있어야 한다. 하나님을 신뢰함으로써 인간의 탐욕을 억제할 수 있다. 안식년에 저절로 맺은 열매의 소출은 종들과 품꾼과 거류자들과 함께 먹고, 가축과 들짐승까지도 먹도록(레25:3-7) 사랑을 베풀라는 것이다. **출애굽기에는 아예 한정하여 백성의 가난한 자들로 먹게 하고 남은 것은 들짐승이 먹도록** 하였다(출23:11).

3) 구원받은 거룩한 청지기(人)

인간은 하나님 형상을 따라 창조된 만물의 영장이고, 만물을 다스리는 권세를 부여받았다. 그렇지만, 인간은 그 호흡이 끊어지면 흙으로 돌아가는 안개와 같은 존재이며(약4:14), 구더기요 벌레요(욥25:6), 지렁이(사41:14) 같이 더럽고 연약한 미물이다. 이같이 이중성을 가진 인간이 창조주 하나님 자녀의 삶을 살려면 하나님 방법대로 예수 믿고, 성화하며 살면 된다. 청지기로 살면서 재림하실 예수님 맞으면 된다.

(1) 인간은 어떻게 구원받는가?(구원론)

 기독교는 '믿음'으로 '구원' 받는다. 자신의 행함이나 수양이나 깨달음으로 구원받는 자력신앙의 종교가 아니라, 하나님 은혜에 의해 믿음으로 구원받는 타력신앙의 종교이다. '믿음'이란 무엇인가? 내 죄를 회개하고 인간을 구원하기 위하여 십자가 지신 예수를 구주로 영접하여 순종하는 것이다.

 천주교 신부였던 종교개혁자 루터(Martin Luther)가 로마 성당의 28 계단을 무릎으로 올라가는 고행으로 깨달은 것은 "**오직 의인은 믿음으로 말미암아 살리라**"(롬1:17)였다. 믿음은 우리의 행위나 노력으로 얻는 것이 아니라 하나님의 은혜로 받는 선물이다(엡2:8-9).

가. 믿음의 3 단계

1단계 : 내가 죄인임을 자각하고 회개해야 한다.

 성경은 모든 사람이 죄인이라고(롬3:23) 말한다. 인류의 조상 아담이 죄를 지은 이후 그 후손들은 다 죄의 유전인자를 받아 '원죄(原罪)'를 가지고 출생하고, 출생 후에도 마음으로 짓는 죄, 말로 짓는 죄, 행동으로 짓는 죄, 즉 '자범죄(自犯罪)'를 수없이 짓는다. 모든 사람은 **자신이 지은 죄를 깨닫고, 죄를 미워하는 마음의 변화와 다시는 죄를 짓지 않겠다는 행동의 변화**가 따라야 한다. 이것이 '회개'이다.

2단계 : 내 죄를 대신하여 십자가에 죽으신 예수를 인식해야 한다.

 죄인이 죄 사함 받으려면 죄 없는 사람이 대신 죽어야 한다. 이 세상 사람이 모두 죄인이므로 할 수 없이 죄 없는 하나님이 인간으로 오셔서 온 인류를 대신하여 십자가에 죽으셨다. **그 분이 바로 성령으로 동정녀(童貞女) 마리아에게서 태어난 성자(聖子) 예수님이다.**
 성부 하나님은 죄인들을 구원하기 위하여 독생자 예수를 십자가에 못 박음으로 인간에게 대한 지극한 자신의 사랑을 확증하셨다(롬5:8). 전능하신 하나님은 **성경대로 우리 죄를 위하여 죽으신 예수님을 성경대로 사흘 만에 다시 살리셨다**(고전15:3-4). 한량없는 하나님의 은혜로 죄인인 온 인류가 구원 받을 수 있는 길이 환히 열려져 있다. 이 은혜는 '값싼 은혜'가 아니라 참으로 고귀한 '**예수님짜리 은혜**'이다.

3단계 : 예수를 내 구주(救主)로 영접하기로 결단해야 한다.

죄인이 구원 받으려면 예수를 내 구주로 영접해야 한다. '구주'는 나를 구원해 준 주인이다. 예수가 나의 주인이면 나는 예수의 종이요, 노예이다. 나의 자유의지로 기꺼이 내 죄를 대신하여 십자가 지신 예수를 주인으로 모실 것을 결단해야 한다. 이것이 '영접'이다. 문 밖에서 두드리는 예수의 노크 소리를 듣고 기쁜 마음으로 문을 열고 반가이 맞아들이는 것이다(계3:20).

자유의지를 가진 내가 할 일은 다만 마음 문을 열고 예수를 영접하는 것이다. 모두 하나님이 하셨다. 하나님이 창세 전에 우리를 택하여 그 기쁘신 뜻대로 우리를 예정하여 자기의 아들들이 되게 하셨고(엡1:4-5), 예수를 세상에 보내어 십자가 지게 하시고, 우리를 부르시고 찾아 오셨다. 그 예수를 구주로 영접하면 하나님 자녀가 된다. 이 '영접'은 나의 온 마음과 목숨을 걸고 예수를 나를 구원해 준 주인으로 기쁘게 모셔 들이는 결단이다. 예화 하나를 들어보자.

수천 길 낭떠러지 사이에 굵은 밧줄 하나가 걸쳐져 있고, 그 아래에는 깊은 강물이 흐르고 있다. 그 밧줄 위를 능숙하게 외발 자전거를 타는 곡예사가 아슬아슬하게 밧줄을 타고 이편저편으로 왔다 갔다 한다. 구경하던 관중들이 곡예사의 묘기에 아낌없는 박수를 보냈다.

곡예사가 관중들에게 물었다. "내가 이번에도 이 자전거를 타고 건너편까지 안전하게 갈 수 있다고 믿습니까?" 모든 관중이 크게 "예"라고 대답했다. 다시 곡예사가 물었다. "정말 믿습니까?" 했더니 관중들은 모두 더 크게 "예"라고 대답했다. 곡예사는 다시 "그러면 이 자전거 뒷자리에 앉아 나와 함께 건널 분은 나와 주십시오." 했더니 아무도 나오지 않았다.

예수를 영접하는 자는 입으로만 예수를 영접하는 것이 아니라, 마음과 목숨을 다해 예수를 영접해야 한다. 어떤 고난과 핍박이 닥치더라도 예수를 주인으로 모시고, 그를 신뢰하고, 순종하기로 결단하는 자가 진정 믿는 자이다. 예수를 영접하는 자, 곧 그 이름을 믿는 자는 하나님 자녀의 권세(요1:12)를 가진다. **예수 믿기 전에 하나님과 나는 재판장과 죄인의 관계였지만, 예수 믿은 후에는 놀랍게도 아버지와 아들의 관계**로 바뀌게 된다.

네가 만일 네 입으로 예수를 주로 시인하며 또 하나님께서 그를 죽은 자 가운데서 살리신 것을 네 마음에 믿으면 구원을 받으리라.

사람이 마음으로 믿어 의에 이르고 입으로 시인하여 구원에 이르느니라(롬10:9-10).

나. 구원받은 '하나님 자녀의 5대 권세'

첫째 영생권(요3:16)이다. 예수를 믿는 자는 멸망치 않고 영원한 생명을 얻는다. 예수를 믿는 자는 첫 열매로 부활하신 예수를 따라 부활의 나중 열매로 다시 살게 된다(고전 15:20-23). 이 땅의 육체적 삶이 전부가 아니라 천국에서의 영원한 삶이 기다리고 있다. 만일 땅에 있는 우리의 장막 집(육신)이 무너지면 하나님께서 지으신 집, 곧 손으로 지은 것이 아닌 하늘에 있는 영원한 집이 우리에게 있다(고후5:1).

> **예수께서 이르시되 나는 부활이요, 생명이니 나를 믿는 자는 죽어도 살겠고, 무릇 살아서 나를 믿는 자는 영원히 죽지 아니하리니 이것을 네가 믿느냐?(요11:25-26)**

둘째 성령 내주권(고전3:16)이다. 하나님은 영이시다(요4:24). 예수를 믿으면 놀랍게도 하나님의 영이시며, 예수의 영인 성령이 내주하신다. "너희는 너희가 하나님의 성전인 것과 하나님의 성령이 너희 안에 계시는 것을 알지 못하느냐?"(고전3:16)고 바울은 반문한다. 예수는 십자가에 죽은 후 아버지 하나님께로 가지만, 아버지께 기도하여 보혜사(保惠師) 성령을 보내사 영원토록 성도와 함께 있게 하겠다고(요14:12, 16) 약속하였다. 우리 속에 하나님의 영이 거하시면 우리는 육신에 있지 않고 성령에 있고, 그리스도의 영이 없는 자는 그리스도의 사람이 아니다(롬8:9). 성령이 우리 안에 거하시면, 하나님이 우리 죽을 몸도 다시 살려 놀라운 부활의 영광을 주신다(롬8:11).

셋째 기도 응답권(요16:24)이다. 기도는 초신자에게는 하나님께 일방적으로 소원을 아뢰는 '간구'에 그치지만, 성숙해 가면 하나님과 쌍방 '**대화**'요, 쉬지 않고 하는 영적 '**호흡**'이 된다. 예수는 "지금까지는 너희가 내 이름으로 아무 것도 구하지 아니하였으나, 구하라 그리하면 받으리니 너희 기쁨이 충만하리라."(요16:24)고 말한다. "무엇이든지 기도하고 구하는 것은 받은 줄로 믿으라. 그리하면 그대로 되리라."(요11:24)고 거듭 강조한다. 응답 받는 기도[324]는 주님의 뜻대로 하는 기도로(요일5:14), 성경은 이렇게 제시한다.

① 예수와 한 마음 한 뜻이 되어야 한다(요15:7).
② 우리 마음에 책망할 것이 없어야 한다(요일3:21).

---

324) 주님 뜻대로 무엇이든지 구하면 들어주시지만, '**응답 받지 못하는 기도**'가 있다.
　　① 정욕 등 동기가 불순할 때(약4:3) ② 악행이 넘칠 때(사1:15) ③ 약자의 호소를 무시할 때(잠21:13) ④ 아내를 멀리 하고 경시할 때(벧전3:7) ⑤ 타인을 용서하지 않을 때이다(마6:12).

③ 주님의 계명을 지키고, 그가 기뻐하는 것을 행해야 한다(요일3:22).

④ 마음에 죄악을 품지 말아야 한다(시66:18).

⑤ 혐의가 있는 타인을 용서해야 한다(막11:25).

넷째 마귀 대적권(약4:7)이다. 마귀(사탄)는 하나님께 범죄하여 쫓겨난 천사들의 우두머리(벧후2:4, 사14;12)[325]로 이 세상 임금(요12:31), 이 세상 신(고후4:4), 귀신의 왕 바알세불(마12:24), 공중의 권세 잡은 자(엡2:2), **거짓의 아비**(요8:44) 등으로 불린다. 마귀의 사역은 예수를 시험하고(마4:1-11), 그의 사역을 훼방했으며(마16:23), 성령을 속이고 거짓말하게 하며(행5:3), 성도들을 참소하는 일(계12:10) 등 온갖 나쁜 짓들을 자행한다. 도둑인 **마귀가 오는 것은 도둑질하고 죽이고 멸망시키려는 것뿐이지만, 예수가 온 것은 양으로 생명을 얻게 하고 더 풍성히 얻게 하려는 것**(요10:10)이다.

예수 믿는 하나님의 자녀는 성령을 힘입어 귀신을 능히 쫓아낼 수 있다(마12:28). 하나님의 아들인 예수가 나타나서 마귀의 일을 멸했기 때문이다(요일3:8). 하나님께 복종하는 성도가 마귀를 대적하면, 마귀는 도망갈 수밖에 없다(약4:7). 또한 **직접 예수 이름으로 귀신의 세력들을 물리칠 수 있다(막16:17).**

마귀의 간계를 능히 대적하기 위하여 하나님의 전신갑주를 입고, 성령의 검인 하나님 **말씀과 기도로 무장**해야 한다(엡6:11-18). 마귀 세력, 즉 통치자들(rulers)과 권세들, 어둠의 세상 주관자들, 하늘에 있는 **악의 영들과 영적 전쟁(엡6:12)을** 하는데 인간의 힘만으로는 **백전백패이다. 그러나 하나님의 영인 성령이 내주하면 전지전능하신 하나님이 우리와 한편이므로 우리는 백전백승**이다(롬8:31).

다섯째 상속권(롬8:17)이다. 예수 믿고 하나님의 자녀가 되면 하나님의 상속자가 된다. 우주만물을 창조하신 자로서 우주만물의 소유권과 통치권을 가진 하나님의 상속자가 된다는 것은 놀라운 영광이요, 자랑이다.

하나님은 이스라엘 백성을 자신의 기업(基業, inheritance)으로 선택(신7:6, 32:9)하셨을

---

325) "너 아침의 아들 계명성(啓明星)이여! 어찌 그리 하늘에서 떨어졌으며 너 열국을 엎은 자여! 어찌 그리 땅에 찍혔는고?"(사14:12)에서 '계명성'은 '금성(金星)'을 말하며, '루시퍼'(Lucifer, KJV)로 번역하기도 하고, '사탄'의 별칭으로 통한다.

유대교 전승에 따르면 루시퍼는 원래 일곱 천사장 가운데 하나로 여호와의 신임을 가장 많이 받고, 가장 영화롭고 높은 위치에 있었지만, 수종하던 천사들과 함께 하나님을 대적하다 미가엘 천사장에게 대패하여 지옥에 떨어졌다고 한다. 강포하고 교만한 '바벨론 왕'(사14:4)을 뜻하기도 한다.(『옥스퍼드 원어성경대전』(이사야 11-23장), 170쪽).

뿐만 아니라, 토지를 분배 받지 못한 제사장과 레위인에게는 하나님이 친히 기업이 되신다 (민18:20, 신10:9). 여기서 '기업'은 부모로부터 물려받은 재산이나 사업을 말하며, 상속, 유산(遺産)의 의미이다. 예수 믿는 성도는 다 왕 같은 제사장들(벧전2:9)이며, 하나님의 상속자이다.

하나님의 자녀는 모두 그리스도와 함께하는 상속자(롬8:17)로 주인인 아버지 하나님과 모든 것을 함께 누리며, 이 땅에서 나그네 삶이 끝나면 천국에서도 영원한 삶을 함께 누린다. 우리가 그리스도와 함께 영광을 받기 위해서는 고난도 각오해야 한다. 현재 이 땅에서 성도가 겪는 고난은 장차 천국의 상급과는 비교할 수 없기 때문이다. 이 소망 가지고 땀 흘려 일하고, 눈물로 기도하고, 피 흘리며 죄와 싸워야 한다.

성령이 친히 우리의 영과 더불어 우리가 하나님의 자녀인 것을 증언하시나니, **자녀이면 또한 상속자, 곧 하나님의 상속자요, 그리스도와 함께 한 상속자니 우리가 그와 함께 영광을 받기 위하여 고난도 함께 받아야 할 것이니라**. 생각하건대 현재의 고난은 장차 우리에게 나타날 영광과 비교할 수 없도다(롬8:16-18).

(2) 하나님 자녀는 어떻게 성화(聖化)하는가?(성화론)

가. 성화의 내용

성화는 **구원받은 성도가 내주하는 성령의 도움으로 죄로 잃어버린 하나님의 형상을 회복하여 거룩해지는 것**을 말한다. 어린 아기가 성인(成人)으로 자라듯 미성숙한 성도가 예수의 모습을 닮아 점점 성숙해 가는 것이다. 오직 사랑 안에서 참된 것을 하여 범사에 머리인 그리스도에게까지 자라는 것이다(엡4:15) 이렇게 성숙하려면 먼저 예수 믿고 심령이 새롭게 되어 하나님을 따라 의와 진리의 거룩함으로 지으심을 받은 새 사람을 입어야 한다(엡:23-24).

나. 성화의 단계

하나님의 예정(predestination)과 소명(김命, calling)에 따라 믿음으로 중생(重生, rebirth)하여, 의롭다고 인정(칭의, justification) 받은 성도는 성화(sanctification)하며, 죽

을 때 영화(榮化, glorification)에 이르게 된다(롬8:10). **믿음으로 구원을 보장받은 '칭의'가 일회적·과거적 구원이면, '성화'는 일평생 진행하는 점진적·현재적 구원이고, '영화'는 죽을 때 또는 부활할 때 이루어지는 미래적 구원이다.** 완전히 거룩한 '신의 성품(divine nature)'을 닮아가는 성화는 **'믿음'**으로 시작하여 아가페 **'사랑'**까지 8 단계를 거치며(벧후 1:4-7) 계속적으로 힘써 성장해야 한다.

> 너희가 정욕 때문에 **세상에서 썩어질 것을 피하여 신의 성품에 참여**하는 자가 되게 하려 하셨느니라. 그러므로 너희가 더욱 힘써 너희 **믿음에 덕을, 덕에 지식을, 지식에 절제를, 절제에 인내를, 인내에 경건을, 경건에 형제 우애를, 형제 우애에 사랑을 더하라**(벧후 1:4-7).

성화 8 단계의 **'사랑'은 헌신적이고 무조건적인 사랑**을 뜻하는 '아가페'이다. '신의 성품' 마지막 단계를 '사랑'에 둔 것은 하나님의 은혜로 값없이 구원받은 성도는 무엇보다 하나님의 희생적 '사랑' 실천이 중요함을 알리기 위함이다. 세상의 어떤 이보다 사랑의 하나님이 이 사랑 실천을 소원하신다. 기독교 **최고의 계명이 하나님 사랑과 이웃 사랑**이며(마 22:36-39), 믿음, 소망, 사랑이 항상 있지만 그 중에 제일은 '사랑'(고전13:13)인 것도 이것을 반영한다. 하나님 은혜에 의해 믿음으로 구원받은 성도들은 날마다 성숙하여 성화의 최고의 단계인 '사랑'의 단계까지 힘써 성숙해야 한다.

다. 성화의 수단

성화의 수단에는 말씀과 성례, 기도, 찬송, 봉사, 헌금, 구제, 친교, 선교, 순종, 교육, 훈련 등 하나님 영광을 위하여, 거룩한 신의 성품을 닮기 위해 행하는 많은 일들이 있다. 이 중에서 **예배의 핵심 요소이며 하나님의 뜻을 알고 직접 소통할 수 있는 성화의 방법으로 하나님 말씀인 성경과 기도, 찬송**을 든다. 죄로 물든 육신을 살리고 거룩하게 하는 것은 하나님의 영이니(롬8:13)[326] 반드시 성령님의 도움을 받아야 한다. 성화는 혼자서도 할 수 있지만, 지도자의 인도와 공동체와 협력하는 것이 바람직하다. 만물보다 거짓되고 심히 부패한 마음을 가진 우리 인간(렘17:9)은 일평생 성화를 위해 최선을 다해야 한다.

---

326) (롬8:13-14) 너희가 육신대로 살면 반드시 죽을 것이로되 영으로써 몸의 행실을 죽이면 살리니, 무릇 하나님의 영으로 인도함을 받는 사람은 곧 하나님의 아들이라.

① 하나님 말씀인 성경

모든 성경은 하나님이 직접 말씀하시고, 하나님의 영감을 받은 자들에 의해 써졌으므로 믿음과 행위의 표준이 된다. "모든 성경은 하나님의 감동으로 된 것으로 교훈과 책망과 바르게 함과 의로 교육하기에 유익"(딤후3:16) 하다. 믿음과 행위의 표준인 성경대로 교훈하고 책망하고 교정하고 교육하면 거룩한 백성으로 변화된다.

예수는 "그들을 **진리로 거룩하게** 하옵소서! **아버지의 말씀은 진리**이니이다."(요17:17) 라고 제자들을 위해 기도한다. 진리인 아버지 말씀은 사람들을 거룩하게 할 수 있다.

바울은 "이는 곧 물로 씻어 **말씀으로 깨끗하게 하사 거룩하게** 하시고"(엡5:26)에서 속죄를 위한 세례와 진리의 말씀으로 성도들을 깨끗하게 하사 거룩하게 하신다고 말한다. 성경은 하나님 말씀이기에 생동력이 있어 인간의 영혼과 육체, 생각과 뜻을 판단하여 자신의 선과 악, 아름다움과 더러움을 드러내어 예수를 닮은 거룩한 인격으로 변화시켜 준다.

> 하나님의 말씀은 살아 있고 활력이 있어 좌우에 날 선 어떤 검보다도 예리하여 혼과 영과 및 관절과 골수를 찔러 쪼개기까지 하며 또 마음의 생각과 뜻을 판단하나니(히4:12).

② 기도

기도는 간구에 머물지 않고 하나님과 대화하며, 교제하는 수단이다. 거룩하신 하나님과 가까이하면 거룩해진다. 성경은 말씀과 **기도로 거룩해진다**고(딤전4:5) 말한다. 거룩하신 하나님과 기도로 대화하고 소통하므로 기도하는 사람은 거룩하게 변한다.

예수님이 베드로와 요한, 야고보를 데리고 변화산에 올라가 **기도하실 때에 용모가 변화되고 그 옷이 희어져 광채가 나더라.**"(눅9:29)고 한다. 기도하실 때에 예수님의 얼굴 모양이 거룩한 모습으로 변화되고, 그 옷까지 거룩한 흰색으로 변화되어 광채가 난 것은 기도를 통하여 인간의 용모와 인격도 거룩하게 변화될 수 있음을 예표해 준다.

기도는 자기 뜻을 하나님의 뜻에 굴복시켜 자신을 포기하고 자신을 변화시켜 가는 일이다.[327] **기도로 자신을 변화시킨다는 것은 자신을 거룩하게 한다는 뜻**이다. 주기도문에서 "하나님 이름이 거룩히 여김을 받으시고, 하나님 뜻이 이루어지기를"(마6:9-10) 기도한다. 하나님 뜻은 '거룩함'이다(살전4:3). 하나님의 뜻이 이루어지기를 기도하는 자는 기도로 자신을 변화시켜 거룩하신 하나님처럼 거룩해지려고 한다.

거룩하신 성령 안에서 기도하므로 거룩해진다. 그래서 성경은 "모든 기도와 간구를 하되

---

327) 유해룡, 『기도 체험과 영적 지도』(장신대학교출판부, 2010), 46쪽.

항상 성령 안에서 기도하고 이를 위하여 깨어 구하기를 항상 힘쓰라"(엡6:18)고 명령한다. 1907년 한국 기독교의 대부흥은 1905년 길선주 장로를 중심으로 시작한 새벽기도회가 중요한 원인이다. 이것이 평양대부흥운동의 불씨가 되고 전국으로 확산되어 수많은 죄인들이 거룩한 하나님의 자녀로 거듭나게 되었다.

③ 찬송

하나님을 높이며, 감사하며, 그분께 영광을 돌리는 노래가 찬송이다. 감사함으로 성전의 여러 문들에 들어가며, 찬송함으로 하나님이 계시는 거룩한 장소인 '그의 궁정'(hiscourts)에 들어갈 수 있다. 인간이 거룩하신 하나님을 만나려면 거룩해져야 한다. 죄인이 하나님 앞에 서면 죽기 때문이다(출33:20, 사6:5). **찬송으로 거룩해 진 자가 하나님의 궁정에 들어갈 수 있다.**

> 감사함으로 그의 문에 들어가며 **찬송함으로 그의 궁정에 들어가서 그에게 감사하며 그의 이름을 송축할지어**다(시100:4).

찬송은 '말씀의 노래요 곡조 있는 기도'이다. 인간을 말씀과 기도로 거룩하게(딤전4:5) 할 수 있는 것처럼 **말씀과 기도로 만들어진 찬송이 인간을 성화시킬 수 있다.**
찬송과 기도를 통해 죄인이 거룩하게 된다(행16:16-34). 바울과 실라는 빌립보에서 복음 전하다 깊은 옥에 갇혔다. 그들이 한밤중에 기도하고 찬송하니 큰 지진이 나서 옥문이 다 열리고 매인 것이 다 벗어졌다. 죄수들이 도망한 줄 알고 자결하려 한 간수는 바울의 전도로 온 가족이 다 세례를 받고 크게 기뻐했다. 이렇게 기도와 찬송은 죄인을 감동시켜 거룩한 의인으로 변화시킬 수 있다.
악령이 사울 왕에게 이를 때에 **'다윗이 수금을 탄즉 사울이 상쾌하여 낫고 악령은 떠나갔다'**(삼상16:23). 요세푸스(F. Josephus) 전승에 의하면 다윗은 이때 수금에 맞추어 하나님을 찬양했다고 한다.[328] 이렇게 찬송은 인간을 깨끗이 하고 치유할 수 있다.

(3) 하나님 자녀는 어떻게 책임을 감당하는가?(청지기론)

직장 속의 약 90%의 그리스도인들은 진실하게 살아가지 못하고 있다고 한다.[329] 하나님

---

328) 네이버 블로그 "캄보디아 다윗학교".

은 세상과 천국 사이에서 적당히 살아가는 것을 용납하지 않으시고, 하나님의 청지기로서 하나님과 구원해야 할 세상과의 사이에 서서 십자가 삶을 살면서 중보자 역할을 하기를 원하신다. 청지기는 소명감을 갖고 살아야 한다. 부름 받은 성도는 하나님 나라에 대한 일과 봉사를 위하여 그의 삶을 바쳐야 한다. 하나님의 선택은 특권이 아닌 봉사로의 부름이다. 본훼퍼(D. Bonhoeffer)가 말하듯이 하나님의 은혜는 값없이 주어지지만 값싼 것은 아니다. 우리는 헌신적으로 봉사하도록 부름을 받았고 사명을 받았다.[330]

가. 하나님의 청지기

'청지기'(οἰκονόμος, 오이코노모스)는 관리인이란 뜻으로 "주인의 재산과 권리를 맡아서 주인을 대신하여 주인의 뜻대로 주인의 재산이나 권리를 돌보는 봉사자"[331]이다. 이 청지기는 '**하나님과 인간 사이, 인간과 자연 사이, 인간과 인간 사이의 관계를 회복**'하는 일을 하는 하나님의 일꾼이다.

> 주께서 이르시되 **지혜 있고 진실한 청지기**가 되어 주인에게 그 집 종들을 맡아 **때를 따라** 양식을 나누어 줄 자가 누구냐? 주인이 이를 때에 그 종이 그렇게 하는 것을 보면 그 종은 복이 있으리로다. 내가 참으로 너희에게 이르노니 그 모든 소유를 그에게 맡기리라 (눅12:42-43).

청지기는 **첫째 주인인 하나님의 뜻대로 행해야 한다**. 청지기는 주인의 일을 대신하는 직분이므로 주인의 뜻과 지시에 따라 모든 재산을 관리하고 분배하는 일을 담당해야 한다.
둘째 지극히 작은 일에도 충성해야 한다(눅16:10). 맡은 자에게 구할 것은 충성이고(고전 4:2), 이 충성은 지극히 작은 것에서부터 충성하는 것이다. 사람은 외양과 결과를 보지만 하나님은 마음 중심과 과정을 보신다.
셋째 지혜 있고 진실하게 행해야 한다. 지혜의 근본은 여호와를 경외함에 있으므로(잠 9:10) 청지기는 매사에 하나님을 경외하는 마음으로 사리를 잘 분별하여 지혜롭게 일을 처리해야 한다. 근본과 말단을 알고 먼저 할 것과 나중 할 것을 구분해야 한다. 무슨 일을

---

329) 박영창, 『직장선교의 신학적 근거와 활성화 방안에 관한 연구』(그리스도신학대학원 석사학위 논문, 1998), 24쪽.
330) D. Bonhoeffer, *The Cost of Discipleship* (London: SCM Press, 1959), p. 45.
331) 최건호, 『크리스챤 청지기』(홍익기획, 1995), 6쪽.

하든지 마음을 다하여 주께 하듯 진실하게 일해야 한다(골3:23).

넷째 때에 맞게 행해야 한다. 천하에 범사가 기한이 있고 모든 목적이 이룰 때가 있다. 심을 때가 있고 심은 것을 뽑을 때가 있다(전3:1-5). 때에 맞게 씨앗을 심고 거두며, 일꾼들에게 제 때 양식을 나눠주고, 때에 맞게 합당한 결정을 하는 청지기가 되어야 한다.

나. 자연의 청지기

하나님은 인간에게 자연을 다스리는 권한을 위임하였다(창1:26). 인간은 자연 만물의 주인이 창조주 하나님임을 명심하고 청지기답게 하나님 뜻대로 다스려야 한다.

첫째 하나님의 창조 목적에 따라 다스려야 한다. 자연을 하나님이 허락하신 방법대로 관리자로서 잘 다스려야 한다. 하나님의 뜻을 살려 온 인류의 행복과 자연 만물의 번성을 위하여 관리해야 한다. 온 인류가 공유하며 사용해야 할 자연을 오염시켜서도 안 되고, 난개발해서도 안 된다.

둘째 죄악으로 하나님의 땅을 더럽히지 말아야 한다. 인간이 거주하는 땅에는 하나님도 함께 거주하신다고 성경은 말한다(민35:34). 무죄한 자의 피를 흘리는 것과 같은 악을 행하여 하나님과 인간이 함께 거하는 땅을 더럽혀서는 안 된다. 땅에서 쫓겨나거나 가시덤불과 엉겅퀴를 낼 것이다(창3:18).

셋째 전체 자연의 보호를 위해 다스려야 한다. 인간이 선호하는 몇몇 종류의 동식물만 보호하는 것이 아니며, 이름 없는 야생초와 굶주리는 야생 동물들도 보호해야 한다. 인간이 먹이사슬의 맨 위에 있으므로 모든 생물들이 인간이나 맹수와 같은 한 종(種)의 탐욕과 횡포에 의해 멸종되지 않도록 보호해야 한다. 인간은 자연에 대한 하나님의 대리자이며, 자연에 대한 책임적 존재이며, 자연의 관리자로서 자연을 잘 돌보고 가꾸고 보전해야 할 책임이 있다.[332]

넷째 전체 인류의 행복을 위해 다스려야 한다. 자연은 지구상의 모든 인간이 거주하는 생활 터전이다. 우리 조상들이 정성껏 지켜온 아름다운 자연을 당대 인간들이 탐욕으로 파괴하여 후손들에게 황폐한 자연을 물려줘서는 안 된다. 개인이나 가정이나 한 나라만의 행복이 아니라 5대양 6대주 77억 인류 전체의 행복을 위해 관리해야 한다.

---

332) 조정권, 『환경보호의 신학적 근거와 실천방안에 관한 고찰』(석사학위논문, 순신대학교신학대학원, 1996), 43쪽.

다. 인간 조직(교회·가정·직장)의 청지기

대부분의 그리스도인들은 하나님의 일은 교회에서만 하는 것으로 알고 있다. 그러나 교회뿐만 아니라 성도가 머무는 가정과 직장까지도 사역지이다. 내 직업이 곧 나의 선교 사역이며, 내 가족이 곧 나의 선교 사역이다.[333] 이제 성도들이 거룩하게 일할 곳은 지역교회만이 아니다. "두 세 사람이 내 이름으로 모인 곳에는 나도 그들 중에 있느니라."(마 18:20)와 같이 성도들이 예수 이름으로 모이는 곳은 다 교회이다. 따라서 성도들이 주의 이름으로 모이는 가정과 직장도 교회라 할 수 있다. 성도들은 가정과 직장에서도 자신의 건강·재물·지위·재능을 가지고 하나님의 영광을 위해 충성스럽게 일하고 봉사하여야 할 것이다. 이것이 바로 '선한 청지기'(벧전4:10)의 삶이다.

교회에서나 가정에서나 직장에서의 신앙생활은 믿음(각도)이 같고, 행함(길이)이 같은 정삼각형 관계를 이루는 것이 바람직하다.<그림 6>[334]

<그림 6> 교회·가정·직장의 신앙생활

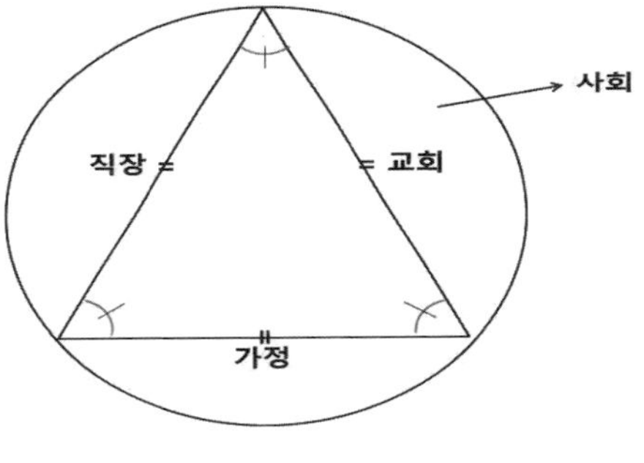

(가) 교회의 청지기

① 하나님의 선교를 위한 청지기

하나님은 모든 사람이 구원을 받으며 진리에 이르기를 원하신다(딤전2:4). 사랑의 하나님은 대속 제물로 독생자 예수를 십자가에 못 박음으로 모든 죄인들이 구원 받을 수 있는 길을 열어 놓으셨다(롬5:8). 누구든지 하나님의 은혜로 예수 믿으면 값없이 구원 받을 수

---

333) Jerry White and Mary White, 「당신의 직업」(네비게이토출판사, 1988), 20쪽.
334) 박영창, 『직장선교의 신학적 근거와 활성화 방안에 관한 연구』, 62쪽.

있다(엡2:8). 하나님의 최대 관심사항은 선교이며, 교회를 통해서 그 일을 수행하신다. 따라서 교회의 가장 중요한 사역은 선교이다. 예배, 교육, 친교, 봉사, 구제 등도 중요하지만, 교회의 근원적인 사명은 영혼구원에 있으므로 모든 사역의 초점은 영혼구원에 맞추어져야 한다.[335]

한국의 **전통 종교들**이 하는 경천(敬天) 사상은 "알지 못하는 신"(행17:23)을 섬기는 행위라고 볼 수 있다. 하나님이란 명칭이 없었을 때, 우리 **조상들은 하늘(天), 신(神), 상제(上帝), 천주(天主), 한울님, 조물자, 조물주 등으로 불렀다.** 그리스 사람들이 알지 못하고 섬기던 신이 바로 우주만물을 지으신 창조주 하나님이라고 바울은 외친다.

> 내가 두루 다니며 너희가 위하는 것들을 보다가 **'알지 못하는 신에게'**라고 새긴 단도 보았으니 그런즉 너희가 알지 못하고 위하는 그것을 내가 너희에게 알게 하리라(행17:23).

잃은 양 한 마리를 찾아 나서는 예수의 마음으로 성도는 선교에 최선을 다해야 한다. 바울은 유언과 같은 마지막 서신에서 **"너는 말씀을 전파하라! 때를 얻든지 못 얻든지 항상 힘쓰라!"**(딤후4:2)고 당부한다.

② 제자 양육을 위한 청지기

하나님의 소원인 선교를 위해서는 일꾼인 제자를 양육해야 한다. 예수는 승천하기 직전에 지상(至上)명령으로 **'제자 삼으라(make disciples)'**고 명령하였다(마28:19). 이를 볼 때 제자는 '태어나는 것'이 아니라 '만드는 것(make)'이다. 만들려면 다듬고, 깎아내고, 빚어내는 작업이 필요하다. '제자(disciple)'의 어원은 'discipline', 곧 '훈련'에서 나왔고, 훈련 없이는 좋은 제자가 될 수 없다.[336] 명령을 수행하는 제자들에게 예수는 두 가지를 약속하였다. 첫째는 창조주 하나님으로부터 받은 하늘과 땅의 모든 권세를 제자들을 위해 사용하겠다는 것과, 둘째는 세상 끝날까지 성령으로 제자들과 함께 있겠다는 것이다(마28:18-20).

③ 은사(恩賜) 별로 짐을 나누어지는 청지기

교회의 여러 가지 일들을 혼자서는 감당할 수 없다. 성경은 "너희가 짐을 서로 지라. 그

---

335) 위의 책, 47쪽.
336) UBF 세계선교부, 『모든 족속으로 제자를 삼으라』(UBF 출판부, 2005), 231쪽.

리하여 그리스도의 법을 성취하라."(갈6:2)고 말한다. 이 때의 '짐'은 혼자 감당할 수 없는 무거운 짐을 뜻하며, '지라'는 현재 명령법으로 한 번뿐만 아니라 계속하여 지라는 뜻이다. **무거운 짐을 혼자 지고 가면 오래 갈 수 없고 멀리 갈 수 없다.** 주님의 일은 알맞게 나누어 져야 하는데 은사 별로 나누어 져야 한다.

'은사(카리스마)'는 주님의 일을 하기 위해 하나님이 선물로 주시는 재능이나 능력을 말한다. 성령의 은사 따라 주님의 일을 행하면 인간이 할 수 없는 위대한 일을 행할 수 있으며, 즐겁게, 오래 행할 수 있다. 은사는 여러 가지나 성령은 같고(고전12:4), 하나님의 성령이 주시는 은사는 지혜·지식의 말씀, 믿음, 신유(神癒), 능력, 예언, 영 분별, 방안 등(고전12:8-11) 다양하다.

(나) 가정의 청지기

성도의 가정은 하나님을 경외하고, 자연을 보호하며, 인간을 사랑하는 교육 장소이며, 실천 장소이다. 가정이 말씀과 기도로 거룩하고, 화목하면 10대 병폐와 같은 더러운 문화가 발붙이지 못할 것이다.

① 성경적인 부부관계(엡5:21-33)

아내들은 자기 남편에게 복종하기를 주께 하듯 하고, 교회가 그리스도에게 하듯 범사에 복종해야 한다. 남편들은 아내 사랑하기를 그리스도께서 교회를 사랑하고, 그 교회를 위하여 자기 목숨을 주심같이 해야 한다. 남편은 아내와 연합하여 그 둘이 한 육체가 되어야 한다. 이는 육체적 연합뿐만 아니라 정신적·영적 연합을 의미한다. 자기 아내 사랑하기를 자신같이 하고, 아내도 남편을 존경해야 한다. 부부가 서로 사랑하고 존경해야 효도도, 자녀 양육도 잘 할 수 있다. **가정 행복의 비결은 부부 사랑이 출발점이다.**

② 성경적인 부모관계(엡6:1-4)

"부모 공경이 약속 있는 첫 계명"(엡6:2)이다. '첫 계명'이란 효도가 인간이 인간에게 지켜야 할 가장 중요한 하나님의 명령이며, '약속'은 효도할 때 하나님이 자식이 범사에 잘될 뿐만 아니라 땅에서 장수하는 복을 내려 주신다는 것이다. **가정 형통의 비결은 효도에 있다.**

다른 종교는 효도를 윤리적 차원에서 다루나 기독교는 효도를 종교적 차원에서 다룬다.

주 하나님 안에서 부모에게 효도하고 주의 말씀 안에서 순종하는 것이다. 효도를 통해 부모 사랑, 조상 사랑, 하나님 사랑으로 이어진다.

③ 성경적인 자녀관계(엡6:4)

부모는 자녀를 노엽게 하지 말고 오직 주의 교훈과 훈계로 양육해야 한다. 자녀는 부모의 소유물이 아니라, 하나님이 맡겨주신 소중한 기업(基業, heritage)이다. 자녀를 학대하거나, 상처를 줘서는 안 된다. 인격적으로 무시하거나, 비난해서도 안 된다. 오직 주의 말씀으로 교육과 훈련을 행하며, 주의 말씀으로 훈계하고 설득해야 한다.

④ 성경적인 친족관계(딤전5:8)

누구든지 자기 친족 특히 자기 가족을 돌보지 아니하면 믿음을 배반한 자요 불신자보다 더 악한 자라고 성경은 말한다. 성도는 모든 이들에게 착한 일을 하되 특히 가족과 친족들에게 사랑을 베풀어야 한다. 이렇게 자기 집을 잘 다스리는 청지기가 되어야 하나님의 교회도 잘 돌볼 수 있다(딤전3:5).

(다) 직장의 청지기

직장도 이제 단순히 생계를 위한 수단을 넘어 하나님 나라 건설과 하나님·자연·인간을 사랑하는 일터임을 명심해야 한다. 자기가 맡은 정치·경제·사회·문화·종교·교육·언론 등 모든 분야에서 하나님의 영광이 드러나게 해야 한다. 목동시절이나, 노예시절이나, 총리시절이나 변함없이 주어진 상황과 임무에 성실함으로 최선을 다한 요셉을 사례로 들어 본다.[337] 한국의 100만 공무원과 2,700만 근로자들이여! 요셉처럼 충성하고 요셉처럼 성공하자!

① 소명 자각

요셉은 하나님께서 나를 이 직장에 하나님의 일을 하기 위해서 불러 주셨다는 것을 깨닫고, **"나를 이리로 보낸 자는 당신들이 아니요 하나님**이시니라."(창45:8)는 진지한 고백을 하였다. 이렇게 소명을 자각하는 자가 맡은 일에 천직(天職) 의식으로 충성(고전4:2)할 수 있다. 창조주 하나님이 맡겨주신 영광스러운 일을 사명감을 가지고 일할 수밖에 없다. 세상 사람들이 감당 못하는 충성심으로 직장 속에서 하나님께 영광 돌리고 하나님 나라를

---

337) 박영창, 『직장선교의 신학적 근거와 활성화 방안에 관한 연구』, 79-80쪽.

건설하는 도구가 될 수 있다.

② 하나님 중심의 생활

직장에서 매일 장시간 행하는 업무는 매우 다양하고 복잡하며 어려운 일들이다. 이 모든 일을 행할 때 어떤 자세, 어떤 마음을 가지고 행하느냐는 매우 중요하다. 선한 마음을 가지고 행하면 선한결과를 가져올 것이고, 악한 마음을 가지고 행하면 악한 결과를 가져올 것이다.

요셉은 업무를 처리할 때에 **"내가 하나님께 죄를 지으리이까"**(창39:9)라는 '하나님 앞에서'라는 자세로 하나님 중심으로 일했다. 주인인 보디발 아내의 유혹이 있을 때에도 이러한 신전(神前) 의식으로 위기를 극복했다. **무슨 일을 하든지 마음을 다하여 주께 하듯 하고 사람에게 하듯 하지 말아야 한다**(골3:23). 이렇게 하나님을 경외하며 사는 자에게 하나님이 지혜를 주셔서(잠9:10) 놀라운 하나님의 방법으로 30세에 영광스런 이집트 총리 자리에 오르게 되었다(창41:16-46).

③ 용서하는 마음

직장에서의 대인관계는 사랑에 바탕을 둔 용서하는 마음을 늘 가져야 한다. 요셉은 자기를 노예로 팔아먹은 형들을 너그러이 용서하였다(창 45:5). 예수님이 죄인인 우리들을 위해 십자가 지신 것을 생각하며 일흔 번씩 일곱 번이라도 용서하는 마음을 가져야 한다.

타인을 배려하고, 겸손히 자신을 내려놓을 때 용서할 수 있다. 이를 위해 늘 말씀과 기도로 하나님과 교제하여 성령님의 인도를 받도록 해야 한다. 요셉 같은 사람들이 자신이 속한 직장에 기독교 문화를 정착시킬 수 있다.

(4) 하나님 자녀는 어떻게 주님을 맞이하는가?(재림론)

☆ 세상 끝이 가까웠으니 … ☆

사랑하는 친구야!

"이렇게 함께 살다가도 죽을 때는 홀로 가야하는 인간은 인(人) 두겁을 쓴 가련한 철새인지도 모른다". 이 말을 남기고 사라진 소녀가 생각나는 12월의 스산한 새벽. 인간은 어디서 와서 어디로 가는가? '생사일여(生死一如)' – 인간의 일생사(一生死)란 파도와 같아 끝없는 바다에서 파도가 일어났다 꺼졌다 하는 것 같이 우리도 그렇게 났다가 죽었다 하지.

고해(苦海)같은 세상을 떠나 절에나 들어갈까 하던 20대. 세상의 부귀영화를 잡기 위해 겨울방학에 상경하여 고시학원에 다니던 30대초의 교사시절. 그 꿈도 펴보지 못한 채 연탄가스를 마시고 생사의 고비를 넘기면서 생각한 것은 안개와 같은 생명. '나는 지금까지 무엇을 위해 살아왔는가?'

1986년 3월 1일, 거듭되는 시험의 실패와 직장에서의 분쟁과 불만으로 인해 사직까지 생각하면서 ○○○기도원을 찾았다. 괜찮은 머리와 피땀 흘려 노력하는데 왜 이렇게 실패만 거듭하는가? 도대체 나에게 향한 하나님의 뜻은 무엇인가? 이 직장을 그만 둘 것인가? 내가 가장 귀하게 여기는 시간은 … 어린애처럼 앙탈을 부리는 나에게 하나님은 조용히 그러나 분명하게 당신의 뜻을 알려 주셨다.

"세상 끝이 가까웠으니 열심히 주(主) 섬기라."

"내가 택해 준 직장이니 열심히 일하라."

"너의 귀중한 시간을 바쳐라."

내 마음 속에 비수처럼 꽂히는 하나님의 말씀에 가슴을 짓누르던 무거운 짐들이 다 벗겨나가고 마음속에 이루어지는 천국 – '세상부귀 영화와 즐겨하던 모든 것 주를 믿는 내게는 분토만도 못하다' 찬송이 절로 나왔다. 주일날도 술과 바둑을 즐기던 내가 그 후부터 미친 듯이 전도지를 돌렸고 성경을 찾았다.

사랑하는 친구야!

정말 세상 끝이 가까웠는가? 천하보다 귀한 생명이 기근으로 4만 명, 낙태로 15만 명이 하루에 죽어가고(신앙계 1989. 7), 지진과 난리, 불법이 성하고 사랑이 식어지고, 자기와 돈을 사랑하고 부모를 거역하며 감사치 않는 사회. 시험지옥, 교통지옥, 마약지옥을 이 세상에 만들고, 소돔 고모라 성을 이 땅에 쌓아가는 추악한 인간들. 무엇보다 "이 천국 복음이 모든 민족에게 증거되기 위하여 온 세상에 전파되리니 그제야 끝이 오리라."(마24:14)는 예수님 말씀이 생각난다. 아직도 복음을 듣지 못한 민족이 있는가? 지하에서 복음이 들려지는 공산권과 회교권에 찬송 소리 들릴 때 세상 끝이 오리라. 주님이 오시리라.

사랑하는 친구야!

인생의 가을인 40대를 맞으며 안개와 같은 생명과 세상 끝을 생각해 보자. 나를 이 세상에 보내신 하나님의 뜻을 생각해 보자. "보라! 내가 속히 오리니 내가 줄 상이 내게 있어 각 사람에게 그가 일한 대로 갚아 주리라."(계22:12)[338]

---

338) 교대(教大)에 합격되었으나 등록금이 없어 군(軍)에 입대해야하는 절박한 시기에 험한 일하여 모아 놓은 귀한 돈을 선뜻 내어준 고마운 친구를 구원하기 위해 이 글을 썼지만, 술 좋아하던 친구는 일찍 떠나 전해 주지 못했다. 31년이 지난 지금 이 책을 읽는 분들에게 다시 이 글을 올린다. 박영창, "세상 끝이 가까웠으니",『국회기도회보 제11호』(국회기도회, 1989),239-240쪽.

가. 곧 오실 예수님

예수는 이 땅의 공생애 기간 중에 자신의 재림을 이같이 말했다. "그 때에 인자의 징조가 하늘에서 보이겠고 그 때에 땅의 모든 족속들이 통곡하며 그들이 인자가 구름을 타고 능력과 큰 영광으로 오는 것을 보리라."(마24:30). 이것이 바울이 말한 '공중 재림'(살전 4:16-17)이다. 그러나 그 시기는 아무도 알지 못하고 오직 하나님만 아신다(마24:36). 주의 재림이 더딘 것이 아니라 아무도 멸망치 않고 다 회개하고 돌아오기를 원하시는 하나님의 마음을 헤아려야 한다. 그리고 주의 날이 도적 같이 올 것임을 알고, 항상 준비하고 있어야 한다.

사랑하는 자들아! **주께는 하루가 천 년 같고 천 년이 하루 같다는 이 한 가지를 잊지 말라. 주의 약속은 어떤 이들이 더디다고 생각하는 것 같이 더딘 것이 아니라 오직 주께서는 너희를 대하여 오래 참으사 아무도 멸망하지 아니하고 다 회개**하기에 이르기를 원하시느니라. 그러나 주의 날이 도둑 같이 오리니 그 날에는 하늘이 큰 소리로 떠나가고 물질이 뜨거운 불에 풀어지고 땅과 그 중에 있는 모든 일이 드러나리로다(벧후3:8-10).

나. 재림의 징조

① 복음의 온 세상 전파
예수 십자가와 부활의 천국복음이 모든 민족에게 증언되기 위하여 온 세상에 전파될 때가 이 세상 끝날이고 주님 오실 때라고 말한다(마24:14). 전 세계의 민족들을 다 합치면 약 24,000 민족이다. 이 중 미전도 민족은 8,000~10,000 종족이고 엄청나게 빠른 속도로 복음이 전파되고 있다.[339] 한국에서 파송한 28,000명의 선교사를 비롯하여 세계 각국의 수많은 선교사들이 미전도 민족을 향해 목숨 걸고 복음을 전하고 있다.

② 이스라엘의 회심
기독교의 발상지인 이스라엘 민족의 다수가 그리스도 예수를 믿고 구원 받는다(롬 11:25-26). 신비하게도 이방인의 충만한 수가 구원받기 전까지는 이스라엘이 우둔한 채로 있지만, 이방인의 수가 차면 이스라엘이 구원받는다. 이에 앞서 여호와가 다윗의 집과 예

---

339) 홍성건, 178쪽.

루살렘 주민에게 은총과 간구하는 심령을 부어주어 이스라엘 족속이 개별적으로 죄를 뉘우치는 큰 애통과 통곡이 있게 된다(슥12:10-14).

③ 적 그리스도(antichrist)의 등장

성부(聖父) 하나님과 성자(聖子) 예수님을 대적하고(살후2:4), 부인하는 자(요일2:22)가 적(敵) 그리스도이다. 마지막 때 적 그리스도가 등장하여(요일2:18) 많은 사람을 미혹하며, 진리를 훼손(요일4:3)할 것이다. 그러나 공의의 하나님의 심판으로 적 그리스도는 파멸 당한다(살후2:8).

④ 대 배교

자칭 그리스도라 하는 많은 거짓 그리스도(마24:5)와 거짓 선지자(마24:11)들이 많은 사람을 미혹케 할 뿐만 아니라, 큰 표적과 기사(奇事)로 택하신 자들도 미혹케 한다(마24:5, 24). 하나님을 대적하는 배도하는 일이 있고, 불법의 사람인 멸망의 아들이 나타나 자기를 높이고, 하나님의 성전에 앉아 자기를 하나님이라 내세운다(살후2:3-4).

⑤ 대환난

난리와 난리 소문을 듣겠으며, 민족이 민족을, 나라가 나라를 대적하는 전쟁이 일어나며, 처처에 기근과 지진이 일어난다(마24:6-7). 사람들이 제자들을 환난에 넘겨주며 죽일 것이며(마24:9), 많은 사람이 시험에 빠져 서로 잡아주고 서로 미워하며, 불법이 성하므로 사랑이 식어진다(마24:10, 12). 창세로부터 지금까지 이런 환난이 없었고 후에도 없을 것이며, 환난의 날들을 감하지 않으면 구원 얻을 육체가 없다. 그러나 사랑의 하나님은 택하신 자들을 위하여 그 날들을 감하신다고 약속하셨다(마24:21-22).

다. 주님 맞을 준비

하나님의 시간표는 한 치의 오차도 없이 하나님의 계획대로 정확하게 진행되고 있다. 불교처럼 윤회하는 것이 아니라 단 일회이다. 출생하여 죽음에 이르기까지 단 한 번뿐인 삶이므로 올바르고 성실하게 살아야 한다. 주님 재림이 가까운 말세지말(末世之末)을 살아가는 우리는 무슨 준비를 해야 할까?

① 믿음으로 구원 확신(엡2:8)

"누구든지 그리스도 안에 있으면 새로운 피조물이라. 이전 것은 지나갔으니 보라! 새 것이 되었도다"(고후5:17). 어떤 죄인이라도 인류의 죄를 대신하여 십자가 지신 예수를 구주로 영접하면 죄 사함 받고 하나님 자녀의 권세를 얻게 된다(요1:12). 하나님의 자녀는 '구원의 확신'을 갖고 성령의 인도를 받으며(롬8:14) 주님 뜻대로 살아야 한다(마7:21). 구원얻은 하나님 자녀는 부활 소망 가지고, 견고하며 흔들리지 말며 항상 주의 일에 더욱 힘쓰는 자(고전15:58)가 되어야 한다. 이는 그 수고가 헛되지 않은 줄을 알기 때문이다.

② 온 민족을 제자 삼아 세계 선교(마28:19)

주님의 지상명령(至上命令)은 모든 민족을 제자 삼고 온 세상에 복음 전하는 것이다(마28:19). 온 천하를 얻고도 제 목숨을 잃으면 무엇이 유익하리요? 천하보다 귀한 생명을 구원하기 위해서는 예수님이 가르쳐 주신 제자 양육이 제일 좋은 방법이다. 6개월에 한 사람씩 계속 제자를 양육하고, 그 제자들이 계속 제자를 양육한다면 5년이 지나면 2^{10}으로 1,024명, 16.5년이 지나면 85억 명을 넘는다. 세계 인구 77억 명을 훌쩍 넘기게 된다.

천국 복음이 온 세상에 전파되어야 주님이 재림하신다(마24:14). 재림을 앞당기기 위해서라도 열심히 복음 전해야 한다. 한국의 32,000명의 선교사와 함께 온 성도가 동참해야 한다. 태평양 섬나라 피지(Fiji)를 위해 순교한 한동대 강경식, 권영민 군의 붉은 피는 원주민 700여 명을 구원했다.[340]

③ 사명 충성으로 주님 맞을 준비(고전4:2)

만물의 영장으로 태어난 인간은 누구나 자기가 가장 잘 할 수 있는 재능으로 하나님 영광과 인류의 행복을 위하여 일평생 충성해야 할 사명이 있다(고전4:2). 바울은 복음 전하는 이 사명을 생명보다 귀하게 여기고 일평생 충성하였다(행20:24). 예수의 12제자는 주님이 십자가에 달릴 때 모두 도망갔지만, 부활하신 주님을 만나고 나서 모두 순교로 복음전파 사명을 완수하였다. 하나님의 은혜로 천국 백성이 되고 하늘 시민권을 가진 성도는 주님 오실 때까지 지상(至上) 명령인 복음 전파에 최선을 다하며 각자의 사명에 충성해야 한다. 온 인류 구원의 사명에 충성하는 것이 천명에 순종하는 것이며 하나님을 경외하는 것이다. 이제 주께서 곧 오신다. 마라나타!

---

340) 김영애, 『갈대상자』(두란노서원, 2004), 186-192쪽.

주께서 호령과 천사장의 소리와 **하나님의 나팔 소리로 친히 하늘로부터 강림**하시리니 그리스도 안에서 죽은 자들이 먼저 일어나고, 그 후에 우리 살아남은 자들도 그들과 함께 **구름 속으로 끌어 올려 공중에서 주를 영접하게 하시리니 그리하여 우리가 항상 주와 함께** 있으리라. 그러므로 이러한 말로 서로 위로하라(살전4:16-18).

지금까지 살펴 본 한국 6대 종교의 경전 내용에서 천지인 관련 내용을 뽑아 9대 덕목과 27 소덕목으로 정리하였다<표 7>. 이 덕목들이 천지인 사상의 핵심 내용이 된다.

<표 7> 한국종교 경전의 천지인 관련 덕목

천 지 인	9대 덕목	27 소덕목
天 / 천명 순종	창조주 경외	사랑, 공의, 효도
	정의 실천	진실, 공정, 성실
	사명 충성	비전, 걸작품, 충성
地 / 자연 보호	자연 보전	신성, 조화, 모체(母體)
	공익 개발	관리, 최유효사용, 공익
	자연 순리	법도, 천시(天時), 나눔
人 / 인간 사랑	절제하는 자유	진리, 절제, 섬김
	희생하는 책임	희생, 청지기, 애국
	분별의 지혜	홍익인간, 창의, 분별

4장 한국을 살리는 천지인 사상

<개설(概說)>

1) 천지인 사상은 '순천명 애지인(順天命 愛地人)' 사상이다

　3장에서 본대로 한국의 전통종교 경전의 핵심은 천지인(天地人)이고, 그 내용은 창조주의 명령에 순종하여 자연과 인간을 사랑하는 **'순천명 애지인(順天命 愛地人)'** 여섯 자로 요약할 수 있다. 이를 더 세분하면 정의·순리·자유 등 9대 덕목과 진실·신성·절제 등 27 소덕목으로 나누어진다. 각 종교 에서는 '천(天)'을 일신(一神), 제석(帝釋), 대신(大神), 상제(上帝), 조물주, 한울님, 천주(天主) 등 다양하게 말하지만, 천지인 사상에서 '천(天)'은 **우주만물을 창조하시고, 통치하시는 '창조주 하나님'**(God)을 말한다. '지(地)'는 **땅을 포함하여 하늘, 산, 강, 바다, 식물, 동물 등 사람이 만들지 아니한 모든 '자연'**(nature)을 말한다. 그리고 '인(人)'은 만물의 영장으로 창조되고 **하나님의 청지기로서 자연을 다스리는 책임을 맡은 모든 '인간'**(human)을 말한다. 이 사상은 반만 년 동안 우리 조상들이 지켜온 한(韓)민족의 사상이다.

<그림 7> 천지인 사상 요약도

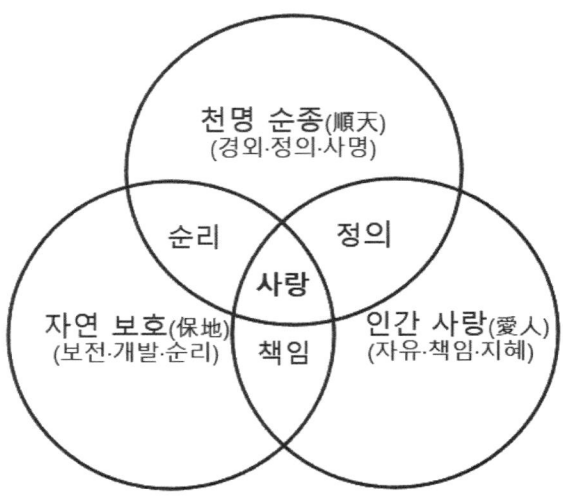

천지인 사상은 창조주와 자연과 인간이 사랑으로 연합된 사상이다. 천지인의 바른 관계가 설정되고, 각각의 역할이 분담된 사상이며, 연결자인 인간의 책임이 강조된 사상이다. **천지인 사상은 사랑이 공통분모이며,** 이 사랑은 하나님의 창조로부터 시작된다. 인간이 풍요롭게 살 수 있도록 자연만물을 먼저 창조하시고, 마지막으로 인간을 창조하여 그것들을 누리며 살게 하셨다. 사랑은 천지인 관계를 감싸는 띠이고, 천지인 사상의 핵심이다. 이 사랑이 없으면 천지인 관계가 형성도 되지 않으며, 지속도 되지 않는다. 따라서 **천지인 사상은 하나님과 자연과 사람을 사랑하는 사상이다.**

2) 천지인 사상의 필요성

첫째 **나라를 살리는 최선의 방책이다.** 2장에서 본대로 10대 병폐로 무너지는 한국을 살리려면 천지인 사상이 최적이다. 천지인 사상은 한국 전통 종교의 핵심 교리를 추출하여 만든 사상으로 가치성, 생산성, 보편성, 창의성 등 강문화의 특성을 가지고 있다. 또한 종교는 문화의 핵심이고, 사회를 통합하고 변동시키는 막강한 기능이 있으며, 모든 문화 영역을 지배하는 창조적 원동력이다. 이러한 위력을 가진 종교의 '뇌'에 해당하는 것이 '종교사상'이다. 천명에 순종하고, 자연을 보호하고, 인간을 사랑하는 천지인 사상으로 무너지는 나라를 살릴 수 있다.

둘째 **극심한 이념 대립**을 든다. 우리나라는 지정학적으로 북쪽으로는 강대국 중국과 소련이 도사리고, 동쪽은 일본, 삼면은 바다로 둘러싸여 한반도라는 좁은 지역 안에서 생활하게 되었다. 삼한시대에는 마한, 진한, 변한으로 나뉘어 투쟁하였고, 삼국시대에는 신라, 백제, 고구려가 나뉘어 물고 물리는 투쟁의 시절을 보냈다. 1950년 6.25 전쟁 이후에는 38선을 기준으로 남북으로 갈라지고, 민주주의와 공산주의로 나뉘어 극심한 이념대립을 겪고 있다. 자유민주주의를 신봉하는 자유 우파와 공산주의의 아류인 사회주의를 선호하는 진보 좌파가 사안마다 극렬히 대립하고 있다. 광우병, 4대강 사업, 천안함 폭침, 연평도 포격에서도 국론은 여지없이 둘로 나뉘어 서로 옳다고 주장하고 있다. 이렇게 사안마다 국론이 분열되어 남남갈등이 극심한데 어떻게 민족대업인 남북통일을 완수할 수 있을 것인가?

셋째 이념 대립과 갈등을 잠재울 **원칙과 기준**이 없다. 한국의 전통 사상은 일제 35년 식민지를 거치는 동안 민족말살 정책에 의해 망가져 버리고, 근대에는 서구사상이 무분별하게 도입되어 과도한 자유방임주의, 쾌락주의, 이기적 개인주의, 이슬람주의 등 그 폐해가 이루 말할 수 없다. 잘잘못을 가리고 시시비비를 평가할 원칙이 없고 기준이 없어 사회혼

란은 가중된다. 사회갈등으로 인한 경제적 비용이 연간 최대 246조 원에 달한다는 것은 우리 사회의 갈등이 얼마나 치열한지를 잘 드러내고 있다.

넷째 **기존 사상의 단면적 접근**도 문제가 된다. 한국의 전통 종교마다 특색 있는 사상을 가지고 있지만 한 면에 치우쳐 있다. 신(神)에 치우치거나, 아니면 자연에 또는 인간에 쏠려 있다. 특히 지금은 이기적이고 쾌락적인 인본주의에 치중해 있다. 21세기의 사상은 인류와 모든 피조물의 미래의 목적 제시, 생태계의 위기 극복, 약자들의 생존권 회복, 우수한 민족 문화·전통의 계승, 한국 전통사상의 현대적 모색 등의 노력이 있어야 한다. 이는 바로 천지인 사상의 실천으로 가능할 것이다.

3) 천지인 사상의 특색

(1) 천지인의 조화

천지인 사상은 천지인이 조화를 이루는 사상이다. 우주만물의 근본을 천(창조주), 지(자연), 인(사람)으로 설정하고, 이 셋이 구분되지만 서로 유기체적으로 밀접한 관계를 맺고 서로 상생하는 사상이다. **이 사상의 뿌리는 천(天), 곧 창조주이고, 인간(人)이 창조주(天)와 자연(地) 사이의 교량 역할**을 한다. 한국 종교의 경전은 바로 천지인의 관계에 대한 기록이며, 천지인에 대한 역사이다. 이 경전들은 창조주를 창조주답게 경외하고, 자연을 자연답게 보호하고, 인간을 인간답게 사랑하라고 가르친다.

기존의 서양사상은 천지인이 조화를 이룬 것이 아니라 고대시대(BC 6C~4·5C)에는 자연 중심주의에 치우치고, 중세(4·5C~14C)에는 신(神) 중심주의, 근대(15C~19C)와 현대(20C 이후)에는 인간 중심주의에 치우친 면이 있다.[341]

동양사상의 대종인 불교와 유교는 대체로 인간 중심주의에 기울어져 있다. 인도의 불교는 네 가지 괴로움(四苦)에 매몰된 인간을 구원하는 해탈의 방법을 제시하는 것이 핵심이며, 고집멸도(苦集滅道)의 사성체(四聖諦)와 팔정도(八正道)는 인간 구원 방법을 제시한 것이다.

중국의 유교는 고대시대인 요순시대와 하(夏)·은(殷) 시대는 상제(上帝), 또는 하늘(天)을 최고신으로 하는 신정정치를 펼쳐나갔다. 그 후 주(周)의 성왕(成王) 이후는 신정(神政)을 지양하고 인본주의 정치를 행했다. 이후 송나라 대는 천(天)을 이(理)와 도(道) 등으로 생각

---

341) 서양철학사의 시대구분에 따라 고대, 중세, 근대, 현대로 나눈다(정진일, 23쪽).

하였고, 주로 인간중심의 사상에 치우쳤다. 그래서 천지인 사상에서는 자연론과 신론, 인간론과 동등하게 다루어 삼자가 조화를 이룬다.

(2) 자연론의 중시

종래의 사상에서 자연은 인간의 정복 대상이었다. 그리하여 자연에 대한 무분별한 개발이 행해져 생태계 파괴와 자원 고갈이라는 심각한 사태를 초래했다. 천지인 사상에서는 자연론을 중시하여 하나님이 인간에 앞서 자연을 완벽하게 창조하심을 알고, 인간은 자연을 원래 상태대로 '보전'함이 원칙임을 밝혔다. 예외적으로 자연을 '개발'할 때는 하나님이 위임하신 의도대로 최유효사용의 원칙을 지키고, 자연의 법칙인 순리대로 살아야 함을 주장하였다.

도교는 인간의 욕망과 허식을 거부하고, 순수와 담백을 선호하는 무위(無爲)와 자연의 순리를 강조하였으며, 불교는 살생과 육식을 금지하는 생명 중시 사상이 들어있고, 동학은 천지부모설과 삼경설(三敬說)을 통해 자연을 아끼고 사랑할 것을 주장하였다. 천지인 사상에서는 이러한 자연 중시 사상을 부각시켰다.

(3) 인간의 책임 강조

인간이 천명에 불순종하고 욕심에 따라 행동함으로써 천지인 관계가 깨어졌다. 만물의 영장인 인간은 마땅히 창조주 하나님을 경외하고, 자연을 애호하며, 인간을 사랑하며 살아야 한다. 이를 행하지 않음으로 세계는 우상숭배와 자살과 낙태, 전쟁, 기근, 자원 고갈, 환경 오염, 생태계의 파괴로 중병을 앓고 있다.

하나님의 대리인인 인간은 하나님의 뜻을 받들어 무너진 천지인 관계를 회복하는데 주도적인 역할을 해야 한다. 이 삼자 관계가 깨어진 것은 인간의 범죄 때문이므로 관계 회복에 대한 인간의 책임이 크다. 천지인 사상에서는 인간이 창조주 하나님의 대리자, 청지기로서 마땅히 해야 할 일을 밝혔다.

(4) 유교·불교·도교 등 각 종교의 장점 부각

유불선(儒·佛·仙) 삼교는 기독교가 들어오기 1,500여 년 전에 우리나라에 들어와 뿌리를 내린 종교이다. 유교는 효제(孝悌)와 인의(仁義) 등 생활 윤리와 치국(治國)과 평천하(平天下) 등 정치윤리가 돋보이고, 불교는 인간 마음을 닦는 심정(心淨)과 계율과 책임, 생명 존중 면에서 뛰어난다. 도교는 인위를 버리고 자연의 순리를 따르는 무위자연설(無爲自然說)이 돋보이고, 동학은 경천과 인간 존중, 기독교는 사랑과 공의, 사명 등이 돋보인다. 천지인 사상에서는 "천명 순종"에서 창조주 경외와 정의, 사명, 효도 등을 다루며, "자연 보호"에서 보전과 개발, 순리, 천시 등을 다루고, "인간 사랑"에서 자유와 책임, 지혜, 절제 등을 다룬다(그림 7). 천지인 사상에서는 각 종교에서 중시하는 다양한 천지인 관련 덕목들이 부각되어 조화를 이룬다.

1. 천명 순종(順天)

서시(序詩)

윤동주

죽는 날까지 하늘을 우러러
한 점 부끄럼이 없기를,
잎새에 이는 바람에도
나는 괴로워했다.
별을 노래하는 마음으로
모든 죽어가는 것을 사랑해야지
그리고 나한테 주어진 길을
걸어가야겠다.
오늘밤에도 별이 바람에 스치운다.

☆ 죽는 날까지 하늘의 창조주께 부끄럽지 않은 삶
잎새에 이는 바람에도 양심의 가책을 느꼈던 순수한 사람!
별을 노래하는 마음으로 매일매일 죽어가는 자연만물을 사랑했던 인정 많은 형!
주어진 사명 따라 님이 걸어간 고난의 길을 우리도 묵묵히 좇아가야 한다.

1) '창조주 경외'가 인간의 본분이다

 창조주 하나님을 경외하는 자는 천명에 순종하는 자이다. 만물의 영장으로 출생시켜 사명을 감당케 하신 하나님은 각 종교의 경전을 통해 인간이 행복하게 살 수 있는 계명들을 주셨다. **한국의 10대 병폐는 모두 천명을 거역하고 자연을 파괴하고 인간을 망하게 하는 암과 같은 것이다.**
 '우상숭배'를 버리고 '하나님을 경외'해야 한다. 생명의 주인이시고, 생육하고 번성하라는 창조주의 뜻을 어긴 **'저출산'**을 버리고, '출산 장려'로 돌아서야 한다<표 8>. 순천자(順天者)는 생존하지만 역천자(逆天者)는 멸망하는 것은 세계 역사가 증명하고 있다. 우리는 살기 위하여 천명에 순종해야 한다. 지혜로운 우리 조상들이 5천년 역사를 통해 우리에게 전해주신 것이 천지인 사상, 즉 천명에 순종하고 자연과 인간을 사랑하라는 사상이다.

<표 8> 천지인 사상 덕목과 병폐 문화 변혁

천지인	9대 덕목	27 소덕목	10대 병폐문화 → 성결문화로 변혁
천명 순종 (順天)	경외	사랑, 공의, 효도	우상숭배 → 하나님 경외 저출산 → 출산 장려
	정의	진실, 공정, 성실	거짓 → 진실
	사명	비전, 걸작품, 충성	낙태·자살 → 생명 존중
자연 보호 (保地)	보전	신성, 조화, 모체	환경오염 → 환경 보전
	개발	관리, 최유효사용, 공익	난개발 → 공익 개발
	순리	법도, 천시(天時), 나눔	탐욕 → 나눔
인간 사랑 (愛人)	자유	진리, 절제, 섬김	음행 → 성결
	책임	희생, 청지기, 애국	갈등 → 화평
	지혜	홍익인간, 창의, 분별	사대·공산주의 → 자유민주주의·시장경제

(1) 창조주의 사랑과 공의를 깨달아야 경천(敬天)할 수 있다

피조물 인간의 제일 본분은 자신을 만드신 창조주를 경외하며(敬天), 그의 명령인 '천명(天命)'에 순종(順天)하는 것이다(전12:13). 이 천명에는 창조주의 뜻과 말씀과 소원이 담겨 있다. 이 창조주의 뜻대로 행하면 반드시 흥하고 역행하면 반드시 망한다. 어리석은 자는 그의 마음에 이르기를 창조주 하나님이 없다(시14:1)고 하지만, 지혜로운 자는 하나님을 그 마음 중심에 모시고 늘 경외한다. '경천(敬天)'은 창조주 하나님을 경외(敬畏)하는 것이며, '경외'는 ① 공경하고 ② 두려워하는 것이다.

가. 하나님 '사랑'을 깨닫는 자가 하나님을 '공경'할 수 있다

하나님의 '사랑'을 깨닫는 자는 하나님을 공손히 섬길 수밖에 없고, 온 마음과 정성 다해 감사하고 찬양하게 된다. 하나님은 사랑 자체이다. 사랑으로 자연 만물과 인간을 창조하셨고, 정의로 통치하신다. 죄인된 인류를 구원하기 위해 구세주(救世主)를 보내 주셨고, 지옥 갈 모든 죄인이 구원받을 수 있는 길을 마련하셨다. 그 창조주의 헌신적이요, 무조건적인 사랑을 자각한 자는 마음과 목숨, 뜻을 다해 창조주 하나님을 사랑하게 된다. 이렇게 하나님 사랑을 자각한 자가 하나님을 공경하게 된다.

하나님을 사랑하는 자는 천명인 하나님의 계명을 지키고, 하나님이 창조하신 같은 피조물인 인간을 사랑한다. 눈에 보이는 형제를 사랑하지 아니하는 자는 눈에 안 보이는 하나님을 사랑할 수 없기 때문이다. 인간 사랑에는 먼저 일심동체(一心同體)인 배우자를 사랑하고, 자신을 낳고 길러주신 하나님 같은 부모를 공경한다. 자신의 분신인 자녀를 사랑하고, 가족과 이웃 사랑으로 확대되고, 사해동포(四海同胞)인 온 세상의 인류 사랑까지 나아간다.

하나님과 인간을 사랑하는 자는 같은 피조물인 자연을 사랑한다. 자연은 인간의 모체(母體)이며, 창조주의 신성이 깃들어 있고, 모든 인간이 살아가는 생활 터전이기 때문이다. 창조주와 인간과 모든 피조물이 함께 사는 자연은 사랑과 보호의 대상이지 정복과 파괴의 대상이 아니다.

하나님을 공경하는 자는 '우상숭배'를 배격한다

인간은 종교적 동물이므로 누구나 신 또는 절대자 등을 의지하고 섬기며 자신의 어려운 문제를 해결하려고 한다. 하나님을 공경하는 자는 하나님을 직접적으로 대적하는 우상숭배를 버려야 한다.

첫째 우상숭배는 하나님 외에 다른 형상을 만들거나 섬기는 것이다. 참신은 우주만물을 창조하신 하나님 한 분뿐이다. '스스로 있는 자'인 하나님 한 분 외에 다른 것은 다 하나님이 만든 피조물이다. 인간과 천사, 마귀와 귀신, 해와 달, 산과 바다, 동물과 식물 등은 다 하나님이 창조하신 피조물이다. 만물의 영장으로 창조되어 하나님의 대리자로 만물을 다스릴 권세를 위임받은 고귀한 인간이 피조물을 숭배하는 것은 죄악이며, 어리석은 일이다. 왜냐하면 창조주 하나님이 인간의 모든 필요를 충족시켜 주시며, 인간의 생사화복을 주관하시며, 선악에 따라 공의의 심판을 하시기 때문이다. 피조물을 우상으로 만들어 섬기는 것은 하나님을 대적하는 것이며 심판을 자초하는 것이다.

둘째 우상숭배는 하나님보다 돈, 권력, 지식, 명성, 이성(異性), 쾌락 등을 더 귀하게 여기며 섬기는 것이다. 인간을 창조하시고, 인간의 모든 일을 감찰하시며, 필요를 채우시며, 영생으로 이끄시는 하나님 한 분으로 만족하지 못하고, 다른 것을 더 섬기는 것은 탐욕이다. 그래서 '탐심이 우상숭배'하고 한다(골3:5).

보이지 않는 하나님을 무엇으로, 어떻게 섬길 것인가? 하나님은 영(靈)이시기 때문에 영(spirit)과 진리(truth)로 섬겨야 한다. '영'은 하나님이 주시고 하나님과 교통하는 생명의 진수(眞髓)인 무형·불멸의 실체이며, '진리'는 길·진리·생명인 독생자(獨生子)를 통한 참된 도리를 말한다. 이 섬김의 가장 근본 바탕이 하나님 말씀에 순종하는 '순천명(順天命)'이고, 이의 구체적 표현이 자연 보호와 인간 사랑인 '애지인(愛地人)'으로 나타난다.

나. 하나님의 '**공의**'를 깨닫는 자가 하나님을 '**두려워한다**'

'공의'는 '하나님의 법도를 근거로 한 공정한 재판과 올바른 통치'이다. 창조주는 공의의 하나님이다. 하나님의 '공의'를 깨닫는 자는 하나님을 두려워할 수밖에 없고, 선악에 대한 행위와 그에 대한 공정한 심판에 두려워 떨게 된다. 이 '두려움'은 무서움과 공포로서의 두려움이 아닌 창조주를 공경하는 자가 가지는 '**거룩한 두려움**'이다. 공의는 심판을 강조하는 법정 용어로 일반인들 보다는 천주의 권한을 대신하는 왕이나 입법자, 재판관 등 통치나 재판을 행하는 지도자들에게 특히 요구되는 덕목이다.

공의는 '샘물'과 같다. 샘물이 깨끗하면 강물 전체가 깨끗하지만, 샘물이 오염되면 강물 전체가 오염된다. **위정자가 공의의 샘물을 흘러내리면 온 국민이 행복의 강물을 마시게 되**

지만, 위정자가 불의의 샘물을 흘러내리면 온 백성은 불행의 강물을 마시게 된다. 왕은 공의로 나라를 견고하게 하나, 뇌물을 억지로 내게 하는 자는 나라를 멸망시킨다(잠29:4 개역). 나라를 부강하게 세우거나, 멸망시키는 것이 위정자가 공의를 행하느냐, 불의를 행하느냐에 달려 있음을 명심해야 한다.

유교에서의 **주재(主宰) 천**도 인간의 선악 행위에 따라 상벌을 행하며, 불교의 **윤회설**에도 인간이 금생에서 한 행위에 따라 내생에서 지옥, 극락 등 육도에 태어난다고 한다. 신교(神敎)의 「참전계경(敎佺戒經)」에서도 "'**보(報)**'란 천신(天神)이 악인에게는 화(禍)로서 보답하고 선인에게는 복으로서 보답하는 것이며, '**응(應)**'은 악은 악으로 보답 받고 선은 선으로 보답 받는 것이다."라고 한다. 이것들이 다 공의를 말하고 있다.

왜 공의를 사랑과 함께 천주의 2대 속성으로 들만큼 중시하는 것일까? **자유의지를 가진 인간 속에 내재한 죄성(罪性)과 마귀 때문**이다. 모든 것이 풍족하게 갖춰진 에덴동산에서 하와와 아담이 뱀(마귀)의 유혹과 인간에게 내재한 죄성으로 말미암아 선악과를 따먹고 쫓겨난 것처럼 인간은 아무리 환경이 좋아도 누구나 죄를 지을 수 있다. 그래서 하나님은 인간이 마땅히 지켜야 할 계명을 제시하고, 순종에는 복을, 불순종에는 벌을 받도록 하였다. 하나님이 공의의 심판을 하는 것은 모두가 순종하여 행복하게 살게 하기 위해서이다. 한국의 전통종교에서 제시하는 계명은 창조주를 경외하고, 인간을 사랑하라는 것이며, 이것은 인간이 행복하게 살아가는데 꼭 필요한 것이다. 원효는 죄의 결과가 엄청난 고통과 재액임을 다음과 같이 말한다.

죄를 짓는 행위(罪業)는 스스로 짓는 자에게 그 죄의 결과가 그림자가 사물을 따르는 것과 같이 반드시 따라와 고통을 준다. 그러면 홀로 그 고통과 재액(災厄)을 당해야 하며, 어느 누구도 그 고통으로부터 자기를 구해주고 보호해 줄 수가 없다(『유심안락도』).[342]

다. 창조주는 **사랑인 동시에 공의의 하나님**이다

하나님의 **2대 속성**은 '**사랑(인자)**[343]**과 공의**'(눅11:42, 시101:1)라고 말한다. "내가 **인자와 공의**를 찬송하겠나이다"(시101:1, 개역)에서 히브리어 원문에서는 인자(חסד, 헤쎄드)와 공의(משׁפט, 미쉬파트)는 두 단어를 한 단어로 묶을 때 사용하는 연결부호인 막켑부호(-)

---

342) 김종의, 『일심과 일미』(신지서원, 2003), 249쪽.
343) 하나님의 헌신적이고 무조건적인 사랑을 신약에서는 '아가페(사랑)'로, 구약에서는 '헤쎄드(인자)'로 명명(命名)한다. 따라서 사랑과 인자(仁慈)는 동의어이다.

를 사용하였다. 즉 '사랑(인자) - 공의'는 신정통치의 기준이 된다는 점에서 결코 분리될 수 없음을 강조하고 있다. 따로 떨어진 별개의 두 단어가 아니라 한 단어처럼 사용된다는 것이다. 따라서 사랑(인자)과 공의는 동전의 양면과 같다. **사랑 없는 공의는 냉혹하며 공의 없는 사랑은 맹목적이다.** 하나님의 사랑이 있기에 낙망하지 않고 기쁨을 얻으며, 하나님의 공의가 있기에 원망하지 않고 소망이 넘친다. 따라서 **창조주는 사랑의 하나님인 동시에 공의의 하나님이다.** 여인이 자기가 낳은 젖 먹이 자식을 사랑하는 것보다 하나님이 우리 인간을 더 사랑하신다(사49:15). 부모가 그 사랑하는 자식이 잘못 했을 때 징계하는 것처럼, 공의의 하나님도 그 사랑하는 자식인 인간을 정의로 심판하신다. 우리 인간도 하나님처럼 인간을 사랑하고, 공의를 행해야 한다.

사랑과 공의가 충돌될 때는?

사랑과 공의가 충돌될 때는 어떻게 할 것인가? 두 덕목이 다 인간이 마땅히 행해야 할 덕목이므로 둘 중 하나를 선택하는 것은 어려운 문제이다. 그러나 둘 중 꼭 하나를 선택해야 할 때에는 공사(公私)를 구분해야 한다. **사적으로는 사랑이 앞서야 하지만, 공적으로는 공의가 앞서야 한다.** 특히 나라를 다스리는 통치자나 유·무죄를 판결하는 재판관은 '공의'를 사랑보다 우선해야 한다. **이웃에 대한 최고의 사랑이 공의를 행하는 것임을** 하나님의 권세를 위임받은 위정자는 명심해야 한다. **가난한 이웃에게 자선을 베푸는 것도 좋지만, 올바른 통치와 공정한 재판인 공의를 행하여 인류 모두가 행복하게 살 수 있는 제도를 정착시키는 것은 더욱 중요하다.** 하나님은 모든 백성들이 가족과 함께 행복하게 살 수 있도록 공정하게 기업(基業, inheritance)을 분배했는데 이것을 온 인류가 골고루 누리게 하는 것이 공의이다. 이 과정에서 소외되고 방치된 약자를 돌보는 것이 사랑이다. 인간이 하나님처럼 사랑과 공의를 행하면 큰 보상이 따른다.

(2) 창조주를 경외하는 자는 천지인을 사랑한다

가. 창조주를 경외하는 자는 '**순천명 애지인**(順天命愛地人)'을 실천한다

사람의 본분은 우주만물을 창조하신 하나님을 경외하고 그 명령을 지키는 것이다. 창조주를 경외하는 자는 그 명령을 지키는 자이고, 그 명령을 지키는 자가 창조주를 사랑하는 자이다. 3장에서 본대로 동양에서는 천지인을 만물의 근본으로 알고 사랑해 왔고, 한국 종교 경전의 핵심 내용들도 천지인을 사랑하는 것이다.

지혜로운 우리 조상들은 '**창조주의 말씀에 순종하여 자연과 인간 사랑(順天命愛地人)**'을 반만 년 역사 동안 실천하면서 살아 왔다. 이렇게 사는 것이 인간이 가장 인간답게 사는 것이며 가장 바르게 사는 방법이기 때문이다. **이렇게 우리 민족이 살아오는 생활 풍습이 한국 문화가 되고, 창조주를 섬기는 방식이 한국 종교가 되고, 이것이 민족의 영혼에 체계적으로 의식화된 것이 한국 사상이 되었다.** 이 사상이 바로 천지인 사상이다. 이 사상에는 우리 민족의 영(靈)과 혼(魂), 피와 눈물이 배어 있어 생동력이 있다. 창조주를 경외하는 자는 하나님 명령에 순종하여, 창조주 하나님과 자연과 인간을 사랑한다. 이렇게 사는 것이 인간이 가장 행복하게 사는 길이다.

나. 순천자(順天者)는 흥하고 역천자(逆天者)는 망한다

맹자는 "하늘의 명령에 순종하는 자는 생존하고 하늘의 명령에 거역하면 멸망한다"(順天者存 逆天者亡)고 말한다(『맹자』 「이루상」). 이 때의 하늘은 공중의 하늘이 아니라 창조주 하나님을 가리킨다. 우리와 우리 자손이 멸망하지 않고, 생존하기 위하여 천명에 순종해야 한다.

> 내가 오늘 하늘과 땅을 불러 너희에게 증거를 삼노라. 내가 생명과 사망과 복과 저주를 네 앞에 두었은즉 **너와 네 자손이 살기 위하여 생명을 택하고, 네 하나님 여호와를 사랑하고 그의 말씀을 청종하며 또 그를 의지하라.** 그는 네 생명이시오 네 장수(長壽)이시니 여호와께서 네 조상 아브라함과 이삭과 야곱에게 주리라고 맹세하신 땅에 네가 거주하리라(신30:19-20).

창조주 하나님이 우주만물을 통치하시고 개인의 생사화복과 국가의 흥망성쇠를 주관하신다. 하나님의 말씀을 삼가 듣고 네게 명하는 모든 명령을 지켜 행하면 세계 모든 민족 위에 뛰어나게 하실 것(신28:1)이다. 그렇지만 하나님의 말씀을 순종하지 아니하여 네게 명하는 모든 명령과 규례를 지켜 행하지 아니하면 이 모든 저주가 네게 임할 것(신28:15)이라고 말한다.

순종하는 자가 하나님께 영광 돌리는 자이고, 순종으로 하나님께 영광 돌리는 것이 인간의 창조 목적을 달성하는 것이다. "내가 내 영광을 위하여 창조한 자를 내게 오게 하라"(사43:7)고 한다. 부모가 가장 기뻐하는 것은 자식이 부모에게 영광을 돌리는 것이다. 창조주도 부모와 같다.

선행은 상이, 악행은 벌이 따른다

창조주 하나님은 공정하게 심판하신다. 선을 행하면 상을, 악을 행하면 벌을 받는다. 이 상벌은 당사자가 받지만 그 후손이 받기도 하며, 금세에 받지만 내세에 받기도 한다. 그래서 "적선지가(積善之家) 필유여경(必有餘慶) 불선지가(不善之家) 필유여앙(必有餘殃)"(『주역』「문언전」)이다. 선행을 쌓은 집안에는 반드시 경사가 있고, 불선을 쌓은 집안에는 반드시 재앙이 있다는 것이다.

천명에 순종하면 자손 천대까지 복을 받지만, 불순종하면 자손 삼사 대까지 저주를 받는다(출20:5-6). 악을 행하는 각 사람에게는 환난과 곤고가 있고, 선을 행하는 각 사람에게는 영광과 존귀와 평강이 있다(롬2:9-10).

"하늘의 그물은 넓고도 넓어 성기지만 작은 것도 빠뜨리지 않는다(天網恢恢 疎而不失)"는 노자의 말도 선악에 대한 심판이 반드시 따른다는 것이다. 우주만물을 창조하시고, 인간의 생사화복을 주관하시는 전지전능하신 하나님은 오늘도 불꽃같은 눈으로 온 땅을 두루 감찰하사 선인과 악인을 찾아 상벌을 내리신다. 피조물 인간이 창조주 하나님 명령을 지켜 행하면, 복과 생명을 얻지만 불순종하면 저주와 사망이 따른다. 그 대표적 벌이 전염병•기근•전쟁(신28:21-25)임을 명심하고, 이 나라를 망하게 하는 불법과 불의, 병폐 문화에서 벗어나야 한다.

(3) 하나님을 경외하는 자는 부모님을 공경한다

효도를 매개로 창조주를 경외한다

인간은 누구나 하나님의 형상을 지닌 고귀한 존재다. 이 세상에 태어난 인간 누구나 천하보다 귀한 생명을 가졌고 그 생명은 부모로부터 부여 받는다. 나의 아버지, 할아버지, 증조할아버지, 고조 할아버지를 거쳐 올라가고 올라가 나의 뿌리를 찾아보면 '셋'이 나오고, '아담'이 나오고, 아담을 창조하신 하나님이 나온다. 우리 조상들이 명절마다 차례를 지낼 때 '보본계효(報本繼孝)'를 강조하는 것은 근본인 하나님과 조상의 은혜에 보답하고, 효도를 계승하자는 것이다.

한국의 종교는 효행을 모든 행동의 근본으로 여긴다. 창조주를 직접 경배하지 않더라도 효를 중시하는 종교는 다 창조주와 연결되어 있다. 신교의 8대 강령(제3조)에는 "**오직 너희 부모를 잘 공경하여야 능히 하느님을 경배할 수 있느니라**(敬天)"고 했다. 신을 중시하지 않는 불교와 유교도 효를 매개로 하여 창조주 하나님과 연결된다. 왜냐하면 **부모를 공경하는 것이 창조주를 공경하는 것이며, 창조주를 공경하는 자는 부모를 공경하기** 때문이다.

불효가 가장 큰 죄라는 유교의 효경

유교에는 13경 중의 하나인 「효경(孝經)」이 있다. "신체와 머리털, 피부는 부모에게서 받은 것이니 감히 훼손하지 않는 것이 효의 시작이다."라고 하고,[344] "오형(五刑)의 무리가 삼천이로되 불효가 가장 큰 죄다"라고 한다. 따라서 자신의 생명을 끊는 '자살'과 태아의 생명을 끊는 '낙태'는 부모에게 큰 불효일 뿐만 아니라 생명을 주신 하나님께 큰 죄를 범하는 것이다. 또한 효경은 효도를 바탕으로 집안의 질서를 세우는 일이 치국(治國)의 근본이며, 효도야말로 천지인 삼재(三才)를 관철하고 모든 신분 계층에 동일하게 적용되는 최고 덕목이라고 강조했다.[345]

맹자도 **섬기는 일 중에 큰 것은 부모 섬기는 일이며, 불효 중에 가장 큰 불효는 대를 단절시켜 후손이 없어지게 하는 것**이라고 한다(「이루 상」). **부모님 말씀에 순종하는 것은 하나님 말씀에 순종하는 것이며, 부모에게 효도하는 것은 하나님을 경외하는 것**이다. 이 땅에 사는 동안 하나님을 대신하여 자식을 낳아 기르는 분이 부모이기 때문이다. '생육하고 번성하라'는 창조주의 뜻과 후손 보기를 소원하시는 부모의 뜻을 받드는 것은 피조물 인간과 자식의 도리이다. **나라를 무너지게 하는 '저출산'(병폐 6호)을 버리고, '출산 장려'로 흥하게 해야 한다.**

어머니와 은혜를 강조한 불교의 부모은중경

---

344) '효의 끝'은 "자신의 인격을 올바로 세우고 도리에 맞는 행동으로 후세에 이름을 날려 부모의 명예를 빛나게 하는 것"이다.
345) 네이버 지식백과, <고전해설 ZIP>, "효경".

불교도 「부모은중경(父母恩重經)」이 있다. 부모의 은혜를 구체적으로 '10대 은혜'(十大恩)로 나누어 어머니 품에 품고 지켜주는 은혜, 해산 고통을 이기는 은혜, 진자리 마른 자리 가려 누이는 은혜, 젖을 먹여 기르는 은혜, 끝까지 불쌍히 여기고 사랑해주는 은혜 등을 표현하였다.

어머니가 자식을 잉태하여 10개월이 될 때까지를 1개월 단위로 나누어 생태학적으로 고찰하였고 은혜를 갚는 방법도 제시하였다.[346] 유교의 「효경」과 비교해 보면 불교의 「부모은중경」은 **아버지보다 어머니**를 강조하였고, **효도보다 은혜**를 강조한 점에서 차이가 있다.

기독교의 제5계명과 창조 질서

기독교는 제5계명에 "네 부모를 공경하라. 그리하면 너의 하나님 나 여호와가 네게 준 땅에서 네 생명이 길리라."고 하였다. 부모를 공경하는 자는 한 부모가 낳은 한 핏줄 같은 형제를 사랑할 수밖에 없고, 부모의 형제인 삼촌과 고모, 이모들도 사랑하게 된다. 범위를 조금씩 넓혀 가면 사촌에서, 오촌, 팔촌 등 직계와 방계, 외가 친척까지 사랑하게 된다. 이런 사랑이 확대되면 이웃 사랑으로 확대될 수 있다.

하나님의 소원이 생육하고 번성하여 땅에 충만한 다산(多産)인 것처럼 부모의 소원도 자손들이 번창하는 것이다. 남자와 남자가 결혼하고, 여자가 여자끼리 결혼하는 동성애로는 자손을 낳을 수도, 번성할 수도 없다. 이는 하나님의 창조질서를 거역하고 부모에게 불효하는 것이다. 한국의 10대 병폐와 관련된 **저출산 문제와 동성애, 낙태와 자살**(특히 노인 자살) **문제도 창조 질서와 효도의 관점에서도 재고해야 한다.** 이러한 문제들을 해결하기 위해서도 우리 조상들이 대대로 이어온 '**대가족 제도**'를 살리는 것이 바람직하다.

효도와 대가족 제도

하나님을 경외하는 자는 부모에게 효도하고 가족 간에 화목하게 지낸다. 이를 위해 **대가족 제도**를 제안한다. 이 제도의 핵심가치는 '**효도**'와 '**화목**'이며, 이는 천명 순종으로 이어진다. 부모를 공경하는 자는 조상 중의 제일 조상인 아담을 지으신 하나님을 경외한다. 수천 년 우리 조상들이 미풍양속으로 지켜왔던 '대가족 제도'가 이기주의·쾌락주의와 물질 우선의 서구문명 등에 휩쓸려 무너져 가고 있다. 부모는 하나님이 보내신 하나님 대리자이

---

346) 네이버 지식백과, <국어국문학 자료사전>, "부모은중경".

다. 대가족 제도는 효도와 우애, 화합과 나눔 등을 통해 10대 병폐 중 저출산 해소에 기여할 수 있으며, 자살, 낙태, 거짓. 탐욕. 음행. 우상숭배 등 병폐문화 변혁에도 기여할 수 있다. 대가족제도 중 혼인 후 여자가 남자 집에 거주하는 가부장적인 '친영제'(親迎制)보다는 조선 전기까지 시행된 **'남귀여가제'**(男歸女家制, 혼인 후 남자가 여자 집에 거주함)가 바람직하다. 여성의 지위상승과 사위를 '백년 손님'으로 여기는 한국문화에 부응하여 딸이 부모를 모시고, 부모가 자녀들을 보살펴준다면 이 나라의 많은 병폐 문화를 개선하고, 한국의 가족제도를 세계에 확산할 수 있을 것이다.[347]

2) '정의'는 진실·공정·성실을 내포한다

정의는 인간이 마땅히 행해야 할 올바른 도리이다. **10대 병폐 문화는 모두 인간의 도리를 벗어난 불의이다. 순수한 천지인 사상인 '정의'로 불의를 변혁해야 한다.** 한국의 **병폐 1호인 '거짓'부터 '진실'로 배격**해야 한다. 정의는 진실을 기초로 한다. **정의가 불의를 이기는 것처럼 진실은 거짓을 반드시 이긴다. 한 가닥 빛이 칠흑 어둠을 물리치는 것처럼 '한 마디 진실'이 '거짓의 산'을 무너뜨릴 수 있다.**

(1) 정의는 '**진실과 공정, 성실**' 을 내포한다

① **'진실'** (truth)은 **'거짓'을 배격한다.** 진실은 거짓이 없이 순수하고 참됨이다. 정의는 진실을 기초로 한다. 진실은 영원히 변치 않으므로 누구나 신뢰할 수 있고 따를 수 있다. 진실의 반대는 거짓이다. "거짓의 아비는 마귀"(요8:44)이기 때문에 거짓을 행하면 마귀의 종이 되어 또 다른 거짓을 행할 뿐만 아니라, 온갖 범죄를 행하게 된다.

거짓은 사소한 것 같지만 온갖 범죄의 창구 역할을 하므로 처음부터 엄격하게 다루어야 한다. 사소한 거짓말이 점점 커져 사기, 무고, 가짜 뉴스, 거짓 정책, 거짓 사상, 거짓 역사 등으로 확산된다. 산처럼 쌓여진 거짓도 진실이 들어오면 순식간에 사라져 버린다. 드러나지 않는 진실이 없고, 감추인 거짓은 반드시 드러난다.

② **'공정'** (公正, equity)은 **공평하고 합당함이다.** 누구에게나 '공평'하고 '합당'하게 대우해야 한다. 하나님의 형상을 닮아 창조된 인간은 누구나 '인간의 존엄성'을 갖춘 고귀한

---

347) 박영창, 『한국사회의 남성중심 문화에 대한 종교사회학적 고찰』, 272쪽.

존재로 '공평'하게 대접받아야 한다. 남녀노소나 빈부귀천에 따른 차별이 있어서는 안 된다. 사람 위에 사람 없고 사람 밑에 사람 없다. 군주제나 독재제도는 있을 수 없고, 공화제와 민주제도를 뿌리내려야 한다.

'합당'은 각자에게 그의 것을 주는 것이다. 개인의 다양한 능력을 발휘할 수 있도록 기회를 제공해 주고, 각자의 능력을 마음껏 발휘하여 그 일한대로 정당한 대가를 받는 것이다. 백성들이 일한 성과에 따라 합당하게 배분되는 경제 정의가 확립되는 것이 중요하다. 「계씨」에서 공자는 다스리는 책임을 맡은 사람들에게 특별히 당부한다. 백성 수가 적음보다 **고르게 분배되지 못함을 걱정하고, 백성들의 가난보다 불안하지 않도록 걱정**해야 함을 주장했다. 이는 위정자가 관심을 갖는 인구가 많아지고 경제가 풍요해지는 외형적인 것보다 백성들이 일한 성과에 따라 고르게 배분되는 분배 정의가 확립되고, 온 백성이 함께 평안을 누리는 삶이 중요함을 강조한다. 이런 나라가 바로 정의가 강물처럼, 평화가 호수처럼 넘치는 행복한 나라이다. 또한 국민들은 '가난'보다 '불안'을 더 걱정하고 있음을 위정자들은 명심해야 한다. 국민들과 그 후손들이 **경제면의 안정과 함께 안보면의 안전이 충분히 보장**되어야 한다.

> 내 들은 바 국가와 가정을 맡아 다스리는 사람은, **백성 적음을 걱정하지 말고 고르지 못함을 걱정하며(不患寡而患不均), 가난을 걱정하지 않고 불안을 걱정한다(不患貧而患不安)**고 했다(『논어』, 441-442).

상대적 불평등이 심화되는 현대사회에서 정의는 더욱 중요시되는 덕목이다. 결과의 정의도 중요하지만, 과정의 공정도 중요하고, 처음부터 기회가 평등해야 한다. 자유 경쟁으로 기회를 평등하게 하는 '시장경제'와 민주주의를 발전시키고, 국가에서 통제하는 '계획 경제'와 공산주의는 지양(止揚)해야 한다. 문재인 정권이 강조하는 "기회는 평등하고, 과정은 공정하고, 결과는 정의로운 나라"를 반드시 세워야 한다. 특히 100만 공무원들이 마음에 새겨야 할 명문이다.

③ **'성실'** (faithfulness)은 **신실하고 최선을 다하는 것이다.** 성실은 첫째 신실하여야 한다. 믿음직하여 약속을 잘 지키고, 자기의 말과 행동이 일치하여야 한다. 둘째 최선을 다하는 것이다. 자신의 온 정성과 힘을 다하는 것이다. 신실과 최선은 성실한 인간을 만드는 바탕이 되고 신뢰사회를 만드는 기초가 된다.

하나님을 경외하고 자연을 애호하며 인간을 사랑하는데, 믿음직하고 정직하게 최선을 다하여 사는 것이다. 성실함이 없으면 작은 일이나 큰일이나, 개인의 일이나 국가의 일이나 어떤 일도 이룰 수 없다. 『중용』(25장)은 **"성실은 일의 처음이자 마지막이니, 성실하지 않으면 어떤 일도 이룰 수 없다"**(誠者物之終始 不誠無物)고 한다. 이 때의 성실은 하나님 앞에서나, 자연에 대해서나, 인간을 대할 때에 신실과 최선을 다하는 것이다.

미국의 정치철학자 샌델(M. J. Sandel)은 정의의 핵심으로 행복 극대화와 자유 존중, 미덕의 추구를 들었는데,[348] 이는 인간과 인간 사이의 정의를 말한 것이다. 천지인 사상에서의 정의는 하나님과 자연, 인간, 삼자 사이의 바른 관계인 정의를 말한다.

☆ 정의와 역사 기술 ☆

세종은 역사 기술에서 정의를 구현하는데 심혈을 기울였다. 당대를 미화하지 않고 진실과 사실대로 공정하게 서술하도록 철저히 감독하였다. 정도전이 공민왕 이후의 사실을 사관들의 원래 기록과는 다르게 『고려국사』에 기술한 것을 세종이 지적하고, 네 차례에 걸쳐 과장하고 미화한 것을 바로 잡는 『고려사』 개정 작업을 온 정성을 기울여 추진하였다.[349]

『단군세기』 저자 이암은 나라가 형체라면 역사는 혼과 같으므로 역사(혼)를 잃은 나라(형체)는 보존할 수 없다고 한다. 그는 **"애국하는 길에는 … 사학(史學)보다 더 급한 것이 없음은 무엇 때문인가? 사학이 불명(不明)하면 선비의 기개를 떨칠 수 없고, 선비의 기개를 떨칠 수 없으면 국가의 근본이 흔들리고, 나라를 다스리는 법도가 갈라지기 때문이다."**라고 사학의 중요성을 말한다. 그래서 바른 역사 기술이 중요하다. 진실성과 객관성. 중요성, 균형성 등의 원칙을 잘 지켜야 한다.

(2) 정의는 천지인 사이의 바른 관계를 맺는 것이다

정의(正義, righteousness)는 '인간이 마땅히 지키고 행해야 할 올바른 도리'를 말한다. 사람마다 각자의 정의를 말하고 있으나 대부분 인간 중심의 관점에 치우쳐 있다. 천지인 사상에서 정의는 창조주 하나님(天)과 피조물 인간(人)과 자연(地)이 바른 관계를 맺는 것이다. 따라서 '정의'는 **"천지인 사이의 바른 관계를 바탕으로 창조주 경외와 자연 보호, 인류를 사랑하는 인간의 올바른 도리"**라고 말할 수 있다. 창조주와의 바른 관계에서 시작되

---

348) 마이클 샌델, 『정의란 무엇인가?』(김영사, 2010), 17쪽.
349) 홍이섭, 『세종대왕』(세종대왕기념사업회, 2004), 113-126쪽.

고, 창조주와 인간 사이에 바른 관계가 맺어지면 피조물인 인간과 인간, 인간과 자연과의 관계도 바르게 맺어질 수 있다.

구약의 '정의'(צְדָקָה, 체다카)는 세 가지 측면에서 언급한다. 첫째 언약적인 면으로 창조주 하나님의 백성들이 창조주와 맺은 언약을 신실하게 지키는 것을 말한다. 둘째 윤리적인 면으로 개인의 이기심을 버리고 공동체의 평화와 번영을 위해 노력하는 것을 말한다. 셋째 법률적인 면으로 빈부고하(貧富高下)를 막론하고 법을 공정하고 평등하게 적용하는 것을 말한다.[350]

맹자는 「공손추 상」에서 "호연지기(浩然之氣)란 정의(正義)와 정도(正道)에 부합하는 것으로써 그것이 없으면 몸이 시들어 버린다. 그것은 정의를 많이 행해 저절로 생겨나는 것이지, 정의가 외부에서 엄습해 와서 얻어지는 것이 아니다."라고 말한다. 인간이 정의를 많이 행해 저절로 쌓여지는 '호연지기(浩然之氣)'는 하늘과 땅 사이에 가득 찬 넓고 큰 정기(精氣)이다. 온 우주에 가득 찬 이 정기를 받은 사람은 공명정대하여 조금도 부끄러움이 없는 용기를 가진다. 이는 정의를 행하는 자, 곧 천명(天命)에 순종하는 사람(人)이 가지는 마음이며, 자연(地)에 가득 찬 원기이다. 이렇게 정의는 천지인 사이의 바른 관계에서 맺어진다.

정의는 하나님과 자연과 인간에게 모두 관련되는 것이므로 **정의가 무너지면 천지인 관계가 다 무너진다.** 인간이 정의를 행하지 않는 것이 죄이다. 인간이 죄를 지으면 하나님과의 관계가 단절되고, 자연은 황폐화되고(창3:18), 인간사이는 투쟁 관계가 된다. 그래서 정의는 모든 국가의 헌법에 규정되고, 사회단체의 목표가 되고, 법의 목적, 교육 이념, 종교 교리 등 사회 조직의 핵심 요소로 들어가 있다. 그래서 정의가 무너지면 나라도 조직도 다 무너진다. 이렇게 중요한 정의를 살리기 위해 의인들은 자신의 소중한 재물과 이익, 생명까지도 기꺼이 바치게 된다. **"군자는 정의를 으뜸으로 숭상하며, 용감하기만 하고 정의가 없으면 난동이 된다"**(『논어』「양화」).

10대 병폐문화는 다 정의를 위배하는 것이다. 정의에서 벗어난 것은 속히 정상으로 바로 세워야 한다. 병폐 문화를 성결 문화로 변혁해야 한다.

(3) **정의는 하나님의 심판과 통치의 기준**이다

창조주 하나님은 공의의 하나님이고, 공의(judgment)는 "하나님의 법도 아래서 행하는 공정한 재판과 올바른 통치"이다. 공의의 핵심인 공정한 재판과 올바른 통치의 기준이 무

350) 제자원, 『옥스퍼드 원어성경대전』<창12-25>, 300쪽.

엇일까? 그 기준이 바로 '정의(正義)'이다. 하나님은 정의를 기준으로 심판하는 최고의 재판장이며 통치자이다. **"그가 의(righteousness)로 세계를 심판하시며"**(시96:13)에서 하나님은 정의를 기준으로 온 세계를 재판하신다. "보라! 장차 **한 왕이 의로 통치할 것이요**"(개역, 사32:1)에서 장차 오실 메시야는 정의를 기준으로 다스릴 것이다. 세상의 통치자와 재판관 위에 공의의 하나님이 계시므로, 하나님으로부터 위임 받아 행하는 위정자들은 가진 권세를 하나님 뜻대로 백성들을 위하여 사용해야 한다. 재판할 때와 통치할 때의 기준인 '정의'를 반드시 지켜야 한다. "무릇 많이 받은 자에게는 많이 요구할 것이요, 많이 맡은 자에게는 많이 달라 할 것이니라."(눅12:48)는 말씀을 위정자들은 마음에 새겨야 한다.

정의는 원칙으로서의 올바름을 의미하며. 재판과 통치를 의미하는 공의보다 포괄적이며, 원리적 개념이다. 정의는 인간이 마땅히 행해야 할 도리이며, 공의는 재판과 통치를 통하여 이 정의를 구현하는 것이다.

정의와 공의를 행하면 나라와 민족이 복을 받는다

창조주 하나님이 아브라함을 우상의 도시 하란에서 불러 새로운 땅으로 부르신 목적도 여호와의 도를 지켜 정의와 공의를 행하게 하려 함이다(창18:19). 정의와 공의를 행할 때 아브라함은 강대한 나라가 되고 천하만민이 아브라함을 인하여 복을 받게 된다(창18:18). 이렇게 할 때 아브라함은 큰 민족을 이루고 하나님이 복을 주어 이름이 창대케 되며, 모든 민족이 복을 받는 '복의 근원'이 된다(창12;2). 이렇게 정의와 공의를 행할 때 그 후손들이 하나님이 언약하신 약속의 땅과 약속의 씨를 받게 된다. 따라서 온 백성은 자신들과 그 후손들이 행복하게 살기 위하여 '오직 공의를 샘물같이, 정의를 강물같이 용솟음치며 흐르게'(암5:24) 해야 한다

사랑의 하나님은 인간의 생존을 위해 필요한 모든 것을 행하셨다. 천지와 모든 동·식물을 창조하셨고, 모든 인류가 구원받을 길을 마련하셨고, 천지만물을 다스리며 행복하게 살 수 있도록 해 주셨다. 우리 인간이 손댈 것 없다. 오직 인간이 할 일은 하나님 말씀에 순종하여 공의와 정의를 행하며 올바르게 사는 것이다. 그렇게 할 때 금생과 내생에 복과 상급이 따른다.

3) '사명'에 충성하여 걸작품을 만들자

창조주의 사명을 맡은 자는 하나님의 지혜로 최고의 걸작품을 만들 수 있다. 하나님 영광을 위한 걸작품을 만들 수 있고, 자연 보호를 위해서도, 인류 사랑을 위해서도 걸작품을 만들 수 있다. 이런 걸작품을 만들 수 있는 태아를 뱃속에서 죽이는 **'낙태'**와 스스로 죽는 **'자살'은 만물의 영장인 인간의 본분을 포기하는 것이며, 생명의 주인인 창조주를 대적**하는 것이다. 어떤 고난과 환난에도 천하보다 귀한 생명을 포기하면 안 된다. 사명자에게는 반드시 고난이 있지만, 반드시 더 큰 영광이 따른다. 질병과 가난, 억울함 등으로 생명을 끊고 싶더라도 '자살·낙태'(병폐 5호)는 금물이다. 밤이 깊어질수록 새벽도 더 가까이 다가온다.

(1) 창조주가 주시는 **'비전(vision)'**이 사명의 원천이다

창조주 하나님은 만물의 영장으로 태어난 인간에게 자신이 꼭 완수해야 할 목표를 보여주신다. 이것이 바로 **'하나님이 각 개인에게 주시는 분명한 목표'**인 '비전(vision)'이다. 자신에게 주시는 천명을 발견하는 것이며, 인류의 행복을 위한 삶의 목적[351]을 발견하는 것이다. 이 비전을 발견하면 열정이 생기고 기쁨이 넘친다. 아무리 어려워도 지치지 않고 포기하지 않는다. 이 **비전이 사명의 원천**이다. 만물의 영장인 인간이 인간답게 사는 것은 비전이 있기 때문이다. 비전이 없는 사람은 마귀의 술수에 빠지고, 세상의 유혹에 빠진다. 거짓과 탐욕, 음행과 우상숭배에 빠지게 된다. 살아갈 분명한 목표가 없기 때문이다. 그래서 **"묵시(비전)가 없으면 백성이 방자히 행한다"**(잠29:18)고 한다. 이렇게 비전과 목표 없이 제멋대로 교만하고 무례히 행하는 자는 반드시 망한다. 스스로 망하든지 공의의 심판에 의해 망하든지 어쨌든 망한다. 그러나 비전이 있는 백성은 반드시 흥하고 미래가 있다.
'사명'은 '비전'을 실천하는 일거리이고, 생명 바쳐 행할 하나님이 주신 임무이다. 77억 세계 인구 중에서 자신이 가장 잘할 수 있는 '사명'을 주신다. 개인의 사명이 있고, 조직의 사명이 있고, 국가의 사명이 있다. 전지전능하신 창조주는 각 사람의 자질과 특성을 아시고, 그가 이 세상에서 일생 동안 창조주와 인류를 위하여 가장 잘 할 수 있는 사명을 부여하신다. 이 사명은 내가 좋아하는 것이 보통이지만, 내가 싫어하는 것도 부여될 수 있다. 지금은 '100세 시대'이다. 죽을 때까지 기쁨으로 행할 인류를 살리는 사명을 찾아야 한다.

---

351) 성경은 **인간창조 목적을 '하나님의 영광'**(사 43:7)에, **삶의 방법은 '하나님 우선순위'**(마 6:33)에 둔다.

성인(聖人)들은 비전을 일찍 찾았다

비전은 일찍 찾을수록 좋다. 사명을 완수할 시간이 더 많아지기 때문이다. 공자는 15세에 학문에 뜻을 두었고, 석가도 29세에 구도의 길을 떠났고, 예수도 30세에 인류 구원을 위한 공생애를 시작하였다. 이 비전을 어떻게 찾는가? 하나님이 주신다. 고요한 새벽 경건한 마음으로 명상하고 기도해 보라. 자신에게 향하신 하나님의 뜻이 무엇인지 간구해 보라. 또한 자신을 낳아 길러주신 부모님이 비전을 알려줄 수 있고 어리석은 자를 지혜로운 자로 세워 주시는 스승이 알려줄 수 있으며, 자신과 동고동락하는 신실한 친구가 알려줄 수도 있다.

지혜로운 자는 사명을 스스로 찾을 수 있지만, 인간의 지혜는 한계가 있다. 그래서 지혜의 근본이신 하나님께 구해야 한다. 어떤 이는 두뇌를 사용하는 정신적 활동으로 창조주와 인류를 기쁘게 한다. 과학자와 발명가, 학자 등이다. 어떤 이는 정서를 사용한 감성적 활동으로 창조주와 인류를 기쁘게 한다. 화가, 음악가 등 예술인이다. 어떤 이는 몸과 손, 발을 사용하는 육체적 활동으로 창조주와 인류를 기쁘게 한다. 운동선수와 무용가, 기술자 등이다. 내 생각과 내 기분대로 정해서는 안 된다. '천리마'를 '수레마'로 사용해서는 안 된다.

(2) '걸작품'을 만들기 위해 고난을 극복해야 한다

걸작품으로 창조된 자는 걸작품을 만들 수 있다

인간은 누구나 하나님의 형상과 모양대로 창조되었고, 하나님의 성품을 닮은 최고의 걸작품으로 창조되었다. 인간의 능력은 하나님의 지·정·의(知情意)를 닮아 무한대의 능력을 발휘할 수 있다. 특히 하나님의 비전을 품고 사명을 맡은 자는 뛰어난 지혜와 풍부한 감성과 굳센 의지로 걸작품을 만들 수 있다. 또한 전지전능하신 하나님이 생기(生氣)를 불어넣어 인간을 창조하였으므로 넘치는 활력과 생명력을 발휘할 수 있다. **하나님이 우리를 걸작품으로 창조하였으므로 우리도 또 다른 걸작품을 만들 수 있다.** 77억 세계 인구 중에 지문이 같은 사람이 없는 것처럼 똑 같은 사람은 한 사람도 없다. 일란성(一卵性) 쌍둥이도 성격과 재능, 취미, 습관이 다르다. 이것은 누구나 세계에서 가장 잘 할 수 있는 것이 한 가지는 있다는 것이다. **77억 중에서 나만이 가진 그 한 가지로 세계에서 가장 훌륭한 걸작품을 만들 수 있다.**

고난이 오더라도 결코 포기해서는 안된다

사명에는 고난이 따른다. 맹자는 "하늘이 장차 중대한 사명을 맡기려 할 때는 반드시 먼저 그의 심지(心志)를 흔들어 고통스럽게 하고, 근골(筋骨)을 지치게 하고, 육체를 굶주리고 궁핍하게 만들어 하고자 하는 일들을 흔들고 어지럽게 한다."(「고자 하」)고 말한다. 그러나 하늘이 그에게 고난을 주는 이유가 있다. "이는 타고난 못난 성품을 인내로써 담금질하여 이전에 감당할 수 없었던 사명을 능히 감당할 역량을 키워주기 위함이다". 어떤 사명에도 고난이 있고, 그 고난을 능히 감당할 능력을 하나님이 주신다. 끝까지 포기하지 말아야 한다.

온 우주에는 고난을 극복할 '호연지기'가 가득 차 있다(「공손추 상」). 하늘과 땅 사이를 가득 채울 만큼 넓고 커서 어떠한 일도 굽히지 않고 당당하게 맞설 수 있는 왕성한 원기(元氣)를 가져야 한다. 이 호연지기를 가지면 어떤 어려운 사명도 감당할 수 있다.

사명을 잘 수행하려면 전지전능하신 창조주 하나님의 능력을 얻어야 한다. 내 힘만으로는 부족하지만 창조주가 도와주시면 모든 것을 할 수 있다. 내게 능력 주시는 창조주 안에서 내가 모든 것을 할 수 있다(빌4:13). 발명왕 에디슨도 타고난 자신의 능력을 10% 밖에 발휘 못했다고 한다. 사명자는 창조주가 부여한 재능을 100% 발휘해야 한다. 창조주께서 우리와 함께 하시면 두려울 것이 없고, 대적할 자가 없다. "만일 하나님이 우리를 위하시면 누가 우리를 대적하리요?"(롬8:31).

(3) 사명에 '충성' 하려면 생명을 걸어야 한다

사명에 충성 않으면 타락한다

사명은 하나님이 주신 성취해야 할 목표이다. 이 목표가 분명하면 좌로나 우로나 치우치지 않고, 정도를 걸을 수 있다. 정의와 진리를 위해 일할 수 있다. 사명은 땀이요 눈물이며, 고난이요 십자가이다. 사명의 십자가를 지고 가는 자는 좌우로 곁눈질할 겨를이 없다. 세속에 취할 시간도, 마음도 없다. 이 사명이 있어야 이 험한 세파를 헤쳐 나갈 수 있다. **폭풍 불고 풍랑 이는 거친 세파에도 전진할 수 있는 '키' 역할을 하기 때문이다.** 고난 당한 것이 내게 유익이라. 이로 말미암아 내가 주의 율례들을 배우게 되었나이다(시119:71). 인간은 로봇이 아닌 자유의지를 가진 생명체이다. 인간의 마음은 만물보다 거짓되고 심히 부패한 그릇이다. 온갖 더러운 것들이 가득 찬 구정물 통과 같다. 오물이 가라 앉아 있으면 윗물은 맑아 보이지만 조금만 휘저어도 온갖 더러운 찌꺼기들이 떠오른다. 인간은 가진 자유로 어디로 튈지 모른다. 또한 지금 세상은 노아시대처럼 죄악이 가득 차 있다. 세상에 있는 모든 것이 육신의 정욕과 안목의 정욕과 이생의 자랑이다(요일2:16). 사명이 있는 자는 이런 것에 휩쓸리지 않는다. 절제와 인내로 능히 극복한다.

그리고 지금은 마귀가 우는 사자와 같이 삼킬 자를 찾고 있는 말세지말이다. 창조주 하나님이 기뻐하시는 길을 가는 자에게는 마귀가 방해하기 마련이다. 마귀는 인간의 약점을 알고 있다. 이 사람이 돈에 약한지, 권력에 약한지, 이성(異性)에 약한지를 안다. 그 약점을 집중적으로 공격하면 당해낼 장사(壯士)가 없다. 그러나 하나님의 사명에 충성하는 자는 창조주의 영인 성령(聖靈)의 인도를 받는다. '하나님의 전신갑주'352)를 입고, 말씀과 기도로 물리칠 수 있다. 예수도 인류 구원의 사명을 시작하기 전에 마귀의 시험을 받았다. 인간의 기본적 욕구인 물질욕과 명예욕, 권력욕으로 유혹했지만, 예수는 하나님 말씀으로 물리쳤다(마4:1-11). 석가도 성도(成道) 전에 마왕(魔王)의 공격을 받았다. 큰 바람(大風)과 큰 비, 돌, 칼·창·화살, 불덩이, 토사, 암흑, 차크라353) 등 10가지로 마왕이 공격했지만, 석가는 10바라밀354)로 분쇄하였다.355)

한강물이 쉼 없이 흐르고 흘러 서해 바다로 간다. 사명에 충성하는 자는 물줄기를 거슬러 올라가는 자와 같다. 마귀가 활보하는 사악한 세상에서 연약한 인간이 바르게 살아갈 수 있을까? 있다. 하나님이 주신 비전 따라 사명에 충성하면 바르게 살 수 있다. 하나님과 인류를 위한 사명에 충성할 때 하나님과 인류가 도와주고 새 힘과 자원을 공급해 주기 때문이다.

사명을 완수하려면 생명을 걸고 '**충성**' 해야 한다

모든 사람은 각자에게 맡겨진 임무인 사명이 있고, **맡은 자들에게 구할 것은** '충성'이다(고전4:2). 하나님이 주시는 비전에 따라 사명을 수행하므로 **첫째 하나님 뜻대로 행해야 한다.** 비전의 근거가 하나님 말씀이므로 내 생각대로 사명을 수행하는 것이 아니라 하나님 말씀을 토대로 행해야 한다. 말씀에 순종하는 것이 제1원칙이다. 하나님의 방법으로 성령

---

352) '하나님의 전신갑주'는 진리의 허리 띠, 의(義)의 호심경(護心鏡), 복음의 신, 믿음의 방패, 구원의 투구와 하나님 말씀인 성령의 검을 말한다(엡 6:11-17).
353) '차크라(chakra)'는 산스크리트어로 '바퀴' 또는 '원반'을 의미하며, 영적 에너지를 말한다.
354) 한국불교에서 가장 중요시하는 보살행이다. 보시·지계·인욕·정진·선정·지혜 등 6바라밀에 방편(方便)·원(願)·역(力)·지(智)를 더한 것이다.
355) 이기영, 『세계대사상전집 5. 석가』(지문각, 1965).

의 도우심을 받아 기쁨으로 행해야 한다. 그래야 일평생 충성할 수 있다. 사람들이 사는 동안에 기뻐하며 선을 행하는 것보다 더 나은 것이 없다(전3:12). 하나님이 맡겨주신 사명이며, 하나님 영광과 인류의 유익을 위한 사명이므로 '놀이'처럼 즐겁게 할 수 있다. 하나님 뜻대로 행해야 하나님께 영광이 되고 인류에게 공헌할 수 있다.

둘째 정의롭게 행해야 한다. 창조주의 영광을 위하고 인류의 행복을 위하는 거룩한 목적을 수행할 때 그 방법도 정의로워야 한다. 공자는 "군자는 정의를 가장 으뜸으로 숭상한다"(『논어』「양화」)고 말한다. 용맹보다 정의를 더 중요시 여긴다. 예수는 "너희는 먼저 그의 나라와 그의 의를 구하라. 그리하면 이 모든 것을 너희에게 더하시리라"(마6:33)고 말한다. 하나님의 나라와 그의 정의를 위해 충성하면 나머지 인간에게 필요한 의식주(衣食住) 문제를 다 해결해 주신다고 약속하신다. 목적 달성을 위해 수단과 방법을 가리지 않는 경우가 있다. 공산주의와 이슬람주의는 이런 점에서 경계해야 한다.

셋째 생명을 걸고 충성해야 한다. 어떤 위대한 일도 전부를 걸지 않으면 완성할 수 없다. 인간의 생명을 살리고 인류를 행복하게 할 사명을 완수하기 위하여 가장 귀한 생명도 걸어야 한다. 바울은 복음 증거하는 사명을 완수하기 위해 생명을 걸고 "내가 달려갈 길과 주 예수께 받은 **사명, 곧 은혜의 복음을 증언하는 일을 마치려 함에는 나의 생명조차 조금도 귀한 것으로 여기지 아니하노라**"(행20:24)고 결심한다. 안중근 의사(義士)도 자유와 정의를 위하여 31세 젊은 피를 쏟았고, 유관순 열사(烈士)도 조선 독립을 위하여 17세 꽃다운 나이에 목숨을 바쳤다. 무너지는 나라를 살리는 사명을 가진 자는 목숨을 걸어야 한다. 당신의 사명은 무엇인가? 유관순 열사(1902. 12. 16 ~ 1920. 9. 28)가 마지막으로 남긴 피끓는 유언이다.

    내 손톱이 빠져나가고
    내 귀와 코가 잘리고
    내 손과 다리가 부러져도
    그 고통은 이길 수 있사오나
    나라를 잃어버린 그 고통만은 견딜 수가 없습니다.
    나라에 바칠 목숨이
    오직 하나밖에 없는 것만이
    이 소녀의 유일한 슬픔입니다.

2. 자연 보호(保地)

가을의 기도

김현승

가을에는
기도하게 하소서…….
낙엽들이 지는 때를 기다려 내게 주신
겸허한 모국어(母國語)로 나를 채우소서.

가을에는
사랑하게 하소서…….
오직 한 사람을 택하게 하소서.
가장 아름다운 열매를 위하여 이 비옥한
시간을 가꾸게 하소서.

가을에는
호올로 있게 하소서…….
나의 영혼,
굽이치는 바다와
백합(百合)의 골짜기를 지나
마른 나뭇가지 위에 다다른 까마귀같이.

☆ 가을은 하나님과 자연과 영혼이 만나는 계절이다.
　　가을은 기도와 열매와 사랑을 거두는 시간이다.
　　가을은 창조주의 섭리와 떨어지는 낙엽과 인간의 종말을 생각하는 순간이다.

1) 생활터전인 자연은 '보전'이 원칙이다

금년 1월 1일에 일출을 보러 수명산에 올랐다. 아직 해는 뜨지 않았고 주위는 붉은 빛만 은은히 비쳤다. 한참을 기다려도 해는 떠오르지 않았다. 그러나 07시 47분이 되니 밝고 붉은 태양이 떠올랐다. 1분 1초도 빠르거나 늦음도 없이 하나님이 정해 준 시간에 떠오른다. 황홀하고 장엄한 광경이다. 창조주가 보시기에 좋았다고 한 그대로 장관이었다. 인간의 힘이 전혀 개입할 수 없는 신비하고 오묘한 광경이다. 자연 그대로 완벽한 모습이다.

천지인 사상에서 자연은 보전이 원칙이고 개발은 예외적이다. '보전'은 생태계 보호 측면에서 자연 그대로의 아름다움 유지, 오염의 방지 등 자연 환경의 소극적 보호를 뜻한다. **'환경오염'은 금물이며, '환경보전'을 잘 해야 한다.** '개발'은 공익적 측면에서 자연 자원을 합리적으로 이용하는 적극적 보호를 뜻한다. **자연을 파괴하는 '난개발'을 배격하며, '공익개발'로 필요 최소한에 그쳐야 한다.** 하나뿐인 지구, 온 인류의 생활 터전인 자연을 잘 보호하여 삼천리 금수강산을 자손만대에 물려주어야 한다.

(1) 자연에는 창조주의 **'신성(神性)'** 이 깃들어 있다

자연은 보전이 원칙인 첫째 이유는 창조주의 신성이 깃들어 있기 때문이다. 창조주의 영원하신 능력과 신성이 그가 만드신 만물에 분명히 보여 알려졌다(롬1:20)고 말한다. 하나님이 창조하신 자연만물에는 하나님의 능력과 신성이 깃들어 있으므로 거룩하고 존귀한 것이다. 하나님이 임재하시는 **성소(聖所)**와 신성한 지역인 **성역(聖域)**과 종교의 발상지나 유적지인 **성지(聖地)**처럼 자연도 신성이 깃든 거룩한 곳이므로 보전이 마땅하다.

창조주의 신성이 깃들어 있는 자연은 하나님의 **최고 작품**이다. 하나님은 인간 창조에 앞서 6일 동안 우주만물을 창조하시면서 "보시기에 좋았더라"를 연발하셨고, 모든 것을 다 창조하신 후에는 **"그 지으신 모든 것이 보시기에 심히 좋았더라"**(창1:31)라고 감탄하셨다. 하나님이 보시기에 심히 좋을 만큼 이 자연은 아름답고 완전한 것이다. 불완전한 인간들이 만든 것이라면 필요에 따라 늘 고치고 수리해야 하지만, 자연은 전지전능하신 하나님이 만든 걸작품이므로 보전이 원칙이다.

(2) 자연은 자체적으로 완벽한 **'조화'** 를 이루고 있다

자연은 보전이 원칙인 둘째 이유는 완벽한 조화를 이루고 있기 때문이다. 봄, 여름, 가을, 겨울이 규칙적으로 바뀌고, 해, 달, 별이 질서있게 운행하고 있는 것처럼, 자연만물도 전체적인 조화를 이루어 살아가고 있다. 사람은 호흡을 통해 산소를 흡입하고 탄산가스를 배출하지만, 식물은 낮에 탄산가스를 흡입하고 산소를 배출한다.

동·식물의 먹이사슬도 피라미드 구조로 되어 어느 한 종(種)이 지나치게 많거나 적지 않게 균형을 이루어 유지되고 있다. 인간의 탐욕으로 '먹이사슬' 고리를 끊지 말아야 한다. 자연에서 나오는 식물과 동물을 인간의 생존을 위해 먹이로 취하되 탐욕이나 사치를 위해 살상하지 말라는 것이다. 자연을 보전하면서 거기에서 나오는 채소와 열매, 동물을 식량으로 삼아야 한다.

(3) 자연은 인간의 **'모체'** 이다

자연은 보전이 원칙인 셋째 이유는 인간의 모체(母體)이며 존재기반이기 때문이다. 하나님은 자연을 인간과 일체로 보신다. 따라서 인간은 자연도 내 몸의 한 부분으로 알고 사랑하고 보호해야 한다. 하나님을 사랑하는 자는 그 분이 창조하신 자연을 아끼고 보호한다. 인간은 하나님의 형상에 따라 창조되었지만 땅의 흙으로 지음 받은 존재이다. 인간도 다른 피조물과 같이 공동으로 피조된 존재[356]라는 것을 늘 인식해야 한다.

생명 있는 모든 것들을 자연이 기른다. 생명체는 모두 공기를 마시고, 햇볕을 받고, 물을 먹고, 풀과 채소, 과일을 먹는다. 모든 생명체는 자연 속에서 살다가 죽으면 다 자연으로 돌아간다. 그래서 자연을 해치는 행위를 해서는 안 되고, 오염시켜서도 안 된다. 깨끗한 자연으로 보전하였다가 우리 후손들에게 깨끗한 자연을 물려줘야 한다.

어린 아기가 개미집을 부수고 도망가는 개미들을 작대기로 눌러 죽이는 광경을 본 적이 있다. 그 개미도 아기처럼 엄마와 아빠가 있고, 가족들이 집에서 죽은 개미를 기다릴텐데…. 모피 옷을 애용하는 자와 상아 조각품을 자랑하는 자는 그 옷과 조각품 속에 수많은 동물이 생명을 잃었다는 사실을 기억해야 한다. 인간은 자연의 정복자가 아니라 보전하고 개발하는 관리자임을 명심해야 한다. 인간이 자연에 대해 공생(共生) 관념을 가질 때 자연에 대한 인간의 지배적인 태도도 달라질 것이다.

(4) 자연을 보전하려면 인간이 범죄하지 말아야 한다

인간의 탐욕으로 인해 자연이 황폐화된다. 인간의 허무한 욕심으로 인해 인간의 생활 터전인 자연도 함께 탄식하며 함께 고통을 겪는다(롬8:22). 인간의 범죄가 자신을 죽일 뿐만 아니라 자연까지도 죽이고 있다. 사람이 악을 행하면 그 땅은 황폐하게 된다. 선악과를 따 먹은 아담에게 하나님은 "땅은 너로 인하여 저주를 받고 … 땅이 네게 가시덤불과 엉겅퀴를 낼 것이라(창3:17-18)"고 말했고, 가인이 선한 아우 아벨을 시기심으로 쳐 죽였을 때도 하나님은 인간의 죄로 인해 땅에서 인간이 저주를 받고 땅이 그 효력을 내지 않는다고 경고한다(창4:11-12).

인간이 범죄하면 땅이 인간을 토하여 낼 것이다. "너희는 나의 모든 규례와 법도를 지켜 행하라. 그리하여야 내가 너희를 인도하여 거하게 하는 땅이 너희를 토하지 아니하리라" (레20:22)는 하나님의 무서운 경고이다. 또한 그 땅 주민들이 악행으로 **하나님을 무시할 때 땅이 슬퍼하며 들짐승과 새들이 쇠잔하고 물고기가 없어질 것**이라고 경고한다.

---

356) 이정배, 『토착화와 생명문화』(종로서적, 1991), 268-269쪽.

오직 저주와 속임과 살인과 도둑질과 간음뿐이요. 포악하여 피가 피를 뒤이음이라. 그러므로 이 땅이 슬퍼하며 거기 사는 자와 들짐승과 공중에 나는 새가 다 쇠잔할 것이요 바다의 고기도 없어지리라(호4:2-3).

인간이 범죄하므로 하나님과의 관계도 끊어졌지만 자연과의 관계도 멀어지게 되었다. 인간의 욕심대로 자연을 정복해 나갈 때 생태계는 파괴되고 인간이 행한 대가는 자연재해로 돌려받게 된다. 지금 **지구는 이산화탄소의 과다, 오존층의 파괴, 먹이사슬 구조의 파괴, 토양 및 수질 오염**[357] **등으로 위기를 맞고 있다.** 인간이 범죄하면 자연이 파괴되고, 자연 파괴는 곧 인간 파멸로 이어진다.

☆ 숲속의 대한민국, 세로토닌으로 건강하게! ☆

자연은 세로토닌(serotonin)의 보고이다. 자연 속에서 명상해 보라. 비전을 찾을 수 있다. 자연 속에서 걸어 보라. 건강을 누릴 수 있다. 자연 속에서 기도해 보라. 사명을 완수할 지혜를 얻을 수 있다.

산림청 홈페이지를 열면 "내 삶을 바꾸는 숲, 숲속의 대한민국"이 나타난다. "숲은 인간의 몸과 마음을 건강하게 한다."는 글과 함께 산림의 유익을 설명해 준다.[358]

① 인체의 면역력을 높이고 신체적·정신적 건강을 회복시켜 준다.
② 산림의 녹색은 눈의 피로를 풀어주며 마음의 안정을 가져 온다.
③ '피톤치드'는 염증을 완화시키며, 인간의 후각을 자극하여 마음의 안정과 쾌적감을 가져온다.
④ 산성화되기 쉬운 인간의 신체를 중성화시키는 음이온이 많이 발생한다.
⑤ 산림에서는 인체에 해로운 자외선 차단효과가 뛰어나고, 햇빛은 세로토닌을 촉진시켜 우울증을 예방·치료하고, 뼈를 튼튼하게 하고 비타민 D 합성에 필수적이다.

2) 자연 '개발'의 목적은 공익이다

자연의 본질을 해치는 '난개발'(병폐 9호)을 배격하고, 필요 최소한의 '공익 개발'을 해야 한다. 자연은 보전이 원칙이지만, 자연 그대로 방치하고 전혀 개발을 안 하면 인간과 다른

---

357) 이정배, 『토착화와 생명문화』(종로서적, 1991), 265-267쪽.
358) www.forest.go.kr. <휴양복지> "산림치유"

자연에게 피해를 줄 수 있으므로 최소한의 공익 개발은 필요하다. 필자가 겪은 두 가지 사례를 들어본다.

첫째는 **사라호 태풍**이다. 1959년 9월 17일 추석날에 발생한 이 태풍은 사망·실종 849명, 부상 2,553명, 이재민 373,459명의 인적 피해를 입힌 역대 최대였다. 물적 피해도 엄청나 도로 10,226개소와 제방 1,618개소가 유실·파손되었고, 침수 농경지가 20만여 ha에 달했다. 평균 초속 45m의 강풍과 폭우에 해일까지 겹쳐 경상도 남부지역은 거의 다 물에 잠겼다.[359]

둘째는 **한삼덩굴**이다. 몇 해 전 봄에 선영(先塋)에 가서 잡초를 뽑아주고 가을에 다시 갔더니 한삼덩굴이 산소 주위를 뒤덮어 버렸다. 봉분 잔디가 다 죽었고, 묘소 곁에 심은 나무까지도 잔가시가 있는 덩굴이 휘감고 올라가 죽여 버린 것을 보았다. 이 한삼덩굴은 끈질긴 생명력과 왕성한 번식력으로 짧은 시일에 주위 초목을 초토화(焦土化) 시킨다. 덩굴을 제거해도 금방 주위를 뒤덮어 버리므로 반드시 원 뿌리를 찾아 뽑아내야 한다.

이래서 공익을 위한 필요 최소한의 개발은 필요하다. 튼튼한 제방을 쌓고, 댐을 건설하며, 홍수와 산사태를 방지하여야 한다. 농작물에 피해를 주고 인간을 해치는 식물과 해충, 맹수들을 제거하는 등 적절한 관리가 필요하다.

(1) 자연은 정복이 아니라 **'관리'** 하는 것이다

조물주 하나님은 인간을 창조하신 후 자연에 대한 관리권을 인간에게 위임하셨다. "땅을 **정복하라**. 바다의 고기와 공중의 새와 땅에 움직이는 모든 생물을 **다스리라**"(창1:28)고 명령하셨다.

'정복하라'의 일차적 의미는 '**발로 밟다**'(슥9:15)로 이 세상 곳곳을 자신의 발로 밟고 삶의 터전으로 삼는 것이다. 정벌하고 복종시킨다는 의미보다는 자연을 잘 보전하고 개발하라는 의미이다.

'**다스리라'의 본래적 의미도 억압하고 파괴한다는 의미보다는 다스림을 받는 자의 행복을 위하여 '돌본다'는 뜻이다.** 본래 이 말은 이집트의 황제 파라오가 그 땅과 주민들의 행복을 위하여 그들을 돌본다는 의미이다.[360]

하나님의 대리자로서 인간은 자연세계의 질서를 세우고, 이 세계를 돌보며, 보호해야 한

---

359) 네이버 지식백과, 「두산백과」, "사라호 태풍".
360) 김균진, 『생태계의 위기와 신학』, 100-102쪽.

다. 이는 가꾸며, 장려한다는 의미로도 볼 수 있는데, 섬김의 또 다른 모습이다.

인간이 범죄 전에는 온 지면의 씨 맺는 채소와 열매 맺는 모든 나무를 인간의 먹을거리로 주셨고(창1:29), 범죄 후에는 산 동물도 인간의 먹을거리로 주셨다(창9:3). 이 말씀대로 인간은 자연을 잘 보전하면서 자연에서 나오는 과실인 식물과 동물을 먹고 살라는 것이다.

(2) '최유효사용의 원칙'을 지켜 개발해야 한다

자연 개발은 난개발을 버리고 꼭 필요한 최소한도에 그쳐야 한다. 자연의 보전과 개발은 상반되는 목표를 가졌지만, 각 나라는 양자를 적절하게 조화를 이루도록 국가 정책으로 세심하게 다루고 있다. 특히 부존자원이 부족한 우리나라는 국토개발을 통해 경제성장을 견인차한 적이 있었다. 그러나 자연환경의 파괴를 통한 경제성장은 환경오염과 기후 변화 등 더 큰 문제를 낳고 있다. 한국의 10대 병폐 중 '난개발'과 '환경오염'은 무분별한 개발로 인해 초래된 면이 있다.

인간에 의한 자연의 무분별한 파괴는 성경에 대한 그릇된 해석에도 원인이 있다. 서구의 인간중심적 철학에서 범한 중대한 오류 중의 하나는 "땅을 정복하라"(창1:28)와 "다스리라"(창1:26)에 대한 해석이다. 이 두 용어는 **자연을 파괴하는 것이 아니라 최선의 사용방법으로 관리**하는 것이다. 인간은 하나님의 명령에 따라 자연을 잘 가꾸고 보호해야 한다. 천지인의 관계를 회복하는 중개자 역할을 해야 한다.

자연은 보전이 원칙이지만 특별한 사유로 개발할 때는 부동산학에서 중요시하는 **'최유효사용의 원칙'**을 지키는 것이 바람직하다. 이 원칙은 대상 부동산의 가치를 최대로 올릴 수 있는 사용방법으로 **"양식과 통상의 이용 능력을 가진 사람이 대상 토지를 합법적이고 합리적인 최고·최선의 방법으로 이용**하는 것"을 말한다. 이는 토지의 자연적 특성의 하나인 부증성(不增性)으로 말미암아 야기되는 토지와 인간과의 관계 악화 방지, 토지의 사회성·공공성의 최대 발휘를 위해서 매우 필요하다.[361] 또한 개발할 대상은 주위의 환경과 적합하여야 하며 생태계 파괴를 가져오지 않는 한도 안에서 시행하여야 한다. 개발은 필요 최소한도에 그쳐야 하며, 본질을 해치지 말아야 한다. 만물의 영장으로서 하나님이 주신 만물을 관리하는 청지기의 사명을 충성으로 감당해야 한다. 이제 인간과 자연이 함께 파멸하는 환경오염을 그치고, 난개발을 막아야 한다.

최근에 논란이 되는 '그린벨트'(greenbelt, 개발제한구역)는 도시의 평면적 확산 방지와

---

361) 김영진, 『신 부동산평가론』(경영문화원, 1982), 149-150쪽.

자연환경 보전, 녹지대와 상수원 보호, 안보상의 이유 등의 목적으로 1971년에 지정되었다. 그린벨트는 한번 훼손되면 회복하기 어렵고, 오늘날 환경오염과 난개발의 폐해가 인간의 생존을 위협하고 있는 점, 자손만대가 누려야 할 자연환경임을 고려할 때 해제는 신중해야 한다. 집값 안정과 주택 공급 확대를 위한 미봉책으로 그린벨트를 해제하는 것은 근본인 인간의 생존과 후손들의 행복을 외면하고 말단을 취하는 어리석음을 범하는 것이 될 수 있다.

(3) 자연(토지)은 '공익'을 위해 사용하고 불로소득은 사회에 환원

토지를 비롯한 자연은 개인의 것이 아니라 창조주 하나님의 것이다. 하나님은 이 자연에서 모든 인류와 동식물과 산, 강, 바다 등 만물이 행복과 조화를 이루어 살기를 원한다. 하나님은 특히 토지에 세밀한 규정을 정하여 공익을 위한 자연 관리 원칙을 인간에게 제시해 주었다. 인간과 자연만물이 행복하게 살아가기 위한 원칙이다.

첫째는 안식일을 두어 사람과 동물까지 쉬게 하였다. 일곱째 날에는 주인과 아들, 딸, 남종과 여종, 가축과 문안에 머무는 나그네까지도 아무 일도 하지 않고 쉬게 하였다(출 20:10). 이는 모두가 함께 쉬면서 하나님의 창조사역 완수(창2:1-3)와 구속(救贖, 값을 치르고 노예에서 해방함)사역 완수(신5:15)를 거룩하게 기념하는 것이다.

둘째는 안식년이다. 7년째 되는 해에는 땅을 갈지 말고 묵혀 두어서, 백성 중 가난한 자로 먹게 하고, 그 남은 것은 배고픈 들짐승들이 먹도록 하였다(출23:11).

셋째는 희년(禧年)이다. 매 50년마다 돌아오는 해방의 해로서, 나팔을 불어 자유의 기쁨을 선포하는 축제의 해이다. 안식년에 적용되었던 규정이 적용되어 노예가 해방되고, 채무가 면제되었다. 그리고 기업(基業)인 토지를 본래 주인에게 되돌려 주었다(레25:8-13). "토지를 영구히(forever) 팔지 말 것은 토지는 다 내 것임이니라. 너희는 거류민(strangers)이요, 동거하는 자(sojourners)로서 나와 함께 있느니라."(레25:23) 규정처럼 땅은 창조주 하나님의 것이므로 토지를 영구히(forever) 팔지는 못하도록 하였고, 희년에는 되찾을 수 있도록 하였다. 인간은 단지 나그네로서 생존할 동안 하나님의 청지기로 토지를 관리할 뿐이다.

넷째 토지는 공공성을 살려야 한다. 인간은 누구나 하나님의 형상을 닮은 만물의 영장으로 태어난 고귀한 존재이다. 이렇게 고귀한 인간이 인간답게 살려면 경제적 여건이 마련되어야 한다. 그 여건 중 가장 기본적이고 중요한 권리 중 하나가 토지 소유권이다. 이 토지를 인간이 사익 증식을 위한 수단으로 사용해서는 안 되고, 불로소득으로 취해서도 안 된다. 토지 소유권이 개인에게 있더라도 토지의 공공성(公共性)을 살려 인간 모두가 고루 행복하게 살 수 있도록 해야 한다.

우리나라의 민유지(2018년)는 전 국토면적(100,378㎢)의 51.3%인 51,260㎢이고, 토지 소유자는 1,732.2만 명이다<표 9>. 전 인구의 33.6%만 토지가 있고, 나머지 66.4%인 3,430.8만 명은 땅이 한 평도 없다. 10억 원 이상 토지를 가진 개인이 38.6만 명, 법인이 6.9만 명인 것도 땅이 없는 사람과 비교하면 엄청난 차이다. 토지에 대한 개발이익은 하나님의 방법으로 정의롭게 합법적으로 환수하는 방법을 마련해야 한다.

<표 9> **토지 가액별 소유자 수 현황**(2018년)

구분	합계	1천만원 미만	1천~5천 만원 미만	5천~1억 원 미만	1~5억원 미만	5~10억원 미만	10~50억 원 미만	50~10억 원 미만	100억원 이상
개인 (천명)	17,322.1	1,575.7	5,309.6	3,931.0	5,400.7	718.7	362.4	17.2	6.8
법인 (천명)	250.1	18.2	42.6	24.7	65.1	30.8	50.1	8.5	10.1

* 자료: 국토교통부 통계누리

☆ 지가 상승과 개발이익 환수방안 ☆

토지에 대한 불로소득은 환수하는 것이 바람직하다. 토지 분배의 문제도 있지만 더욱 큰 문제는 토지가격 상승이다. 해마다 토지가격은 <표 10>처럼 상승하는데, 토지가 없는 사람과 토지소유자와의 경제적 격차는 해마다 커지고 있다. 1995년에 비해 22년이 지난 2017년은 토지가격이 4.4배(매년 평균 20%)나 증가했다.

<표 10> **연도별 토지자산 순자본 스톡**(단위: 조 원)

연도	1995	1998	2001	2004	2007	2010	2013	2016	2017
순자본 스톡	1,724.9	1,718.8	2,057.5	3,075.9	4,768.2	5,414.0	6,037.6	7,146.5	7,638.9

* 자료: 한국은행 경제통계 국민대차대조표

한국의 토지는 소수의 개인과 법인이 대규모의 토지를 과다 소유하고 있다. 토지소유자들은 매년 지가가 상승함으로 인해 매년 평균 20%의 지가 상승분을 불로소득으로 얻는다. 2017년도의 지가 상승분(492.4조 원)을 토지 소유자 수(17,322,100명)로 나누면 1인당 평균 28,426,000원의 불로소득을 얻게 된다. 토지가 하나님이 주신 천부(天賦)적 공공재인 것과 불로소득의 사유화 방지, 부의 양극화 시정, 토지투기 억제, 지가 안정, 난개발 방지를 위해서 지가 상승분은 사회에 환원해야 한다.[362]

그러나 토지개발이익 환수율은 지극히 저조하다. 1998년부터 2007년까지 발생한 개발이익(지가상승분)은 2002조 원에 이르지만, 양도소득세와 개발부담금을 통한 환수액은 35조 원으로 환수율은 1.7%에 불과하다.[363] 토지개발이익 환수를 위한 대책으로 토지의 사용과 처분은 개인에게 맡기고, 토지의 수익권만 국가가 가지는 제도, 즉 지대공유제를 점진적으로 도입하는 것을 제안한다.[364] 이의 시행을 위한 '지대세제'[365]도 논의해 볼 필요가 있다. 세원(稅源)이 확실한 지대세를 도입하면 세원이 불확실한 다른 조세를 획기적으로 줄일 수 있다. 지대세를 최우선적인 조세로 징수하고, 다른 조세는 폐지하거나 감면하는 것이 '정의'에 합당하다고 본다. 지대세를 증세 수단으로 삼아서는 안되며, 반드시 지대세 수입만큼 다른 조세를 줄여야 한다. 폐지·감면할 조세는 우선순위를 정하여 지대세 수입 규모를 고려하여 적절하게 정한다.[366]

토지의 주인이신 창조주 하나님은 인간 모두가 행복하게 살기를 원하고, 인간은 태어나면서부터 인간의 존엄과 가치를 가지기를 원한다. 그러기 위해서는 기본적 생존에 필요한 토지는 각 개인에게 균등하게 배분되는 것이 성경적이다. 재분배를 통해 불평등을 해소하는 것보다는 처음부터 분배의 평등을 시행하는 것이 바람직하다. 하나님은 인간 모두가 행복하게 살 수 있는 넉넉하고 아름다운 자연을 창조하셨기 때문에 인간이 하나님 법도대로 자연을 애호하며, 이웃을 사랑하며 살면 인류 모두가 행복하게 잘 살 수 있다.

---

362) 박영창, 『토지개발이익 환수를 위한 지대세제 도입방안』(국회법제실, 2006), 12-14쪽.
363) 한겨레, "10년간 개발이익 2002조 … 환수액은 35조", 2009. 7. 9.
364) 박영창, 『토지개발이익 환수를 위한 지대세제 도입방안』, 39쪽.
365) 위의 책, 37-59쪽. 세율은 대통령령으로 민·관 위원회에서 정하되, 전년보다 5% 이내로 증가하도록 한다.
366) 조세 폐지·감면의 우선순위는 ① 지대세와 명목만 다를 뿐 내용이 비슷한 종합부동산세 토지분, 지방세 토지분과 토지 관련 양도소득세·취득세·등록세와 개발부담금, ② 역진세적 성격의 부가가치세와 같은 간접세, ③ 건물분 재산세와 건물 관련 양도소득세·취득세·등록세를 들 수 있다. 박영창, 『토지개발이익 환수를 위한 지대세제 도입방안』, 41쪽.

3) 탐욕을 버리고 자연의 '순리'대로 살자

자연의 순리대로 사는 자는 '탐욕'(병폐 2호)을 버리고 '나눔'을 실천한다. 자연의 법도에 맞게 분수대로 자족하며 살고, 천시를 잠잠히 기다리며 살며, 물처럼 나누며 산다.

(1) 자연의 '법도'에 맞게 살자

천하의 넓은 집에 살며 천하의 바른 자리에 서서 천하의 대도(大道)를 행하며 자연의 순리대로 살자. 더없이 덕이 높은 사람인 '지인(至人)'은 자기 분수에 맞게 사는 사람이다. 자연의 법도와 천성에 맞고, 만물과 조화되는 사람이다. 이런 사람은 얼굴과 모양 같은 겉모습에 치중하지 않고, 세상 물건에 유혹 받지 않고 본성에 따라 살아가는 자이다(『장자』 제19편).

물오리는 짧은 다리로 헤엄을 잘치고, 학은 긴 다리로 빨리 걷는다. 조물주 하나님이 필요해서 짧게 태어나게 한 다리를 인위적으로 길게 할 필요가 없고, 길게 태어나게 한 다리를 짧게 할 필요가 없다. 우리 인간도 마찬가지다. **태어난 대로 자기 분수에 맞게 살며, 자족하며 살아가자**. 남이 가진 부귀영화를 시기하고 자신의 처지를 한탄하면 기쁨이 없어지고 희망이 사라진다.

> 물오리의 다리는 비록 짧지만 길게 이어 주면 걱정이 될 것이며, 학의 다리가 비록 길지만 짧게 잘라 주면 슬퍼하게 될 것이다. 그러므로 본성이 길면 잘라 주지 않아도 되고, 본성이 짧으면 이어 주지 않아도 된다. 아무 것도 걱정할 것이 없는 것이다(『장자』제8편).

동양 종교 중 자연을 강조한 것은 도교이다. 노자의 법자연(法自然) 사상은 자연의 무위(無爲), 자유, 담백의 속성을 본받아 인간의 순수성을 회복하고 욕망과 겉치레와 허례허식을 배격한다.[367] 인본주의적 인문세계의 일체 가치와 규범의 상대성과 일시성을 지적하고, 그것보다 더 근원적이고 상위개념인 도(道), 무(無), 자연(自然)으로 돌아갈 것을 주장한다. 노자는 "사람은 땅을 본받고, 땅은 하늘을 본받고, 하늘은 도를 본받고, 도는 자연을 본받는다(人法地 地法天 天法道 道法自然)"고 말한다. 이 중에서 천지보다 먼저 있었다고 하는 도(道)까지도 자연을 본받는다고 주장한다.[368] 이 때의 '자연'은 '우주만물의 궁극적 질서'

---

367) 김경재, 『기독교문화신학』(한국신학연구소, 1983), 12쪽.

로 본다. 도가(道家)의 자연주의는 인간과 만물의 평등함을 가르치고 인간 자의식의 과시를 허위의식이라고 힐책한다. 이러한 자연 존중의 사상은 현대의 인위와 속박, 탐욕과 혼잡의 소용돌이를 제거하는 신선한 새물결이 될 수 있다.

『동경대전』「영소(詠宵)」에는 사람이 들어오면 바람은 기꺼이 방을 비워주는 너그러움이 드러난다. 자연과 인간이 서로 아끼며 사는 것이다. 이것을 창조주도 원하시고 기뻐하신다. "사람이 방에 들면 바람은 밖에 나가고, 배가 언덕으로 가면 산은 물로 나아오네"처럼 인간과 자연이 조화를 이루며 창조주가 기뻐하는 삶을 사는 것이 자연의 순리이다.

(2) '천시(天時)'를 기다리면 순리대로 이루어진다

하늘의 도, 즉 천도(天道)는 자연의 이치와 같다. 꽃은 피라고 재촉하지 않아도 때가 되면 피고, 젖먹이도 자라면 잘 순응하고, 사계절이 철따라 오고 가는 것처럼 **느긋하게 때를 기다려도 자연만물은 순리대로 이루어진다.** 창조주 하나님이 해와 달, 지구, 별, 산과 바다 등 우주만물을 한 치의 오차도 없이 지금도 운행하기 때문이다. 춘하추동의 일출시간과 일몰시간을 보면 하나님의 우주 통치가 얼마나 정확하게 빈틈없이 이루어지는가를 알 수 있다. 해마다 3월 21일 경에 밤과 낮의 길이가 같은 춘분이 있고, 3개월이 지나면 낮의 길이가 가장 긴 하지, 또 3개월이 지나면 밤낮의 길이가 같은 추분, 다시 3개월이 지나면 밤이 가장 긴 동지가 된다. 참으로 신기하다. 창조주 하나님의 우주 통치의 주기성·정확성에 경탄할 뿐이다. 벌레 같은 인간이 전지전능하신 창조주를 거역해서는 안 되는 이유를 다시 한 번 발견한다.

봄이 오면 맨 먼저 새색시처럼 하아얀 매화꽃이 피고, 이어서 노오란 산수유가 핀다. 또 다시 백옥 같은 목련이 피어서 질 때면 노오란 개나리가 피고 진달래가 이어서 빠알갛게 핀다. 따라서 인간이 다투고, 재촉하고, 큰소리치지 않아도 된다. 그리고 순리를 기다려야 한다. 인간이 아무리 노력해도 창조주의 때가 되지 않으면 이룰 수 없다. 천하의 모든 일이 이룰 때가 있고, 모든 목적도 성취할 때가 있기 때문이다(전3:1).

봄에는 봄에 할 일이 있고, 여름에는 여름에 할 일이 있다. 봄에는 씨를 뿌려야 하고 여름에는 김을 매주고, 가을에는 수확해야 한다. 때를 따라 시작하고 때를 따라 거두어야 한다. 솔로몬은 "범사에 기한이 있고, 천하만사가 다 때가 있나니, 날 때가 있고 죽을 때가 있으며, 심을 때가 있고 심은 것을 뽑을 때가 있다"(전3:1-2)고 한다. 하늘의 때를 알고

---

368) 정진일, "철학개론"(박영사, 1997), 283쪽.

창조주가 맡긴 사명 따라 자연의 법도에 맞게 성실하게 살아가는 것이 하나님의 뜻이자, 자연의 순리이며, 인간의 도리이다.

『동경대전』 "우음(偶吟) 2"에는 자연의 순환 원리가 기술되어 있다. "비바람, 서리, 눈 지나간 후에 한 나무에 꽃 피니 온 세상이 봄이로다"[369]고 하여 혹독한 한 겨울의 추위가 몰아쳤지만, 한 나무에 꽃피면 온 세상이 봄이 된다. 춘하추동이 순환하는 것처럼 고난의 계절이 끝나면 반드시 행복한 계절이 온다는 것이다. 이것이 불변하는 자연원리이다.

(3) 탐욕을 버리고 '나누며' 살자

'탐욕'은 가지고 있으면서 더 채우려는 것이다

인간의 욕심은 무한하여 만족할 줄 모른다. 가지고 있으면서도 더 채우려는 것은 '탐욕'이고 그 결과는 패망이다. 각 사람이 유혹에 넘어가는 것은 자기 욕심에 끌려 미혹되기 때문이다. 욕심이 잉태하면 죄를 낳고 죄가 장성하면 사망에 이른다(약1:15). 재물이 가득하면 나누어야 하고 부귀를 누리면 겸손해야 한다. 부귀를 누리며 교만하면 패망의 선봉이다. 하늘의 도는 베풀고 낮아지며, 스스로 만족하며 사는 것이다.

> 가지고 있으면서 더 채우려 하면 그만두는 것만 못하니
> 날을 다듬으면서 그것을 뾰족하게 하면 오래 보존할 수 없다.
> 금과 옥이 집안에 가득 차도 그것을 지킬 수 없고
> 부귀를 누리면서 교만하면 스스로 그 허물을 남긴다(『도덕경』, 9장).

인간도 물처럼 나누며 살자

노자는 "가장 좋은 것은 물과 같다"(上善若水)고 한다. 그러므로 우리 인간도 물처럼 가장 좋은 것을 나누며 살아야 한다. 첫째 물은 만물을 '유익'하게 한다. 자신의 좋은 것을 나누어 남을 이롭게 한다. 둘째 모든 사람이 싫어하는 곳에 머문다. 낮은 곳, 추한 곳, 어려운 곳도 마다 않고 간다. 이것이 '겸손'이다. 창조주 앞에서 자신을 낮추고, 사람 앞에서도 자신을 낮추는 것이다. 셋째 어떤 것과도 다투지 않는다. '관용'을 베풀기 때문이다. 모

---

369) 윤석산 역주, 133쪽.

든 것을 받아들인다. 깨끗한 것도 더러운 것도, 큰 것도 작은 것도, 다 받아들인다.

가장 좋은 것은 물과 같다.
물은 만물을 매우 이롭게 하면서도 다투지 않고,
모든 사람이 싫어하는 곳에 머문다. 그러므로 도에 가깝다. …
오직 다투지 않으므로 허물이 없다(『도덕경』 8장).

밀알의 법칙

불변의 자연 법칙 중에 "밀알의 법칙"이 있다. 죽어야 사는 법칙이다. 가을에 밀알을 뿌리면 밀알은 땅 속에서 씨껍질이 썩어 없어지고, 그 안에 있는 녹말과 씨눈의 양분이 썩어 거름 역할을 하며 씨눈이 자라 새싹이 나게 된다. 한 알의 밀이 땅에 떨어져 죽어야 새 싹이 나서 많은 열매로 다시 살게 된다. 가을에 뿌려진 한 알의 밀은 땅 속에서 추운 겨울을 나고, 새봄이 되면 2~5개의 이삭으로 자라서, 무더운 여름에는 한 이삭에 20~30개의 열매를 맺는다. 한 알의 밀은 보통 100여 개의 열매를 맺는다. 만약에 땅에 떨어져 죽지 아니하면 한 알 그대로 있을 것이다. 그 한 알도 언젠가는 없어질 것이다.

"내가 진실로 진실로 너희에게 이르노니 한 알의 밀이 땅에 떨어져 죽지 아니하면 한 알 그대로 있고 죽으면 많은 열매를 맺느니라"(요12:24).

모든 씨앗은 밀처럼 땅에 떨어져 죽어야 많은 열매를 맺는다. 벼도, 보리도, 조도 땅에 떨어져 죽어야 열매를 맺고, 콩도, 팥도, 녹두도 땅에 떨어져 죽어야 많은 열매를 맺을 수 있다. 예수는 "인자가 온 것은 섬김을 받으려 함이 아니라 도리어 섬기려 하고 자기 목숨을 많은 사람의 대속물(代贖物)로 주려 함이니라"(막10:45)고 말한다. 내가 죽어야 가정과 직장이 살고, 내가 희생해야 단체와 나라가 산다. 무엇을 위해, 어떻게 죽을 것인가? 사명과 정의, 진리와 자유, 자비와 복음을 위해 성인(聖人)들처럼 십자가 지는 것이다. 이것이 영원히 사는 길이다.

3. 인간 사랑(愛人)

사랑의 찬가

내가 사람의 방언과 천사의 말을 할지라도 사랑이 없으면
소리 나는 구리와 울리는 꽹과리가 되고
내가 예언하는 능력이 있어 모든 비밀과 모든 지식을 알고 또 산을 옮길
만한 모든 믿음이 있을지라도 사랑이 없으면 내가 아무 것도 아니요
내가 내게 있는 모든 것으로 구제하고 또 내 몸을 불사르게 내줄지라도
사랑이 없으면 내게 아무 유익이 없느니라.

사랑은 오래 참고 사랑은 온유하며 시기하지 아니하며
사랑은 자랑하지 아니하며 교만하지 아니하며
무례히 행하지 아니하며 자기의 유익을 구하지 아니하며
성내지 아니하며 악한 것을 생각하지 아니하며
불의를 기뻐하지 아니하며 진리와 함께 기뻐하고
모든 것을 참으며 모든 것을 믿으며 모든 것을 바라며
모든 것을 견디느니라. …
그런즉 믿음, 소망, 사랑, 이 세 가지는 항상 있을 것인데
그 중의 제일은 사랑이라.(고전13:1-7, 13)

☆ 이 세상에 가장 필요한 것이 사랑이다.
　사랑은 미움도, 교만도, 불의도 극복할 수 있다.
　사랑은 자유지만 책임이고, 받지만 주는 것이다.
　사랑은 인내요, 고난이요, 십자가지만,
　사랑은 성숙이요, 영광이요, 부활이다.
　사랑은 정의요, 진리이고,
　인류의 소망이요 행복이다.

1) 절제하고 섬기는 '자유인'이 되자

사랑한다면 생명보다 귀한 자유를 주어라. 인간이 인간다운 이유는 자유가 있기 때문이다. 하나님은 동물·식물 등 수많은 피조물 중에서 인간에게만 특별히 창조주 하나님의 형상을 닮은 '자유의지'를 주셨다. 그래서 인간은 만물의 영장으로 불린다. 로봇처럼 조작하는 대로 행하는 기계로 인간을 만들지 않는 것은 인간을 지극히 사랑하고 존중하고 신뢰하기 때문이다. 따라서 인간은 **자유의지를 주신 하나님께 늘** 감사하며, 하나님의 창조 목적에 걸맞게 **책임을 감당**하고, **지혜롭게 행하는 자**가 되어야 한다. 가진 자유로 마음껏 창조주 하나님을 경외하고, 자연을 보호하고, 인간을 사랑하는데 사용하여야 한다.

(1) '진리'를 알아야 자유를 누린다

"진리를 알지니 진리가 너희를 자유롭게 하리라"(요8:32)고 한다. 진리를 알아야만 진리가 우리를 자유케 하는데 진리가 무엇인가? 진리는 참된 이치이며, 언제 어디서, 누구든지 승인할 수 있는 보편적인 법칙이나 사실이다. 예수는 "아버지(하나님)의 말씀이 진리"(요17:17)라고 한다. 공자는 「이인(里人)」에서 **"아침에 도(道)를 깨달으면 저녁에 죽어도 좋다"**고 말한다. 이 때의 '도'가 진리이며, 올바른 길(正道)이다. 원효는 깨달은 후의 삶을 '무애행(無㝵行)'이라 했는데, 이는 일체에 걸림이 없는 삶이며, **자유의 삶이며, 진리 따라 사는 삶**이다. 각 종교의 경전은 진리를 행하라고 말한다.

우리나라의 10대 병폐 1호인 '거짓'은 진리의 반대이다. 거짓의 아비는 마귀(요8:44)이기 때문에 거짓을 행하면 마귀의 종이 된다. 거짓은 진리를 대적하는 범죄이므로 죄의 종이 된다. 죄의 삯은 사망(롬6:23)이므로 죄를 지으면 사망의 종이 된다. 이렇게 종이 되면 자유를 잃게 된다. 자유를 잃으면 사랑할 수 없다. 우리는 마귀의 종, 죄의 종이 되지 않기 위하여 거짓과 죄와 싸워 이겨야 한다. 다시 한 번 말하지만 거짓의 아비는 마귀이므로 우리가 거짓과 싸우는 것은 영적 전쟁이다. 이 영적 싸움에서 승리하려면 진리의 허리띠를 띠고 죄와 싸우되 피 흘리기까지 싸워야 한다. 죄의 노예가 된 인간에게 자유를 주기 위하여 십자가를 진 예수는 굳세게 죄와 싸워 다시는 종의 멍에를 매지 말라고 당부한다.

> 그리스도께서 우리로 자유케 하려고 자유를 주셨으니 그러므로 굳세게 서서 다시는 종의 멍에를 메지 말라(갈5:1).

(2) 자유인은 '절제인'이다

인간의 욕구는 인류 행복을 위해 선용해야 한다. 만물의 영장으로 자유의지를 가진 인간의 욕구는 선용하면 사랑과 창의로 인류를 살리지만, 악용하면 욕심과 투쟁으로 인류를 망하게 한다. 개인적 욕망에 매몰되지 말고, 9만 리 창공을 바라보며 호연지기를 기르자.

'음욕'보다 더한 불길이 없다

절제는 정도에 넘거나 모자라지 않게 조절하고 제한하는 것이다. **"화(禍)는 만족할 줄 모르는 것보다 더 큰 것이 없고, 허물은 얻으려고 욕심내는 것보다 더 큰 것이 없다."**고 노자는 말한다(『도덕경』 46장). 군자 외에도 모든 사람은 우리에게 주어진 것들을 절제해야 한다. 법구경(法句經)은 '**음욕보다 더한 불길이 없고, 내 몸보다 더한 고통이 없다**'고 한다. 욕심 덩어리인 내 몸을 쳐서 절제하고 복종시켜야 한다. 특히 병폐 3호인 '**음행·동성애**'를 절제로 막아야 한다.

> 음욕보다 더한 불길이 없고 성냄보다 더한 독이 없으며
> 내 몸보다 더한 고통이 없고 고요보다 더한 즐거움이 없네. …
> 욕된 것을 참아 분심을 이기고 착함으로써 악을 이겨라.
> 남에게 베풀어 인색을 이기고 지극한 정성으로 거짓을 이겨라.370)

자유인이 행할 4대 절제

우리가 가진 자유로운 **몸**으로 **시간**과 **재물, 권력** 등을 낭비해서도 안 되지만 인색해서도 안 된다. 군자는 어떤 경우라도 인간의 본성인 '인(仁)'을 자각하여 사회적으로 실현하는 사람이다. 공자는 이 군자가 일평생 인을 실현하기 위하여 시기 별로 꼭 절제해야 할 것이 세 가지 있다(『논어』「계씨」)고 말한다. 소년기에는 '여색(女色)'과 음행을 절제하고, 장년기에는 '투쟁'과 갈등을, 노년기에는 '탐욕'을 '절제'해야 한다.

---

370) 불교성전편찬회, 213, 215쪽.

① 시간

하나님이 인간에게 주신 가장 소중하고 공평한 선물이 시간이다. 신체와 외모, 재능, 건강, 재산 등은 날 때부터 차이가 있다. 금수저를 물고 태어나는 자도 있고, 흙수저를 물고 태어나는 자도 있다. 그러나 **이 모든 차이와 불공평을 만회할 수 있도록 하나님이 마련해 주신 도구가 '시간'이다.** 자신의 처지를 한탄하고 남을 원망할 시간에 비전을 찾고 사명을 발견해야 한다. 바울처럼 그 사명을 생명보다 귀히 여기고 충성해 보자. 한 번뿐인 인생이다. 시간을 낭비해서도 안 되지만, 인색해서도 안 된다. 모든 사람에게 똑같이 준 하루 '86,400초'를 일평생 성실하게 잘 활용하면 행복한 삶을 살 수 있다.

시간은 어떤 보화보다 귀한 재물이다. 악한 세상에서 승리할 최선의 무기는 시간이다. 이 시간을 아껴야 한다. **나의 목숨을 주고 시간을 되사는 것처럼 소중하게 사용해야 한다.** 이 고귀한 시간을 지혜롭게 선용하면 지식도, 돈도, 건강도, 명예도 얻을 수 있다.

그런즉 너희가 어떻게 행할지를 자세히 주의하여 지혜 없는 자 같이 하지 말고 오직 지혜있는 자 같이 하여 **세월을 아끼라. 때가 악하니라.**
그러므로 어리석은 자가 되지 말고 오직 주의 뜻이 무엇인가 이해하라(엡5:15-17).

이 시간을 무엇을 위해, 어떻게 사용했느냐에 따라 금생에서도 평가가 있고, 내생에서도 심판이 있다. '순천명(順天命) 애지인(愛地人)'에 목적을 두라. 창조주 하나님이 최상의 길로 인도할 것이다. 우주만물의 통치자요, 심판자인 공의의 하나님 상급인 재물과 영광과 생명이 있다.

② 몸

인간의 몸은 정신을 담고 있는 그릇이다. 건전한 육체라야 건전한 정신이 깃들 수 있다. "이기기를 다투는 자마다 모든 일에 절제하나니, 그들은 썩을 면류관을 얻고자하되 우리는 썩지 아니할 것을 얻고자 하노라"(고전9:25) 말씀처럼 세상의 썩을 면류관을 얻고자 하는 자도 모든 일에 절제하는데, 천상의 영원한 면류관을 얻고자하는 이들은 더욱 절제에 각고의 노력을 다해야 한다. 특히 욕심의 덩어리인 내 몸을 쳐 복종시켜야 한다.

청운의 꿈을 품고 원대한 뜻을 세워야 할 **소년기**에 음란물과 게임에 빠져서는 안 된다. '격물치지(格物致知)와 성의정심(誠意正心)'으로 자신을 수양하여 장차 나라에 공헌하고 인류에게 봉사할 지식과 능력을 키워야 한다.

장년기에 술과 도박, 담배와 마약, 불륜과 투쟁에 빠져서는 안 된다. 자기 몸을 잘 닦아 가정을 잘 다스리고 나라와 민족을 위해 열심히 일해야 할 다윗 왕은 모든 것이 갖추어진 풍족한 시절에 성욕을 절제 못해 밧세바를 범하고 그녀의 남편인 충직한 군인 우리야까지 죽이는 살인죄까지 저지른다. 그래서 우리는 매순간 절제해야 한다.

인생을 마무리할 **노년기**에는 탐욕과 고집을 버리고, 후손과 후배들에게 바른 말과 정의로운 행동의 본이 되어야 한다. 탐욕은 죄의 원천으로 패가망신으로 이끌고, 고집은 갈등의 원인으로 화합을 무너뜨린다.

우리 몸은 우리 것이 아니라 하나님이 부모를 통해 사명완수를 위해 보내주신 것으로 하나님 것이다. 하나님을 경외하고, 자연을 보호하고 인간을 사랑하는데 우선순위를 두고 이 몸을 사용하여야 한다. 하나님이 선악 간에 상벌로 공정하게 심판하신다.

③ 재물

탐욕은 자연의 순리에 벗어나는 것이다. 경제학에서 '한계효용체감의 법칙'이 있다. 재화를 한 단위 더 소비함으로써 얻는 한계효용은 소비량이 늘어날수록 체감한다는 것이다. 사과 하나를 처음 먹었을 때 맛있던 것이 여러 개를 먹을수록 맛이 떨어진다. 배부른 자는 꿀이라도 싫어하지만 주린 자에게는 쓴 것이라도 달다(잠27:7). 재물도 마찬가지다. 재물이 많을수록 행복한 것이 아니다. 생존에 필요한 재물 외에 더 많이 가지면 그것이 도리어 짐이 될 수 있다.

재물은 최선을 다하여 정당한 방법으로 버는 것도 중요하지만, 그 재물로 창조주의 영광을 위하여, 자연을 보호하고 인간을 사랑하는데 사용하는 것이 더 중요하다. 부자가 천국에 들어가는 것은 낙타가 바늘귀에 들어가는 것보다 어렵다는 말이 있다. 재물 많은 것이 구원을 가로막는 장애물이 될 수 있다. 먹을 것과 입을 것이 있은즉 족한 줄 알고 헐벗고, 병들고, 굶주리는 이웃에게 시선을 돌려야 한다. 재물도 분뇨와 같아 쌓아두면 악취가 나지만 흩어 뿌리면 거름이 된다. 가진 재물로 가난한 이웃과 환경 보전에 사용해 보자. 특히 혼자서 자립할 수 없는 고아와 독거노인, 빈자, 나그네 등을 위해 관심을 갖자.

우리가 세상에 아무 것도 가지고 온 것이 없으매 또한 아무 것도 가지고 가지 못하리니, 우리가 먹을 것과 입을 것이 있은즉 족한 줄로 알 것이니라.
부하려 하는 자들은 시험과 올무와 여러 가지 어리석고 해로운 욕심에 떨어지나니 곧 사람으로 파멸과 멸망에 빠지게 하는 것이라. 돈을 사랑함이 일만 악의 뿌리가 되나니 이것을 탐내는 자들은 미혹을 받아 믿음에서 떠나 많은 근심으로써 자기를 찔렀도다(딤전 6:7-10).

④ 권력

모든 권력은 하나님이 주신 것이고 국민들이 위임한 것이다. "권세는 하나님으로부터 나지 않음이 없나니 모든 권세는 다 하나님께서 정하신 바라"(롬13:1)고 성경은 말한다. 맹자도 "하느님이 이 세상에 사람을 내었고(天降下民), 그들을 위한 임금과 스승을 세웠으니(作之君作之師) 오직 말하기를 **임금과 스승은 하느님인 나를 도와라(惟曰其助上帝)**"(「양혜왕 하」)고 '서경'을 인용하여 말한다. 권력은 하나님(上帝)이 주신 것임을 강조한 것이다. 어떤 권력자도 자기 스스로 권력을 만든 것은 없다. 하나님이 주신 권력을 하나님의 뜻대로 국리민복을 위해 공의와 정의를 행하는데 사용해야 한다.

장자도 사방의 적국과 오랑캐들을 설복시키고, 모든 제후들의 기강을 바로 잡고 천하가 굴복하는 '**천자의 칼**'을 사용해야지, 닭싸움과 같이 사람의 목을 치고, 간과 폐를 찢어 놓지만 나라 일에 전혀 도움이 되지 않는 '**서민의 칼**'을 사용해서는 안 됨을 강조한다(『장자』, 제30편). 권력은 하나님이 주신 것으로 하나님을 도와서 하나님이 맡겨주신 백성들을 잘 다스리기 위한 것임을 항상 명심하고 절제해야 한다. 우리 헌법에도 "공무원은 국민 전체에 대한 봉사자이며, 국민에 대하여 책임을 진다"(제7조①)고 규정하였고, 대통령은 다음의 선서를 해야 한다(제69조). 국민의 자유와 복리의 증진에 특히 노력해야 한다.

> "나는 헌법을 준수하고 국가를 보위하며 조국의 평화적 통일과 국민의 자유와 복리의 증진 및 민족문화의 창달에 노력하여 대통령으로서의 직책을 성실히 수행할 것을 국민 앞에 엄숙히 선서합니다."

(3) 가진 자유로 사랑의 종으로 '**섬기자**'

소인과 대인 그리고 의인

가진 자유로 어떻게 살아가느냐에 따라 세 종류의 사람으로 나눌 수 있다.
첫째 짐승 같이 사는 소인(小人)이 있다. 시간과 돈과 재능 등을 짐승처럼 쾌락과 방탕을 위해 허비하는 자이다. 존귀에 처하나 깨닫지 못하는 자는 멸망하는 짐승과 같다(시49:20).

천주의 형상대로 고귀하게 창조되었지만, 자기의 욕심대로만 살아가는 자요, 양심이 죽어 버린 자이다. 이런 자는 천주를 거역하고, 자연을 파괴하고, 사람을 해치며 사는 자이다.

둘째 만물의 영장으로 사는 대인(大人)이 있다. 모든 사람이 태어날 때부터 소유한 '양심' 대로 사는 사람이다. 불교에서는 '진심'(眞心), 유교에서는 '도심'(道心)대로 사는 사람을 말한다. 이런 사람은 '만물의 영장(靈長)'으로 만물보다 뛰어난 신령하고 기묘한 힘을 가진 만물을 다스리는 우두머리다. 만물을 창조한 천주를 대신하여 만물을 관리하는 특권을 위임 받아 성실하게 일하는 자들이다.

셋째 천자(天子)로 사는 의인(義人)이 있다. 천자는 천지만물을 창조하신 천주(天主) 하나님의 자녀를 말한다. 자신의 잘못을 회개하고 천주의 뜻대로 일평생 살기로 결단한 사람들이다. 천주의 말씀을 듣고, 그 분이 보내신 독생자를 믿는 이들에게는 천주의 영인 성령이 내주한다. 천주의 자녀로, 대리인으로, 청지기로 사는 자는 죽어도 천주가 계시는 천국에서 영원히 천주와 함께 산다.

당신은 어디서 어떻게 살 것인가? 일부는 짐승처럼 살아가고 많은 사람들이 만물의 영장으로 살아가지만, 천자인 의인으로 살아가는 자는 소수에 불과하다. 하나님의 형상을 따라 창조된 인간은 마땅히 천자로 살다가 천주가 계시는 천국에서 영생복락을 누려야 한다. 이렇게 자신이 천자인 것을 자각한 사람은 자신이 가진 자유를 가지고 기쁨으로 사랑을 실천하고 섬기며 살게 된다.

가진 자유로 사랑의 종노릇하자

국제무역 확대를 추구하는 WTO(세계무역기구) 체제 하에서 세계인은 자유가 넘치는 시대를 맞았다. 자본과 인력, 기술은 자유롭게 국가 간 이동을 할 수 있고, 억압을 가하거나, 과도한 세금을 매기면 해외로 이전하게 된다. 세계화 시대에 빈부격차는 더욱 심화되고 있다. 일부 부자 나라들은 온갖 사치와 방탕이 도를 넘고, 음식물 쓰레기가 산처럼 쌓이고 있다. 그러나 지금도 아프리카와 아시아 등 세계의 가난한 사람들은 굶주림으로 죽어가고 있다. 우리가 물질과 재능, 기술 등을 서로 나누면 온 세계인이 행복하게 살아갈 수 있다. 이를 위해 자발성과 이웃 사랑, 인류 사랑이 필요하다.

우리가 가진 자유는 섬기라고 준 것이다. **"너희가 자유를 위하여 부르심을 입었으나 그 자유로 육체의 기회를 삼지 말고 오직 사랑으로 서로 종노릇하라"**(갈5:13)고 한다. 인간이 누리는 자유는 육체적 쾌락을 위하여 허비하라고 준 자유가 아니라 사랑의 종으로 선용하라고 준 것이다. 자유라는 특권을 허비하거나 이기적 목적이나 남을 해치는 데 사용해 버리면, 자유를 잃거나 감옥에 가게 된다. 율법의 종은 강제적으로 된 것이나 사랑의 종은 자발적으로 되는 것이다. 바울은 "내가 모든 사람에게 자유하였으나 스스로 모든 사람에게 종이 된 것은 더 많은 사람을 얻고자 함이라"(고전9:19)고 한다.

주인과 종의 관계는 예수의 행적에서도 나타난다. 그는 근본이 하나님의 본체시나 인간을 구원하기 위해 종의 형체를 가진 사람(빌2:6-7)으로 이 땅에 오셨다. 그러므로 그는 '하나님의 형상'과 '종의 형상'을 입은 '자유자'이며 동시에 '종'인 것이다.[371] 예수뿐만 아니라 모든 성인(聖人)들과 우리 모두가 '하나님의 형상'과 '종의 형상'을 입은 '자유자'이며 동시에 '종'이다. 인간이 하나님으로부터 값없이 부여받은 이 자유로 하나님을 경외하고, 자연을 보호하고, 이웃을 사랑하는 일에 선용해야 할 것이다.

사랑의 기준은 '이웃을 내 몸처럼'

'사랑을 행하라'고 하는데 무엇을, 어떻게 해야 할지 그 기준을 모른다. 그 기준을 불교는 일체 중생과 생명체에 순수하고 지극한 사랑을 행하는 '자비'를 들고, 유교는 자기를 척도로 삼아 남을 생각하고 보살펴서 정도(正道)로 가게 하는 '혈구지도(絜矩之道)'를 든다. 이는 기독교의 '이웃을 네 몸처럼 사랑하라'와 유사한 의미이다.

'이웃'은 누구인가? 가까운 이웃은 가족, 친지, 동네 사람이고, 먼 이웃은 한 민족인 동포와 사해동포(四海同胞)인 온 세상 사람들이다. 이웃은 남녀노소와 빈부귀천을 가리지 않는다. **천지인 사상의 이웃은 세상사람 모두가 다 이웃이다. 사람에 한하지 않고, 동물과 식물과 자연도 포함한다.** 내가 좋아하는 자만 이웃이 아니라 내가 싫어하는 자도 이웃이다.

'네 몸처럼'은 어느 정도인가? 인간은 **누구나 자신의 몸을 지극히 사랑하는데, 그처럼 이웃의 몸도 사랑**하는 것이다. 내가 배고플 때 이웃의 배고픔도 살펴보고, 내가 아플 때 이웃의 아픔도 돌아보는 것이다. 부자의 문 앞에서 헐벗고 굶주리는 거지 나사로를 외면하고 날마다 호화로운 잔치를 즐기다 음부(陰府, Hades)에 떨어진 부자(눅16:23)처럼 해서는 안 된다. 6·25 전쟁 때 피난 열차 지붕에서 떨어져 죽는 사람이 수없이 있는데도 열차에 피아노를 싣고 갔다는 자산가처럼 해서는 안 된다.[372]

우리는 다 선한 사마리아 인처럼 가난하고 헐벗고 강도만난 자들을 도와야 한다. 최후 심

371) 말틴 루터, 『말틴 루터의 종교개혁 3대 논문』, 지원용 역 (컨콜디아사, 1997), 295쪽.
372) 중앙일보, "김훈 '최고 권력된 여론조사' … 무지몽매한 세상 시작", 2019. 9. 20.

판의 기준이 이 헐벗고, 병들고, 옥에 갇힌 불쌍한 이웃들에게 어떻게 했느냐에 있다(마 25:40-46).

(4) 인간의 욕구와 헌법상의 자유

인간은 창조주 하나님의 형상을 따라 창조되었으므로 스스로 생각하고, 감정을 표현하고, 자신의 의지로 행동할 자유를 누린다. 자유인은 나의 자유를 소중히 여기는 것과 같이 남의 자유도 소중히 여기고, 내가 자유를 누리는 것처럼 남도 자유를 누리게 해야 한다. 우리의 전통 종교는 다 인간의 자유를 존중하고 옹호하였다. 생명과 같이 소중한 자유를 추구하는 것은 인간의 본능적 욕구이다. 심리학자 마슬로우(A. H. Maslow)가 인간의 욕구를 5단계로 정리하였는데 이에 맞춰 헌법상의 자유를 짝지어 보자<표 11>.

<표 11> **인간의 욕구와 헌법상의 자유**

인간의 욕구	헌법상의 자유
1. 생리적 욕구	1. 결핍으로부터의 자유
2. 안전의 욕구	2. 공포로부터의 자유
3. 사회적 욕구	3. 선거, 집회·결사의 자유
4. 존경의 욕구	4. 표현, 언론·출판의 자유
5. 자아실현 욕구	5. 양심·종교, 학문·예술의 자유

가장 기본적인 인간의 욕구인 생리적 욕구에 대응하는 헌법상의 자유로 첫째 **결핍으로부터의 자유**를 누리도록 해야 한다. 입을 것과 먹을 것, 잠자리에 해당하는 의식주(衣食住)는 인간의 존엄성을 누릴 수 있는 정도는 보장되어야 한다.

둘째 안전의 욕구에 대응하는 **공포로부터의 자유**를 누려야 한다. 나라의 안보와 직업의 안전, 주거의 안전이 보장되어야 한다.

셋째 사회적 욕구에 대응하여 **선거의 자유**가 있어야 한다. 국민의 대표가 될 수 있고, 또 다른 사람을 대표로 뽑을 수 있어야 한다. 독재자나 세습제는 허용이 안 된다. **집회와 결사의 자유**도 누려야 한다.

넷째 존경의 욕구에 대응하여 **표현의 자유**와 **언론·출판의 자유**가 있어야 한다. 하나님의 형상을 닮아 자유의지를 가진 인간이 자유롭게 자신의 의사를 다양한 방법으로 표현할 수 있어야 한다.

다섯째 자아실현 욕구에 대응하여 **양심의 자유**를 누리며, 절대자를 믿고 의지할 **종교의 자유**가 있어야 한다. 마음껏 배우고, 연구하고, 가르칠 **학문의 자유**와 문학·음악·미술·무용 등 예술을 창작하고 표현하는 **예술의 자유**도 누려야 한다. 개인이 선천적인 장애 등으로 이 기본적 자유를 누리지 못하면 국가나 사회단체가 나서서 보살펴 주어야 한다. 이것이 사랑이고 정의이다. 이런 것이 제대로 작동되지 않을 때는 하나님의 공의로 올바로 통치하고 공정하게 재판하여 바르게 작동할 수 있도록 고쳐야 한다.

생명보다 귀한 자유

우리는 일제 35년의 압제를 겪어 봐서 자유가 얼마나 소중한 지 체험한 바 있다. 자유를 찾아 죽음을 무릅쓰고 천신만고 끝에 남한으로 넘어온 어느 탈북자는 "자유를 만끽했으니 이제 죽어도 여한이 없다"고 한다. 태영호 공사는 북한 식당 여종업원들의 집단 탈북(2016년 3월) 후 "대사관 성원의 자녀 중 25세 이상은 7월 중으로 귀국시켜라"는 명령을 받고, '자식에게만은 소중한 자유를 찾아주자. 노예의 사슬을 끊어 꿈을 찾아 주자'는 각오로 망명을 계획했다.[373] 그는 계속하여 "아버지로서 맏이만 평양에 보낼 수는 없다. 당국의 지시에 순응해야만 했던 지난날이 한스럽다. 이제는 인간으로서의 권리를 찾기로 했다. 더는 노예처럼 살 수 없다. 지금까지 노예처럼 살아온 것만 해도 충분하다."[374]고 탈북을 실행했다. 목숨을 건 결단이었다. 이렇게 자유를 한 번 잃고 나면 다시 찾기가 얼마나 어려운지 알 수 있다.

만해(萬海)는 『조선독립의 서』에서 **자유는 만물의 생명이요, 자유가 없는 사람은 죽은 시체와 같다**고 하면서, **"인생의 목적은 참된 자유에 있다** … 자유가 없는 생활에 무슨 즐거움이 있겠는가. 자유를 얻기 위해서는 어떤 대가도 아까워할 것이 없으니, 곧 생명을 바쳐도 좋을 것이다."라고 표현했다. 자유를 생명으로 여기며, 자유를 얻기 위해서 생명을 바쳐도 좋다고 강조한 그는 조선의 자유 독립을 위해서 목숨 걸고 투쟁했다.

이승만 전 대통령은 노예의 멍에를 매지 않기를 우리 민족에게 유언으로 남겼다.

> "잃었던 나라의 독립을 다시 찾는 일이 얼마나 어렵고 힘들었는지 우리 국민은 알아야 하며, 불행했던 과거사를 거울삼아 다시는 어떤 종류의 것이든 노예의 멍에를 매지 않도록 해야 한다. 이것이 내가 우리 민족에게 주는 유언이다."

---

373) 태영호, 『3층 서기실의 암호』(기파랑, 2018), 506쪽.
374) 위의 책, 507쪽.

천부인권과 인간의 존엄과 가치

천부인권(天賦人權)은 모든 사람은 태어날 때부터 하늘로부터 받은 인간으로서의 존엄과 가치를 누릴 권리를 말한다. 자유가 너무나 소중하기 때문에 창조주 하나님은 누구에게나 남에게 침해받지 않을 권리와 생존과 복지를 위한 기본적 권리를 주셨다.[375]

현행 대한민국 헌법 제 10조에도 "모든 국민은 **인간으로서의 존엄과 가치**를 가지며 **행복을 추구할 권리**를 가진다. 국가는 개인이 가지는 불가침의 기본적 인권을 확인하고 이를 보장할 의무를 지닌다."라고 규정하고 있는데, 여기서 '인간의 존엄과 가치, 행복추구권'의 바탕이 **'자유'**이며, '개인이 가지는 불가침의 인권'의 핵심도 '자유'임을 나타낸다.

헌법 전문에는 "**우리들과 우리들의 자손의 안전과 자유와 행복을 영원히 확보할 것을 다짐**"했는데, 여기서도 '안전'과 '행복'과 함께 '자유'는 우리와 우리 후손들이 영원히 누려야 할 핵심 가치로 밝히고 있다. 이렇게 **자유는 인간에게 가장 필요한 덕목이며, 인간의 본성에 가장 적합하고, 사회의 발전을 이끄는 가장 우수한 원리이다.**[376]

2) 희생하고 애국하는 '책임인'이 되자

사랑은 책임지는 것이다. 자유인이 아닌 종은 책임지지 않는다. 희생 없이 책임을 감당할 수 없다. 자유를 얻은 자는 그 자유를 허비하지 말고, 창조주와 자연과 인간을 사랑하는데 사용해야 한다. 하나님의 대리자로서 자유를 선용하는 적극적인 책임인이 되어야 한다. 애국하는 청지기가 되어 사회 '갈등'을 '화평'으로 이끌어야 한다.

(1) 책임지려면 **'희생'** 해야 한다

사랑이 희생의 원천이다

'희생(犧牲)'은 다른 사람이나 어떤 목적을 위하여 자신의 귀중한 이익, 재산, 명예, 목숨

---

375) 미국의 독립선언서(1776년)는 "우리는 다음과 같은 것을 자명한 진리라고 생각한다. 모든 사람은 **평등**하게 태어났으며, 조물주는 몇 개의 양도할 수 없는 권리를 부여했으며, 그 권리 중에는 **생명과 자유와 행복의 추구**가 있다"는 말로 시작하고 있다.(이영훈, 『대한민국 역사』, 33쪽). 이 자유 이념은 뒤이어 프랑스 혁명(1789년)을 일으키는 힘으로 작용하였다.
376) 이영훈, 『대한민국 역사』(기파랑, 2017), 34쪽.

등을 바치는 것이다. 사랑이 희생의 원천이다. 어떤 사람이나 어떤 목적을 사랑해야 그 사람과 그 목적을 위해 나의 귀중한 것을 바칠 수 있다. 따라서 희생하려면 사랑을 먼저 깨달아야 한다. 사랑의 원천은 창조주이다. 창조주는 사랑 자체이며 지극한 사랑으로 자연만물을 창조하시고 그것을 다스릴 창조주의 대리인으로 인간을 창조하였다.

　이 창조주의 사랑을 깨달으면 만물의 영장으로 태어난 자신을 존귀하게 여기고 사랑하게 된다. 자신을 사랑하면 같은 피조물이요 형제인 이웃을 내 몸처럼 사랑할 수 있다. 사랑은 나의 소중한 것을 남을 위해 아낌없이 주는 것이다. 나의 정성이 담긴 마음과 말, 행동, 나의 귀중한 시간과 노력, 재물을 남을 위해 사용하는 것이다. 최고의 사랑은 생명을 주는 희생이다.

'자비'는 사랑으로 '낙(樂)'을 주고, 불쌍히 여김으로 '고(苦)'를 없앤다

　불교의 자비, 유교의 인(仁) 등이 다 사랑을 표현한 것이다. '자비'는 남의 고통을 나의 일처럼 불쌍히 여김을 말한다. **자비(慈悲)의 '자'는 사랑하는 마음을 가지고 중생에게 즐거움(樂)을 주는 것이고, '비'는 불쌍히 여기는 마음을 가지고 중생의 괴로움(苦)을 없애주는 것이다.**

　원효는 거지와 땅꾼, 술집 여인 등 소외받는 이들과 함께 생활하며 무애가(無㝵歌)를 부르며 무애춤을 추며 이들을 교화하려고 노력하였다. 이는 중생과 자신이 남이 아니라 하나라는 **'자타불이(自他不二)'의 희생정신에서 출발**한다. 보살이 중생을 제도하기 위한 방법 중 **'동사(同事)'**는 보살이 중생과 일심동체가 되어 고락과 화복을 함께 하면서 그들을 깨우치고 올바른 길로 인도하는 적극적인 실천행이다. 원효는 "중생들이 모두 제도되어야 나의 서원도 끝날 것이요, **중생들이 다 제도되지 못하면 나의 서원도 끝나지 않으리라**"(『열반경종요』) 하며 이웃사랑을 실천하였다.

지사(志士)와 인자(仁者)는 '살신성인' 하는 자이다

　'인(仁)'은 남을 사랑(愛人)하는 것이며(『논어』 「안연」), 약자에 대한 측은지심과 함께 인간의 도리를 다하는 것이다. 「위령공」에서 "지사(志士)와 인자(仁者)는 살기 위하여 인(仁)을 해치는 일이 없고, **자기 몸을 희생하여 인을 완성한다.**"고 했는데, 이것이 **"살신성인(殺身成仁)"**이다.

동학의 초대 교주 수운은 찾아오신 한울님을 만난 후 민중 구제와 만민 평등을 기치로 사회개혁을 부르짖다 삿된 가르침으로 정도(正道)를 어지럽힌다는 죄명으로 억울하게 40세의 나이로 사형을 당했다. 2대 교주 해월도 동학의 교세를 확장하고, 교리 정리, 교조 신원(伸寃) 운동, 포교활동에 진력하다 체포되어 71세에 교수형을 당하였다. 두 분의 동학 교주가 다 민중 구원과 사회개혁을 외치다 사도난정(邪道亂正)으로 몰려 억울하게 목숨을 잃었다.

최고의 사랑은 십자가 사랑이다

기독교의 사랑은 죄인을 구원하기 위해 십자가 진 예수의 사랑을 최고로 친다. 보통 죽음이 아니라 십자가에 못 박힌 채 6시간을 가장 극심한 고통을 겪다 운명하였다. 죄인도 친구로 여기고 그 친구를 위하여 목숨을 버렸다. **"사람이 친구를 위하여 자기 목숨을 버리면 이보다 더 큰 사랑이 없다"**(요15:13)고 한다. 희생 없이는 사명을 성취할 수 없다. "No Cross, No Crown", 즉 십자가 없이는 영광도 없다. 십자가는 고난을 상징하고, 영광은 부활을 상징한다.

조선 말기 4대 교난을 거치면서 천주교인 수 만 명이 순교하였다. 이들의 거룩한 피가 오늘날 한국 기독교 성장의 거름이 되었다. 3·1운동 때 민족의 자주 독립을 위하여 33인의 대표가 독립선언서에 서명하였다. 이들은 독립선언식을 태화관에서 하고 모두 일본 경찰에 잡혀 갔고, 극심한 옥고를 치렀다. 3·1운동 때 사망자는 7,509명, 부상자 수는 수만 명이다.[377] 이 나라의 자유와 독립을 찾기 위하여 십자가를 진 것이다. 6·25 전쟁 때도 한국군(경찰 포함) 63만 명, 유엔군 15만 명이 전사·전상·실종되었다.[378] 이들은 자유 민주주의 대한민국을 공산 치하에서 건지기 위해 고귀한 생명을 희생한 것이다. 나라를 위해 목숨을 바친 애국선열들의 고귀한 피가 오늘의 번영한 자유 대한민국의 기초를 세웠다.

(2) 천지인(天地人)에 대한 '청지기'

인간은 천지인 관계를 회복하는 일을 실천해야 하는 청지기의 책임을 맡았다. 이 청지기는 **'하나님과 인간 사이, 인간과 자연 사이, 인간과 인간 사이의 관계를 회복'**하는 하나님

---

377) 박은식, 『한국독립운동지혈사』(유신사, 1920), 157-158쪽.
378) 국가기록원 홈페이지.

의 일꾼이다.

천명에 순종하는 청지기

창조주가 생성한 천지인 관계를 인간은 창조주 하나님의 명령에 따라 실행해야 할 의무가 있다. 인간은 하나님이 주신 자유의지를 가지고 천지인 관계를 회복하는 적극적인 역할을 감당해야 한다. 하나님의 대리자, 제사장, 청지기의 역할을 잘 감당해야 한다. 이 책임을 감당하려면 희생을 각오해야 한다. 석가는 인류에게 해탈의 기쁨을 주기 위하여 6년 고행을 달게 받았으며, 공자는 인의(仁義)의 대도(大道)를 펼치기 위해 천하를 주유했으며, 예수는 죄인 구원을 위해 십자가에 피흘렸으며, 수운(水雲)은 민중구제와 동학을 살리기 위해 목숨을 바쳤다.

이렇게 천명에 순종하는 청지기는 자신이 솔선하여 창조주를 경외하고 정의를 행하며 하나님이 맡겨주신 사명, 인류 구원에 충성을 다한다. 생명의 길, 구원의 길은 넓은 문, 넓은 길이 아니라 좁은 문 좁은 길이다. 고난과 박해의 길이지만, 반드시 영광과 보상이 따른다. "현재의 고난은 장차 우리에게 나타날 영광과 비교할 수 없도다"(롬8:18).

자연을 보호하는 청지기

1970년대는 도시 골목은 물론 온 산천이 깨어진 병과 비닐, 쓰레기 더미로 뒤덮였고, 악취가 진동하였다. 강과 바다는 오염되고, 산은 남벌로 벌거숭이였다. 그때 "자연보호헌장"을 선포(1978. 10. 5)하고 범국민적인 자연보호운동을 활발하게 전개하였다.

지금은 그때보다 많이 개선되었지만, 환경오염과 난개발은 여전히 삼천리 금수강산을 훼손하고 있다. 하나님의 걸작품이며, 신성(神性)이 깃들고, 인간의 모체이고 존재 기반인 이 자연을 온 국민은 창조주의 뜻대로 보호하여야 한다.

국민 각자가 자연을 보호하는 청지기로서 환경 보전에 최선을 다해야 한다. 자기 주변부터 깨끗이 하고, 자연 자원을 아껴야 한다. 문명의 이기(利器)를 분별없이 사용함으로써 온갖 환경오염을 일으키는 일부터 자제해야 한다. 인간이 자연을 보호해야 자연도 인간을 보호한다.

☆ 자연보호헌장

　　인간은 자연에서 태어나 자연의 혜택 속에서 살고 자연으로 돌아간다. 하늘과 땅과 바다와 이 속의 온갖 것들이 우리 모두의 삶의 자원이다. 자연은 인간을 비롯한 모든 생명체의 원천으로서 오묘한 법칙에 따라 끊임없이 변화하면서 질서와 조화를 이루고 있다. 예로부터 우리 조상들은 이 땅을 금수강산으로 가꾸며 자연과의 조화 속에서 향기 높은 민족문화를 창조하여 왔다.

　　그러나 산업문명의 발달과 인구 팽창에 따른 공기의 오염, 물의 오탁, 농지의 황폐와 인간의 무분별한 훼손 등으로 자연의 평형이 상실되어 생활환경이 악화됨으로써 인간과 모든 생물의 생존까지 위협을 받고 있다. 그러므로 국민 모두가 자연에 대한 인식을 새로이 하여 자연을 아끼고 사랑하며, 모든 공해 요인을 배제함으로써 자연의 질서와 조화를 회복 유지하는데 정성을 다하여야 한다.[379]

인간을 사랑하는 청지기

　　인간을 사랑하는 청지기가 되어야 한다. 단군신화의 핵심 사상은 인간을 널리 이롭게 하라는 '홍익인간'이다. 예수는 원수까지도 사랑하라고 당부한다. 석가도 자비를, 공자도 인(仁)을 행하라고 권고한다. 그런데 우리 인간의 사랑은 내 주변에서 맴돌고 있고, 낯 선 사람에게도 사랑을 실천할 수가 없다. 내 처지를 헤아려 다른 사람의 마음을 헤아리는 '혈구지도(絜矩之道)'도 제대로 실천할 수 없다. 그래서 먼저 하나님 사랑을 깨닫고, 하나님을 사랑해야 한다.

　　하나님의 사랑을 체험한 자는 하나님이 창조하신 사람을 사랑할 수 있다. 내 부모와 아내, 자식들, 친척들부터 사랑해 보자, 날마다 만나는 이웃에게 내가 먼저 인사해 보자. 이렇게 가까운 이웃을 사랑하다 보면 먼 이웃까지 사랑하게 되고, 작은 사랑이 큰 사랑으로 발전할 수 있다.

　　이웃 사랑의 표준은 강도 만나 거의 죽게 된 자를 정성껏 돌봐 준 '선한 사마리아인'(눅 10:25-37)을 들 수 있다. 우리 주위에 헐벗고 병들고 굶주리는 지극히 작은 자들을 찾아 보살펴야 한다. 나의 낡은 수첩에는 탄자니아 선교사 봉석 형제가 준 「기아대책」 명함이 끼워져 있다. **"지금도 1분에 34명, 1일에 5만 명이 가난과 굶주림으로 죽어가고 있습니다."** 글귀가 마음을 아프게 한다. 전 세계로 눈을 돌려 매일 굶어 죽어가는 50,000명의 형제들에게도 관심을 가지자. 여기 내 형제 중에 지극히 작은 자 하나에게 한 것이 주님에게 한 것이기 때문이다.

---

379) 정부 주도로 1978년 10월 5일 "자연보호헌장"을 선포하고 범국민적인 자연보호운동이 전개되었다.

'6훈(六訓)'380)으로 유명한 경주 최부자처럼 이웃과 인류에 대해 '사회적 책임'을 다하는 자가 되어야 한다. 이웃이 굶을 때 먹을 것을 나눠주고, 고난당할 때 위로해 주고, 눈물 흘릴 때 그 눈물을 닦아주는 것이다.

(3) '애국' 하는 청지기

스스로 나라 사랑하는 국민

나라가 있어야 국민이 있다. 나라가 있어야 가정도, 직장도, 종교도 있다. 1953년 6·25 전쟁이 끝난 해의 1인당 국민소득은 67달러로 세계 10대 빈국에 속했다. 지금은 원조 받던 나라가 원조하는 나라로 성장했고, 세계 12대 경제대국, 세계 7대 수출강국, 1인당 국민소득 32,000 달러(2019년)로 우뚝 올라섰다. 우리 한국 5천만 국민 모두는 이렇게 잘 사는 나라의 혜택을 듬뿍 받고 있다. 5대양 6대주로 뻗어나가는 한국 기업과 온 국민은 모두 감사하는 마음으로 국가에 대한 의무와 책임을 잘 감당해야 한다.

온 국민이 자발적으로 나라를 위해 일하는 자가 되어야 한다. 우리 국민이 애국심으로 뭉치면 '사회 갈등'을 해소하고 '화평'을 이룰 수 있다. 우리는 자발적인 '금 모으기'로 IMF 경제위기를 3년 만에 졸업해 세계를 놀라게 한 자랑스러운 대한민국 국민이다. 애국심이 있으면 나라를 무너지게 하는 10대 병폐도 해결할 수 있다. 나라 사랑은 국민 사랑이요 이웃 사랑이다. 애국심으로 이웃을 내 몸처럼 사랑하고, 정의와 공의를 행한다면 이 땅의 '병폐 문화'를 '성결 문화'로 변혁할 수 있다.

"자기 나라를 사랑하지 않는 글은 글이 아니며, 불의에 격분하지 않는 글은 글이 아니며, 옳은 것을 찬양하고 그릇된 것을 배격하는 사상이 없는 글은 글이 아니라"고 다산(茶山)은 말한다. 임시정부의 문지기를 자청한 김구 선생은 감옥에서 호를 '백범(白凡)'으로 고치면서 우리나라에서 가장 천하다는 백정과 무식한 범부까지 모든 백성이 적어도 나만한 애국심을 가진 사람이 되게 하자는 소원을 표현했다.

'백범(白凡)'이라 함은 우리나라에서 가장 천하다는 백정(白丁)과 무식한 범부(凡夫)까지

---

380) ① 과거를 보되 진사 이상 벼슬을 하지 말라 ② 만석 이상의 재산은 사회에 환원하라 ③ 흉년 기에는 땅을 늘리지 말라 ④ 과객을 후하게 대접하라 ⑤ 주변 100리 안에 굶어 죽는 사람이 없게 하라 ⑥ 시집 온 며느리는 3년간 무명옷을 입어라

전부가 적어도 나만한 애국심을 가진 사람이 되게 하자 하는 내 소원을 표현하는 것이니, 우리 동포의 애국심과 지식의 정도를 그만큼이라도 높이지 아니하고는 완전한 독립국을 이룰 수 없다고 생각한 것이다.

　나는 감옥에서 뜰을 쓸고 유리창을 닦을 때마다 하나님께 빌었다. '우리나라가 독립하여 정부가 생기거든 그 집의 뜰을 쓸고 유리창을 닦는 일을 하여 보고 죽게 하소서!' 하고.381)

'대부여 9서(九誓)' 중 일곱 번째(勇)에는 전쟁이 났을 때 나라를 위해 용감히 싸우다 죽는 것이 나라와 주권이 없이 비참하게 노예처럼 사는 것보다 나음을 강조하였다.

　"전쟁터는 나라의 존망이 결정되는 곳으로 나라가 없으면 임금과 아비가 허수아비로 전락하고, 집 주인이 바로 서지 못하면 처자는 남의 노비가 된다. … 나라 없이 살고 주권 없이 살아남는 것보다 차라리 나라를 보존하고 죽으며, 주권을 세우고 생을 마치는 것이 낫다"(안함로 외, 540).

국리민복을 위해 일하는 100만 공무원

　공무원들은 국민 전체의 봉사자로서 나라와 국민을 위해 일해야 한다. 자유민주주의 국가는 입법부와 행정부, 사법부의 삼권이 분립되어 견제와 균형을 이룬다. 이 세 기관이 나라를 다스릴 때는 공의와 정의를 실천해야 한다. 대통령과 100만 공무원은 다산이 『목민심서』에서 말한 "치자(治者)로서의 목(牧)이 민(民)을 위해 있는 것이지 민이 목을 위해 있는 것이 아니다"라는 말을 명심해야 한다. 10대 병폐 문화 변혁에 100만 공무원들이 앞장서야 한다.

　첫째 입법부는 창조주의 법도를 근거로 한 정의로운 입법을 해야 한다. 그래야 국민들이 준법정신을 가지고, 법치주의가 정착될 수 있다. 국회의 입법과정에서부터 절차적 정당성을 확보해야 한다. 그리고 법의 목적인 정의를 법률안에 담아야 한다. 국민들의 준법정신도 고양해야 한다. **법의 정당성이 확보되어야 국민들이 법의 강제성에 동의하고 자발적으로 준법정신을 발휘하게 된다.**

　우리나라는 일제 35년의 식민지 시대와 18년의 군사 정부 등을 거치는 동안 정당하지 않

---

381) 김구, 193쪽.

는 입법과 법 집행에 항거하는 민주화 운동이 거세게 일어났다. 준법 자체가 식민 통치와 독재 체제를 인정한다는 인식 때문에 현행법을 무시한 많은 시위와 투쟁들이 일어났다. 당시에는 법 질서에 항거하는 것이 애국이요, 민주화에 공헌하는 것이었다. 그러나 이제는 민주화가 고착되어 가는 시대이다. 정의로운 입법과 국민의 준법정신이 사회 갈등을 줄이는 지름길이 될 수 있다. 국민이 잘 지킬 수 있는 정의로운 입법을 위해 국회의원 300명과 4,000명 국회 직원들의 책임이 막중하다.

둘째 행정부는 국회에서 의결한 법률에 따라 정책을 국리민복을 위해 공정하게 집행해야 한다. 대통령은 세종대왕처럼 애민정신과 양민(養民)정신이 투철해야 한다. 법치주의를 강화하고 국방을 튼튼히 해야 한다. 신상필벌을 강화하여 국가기강을 바로 세워야 하지만, 관용의 정치도 베풀 수 있어야 한다. 공정한 역사 서술로 민족혼을 일깨우고 애국심을 고취해야 한다.

각부 장관과 공무원들은 율곡처럼 직언으로 부국강병책을 제시하고 꿋꿋이 정책을 관철시켜야 한다. 율곡은 경연 석상에서 10년 내에 닥칠 환란을 대비하여 '십만 양병론'을 주장하였다. 「동호문답」에서 징세를 균등하게 하고, 부역을 공평하게 하며, 하급관리들의 부정과 가렴주구를 엄벌할 것을 건의하였다. 「만언봉사」에서도 먼저 임금이 성실한 마음을 열어 뭇 신하의 충정(衷情)을 얻어야 하고, 절약과 검소를 실천하며, 군정을 개혁하여 안팎의 방비를 굳건히 해야 한다고 호소했다. 나라에 이익이 된다면 자신을 끓는 가마솥에 던지고 도끼로 목을 자른다 해도 피하지 않겠다고 했다.

1950년 8월 6·25 전쟁 때 국가존망의 격전지 다부동 전투에서 백선엽 장군은 "내가 후퇴하면 너희들이 나를 쏴라!"고 부하들에게 말하고, 사단장이 선두에 서서 싸웠다. 그 결과 북한군 2만여 명의 총공세를 8,000여 명의 제1사단 병력으로 막아내었다. 이 낙동강 최전선 다부동 전투의 승리는 이후 연합군의 반격과 인천상륙작전 성공의 계기를 만들어 나라를 구했다.[382]

"우리는 여기서 더 후퇴할 장소가 없다. 더 갈 곳은 바다밖에 없다. 저 미군을 보라. 미군은 우리를 믿고 싸우고 있는데 우리가 후퇴하다니 무슨 꼴이냐. 대한 남아로서 다시 싸우자. 내가 선두에 서서 돌격하겠다. **내가 후퇴하면 너희들이 나를 쏴라**"(백선엽, 『군과 나』).

---

382) 신동아, "내가 만난 백선엽은 진정한 영웅이었다", 2020. 8월호.

셋째 사법부는 법을 바르게 해석하여 정의에 근거한 공정한 판결로 공의를 세워야 한다.
법률상의 분쟁이 있는 경우에 법원은 합법성 여부를 판단하여 선언함으로써 국법질서를
유지하고, 분쟁 해결에 기여할 수 있다. 헌법 103조는 **"법관은 헌법과 법률에 의하여 그
양심에 따라 독립하여 심판한다"**고 규정하였다. 법을 해석하는 것은 법관이지만, 법관이
자기 마음대로 해석해서는 안 된다.

① 깨끗하고 공정한 '**양심**'에 따라 법을 해석하고 심판해야 한다. 이 때의 양심은 "법관
개인의 주관적·도덕적 양심이 아니라 법관으로서 객관적·직업적 양심"을 말한다. 따라서
'인간으로서의 양심'과 '법관으로서의 양심'이 충돌하는 경우에는 후자를 우선해야 한
다.[383]

② '**헌법과 법률**'에 따라 정의롭게 심판해야 한다. 국민의 대표기관인 국회가 제정한 헌
법과 법률에 따라 심판하는 것은 법치국가의 원리에 따른 것이며, 재판의 정당성을 보장하
기 위한 것이다.[384] 정의로운 판결은 정의를 확산시키지만 불의한 판결은 불의를 확산시킨
다. 정의의 판결은 신선한 샘물과 같아 이 물을 먹는 모든 자를 살리지만, 불의한 판결은
오염된 샘물과 같아 이 물을 먹는 모든 사람을 병들게 한다. 한 법관의 판결은 피고인을
죽일 수도, 살릴 수도 있고, 모든 국민의 행위 기준이 되므로 정의로운 심판이 더없이 중
요하다.

③ '**독립**'하여 심판하여야 한다. 법관은 심판할 때 다른 어떤 기관이나, 사람, 금전 등의
영향을 받아서는 안 된다. 법원 내부와 다른 국가기관, 언론기관, 사회단체, 소송 당사자
등의 영향을 받지 말고 독립하여 심판해야 한다. 3,000명 법관 한 사람 한 사람이 하나님
을 대신하여 국민의 생명과 재산의 최후 보루 역할을 하므로 반드시 정의로 재판해야 한
다.

3) 창의력과 분별력을 가진 '지혜인'이 되자

지혜인은 시대와 상황을 분별하여 병폐 문화를 변혁할 선각자이다. 인간의 소리만 듣는
것이 아니라 먼저 창조주 하나님의 소리를 듣고, 자연의 소리도 들어야 한다.

(1) 지혜인이 제4차 산업혁명 시대에 '**홍익인간**'을 실천할 수 있다

---

383) 정회철, 『헌법』(도서출판 여산, 2009), 1188쪽.
384) 위의 책, 같은 면.

인공지능이 인간을 앞서는 시대

AI(인공지능),[385] 로봇, 드론, 사물인터넷, 무인 자동차와 무인점포 등 새로운 환경의 제4차 산업혁명시대에 지혜가 없으면 가정이나 직장이나 국가에 짐이 될 수 있다. 하나님이 주시는 비전을 통하여 자신이 가장 잘할 수 있는 사명을 찾아 생명 걸고 완수해야 한다. 인공지능(AI)은 눈부신 발전을 거듭해 이젠 몇몇 분야에서 인간의 능력을 앞서고 있다. 1997년 '딥 블루'라는 인공지능 컴퓨터가 세계 체스 챔피언을 이긴 이래, 2011년에는 IBM 왓슨이 인간과의 퀴즈 대결에서 승리했으며, 2016년에는 인공지능 알파고가 세계 제일의 바둑 명인 이세돌을 이겼다.

2020년에는 구글의 유방암 탐지 인공지능이 그 분야 전문의를 눌렀다.[386] 의사가 직접 하던 수술도 로봇이 하거나 로봇의 도움을 받아 더 잘하고 있다. 금융회사인 골드만삭스가 최근 발표한 인공지능 시스템 '워런'은 애널리스트 15명이 꼬박 4주 동안 해야 하는 데이터 수집·분석과 시장 예측을 불과 5분 만에 해낸다고 한다.[387] 24시간 계속 일하고, "월급 올려 달라"고 불평하지 않으며, 오직 나를 위해 일하는 인공지능 노예가 지금까지 사람이 하던 일을 더 잘해 나간다면 누가 그것을 마다하겠는가.

'홍익인간'을 실천하는 지혜인

지금은 정보와 기술, 자본을 가진 자가 온갖 것을 독차지하는 제4차 산업혁명 시대이다. 그러나 세계 인구의 17%가 아직 제2차 산업혁명을 경험하지 못한 상태고, 아직 전기를 사용하기 어려운 사람이 약 13억 명에 이른다. 제3차 산업혁명 역시 혜택을 못 받는 자가 다수이다. 전 세계 인구의 절반이 넘는 40억 명은 인터넷을 사용하지 못하고 있으며, 이들 대부분은 개발도상국에 살고 있다.[388] 인류가 함께 나누며 행복하게 사는 방법은 없을까? 빈부귀천을 막론하고 모든 세계인을 널리 이롭게 하는 **'홍익인간'의 이념을 실현하는 지혜인**이 나와야 한다. 지혜는 지식을 활용하고, 시대를 분별하며, 인류를 행복하게 하는 능력이다. 지혜인은 비전을 발견하고 사명에 충성하는 자이다. 사랑은 지혜로운 자가 하는

---

385) 인공지능(Artificial Intelligence)은 인간의 지능이 가지는 학습, 추리, 적응, 논증 따위의 기능을 갖춘 컴퓨터 시스템을 말한다.
386) 중앙일보, "절판 책값 260억원 … 너무 부지런했던 인공지능의 참사", 2020. 02. 10.
387) 중앙일보, 위의 기사.
388) 클라우스 슈밥, 『클라우스 슈밥의 제4차 산업혁명』, 송경진 역 (메가스터디, 2016), 27쪽.

것이다. 어리석은 자는 자신만 사랑하고, 일시적으로 사랑하고, 조건적으로 사랑하지만, 지혜로운 자는 만물을 사랑하고, 일평생 사랑하고, 조건 없이 사랑한다. 지금은 인공 지능, 로봇 등과 사람이 경쟁하는 시대다. 천지인을 사랑하는 지혜인이 나와 온 인류를 행복하게 하는 '사상'을 정립하고, 약자의 눈물을 닦아주는 선봉에 서야 한다.

천지인 사상으로 무장하고 홍익인간의 이념을 가진 **지혜인의 '창의'로 사대주의·공산주의 (병폐 10호)를 능가하는 자유민주주의·시장경제 이론을 정립**해야 한다. 유물론에 기초한 공산주의는 창조주를 대적하는 사상이다. 하나님 형상 따라 창조된 천부인권(天賦人權)을 귀히 여기는 민주주의를 바로 세워야 한다. **창조주의 뜻인 자유와 민주, 순리의 법도를 세우고, '인간의 존엄성'과 국민주권, 법치주의가 시행되는 나라**를 만들어야 한다. **자유 경쟁과 기회 평등, 자유권과 생존권이 보장되는 인간다운 삶**을 살 수 있는 나라를 후손들에게 물려주어야 한다.

(2) 지혜인의 **'창의'** 로 세워야 할 대책과 일거리

'창의'로 세워야 할 4차 산업혁명 대책

첫째 제4차 산업혁명으로 야기되는 **부유층과 빈곤층, 강자와 약자 사이의 불공평과 불평등을 해소**하고 온 인류가 함께 평화롭게 잘 살 수 있는 방안을 마련해야 한다. 정보와 지식의 불균형이 부와 권력의 불균형으로 진화하고, 갈등과 분쟁으로 비화되는 것을 사전에 예방하고 적절히 통제해야 한다.

둘째 **AI와 로봇, 무인 시스템 등으로 야기되는 노동자의 대량 실직에 대한 대책**을 마련해야 한다. 단순 반복적인 노동뿐만 아니라 검표원, 판매원, 전화 판매원, 운전기사, 은행원 등을 비롯하여 세무사, 회계사 등 상당수의 전문 직종도 로봇이나 AI 등이 대체할 수 있다. 대량 실직은 불을 보는 것처럼 분명하다. 인류를 사랑하는 지혜인들이 이에 대한 대책을 미리 마련해야 할 것이다.

셋째 **자연을 보호하는 획기적인 방안**을 마련해야 한다. 기술 발달과 산업 발전은 환경오염과 난개발을 야기할 수 있다. 지금도 환경오염으로 인한 경제적 비용이 천문학적이다. 하나뿐인 지구를 깨끗하게 살려야 하나뿐인 인간 생명도 건강하게 살 수 있다. 이 모두가 천지인 사상을 가진 헌신적이고 사명감을 지닌 지혜인이 해결할 수 있는 일이다.

사라지는 '일자리'와 찾아야 할 '일거리'

이원욱 의원은 인공지능 로봇의 발전으로 우리 '일자리' 중 45%가 머지않아 사라질 것이라고 말한다.[389] 제4차 산업혁명 시대에는 인간이 만든 기술과 기계가 인간을 압도하고 있다. 단순 노동은 이제 인공지능이나 로봇이 다할 수 있다. 3차 산업혁명 때는 AI가 육체노동을 자동화했지만, 4차 산업혁명에는 지식노동인 변호사와 의사의 일도 자동화되고 있다.

4차산업혁명 시대는 선두 주자가 이익과 혜택을 독차지할 수 있는 구조이다. 단순 모방만으로는 아무리 올라가도 후발 주자에 머무른다. 지식은 서적, 도서관, 인터넷 등을 통하여 다양하게 얻을 수 있다. AI나 로봇 등이 할 수 없는 것들을 개발해 내야 한다. 이제는 SKY 학벌이 중요한 것이 아니라 창의적인 지혜자가 필요하다. 세종대왕의 '한글'을 보라. 얼마나 쓰고 읽기에 편리한가? 하늘과 땅, 인간이 내는 수많은 소리를 전부 적을 수 있는 세계 유일의 글자가 바로 우리 한글이다. 에디슨(Thomas Alva Edison, 1847-1931)은 초등학교 세 달만 다녔지만, 백열등, 전신기, 축전지, 전화기, 전신기, 영사기, 축음기 등 1,000여 종의 발명을 하여 인류를 행복하게 하고, '발명왕'으로 이름을 날렸다. 세종대왕과 같은 지도자와 에디슨과 같은 발명왕이 이 시대 우리나라에서 나오기를 기원한다.

우리 주위의 자연에는 지혜인이 찾아보면 인류를 먹여 살릴 수 있는 수많은 '일거리'와 '먹거리'가 있다. **물리학, 디지털, 생물학 등의 융합으로 새로운 일거리를 창출**해야 한다. 태양과 바다, 산과 강 등 자연에서 인간에게 유익한 것을 찾아내고 필요한 발명품을 만들어야 한다. 수질분야의 전문가는 4대강 보에서 생긴 녹조를 이용해서 친환경 플라스틱과 바이오 에너지, 화장품을 만들 수 있다고 한다.[390] 표면 온도가 6,000°C인 태양을 연구하면 엄청난 에너지를 찾을 수 있다. 3면이 바다인 우리나라는 해양 동식물에도 수많은 유익한 자원들이 잠재되어 있다. 참다랑어, 다금바리, 돌돔, 붉바리, 대문어, 돌가자미, 연어, 참치 등 고급 어종 양식도 훌륭한 자원 활용 방안이다. 국토의 65.2%가 산지인 이 나라의 숲에도 다양한 보물들이 숨겨져 있다. 나무와 약초, 야생초, 곤충, 버섯 등이 인간을 살리는 재료가 될 수 있다. 우리 모두가 지혜인이 되어 이런 유익한 것들을 찾아야 한다.

---

389) 조선일보, "여당서 나온 인국공 소신 발언", 2020. 6. 28.
390) **www.donga.com/news**, 2019. 3. 22.

(3) 지혜는 창의력, 분석력, 종합력, '**분별력**'을 포함한다

　지혜인은 인공지능이나 로봇이 할 수 없는 능력을 갖춘 자이다. 인공지능·로봇 등이 할 수 없는 것들을 사람이 해야 한다. 『최고의 교육』을 지은 미국의 발달심리학자 골린코프(R. M. Golinkoff) 교수는 21세기 핵심 역량으로 6C를 들었다. 이는 ① 협업능력(Collaboration), ② 소통능력(Communication), ③ 창의적 혁신(Creative Innovation), ④ 비판적 사고(Critical Thinking), ⑤ 자신감(Confidence), ⑥ 콘텐츠(Content)이다. 이 중 콘텐츠는 인공지능이 인간과 비교할 수 없이 많은 내용과 정보를 단시간에 파악할 수 있다. 자신감도 인공지능이나 로봇에 인간은 비교할 수 없다. 인간은 망설이고 좌절할 수 있지만 인공지능이나 로봇은 이런 것이 전혀 없다. 인간만이 할 수 있는 것이 무엇일까?

　첫째는 창의력이다. 전지전능하신 하나님의 지혜로 인공지능이 할 수 없는 창의력을 계발(啓發)해야 한다. 창의력은 영력(靈力)에서 나오며 창조주의 영인 성령으로부터 받는 것이다. 창의력은 완전한 자유에서 나오는 자발성과 엄청난 몰입이 요구된다. 제4차산업혁명 시대에 모방으로는 일류가 될 수 없다. 세계 제일의 걸작품은 하나님의 지혜로 산출해야 한다. 기회가 안 오면 기회를 찾아내야 하고, 일거리가 없으면 새로운 일거리를 만들어야 한다. 어려운 문제를 해결할 수 있는 능력이 창의력이다.

　둘째 분석력이다. 복잡한 현상이나 대상을 그것을 구성하는 단순한 요소로 분해하는 능력을 말한다. 다양한 사람들이 다양한 관점에서 분석할 수 있다. 자료를 구성요소나 부분으로 분할하여 부분의 확인, 부분간의 관계의 확인 및 부분들의 조직원리를 찾아내는 것이다.391) 무너지는 한국의 복잡한 현황을 분석하여 문제점을 발견하고, 효과적인 해결책을 제시하는 다양한 전문가들이 나와야 한다.

　셋째 종합력이다. 다양한 지식을 종합하여 경제적 부가가치 창출로 연결시켜야 한다. 시너지(synergy) 효과를 발휘해야 한다. 천지인이 합력하여 조화를 이루어야 한다. 하나님과 인간, 자연과 인간, 인간과 인간과의 조화가 이루어져야 시너지 효과가 발생한다. 각 학문과 이론, 기술 등의 적절한 조합과 융합으로 새로운 부가가치를 창출해야 한다. 세계 제일의 한국 정보기술(IT)을 중심으로 문화콘텐츠 기술(CT), 생명공학 기술(BT), 환경공학 기술(ET) 등과의 조합으로 새로운 기술을 발명하고, 다양한 부가가치를 산출할 수 있다.

　넷째 분별력이다. 분별력은 세상의 물정이나 돌아가는 형편을 사리에 맞도록 헤아려 판단하고 결정하는 능력이다. 어떤 일의 시작과 전개와 종결과 평가에서 수많은 판단이 개입

---

391) 네이버 지식백과, <교육학 용어>, "분석력".

된다. 옳고 그른 것, 좋고 나쁜 것, 아름답고 추한 것, 선하고 악한 것, 중대하고 경미한 것, 근본과 말단 등의 평가와 결정에서 옳고, 좋고, 아름답고, 선하고, 중대하고, 근본적인 것을 우선적으로 판단하고 결정하여야 한다. 인간의 지식만으로는 바른 판단과 결정을 할 수 없으므로 하늘의 지혜로 올바른 분별력을 적절히 행사해야 한다.

지혜는 창조주를 경외함에서 얻을 수 있다

지혜를 얻으려면 **첫째 창조주 하나님을 경외**해야 한다. 지혜는 사물의 도리와 시비·선악을 분별하여 올바로 처리하는 능력이다. 세상에 산처럼 쌓여있는 지식을 활용하여 인류를 구원하고 자연을 보호하며 인간 모두에게 행복을 주는 지혜가 필요하다. 인간의 지혜는 한계가 있다. 그래서 하나님의 지혜가 필요하다. 전지전능하신 창조주의 능력을 전수 받아야 한다. 세상에서 가장 지혜로운 자 솔로몬이 잠언에서 **"여호와를 경외함이 지혜의 근본"**(잠 9:10)이라고 말한다. 지혜의 시작과 원천이 바로 전지전능하신 창조주이다. 최병헌 교수는 하나님께서 짐승과 달리 사람에게 생각하는 재능을 주시고, 또한 '영혼'을 주심으로 하늘의 이치(天理)와 땅의 이치(地理)를 깨닫고 지혜를 늘릴 수 있다고 했다.[392] 하나님을 경외하는 자는 말씀에 순종하는 자이다. 하나님이 명령하신 규례와 법도를 잘 지켜 행하는 것이 지혜라고 말한다(신4:5-6).

둘째 기도해야 한다. 인간에게 구하면 불완전한 인간의 지혜를 얻지만 절대자께 구하면 완전한 절대자의 지혜를 얻을 수 있다. 누구든지 지혜가 부족하여 기도하면 후히 주시고 꾸짖지 아니하시는 하나님이 주시겠다고 약속하셨다. 오직 믿음으로 구하고 조금도 의심하지 않는다는 조건이 붙는다(약1:5-6). 기도하는 자는 겸손한 자이다. 겸손한 자가 하나님을 경외하고 겸손한 자가 기도할 수 있다. 이런 자에겐 지혜가 선물로 따라 온다. 이와 같이 겸손한 자에겐 지혜와 존귀가 오지만 교만한 자에겐 미련과 패망이 온다.

셋째 믿음으로 전진하고 상상력을 발휘해야 한다. "믿음은 바라는 것들의 실상이요, 보이지 않는 것들의 증거"(히11:1)이다. 하버드 심리학연구소를 설립한 제임스(William James) 교수는 "상상하는 모든 것은 당신의 것이 될 수 있다"고 하며, 사람들은 자신의 잠재력을 일부밖에 사용하지 못하고 있다고 한다. 어떤 위대한 과학자나 발명왕도 자신의

---

392) 최병헌, 『성산명경』(동양서원, 1911), 36-38, 60쪽.

두뇌의 극히 일부분만 활용하고 있다. 우리 인간은 모두 창조주 하나님의 형상을 닮은 인간이기 때문에 전지전능한 창조주처럼 무한한 지혜와 능력을 가지고 있다. 대부분의 인간은 거짓과 탐욕에 매여 자신이 이런 무한한 잠재력을 가지고 있는 것조차 모르고 있고 무한한 창의력을 묻어버리고 있다.

넷째 지혜는 성령을 통하여 받는다.[393] 성령은 전지전능하신 하나님의 영이며, 지혜와 총명의 영이며, 모략과 재능의 영이다(사11:2). 지혜인은 성령의 내주(요14:16)와 인도(롬8:14)를 받는 자이다. 선진 한국이 되려면 하드 파워(hard power)와 소프트 파워(soft power), 스피릿 파워(spirit power)를 갖춰야 하며 **특히 스피릿 파워인 영력(靈力)이 있어야 한다**. 이 영력은 창조주 하나님의 영인 성령으로부터 받는 것이다. 성령 받은 지혜인은 이기적인 사랑이 아니라 이타적인 사랑을 할 수 있다. 이러한 헌신적인 사랑을 하는 지혜인이 주어진 사명에 생명 걸고 충성하여 가정을 살리고 직장을 살리고 나라를 살리며 인류를 살릴 수 있다.

이 성령을 무시하고 우리 인간은 자기 멋대로 행하다 실패와 고난을 당한다. 어떤 길은 사람의 보기에 바르나 필경은 사망의 길(잠14:12)이다. 인간의 계획과 결정에는 한계가 있다는 것이다. 일을 계획하는 것은 사람에게 있으나(謀事在人) 일을 성취하는 것은 하늘에 달려있다(成事在天). 그래서 인간은 모두 겸손해야 한다. 사람이 마음으로 자기의 길을 계획할지라도 그의 걸음을 인도하시는 이는 여호와이다(잠16:9). 우리가 하나님의 지혜를 얻어야 하는 이유가 여기에 있다.

(4) 정책과정 등 중요한 일은 천지인 관점에서 분석하고 평가해보자

정책과정(政策過程, policy process)은 보통 ① 정책의제 설정 단계 ② 정책형성 단계 ③ 정책채택 단계 ④ 정책집행 단계 ⑤ 정책평가 단계로 나눈다. 조직이나 국가의 중요문제를 해결하기 위한 정책과정 첫 단계인 정책의제 설정 단계에서 마지막 단계인 정책평가 단계까지 천지인(天地人)의 관점에서 살펴봐야 한다. 천명인 공의와 정의를 따르고, 자연을 보호하고, 인간을 사랑하느냐는 면에서 분석하고 평가해 보아야 한다. 경제적 측면에 중점을 둔 '타당성조사'만으로는 부족하다.

---

393) 창조주 하나님의 영인 **성령은 어떻게 받는가?** "누구든지 예수를 하나님의 아들이라 시인하면 하나님이 그의 안에 거하시고, 그도 하나님 안에 거하느니라"(요일4:15).

창의력과 분석력, 종합력, 판단력을 갖춘 지혜인들이 홍익인간의 이념을 실천하는가를 공정하고 엄밀하게 평가해야 한다. 이렇게 천지인의 관점에서 평가해야 하는 이유는 **첫째 모두를 행복하게 하기 위함이다. 둘째 시행착오를 줄이기 위함이다. 셋째 우리 후손들에게 선진 한국을 물려주기 위함**이다.

① 하나님의 법도에 맞는가?

창조주 하나님의 법도에 맞는 정책이어야 한다. 하나님의 법도는 인간 모두를 행복하게 하는 법과 제도이다. 올바른 통치와 공정한 재판을 행하는 '공의(公義)'가 샘물처럼 솟아나고, 진실과 공정, 성실을 갖춘 '정의(正義)'가 강물처럼 흘러야 한다. 창조주 하나님을 경외하고 부모님을 공경하는 정책이어야 한다. 천하보다 귀한 생명을 중시하는 정책이어야 한다. '생명 복제' 문제가 대두되는 오늘날 생명의 존엄성과 생명윤리에 관한 판단은 매우 중시된다. 산모의 자기결정권보다 말 못하는 태아의 생명권이 더 중시되어야 한다.

② 자연을 아끼고 보호하는가?

자연은 보전이 원칙이다. 자연은 인간의 생활터전이며, 창조주의 신성이 깃들어 있다. 하나님이 최고 작품으로 창조하신 자연이다. 그러므로 우리와 자손만대가 자연을 아끼고 보전하는 정책이어야 한다. 창조 질서에 순응하고 자연의 순리에 맞는 정책이어야 한다.

자연을 개발할 때는 공익을 위하여 필요최소한으로 하여야 하고, 정복이 아니라 관리해야 한다. 자연 파괴가 아니라 최유효사용 원칙을 지켜야 한다. 이 원칙은 자연의 가치를 최대로 올릴 수 있는 합법적이고 합리적인 최고·최선의 이용 원칙을 말한다.

③ 인류를 사랑하고 유익하게 하는가?

인류를 사랑하고 인간을 널리 행복하게 하는 '홍익인간'의 정책이어야 한다. 자유를 신장하고, 약자를 배려하며, 만민에게 평등한 정책이어야 한다. 소수의 권력자가 독재하는 나라가 아니라, 주권자인 국민이 참여할 수 있는 나라, 공정한 선거로 국민들이 뽑은 대표가 국민을 위해 일하는 나라를 만드는 정책이어야 한다.

당대(當代)만 잘 살고 마는 정책이 아니라, 우리 후손들이 자손만대 행복하게 살 수 있는 정책이어야 한다. 다산(茶山)의 삼민주의(民本·民生·民文)처럼 왕이나 기득권층을 위한 것이 아니라 온 백성을 위한 정책이어야 한다. **국민을 살리는 정치, 함께 잘 사는 경제, 성결한 사회, 창의가 넘치는 문화의 나라를 만드는 정책**이어야 한다.

5장 천지인 사상의 실천 인물

우리 조상들 중에는 천지인 사상을 자신이 먼저 깨달아 실천하고, 온 천하에 펼친 위대한 선각자들이 있다. 인물 선정기준은 ① 자신의 종교에서 천명 순종과 자연 보호, 인간 사랑을 성실히 실천한 자로 ② 천부적 재능과 지혜로 일평생 사명에 충성하고 ③ 백성과 나라를 사랑하며, 그 삶이 백성들의 본이 되며 ④ 정의와 진리, 자유를 위해 희생하는 삶으로 국내외에 선한 영향력을 미친 자를 각 종교에서 2~3인을 선정하였다.

1. 불교

1) 일심과 무애의 자유인 해동성자 원효

해동성자(海東聖者)로 불리는 원효(元曉, 617-686)는 진평왕 39년에 태어나 신문왕 6년 70세로 세상을 떠났다. 그는 선덕여왕, 진덕여왕, 태종무열왕, 문무왕 등 여섯 왕을 거치면서 '전쟁은 일상화되고, 죽음은 현재화'되는 대립과 갈등의 시대를 살았으며, 백제 멸망(660년)과 고구려 멸망(668년), 당나라 군대 축출(676년)로 요약되는 '일통삼한'(一統三韓) 전쟁의 시대를 거쳤다.394) 이 혼란의 시기에 백제와 고구려 유민의 위무와 통합, 통일신라의 이념체계 확립에 원효 사상이 크게 기여하였다.

입당하려는 중도에 해골이 있는 무덤에서 삼계가 오직 마음뿐이라는 깨달음을 얻고 원효는 당나라에 가지 않고 신라로 돌아왔다. 그 후 원효는 『대승기신론소』, 『금강삼매경론』 등 수많은 저술을 통하여 세계적인 불교 사상가로 우뚝 섰으며, 일심 사상과 화쟁 사상, 무애행을 통하여 분열된 신라의 민심 통합과 중생제도에 힘썼다. 그는 일평생 **'일심'**이라는 **목표**를 설정해 놓고 **'화쟁'**이라는 **방법**으로 실천하며, **'무애'**라는 **행동**을 통해 백성을 교화하였다.

(1) 일심(一心) 사상

팔만 사천 불교 경전을 한 글자로 녹이면 마음 '심(心)' 자 하나라고 한다. 이 마음의 핵

---

394) 김석근, "화쟁과 일심", 『정치사상연구』 제16집 1호, 2010, 176쪽.

심을 '일심'으로 보고, 일심사상을 한국불교 속에 정착시키고 화합과 통합의 사상으로 발전시킨 것이 원효(元曉)이다. 중관파(中觀派)와 유식파(唯識派)를 비롯한 수많은 불교 종파의 이론을 하나로 모으고, 신라 백성과 백제·고구려 유민들의 마음을 하나로 모으는 기준이 바로 일심이다.

원효가 『대승기신론소』에서 "삼계395)의 모든 법은 오직 마음이 지은 것이다(三界諸法唯心所作)."라고 한 것은 『십지경(十地經)』의 "삼계는 다만 일심이 지은 것이다(三界但一心作)"와 같은 내용이다.396) 『화엄경』은 '일심'을 아래와 같이 표현한다.

삼계는 오직 일심이다. 마음 밖에 따로 진리가 없고, 마음·부처·중생 이 셋은 차별이 없다(三界唯一心 心外無別法 心佛及衆生是三無差別).

삼라만상의 모든 존재는 모두 일심에 의하여 일어난 것이므로 부처나 중생도 결국 일심으로 돌아가면 다름이 없다.397) 『대승기신론소』에서 그는 일심을 "더러움과 깨끗함, 참과 거짓은 본성이 하나이며, 이 하나인 본성 스스로 신령스럽게 아는 마음"이라고 정의한다.

무엇을 일심이라 하는가? 더러움과 깨끗함의 모든 존재는 그 본성이 둘이 아니고, 참과 거짓의 두 문도 다름이 없으므로 **'하나'**(一)라 이름한다. 이 둘이 없는 곳에서 모든 존재는 진실에 맞아서(中實) 허공과 같지 않으며, 그 본성은 스스로 신령스럽게 이해함(神解)으로 '마음'(心)이라 한다.

何爲一心 謂染淨諸法其性無二 眞妄二門不得有異 故名爲一.
此無二處 諸法中實 不同虛空 性自神解 故名爲心.398)

원효는 『대승기신론소』에서 일심을 보다 체계적으로 전개시켜 이문(二門)·삼대(三大)·사신(四信)·오행(五行)으로 확대시켜 나갔다. 오행은 오문(五門)을 말하는데 ① **베풀어주라(施門), ② 계율을 지켜라(戒門), ③ 참고 용서하라(忍門), ④ 부지런히 힘써라(進門), ⑤ 마음을 가라앉히고 고요히 관조하라(止觀門)**이다.399)

이 일심은 단순한 인간의 마음이 아니라 **'인간을 포함한 모든 존재를 자기 안에 평등하게**

---

395) 미혹한 중생이 윤회하는 욕계(欲界)와 색계(色界), 무색계(無色界)를 말한다.
396) 은정희 역, 『원효의 대승기신론소.별기』, 227쪽.
397) 김종의, 『일심과 일미』(신지서원, 2003), 120-121쪽.
398) 원효, 의상, 지눌, 『한국의 불교사상』, 이기영 역 (삼성출판사, 1977), 410-411쪽.
399) 『한국민족문화대백과』, "일심"

감싸주는 우주적인 마음' 곧 무량(無量)·무변(無邊)한 대승(大乘)의 마음이다.[400] 이와 같은 원효의 일심사상은 우리 불교의 중심사상이 되었고, 통일신라의 이념체계 수립과 국론 통일에 기여하였으며 우리 민족문화의 한 뿌리가 되었다. 갈등 비용이 연간 200조 원이 넘고, 진보와 보수의 이념 갈등이 치열한 한국 현실에서 원효의 일심사상은 우리 국민 모두가 마음에 새겨야 할 고귀한 민족 사상이다.

(2) 화쟁(和諍) 사상

화쟁(和諍)사상은 논쟁을 화합으로 바꾼다는 사상이다. 석가 생존 시에는 그의 설법을 제자들과 중생들이 직접 들어 이론(異論)이 별로 없었으나 그의 사후에는 각양각색의 이론들이 나오고 무수한 논쟁이 벌어졌다. 이런 여러 논쟁들을 화합하여 귀일(歸一)시킨 것이 화쟁사상이다. 현상은 하나인데 사람마다 계층·지역·학력·성격 등이 다르므로 표현이 다를 수밖에 없다. 이렇게 각기 다른 견해와 이론들을 통합하는 화쟁의 궁극적인 지향점, 목표는 무엇일까? 그것이 바로 부처의 진리요, 원음(圓音)이요, 지혜인 **'일심'**이다.

가. 논쟁의 원인

논쟁이 생긴 근원적인 이유를 원효는 석가의 온전한 뜻(圓音)이 중생에게 전달되는 방법으로 '명료한 표현'(顯了)과 '숨겨진 뜻'(隱密)이 있는데 이를 혼동하는데서 비롯되었다고 『열반경종요』에서 말한다.[401]

육신의 몸을 가진 인간의 두뇌는 제한되어 있다. 전지전능하신 절대자의 뜻을 이해할 수 없고, 성인(聖人)의 뜻도 다 알 수 없으며, 방대하고 오묘한 경전의 뜻도 제대로 해석할 수 없다.

또한 번역상의 문제도 있다. 불경은 산스크리트어(梵語)로 되어 있는데 이를 한문으로 옮기는 과정에서 미숙함도 있다. 외국어는 여러 의미를 지니고 있는데, 우리말은 한 편에 치우쳐 능히 그 뜻에 부합하지 못하므로 한 가지 이름으로 번역할 수 없다는 점도 있다(『열반경종요』).[402] 인간의 능력은 한계가 있으므로 누구나 자만하면 안 되고 겸손해야 한다. 혼자 고집 부리면 안 되고 타인의 말을 경청해야 한다.

---

400) 정진일, 371쪽.
401) 김종의, 198쪽.
402) 위의 책, 199쪽.

나. 펼침(開)과 합침(合)

원효는 『열반경종요』에서 화쟁사상의 논리적 근거를 '만류일미(萬流一味)'와 '이쟁화합(異諍和合)'으로 들고 있다.

뭇 경전의 부분을 통합하면 온갖 물줄기가 한 맛 진리의 바다로 돌아가며, 부처의 지극히 공변한 뜻을 펼치면 모든 다른 쟁론을 화합시킨다.

(統衆典之部分 歸萬流之一味 開佛意之至公 和百家之異諍).[403)

펼치면 무량무변(無量無邊)한 뜻으로 종지(宗旨)를 삼고, 합치면 이문일심(二門一心)의 법으로 요체를 삼는다. 이문(二門) 안에 만 가지 뜻을 받아들이면서도 혼란스럽지 않으며 한량없는 뜻은 일심과 같이 혼용되어 있다. 이와 같이 펼침과 합침이 자유자재하며 정립과 논파하는 것이 구애됨이 없다(是以開合自在 立破無礙). 펼친다고 번거로운 것이 아니고, 합친다고 좁아지는 것이 아니다.[404)

다. 정립(立)과 논파(破)

원효는 『대승기신론별기』에서 용수(龍樹)의 중관론이나 십이문론(十二門論)은 논파, 즉 부정만 하고 정립(긍정)하지 않은 점을 비판하고, 미륵(彌勒)의 유가론(瑜伽論)과 무착(無着)의 섭대승론(攝大乘論)은 정립(긍정)만 하고 부정(논파)하지 않은 점을 비판하였다.[405) 형식 논리의 분별하는 지식에 집착한다면 한 쪽만 주장하게 되지만, 집착을 버리고 일심과 일미평등(一味平等)의 입장에서 보면 모두가 다 허용된다. 이른바 정립과 논파(立破), 주고 되찾음(與奪), 허용과 불허(許不許)가 자유자재로 용납되는 것이 바로 원효의 화쟁사상이다.

라. 같음(同)과 다름(異)

각가지 다른 견해의 쟁론이 생겼을 때 광대하고 막힘 없는 불도를 견문이 좁은 인간이 좁은 소견으로 파당을 짓고 편향된 자기 이론을 고집하는 것은 갈대 구멍으로 하늘을 본

---

403) 박종홍, 91쪽.
404) 은정희 역, 『대승기신론소. 별기』, 27쪽.
405) 박종홍, 92-93쪽.

사람이 그 구멍으로 보지 않은 사람은 모두 하늘을 못 보았다고 비방하는 것과 같다.

불도(佛道)는 넓고 넓어 막힘도, 비교할 수도 없으며 길이 의거할 바가 없어 부당함이 없으므로 일체의 다른 뜻(他意)이 모두 부처의 뜻이요 많은 학자(百家)의 설이 옳지 않음이 없고 팔만 법문이 모두 이치에 맞는다고 원효는 말한다.406)

(3) 무애행(無㝵行)은 자유행

원효는 44세(661년) 때 의상과 함께 두 번째로 해로를 통해 입당하려고 했다. 이 때의 이야기가 『송고승전(宋高僧傳)』「의상전」에 실려 있다. 당나라로 가는 경계인 해문(海門)마을에 도착해 큰 배를 구해 바다를 건너려 했다. 중도에 폭우를 만나 길 옆 토굴에 몸을 숨겨 회오리 바람의 습기를 피했다. 날이 밝아 바라보니 해골이 있는 옛 무덤이었다. 하늘에는 궂은 비가 계속 내리고 땅은 질척해 한 발자국도 움직일 수 없었다. 그날 밤도 무덤에서 머물렀는데 귀신이 나타나 놀라게 하였다.407)

> 마음이 일어나니 온갖 법이 일어나고(心生故種種法生)
> 마음이 멸하니 토굴과 무덤이 다르지 않네(心滅故龕墳不二).
> 삼계가 오직 마음뿐이요 만법이 오직 인식뿐이라(三界唯心萬法唯識)
> 마음 밖에 법이 없거늘 어찌 따로 구하겠는가(心外無法胡用別求).
> 나는 당나라에 가지 않겠다(我不入唐).408)

삼계가 오직 마음뿐이라는 깨달음을 얻고 원효는 당나라에 가지 않고 신라로 돌아왔다. 이 깨달음은 그의 삶에 큰 전환점이 되었다. **진리를 찾는 삶에서 진리 따라 사는 삶으로의 전환**이었다. 깨달은 후의 삶을 '무애행'이라 부른다.409) 무애행은 일체에 걸림이 없는 삶이며, 자유의 삶이다. 진리 따라 사는 삶이며, 일심 따라 사는 삶이다. 이는 자신이 먼저 지혜를 깨달아(上求菩提), 중생을 교화(下化衆生)하는 삶이다.

실제로 그는 산사에서 명상에 잠기기도 하지만, 뒤웅박을 두드리며 무애의 노래를 부르고, 어린애들과 함께 놀고, 술집 여인들의 하소연을 듣기도 하였다. 인연이나 경전에 구애

---

406) 원효, 『보살계본지범요기』. 재인용: 박종홍, 「한국사상사」(서문문고, 1999), 99-100쪽.
407) 서울신문, "서동철 논설위원의 문화유산기행, 원효", 2018. 5. 12.
408) 『송고승전』, 「의상전」.
409) 김종의, 24쪽.

받지 않고 자유롭게 믿음을 실천하는 자유행이다. 일연의 『삼국유사』에는 서민들과 함께
한 그의 행적이 이렇게 기록되었다.

> 원효는 파계하여 설총을 낳은 뒤 속인의 옷으로 갈아 입고, 스스로 소성거사(小姓居士)
> 라고 불렀다. 그는 광대들이 가지고 노는 큰 표주박과 같은 것을 만들어서 이를 『화엄경』
> 의 **"일체에 걸림이 없는 사람만이 한 길로 생사를 벗어난다(一切無㝵人 一道出生死)"**는
> 구절을 인용하여 무애박이라 이름 짓고, 무애의 노래를 지어서 세간에 널리 알렸다. 원효
> 는 이 무애박을 가지고 수많은 촌락을 걸어 다니면서 노래 부르고 춤추면서 민중을 교화
> 하였다. 거기에 모든 사람이 그의 교화에 감화되어 붓다의 이름을 알고 '나무불(南無佛)'
> 라고 칭하게 되었다.410)

원효의 철학사상은 이론적·문자적 사상을 넘어 실제적·행동적 사상이고, 그는 믿음과
행함, 진리와 실천을 몸소 행동으로 보여준 위대한 인물이다. 그는 **'일심'이라는 민족 구원
의 목표를 '무애'라는 행동을 통해 실현**하였다.
그는 깨달음을 얻는 자리(自利)에 만족하는 것이 아니라 중생 제도(濟度)인 이타(利他)로
완성시켰다. 중생들을 다 제도하지 못하면 자신의 서원(誓願)도 끝나지 않는다고 말한다.

> 중생들이 모두 제도되어야 나의 서원도 끝날 것이요, **중생들이 다 제도되지 못하면 나
> 의 서원도 끝나지 않으리라.** 이러한 근본 서원을 원만히 성취해야 하기 때문에 미래의 끝
> (未來際)이 다하도록 이어져 끝나지 아니한다(『열반경종요』).411)

(4) 죄에 대한 견해

원효의 『보살계본지범요기』(菩薩戒本持犯要記) 서문에 "'보살계'는 생사의 탁류를 거슬
러 올라가서 일심의 본원(本源)으로 되돌아가는 큰 나루의 구실을 하는 것이며, 삿된 것을
버리고 바른 것을 이룩하는 요긴한 문(門)"이라고 정의하였다. 그리고 어떤 한 가지 행위
를 가지고도 죄가 되느냐 복이 되느냐 하는 판단을 내리기 어려운 경우가 많다고 한다. 그
까닭은 속마음의 삿됨과 순정(淳淨)함을 알기가 어렵고, 복된 일이라고 한 것이 오히려 환
란을 초래하는 수가 있으며, 참되고 올바른 일을 저버리고 지켜야 할 도리를 거슬러서 천

---

410) 김종의, 25쪽.
411) 김종의, 244쪽.

박한 짓을 좇아 행하는 수가 많기 때문이라고 한다.

죄를 짓는 원인

죄를 짓는 네 가지 원인을 ① 무지(無知) ② 방일(放逸) ③ 번뇌 ④ 경만(輕慢)을 들고, 앞의 두 가지는 죄를 범한 사람의 마음 자체가 더럽혀지지 않은 경우이지만, 뒤의 두 가지는 마음이 더럽혀진 경우라고 하였다.[412]

원효는 『대승육정참회(大乘六情懺悔)』에서 여러 가지 죄의 원인을 '무명'으로 보고, 자신과 함께 모든 중생이 오역십악(五逆十惡)의 죄를 저질렀다고 고백한다. 여기서 오역죄는 가장 무거운 죄로 ① 아버지를 죽이고 ② 어머니를 죽이고 ③ 아라한(성인)을 죽이고 ④ 승단의 화합을 깨뜨리고 ⑤ 부처님 법을 훼방함(佛身出血)을 말한다.

그리고 십악은 『사십이장경(四十二章經)』에 있는 10가지 악이다. 그것은 **몸으로 짓는 세 가지**로 ① 산목숨을 죽이는 일 ② 물건을 훔치는 일 ③ 음란한 짓을 하는 일과, **말로 짓는 네 가지**로 ④ 이간질 ⑤ 악담 ⑥ 거짓말 ⑦ 당치않게 꾸미는 말과, **생각으로 짓는 세 가지**는 ⑧ 탐욕 ⑨ 성냄 ⑩ 어리석음이다.[413]

> 나와 중생이 시작도 없는 이전부터 무명(無明)에 취해 한량없는 죄를 짓고 오역십악을 짓지 않은 바 없었다. 스스로 짓기도 하고 남에게 가르치고 남이 하는 것을 보고 기뻐하기도 했다(『대승육정참회』).[414]

죄의 고통과 참회의 중요성

죄를 짓는 자는 그림자가 사물을 따르는 것과 같이 반드시 고통이 따라 온다고 원효는 말한다. 그 고통은 누구도 대신할 수가 없고 자신이 감당해야 한다. 그래서 우리는 죄와 싸우되 피흘리기까지 대항하여야 한다.

> 죄를 짓는 행위(罪業)는 … 그 죄의 결과가 그림자가 사물을 따르는 것과 같이 반드시 따라와 고통을 준다. 그러면 홀로 그 고통과 재액(災厄)을 당해야 하며, 어느 누구도 그

---

412) 『한국민족문화대백과』, "보살계본지범요기"
413) 불교성전편찬회, 『불교성전』(동국역경원, 2016), 266쪽.
414) 김종의, 251쪽.

고통으로부터 자기를 구해주고 보호해 줄 수가 없다(『유심안락도』).415)

또한 그는 '참회'를 중요시했다. 『관무량수경』에서 말한 것처럼 오역십악의 죄를 지은 중죄인도 참회한 사람은 왕생할 수 있는 반면에, 『무량수경』에서는 참회하지 않으면 왕생할 수 없다는 것을 강조했다.

나는 『관무량수경』에서는 비록 오역죄를 지었지만, 대승의 가르침에 의해 참회한 사람을 말하는 것이며, 『무량수경』에서는 참회하지 않은 경우를 말하는 것이다(『양권무량수경종요』).416)

2) 진심과 정혜쌍수의 실천인 보조국사 지눌

지눌(知訥, 1158-1210)은 고려 18대 의종(毅宗) 12년에 태어나 명종(明宗), 신종(神宗)을 거쳐 21대 희종(熙宗) 6년인 53세에 입적하였다. 당시의 지배층은 사치, 방탕과 함께 백성들을 수탈하였고, 무신들이 발호하고 하극상의 풍조와 질서가 파괴되는 혼란기였다. 불교계는 승려의 면세, 면역(免役)의 특권이 부여되고 토지와 노예를 사유할 수 있어 승려 수는 증가하고 점차 세속화되었다. 사원은 소유지를 확장하여 대농장을 이루었고, 그 수입을 각종 불보(佛寶)와 장생고(長生庫) 등의 명목으로 고리대금업에 투입하고 기타 목축 등을 행하여 막대한 부를 축적하였다.417)

위로는 깨달음을 구하고 아래로는 중생을 제도한다는 불교의 진면목에 어긋나게 각 파는 명리(名利)를 드러내는데 급급하여 교종과 선종의 대립은 극심하였다.418) 지눌은 당시의 혼란한 사회에서 민심을 통합하고 종단의 합일점과 조화점을 모색하는데 진력하였고, 역작인 『진심직설』, 『수심결』, 『권수정혜결사문』 등을 통하여 '진심사상'과 '돈오점수', 정혜쌍수'를 설명하였다.

---

415) 위의 책, 249쪽.
416) 위의 책, 295쪽.
417) 이현종, 『한국의 역사』(대왕사, 1983), 200-201쪽.
418) 원효, 의상, 지눌, 569쪽.

(1) 진심(眞心) 사상

지눌은 진심을 우주만물의 근원으로 보고 이를 통해 갈라진 국민의 마음을 수습하고 선종과 교종을 통합하려는 진심사상을 주장하였다. 진심이란 중생들이 본래부터 가지고 있는 참 마음이다. 지눌이 지은 『진심직설(眞心直說)』에서 '진심'을 **"허망(虛妄)을 떠난 것이 참(眞)이며, 신령하게 비추는 거울이 마음(心)이다(曰離妄名眞 靈鑑曰心)"**라고 정의 한다. 따라서 **'진심은 헛된 망상을 떠나 만물을 신령하게 감찰하는 마음'**을 말한다.

그는 진심을 '마니(摩尼)'라는 구슬에 비유하였다. 이 구슬은 언제나 깨끗하고 밝고 투명하여 색도 모양도 없는 불변의 것이지만, 사물에 응하여 갖가지 모양과 색을 그대로 잘 반영한다.[419] 즉 붉은 색의 물건 앞에서는 붉은 빛이 되고, 검은 색의 물건 앞에서는 검은 색이 된다. 우리의 마음이 희비(喜悲), 선악으로 변하는 것도 그것이 원래 공적(空寂)하고 영명(靈明)하기 때문이다.

진심의 본체와 작용

진심에는 체(體)와 용(用)이 있는데, **우주 만물의 근원으로서의 '진심'을 본체(體)**라 하고, 이로부터 생성·전개된 **우주 만물은 진심의 작용(用)**이라 한다. 이 묘한 본체를 바탕으로 하여 진심의 묘한 작용이 나타나게 된다.

> 진심의 본체는 인과(因果)를 초월하여 고금(古今)을 관통하고 있으며, 범부와 성현을 구별하지 않고 온갖 대립관계를 넘어 있다. …
> 이 본체는 일체중생이 본래부터 가진 불성이요, 또 모든 세계가 발생한 근원이다.
> (此體是一切衆生 本有之佛性 乃一切世界生發之根源)(『진심직설』, 4. 진심묘체).

지눌의 '진심'을 이문(二門)으로 나누어 설명할 수 있다. 본체와 작용으로 나누어 본체(體)에는 '자성(自性)이 법성(法性), 돈오(頓悟), 이(理), 불변, 선(禪)으로 짝지어지고, 작용(用)에는 '자심(自心)이 불심(佛心)', 점수(漸修), 사(事), 수연(隨緣), 교(敎)로 짝지워진다. 고영섭 교수는 이를 도표로 정리하였다<표 12>.[420]

---

419) 한국민족문화대백과 "법집별행록절요병입사기"
420) 고영섭, "지눌의 진심 사상", 『보조사상』 제15집, 2001. 2. 137쪽.

진심	본체(體)	자성(自性)이 법성(法性)	돈오(頓悟)	이(理)	불변(不變)	선(禪)
(眞心)	작용(用)	자심(自心)이 불심(佛心)	점수(漸修)	사(事)	수연(隨緣)	교(敎)

진심의 세계로 들어가려면 정신(正信)이 요구된다

진심의 세계로 들어가려면 먼저 '올바른 믿음(正信)'이 요구된다. 지눌은 『진심직설』에서 믿음은 도의 근원이요, 물을 맑히는 구슬과 같다고 했다.

> 화엄경에 '믿음은 도의 근원이요, 공덕의 어머니로서 일체의 선근을 길러낸다'고 하였다. 또 유식론에는 '믿음은 물을 맑히는 구슬과 같으니 흐린 물을 능히 맑히기 때문이다'라고 하였다. 이로써 온갖 선이 발생하는 데는 믿음이 그 길잡이가 된다는 것을 알 수 있다.421)

그 믿음은 자기가 본래 부처이고, 천진한 본성이 모든 사람에게 다 갖추어져 있으며, 열반이나 부처를 다른 데서 구할 것이 아니라 원래 자기에게 갖추어져 있음을 믿는 것이다. 이 진심의 묘한 본체는 눈에 보이지 않지만 어떤 곳에도 두루 있다. **곳곳마다 지혜의 길이요(處處菩提路) 사람마다 공덕의 숲이다(頭頭功德林)**.422)

(2) 회광반조(廻光返照)

'회광반조'는 '빛을 돌이켜 자신을 비춘다'는 의미로, 선종에서는 **'자신을 반성하여 내면의 불성을 발견하는 것'**을 말한다. **원효가 화쟁의 논리를 통해 '일심'의 근원으로 돌아가게 한 것처럼, 지눌은 반조의 논리를 통해 '진심'을 실현**하려 하였다. 이 반조의 논리는 이미 제기되어 있는 쟁론을 보다 고차적인 입장에서 화해시키는 것이라기보다는 한 걸음 더 파고들어 쟁론무용(諍論無用)의 밑바닥을 밝히려는 시도이다.423)

---

421) 원효, 의상, 지눌, 380쪽.
422) 위의 책, 543
423) 박종홍, 193쪽.

이러한 반조의 방식은 수행자 자신이 서있는 기저(基底)인 '자기 마음(自心)'이 곧 부처의 마음(佛心)'이며, '자기 성품(自性)'이 곧 진리의 성품(法性)'이라는 표현에서 분명하게 드러난다.[424]

지눌이 『권수정혜결사문』에서 "땅으로 인해 넘어진 자는 땅으로 인해 일어나야 한다"고 한 것처럼 중생은 자기 마음 때문에 넘어지기도 하고 자기 마음 때문에 일어서기도 한다. 그러므로 "일체의 중생들은 모두 자기 마음의 근본 지혜(根本智)로 넘어졌으므로 자기 마음의 근본 지혜로 일어날 것"을 역설하였다.[425]

(3) 돈오점수(頓悟漸修)

'돈오'는 대승의 묘한 도리를 단번에 깨닫는 것이며, '점수'는 이 깨달음을 점진적인 수행을 통해 완성해 간다는 뜻이다. 일체중생은 어리석은 자와 지혜로운 자, 선한 자와 악한 자를 가리지 않고 모두 불성(佛性)을 가지고 있다. 이것을 진여자성(眞如自性)이라고 하며, 공적(空寂)한 영지(靈智)이며, 중생의 본원각성(本源覺性)이다.[426] 이것은 부처와 중생이 다르지 않고, 성(聖)과 범(凡)이 다를 수 없다. 『수심결』에는 돈오와 점수를 이렇게 표현한다.

범부는 망상으로 인해 자성(自性)이 참 법신(法身)인 것을 깨닫지 못하나, 반조(返照)에 의해서 나 자신과 부처가 동체임을 깨닫는 것은 수행을 따라 점진적으로 하는 것이 아니라 홀연히 단번에 이루어지므로 '돈오'라 한다. 그리고 본성이 부처와 같음을 깨쳤다 해도 무시(無始) 이래의 오염된 기운인 습기(習氣)를 단번에 버릴 수 없고, 깨달음에 의해서 점진적으로 수행하여야 하므로 점수라고 한다. 마치 어린아이가 태어날 때 여러 기관(諸根)이 남과 다름이 없지만 그 힘이 아직 충실하지 못하기 때문에 상당한 세월을 지낸 뒤에야 비로소 사람 구실을 하는 것과 같다.[427]

마음만 깨치는 **돈오를 '얼음'에 비유**하고, 돈오 이후에 수행의 중요성을 '물'을 녹여 유익하게 활용하는 것으로 비유하였다.

---

424) 고영섭, 130쪽.
425) 지눌, 『화엄론절요』 권2 (『한불전』 제4책, 824 상). 재인용: 고영섭, 130쪽.
426) 원효, 의상, 지눌, 570쪽.
427) 위의 책, 367-368쪽.

규봉스님이 대답하기를 '얼음 못이 전부 물인 줄 알았더라도 햇볕을 받아야 녹고, 범부가 곧 부처임을 깨달았더라도 법의 힘을 빌어 닦아 익혀야 하는 것이다. 얼음이 녹으면 물이 흘러 논밭에 물을 대거나 물건을 씻는 공덕을 나타내 망상이 없어지면 마음이 영통(靈通)하여 비로소 신통광명의 작용을 내는 것이다.'라고 하였다.[428]

지눌은 이와 같이 돈오와 점수를 서로 끊을 수 없는 수레의 두 바퀴와 같은 밀접한 관계로 보고, **돈오만을 중시**하여 점수를 게을리 하는 **선종**과, **점수만을 중시**하여 돈오를 게을리 하는 **교종**과의 화합을 꾀하였다.

(4) 정혜쌍수(定慧雙修)

정혜쌍수는 선정(定)과 지혜(慧)를 함께 닦아야 함을 말한다. 지눌은 『권수정혜결사문』에서 선정은 산란한 마음을 거두어 잡는 것이며, 지혜는 법을 택하여 공(空)을 관조하는 것이라고 한다.

선정은 '이치에 맞추어 산란한 마음을 거두어 잡는다는 뜻으로 육욕(六欲)을 뛰어넘게 하는 것'이며, 지혜란 '법을 택하여 공(空)을 관조한다는 뜻으로 묘하게 생사를 벗어나게 하는 것'이다(定以称理攝散 爲義能超六欲, 慧以擇法觀空 爲義妙出生死).[429]

깨달은 후의 **"수행은 선정과 지혜 두 문이 있다. 선정이 없고 지혜가 없으면 이것이 미침(狂)이요, 어리석음(愚)이다"**[430]라고 지눌은 강조한다. 그는 이치에 들어가는 천 가지 문이 선정과 지혜 아님이 없다고 하면서 선정과 지혜의 상호관계를 본체와 작용으로 설명하면서 양자는 서로 떨어질 수 없는 관계라고 주장하였다.

이치(理)에 들어가는 천 가지 문이 모두 선정과 지혜 아님이 없다. 그 강령을 들면 자성의 본체와 작용의 두 가지 뜻이니, 앞에서 말한 공적(空寂)과 영지(靈知)가 바로 그것이다. 선정은 본체요, 지혜는 작용이다. 즉 본체의 작용이므로 지혜는 선정을 떠나지 않고, 작용의 본체이므로 선정은 지혜를 떠나지 않는다. 선정이 곧 지혜이므로 고요하되 항상 알고, 지혜가 곧 선정이므로 알면서 항상 고요하다(『수심결』).[431]

---

428) 위의 책, 339쪽.
429) 원효, 의상, 지눌, 341쪽.
430) 지눌, 『절요사기』 37, 40.

3) 불교개혁과 조선독립의 시인 한용운

의병운동으로 유명한 홍성에서 태어난 만해(萬海) 한용운(韓龍雲, 1879-1944)은 『조선불교 유신론』을 쓴 불교 개혁가요, 『조선독립의 서』를 쓴 독립운동가요, 『청년·젊은이들아, 꿈을 가져라』를 쓴 청년운동가요, 『님의 침묵』을 쓴 민족 시인이다.

일제 말기 수많은 애국지사와 유명 인사들이 끈질긴 일제의 회유와 협박에 넘어가 변절과 친일의 길을 갔지만, 만해는 끝까지 지조를 지켜 항일정신을 지켜 나갔다. 지옥과 같은 옥중에서도 천국의 쾌락을 맛보며 민족대표로서의 위상과 절개를 지켰다. 당시 ≪동아일보≫에 쓴 그의 글(1921. 12. 24)을 보자. 그리고 그가 쓴 네 권의 책을 중심으로 그의 업적을 살펴본다.

> "내가 옥중에서 느낀 것은 고통 속에 쾌락을 얻고 지옥 속에서 천당을 구하라는 말이올시다. … 세상 사람들은 고통을 무서워하여 구차로히 피하고자 하기 때문에 비루한 데에 떨어지고 불미한 이름을 듣게 되나니 한번 엄숙한 인생관 아래에 고통의 칼날을 받는 곳에 쾌락이 거기 있고 지옥을 향하여 들어간 이후에는 그곳을 천당으로 알 수 있으니 우리의 생각은 더욱 위대하고 더욱 고상하게 가져야 하겠다."[432]

(1) 『조선불교 유신론』

한용운은 일본의 불교계와 새로운 문물을 섭취하고 돌아온 뒤에, 조선 불교의 유신에 대한 책임이 하늘의 운이나 남에게 있는 것이 아니라 오직 그에게 있음을 자각하고 1910년에 이 책을 완성하여 1913년에 출판했다. 15장에 걸쳐 조선 불교의 개혁에 대해 주장했는데 그 중 불교뿐만 아니라 다른 종교에도 귀감이 될 만한 내용을 추려 본다.

가. 승려 교육

만해는 교육이 많으면 문명이 발달하고, 교육이 적으면 문명이 쇠퇴하며, 교육이 없으면 야만·금수(禽獸)가 된다고 말한다. 사람이 뜻을 세워 목적을 달성하려면 배움에 의지해야

---

431) 원효, 의상, 지눌, 535쪽.
432) 김광식, 『한용운 연구』(동국대학교출판부, 2011), 332-333쪽.

한다. 배움의 요령으로 지혜와 사상의 자유, 진리를 들고 이 중에 '사상의 자유'를 핵심으로 삼았다.

> 배움에도 요령이 있는가? 물론 있다. **지혜**를 자본으로 삼고, **사상의 자유**를 법칙으로 삼고, **진리**를 목적으로 삼아야 한다. 배우는 이는 이 셋 가운데 어느 하나도 빠뜨려서는 안 된다. 그러나 지혜가 없고 진리가 없는 것은 허용되지만, 사상의 자유가 없는 것은 허용될 수 없다. 왜냐하면 지혜나 진리가 없는 사람이 참으로 사상의 자유만 있으면 비록 학자라고 할 수는 없다고 해도 자유로운 인격을 상실하지 않기 때문에 우직한 사람이 될 수 있지만, **사상의 자유가 없는 사람의 학문은 정치(精緻)한지 아닌지를 물을 것도 없이 한마디로 말해 노예의 학문이다**.[433]

나. 참선(叅禪)

참선의 요지는 한마디로 고요하면서 깨어있는 '적적성성(寂寂惺惺)'이라고 말한다. 옛사람들은 마음을 고요하게 했는데, 요즘 사람들은 고요한 곳에 있을 뿐이고, 옛사람들은 마음을 움직이지 않았는데, 요즘 사람들은 몸을 움직이지 않는다. 고요한 곳에만 머물며 염세에 그칠 뿐이고, 몸을 움직이지 않으며 독선이 될 뿐이다.[434] 물을 나르고 땔나무를 하며, 시냇물 소리와 산 빛을 보며 하는 일상생활과 자연 속에서의 참선도 제시하고 있다.[435]

다. 포교(布敎)

당시 승려는 조선인의 3,000분의 1인 3,000명인데, 이들은 가난하고 비천하며 미신에 빠지고 게으르고 어리석고 나약해 인류의 하등이라고 만해는 말한다. 이들이 포교하려면 반드시 먼저 자격을 갖추어야 하는데 **첫째 열성, 둘째 인내, 셋째 자애**를 들었다.

> 다른 종교인이 포교하는 모습을 보지 않았는가? 날씨가 춥고 더운 것이나, 길이 멀고 가까운 것에 관계없이 모두 찾아가서 포교한다. 어느 곳 어떤 사람이라도 모두 가르치며,

433) 한용운, 『조선불교 유신론』, 조명제 역 (지식을만드는지식, 2014), 35쪽.
434) 위의 책, 48-49쪽.
435) 위의 책, 50-51쪽.

한 사람에게 실패하면 또 다른 사람에게 포교한다. 오늘 되지 않으면 또 내일 계속 노력해 실패할수록 더욱 포교에 힘쓰니, 이것이 '열성'이 아니겠는가?

또 그들은 포교하는 과정에서 어떠한 비방과 모욕을 받더라도 맞서지 않으니, '인내'가 아니고 무엇인가?

그리고 지혜있는 사람, 천한 사람, 교만한 사람, 완고한 사람 등 아무리 억세고 교화하기 어려운 무리라 해도 모두 환영하며 어루만지고 타이르니, 이것이 '자애'가 아니고 무엇인가?436)

라. 조각상과 그림(소회, 塑繪)

사원 안에 봉안된 각종 조각상과 그림을 철거할 것을 주장하였다. 거짓 모습으로 된 대상(對象)을 만들어 중생들의 모범이 되기를 바라는 것이 소회가 발생한 원인인데, 당시 불교계에는 수많은 소회를 받들면서 화복을 비는 폐단이 매우 크므로 소회를 간략하게 하여 혼란과 번잡함을 없애고 석가모니 한 분만을 모셔놓는 것이 바람직하다고 보았다.

무슨 절이든 다만 석가상 한 분 만을 모시고 지극히 공경하고 엄숙하게 해 모독하지 않으며, 그 얼굴을 우러러 보면서 그 사적을 생각하고 그 정을 느껴 실천해야 한다.437)

'우상 숭배'는 죄다. 사람마다 자신이 섬기는 신이 참 신인 창조주인지 점검해 보아야 한다. 지금도 수많은 점집이 있고, 일간신문에는 '오늘의 운세'가 매일 지면을 장식한다. 100여 년 전에 만해가 한 고언(苦言)을 우리 모두가 점검해 보아야 할 것이다.

마. 불교의 각종 의식

만해는 조선 불교의 백 가지 법도가 거론할 만하지 않아 하나도 볼게 없는데, 그 중에서도 재공양(齋供養)의 의식과 제사, 예절이 번잡하고 혼란해 질서가 없고 뒤섞여 끝이 없다고 주장한다. 전래하는 모든 의식절차가 번잡하고 다단하니 과감하게 간소화해야 한다. 예불은 하루 한 번씩 삼정례(三頂禮)만 하며 복을 비는 **재공양과 제사 등은 빌어도 복을 얻는데 아무 도움이 되지 않으므로 모두 폐기**해야 한다고 주장하였다.438)

---

436) 위의 책, 63-64쪽.
437) 위의 책, 90쪽.

바. 승려의 결혼 등

승려의 결혼 금지가 적합하지 않은 이유를 네 가지 들었는데, 첫째 윤리에 해롭고, 둘째 국가에 해롭고, 셋째 포교에 해롭고, 넷째 교화에 해롭다고 말했다.[439] 그밖에 염불당 폐지와 사원을 도회지로 옮길 것, 승려의 생산활동 종사, 사원 주지의 선거와 승려의 단결, 사원의 통할(統轄)을 주장하였다.

(2) 『조선독립의 서』

"조선독립의 서"는 만해의 독립사상과 투철한 애국심이 가득 담겨 있는 논설이다. 시인 조지훈은 이 논설을 "육당의 독립운동서에 비하여 시문(時文)으로서 한걸음 나아간 것이요, 조리가 명백하고 기세가 웅건할 뿐 아니라 정치문제에 몇 가지 예언을 해서 적중한 명문이다."[440]라고 극찬하였다. 삼일운동 민족 대표로 서대문형무소에 수감되어 검사장의 신문(1919년 7월 10일)에 묵비권을 행사하는 대신 조선독립의 이유를 글로 표현했다. 요약하면 아래와 같다.

가. 개론(槪論)

자유는 만물의 생명이므로 자유를 얻기 위해서는 생명을 터럭처럼 여기고, 평화는 인생의 행복이므로 평화를 지키기 위해서는 희생을 달게 받는다는 말로 시작하면서 '자유와 평화'를 강조한다.

> **자유는 만물의 생명이요, 평화는 인생의 행복이다. 그러므로 자유가 없는 사람은 죽은 시체**와 같고 평화를 잃은 자는 가장 큰 고통을 겪는 사람이다. 압박을 당하는 사람의 주위는 무덤으로 바뀌는 것이며, 쟁탈을 일삼는 자의 주위는 지옥이 되는 것이니, 세상의 가장 이상적인 행복의 바탕은 자유와 평화에 있는 것이다.[441]

---

438) 위의 책, 91쪽.
439) 위의 책, 103-109쪽.
440) 한용운, 『조선독립의 서』(외) (범우문고, 2011), 9쪽.
441) 위의 책, 13쪽.

자유와 평화를 위한 각 민족의 독립과 자결은 자존성의 본능이요, 세계의 대세이며, 하늘이 찬동하는 바로서, 전 인류의 앞날에 올 행복의 근원이다. 누가 이를 억제하고 누가 이것을 막을 것인가.

나. 조선독립의 동기[442]

첫째 **조선 민족의 실력**을 든다. 국가는 모든 물질문명이 완전히 구비된 후에라야 꼭 독립되는 것이 아니라, 독립할만한 자존의 기운과 정신적 준비만 있으면 충분하다. 또한 조선인은 당당한 독립 국민의 역사와 전통이 있을 뿐만 아니라 현대문명을 함께 나눌만한 실력이 있다.

둘째 **세계 대세의 변천**이다. 20세기 초두부터 전 인류의 사상은 전쟁의 참화를 싫어하고 평화로운 행복을 바라고 군비를 제한하려는 움직임을 보인다. 만국이 서로 연합하여 최고재판소를 두고 국제문제를 해결하며, 전쟁을 미연에 방지하자는 설이 나오고 있다. 세계연방설과 세계공화국설 등 세계 평화를 촉진하고, 침략주의의 멸망, 자존적 평화주의의 승리가 대세가 될 것이다.

셋째 **민족자결 조건**이다. 미국의 윌슨 대통령은 독일과 강화하는 기초조건으로 14개 조건을 제출하는 가운데 국제연맹과 민족자결을 제창하였다. 이는 윌슨 한 사람의 사사로운 말이 아니라 세계의 공언(公言)이며, 희망의 조건이 아니라 기성(既成)의 조건이 되었다.

다. 조선 독립선언의 이유[443]

첫째 **민족 자존성** 때문이다. 동물처럼 인류도 자존성이 있어 다른 무리는 이익을 준다해도 배척하고, 같은 무리는 저희끼리 사랑하여 자존을 누린다. 한 민족이 다른 민족의 간섭을 받지 않으려 하는 것은 인류 공통의 본성으로서 남이 꺾을 수 없는 것이다. 따라서 조선 독립을 타민족이 감히 침해하지 못할 것이다.

둘째 **조국 사상** 때문이다. 남쪽 나라의 새는 남녘의 나뭇가지를 생각하는 것처럼, 만물의 영장인 사람도 어찌 그 근본을 잊을 수 있겠는가. 이는 천성이며 만물의 미덕이기도 하다. 반만년의 역사를 가진 나라가 오직 군함과 총포의 수가 적은 이유 하나 때문에 남의 유린

---

442) 위의 책, 21-24쪽.
443) 위의 책, 25-30쪽.

을 받아 역사가 단절됨에 이르렀으니, 누가 이를 참을 수 있겠는가.

셋째 **자유주의** 때문이다. **인생의 목적은 참된 자유**에 있는 것으로 자유가 없는 생활에 무슨 취미가 있겠으며 무슨 즐거움이 있겠는가. **자유를 얻기 위해서는 어떤 대가도 아까워할 것이 없으니, 곧 생명을 바쳐도 좋을 것**이다.

넷째 **세계에 대한 의무** 때문이다. 민족자결은 세계평화의 근본적인 해결이다. 민족자결주의가 성립되지 못하면 아무리 국제연맹을 조직하여 평화를 보장한다 하더라도 결국은 수포로 돌아가고 말 것이다. 왜냐하면 민족자결이 이룩되지 않으면 전쟁이 계속 될 것이기 때문이다. **일본이 조선을 합병한 것은 만주와 몽고를 탐내고 중국 대륙까지 탐내는 까닭**이다.

라. 조선 독립의 확신

이번의 조선 독립은 국가를 창설함이 아니라 고유의 독립국이 다시 복구되는 독립이다. 그러므로 독립의 요소인 토지·국민·정치와 조선 자체에 대해선 만사가 구비되어 있다. 각국의 승인도 원래 친선관계를 유지하여 좋은 감정을 가지고 있고, 지금은 정의·평화·민족자결의 시대인즉 그들이 조선독립을 바랄 뿐 아니라 원조도 아끼지 않을 것이다. 다만 문제는 일본의 승인 여부뿐인데, 일본도 꺼려하지 않을 줄 믿는다.

무릇 인류의 사상은 시대에 따라 변천되는 것으로서 사상의 변천에 따라 사실의 변천이 있음은 물론이다. 또한 사람은 실리만을 위하는 것이 아니라 명예도 존중하는 것이다. 침략주의, 즉 공리주의 시대는 타국을 침략하는 것이 실리를 위하는 길이었지만 평화, 즉 도덕주의 시대에는 민족자결을 찬동하여 약한 나라를 원조하는 것이 국위를 선양하고 동시에 하늘의 혜택을 받는 길이 되는 것이다.[444] 일본이 이 시대의 조류를 무시하고 **침략주의를 계속하면, 미·일(美日), 중·일(中日) 전쟁을 위시하여 세계 대전을 일으키고 결국은 실패하여 제2의 독일이 될 것**이라고 예언하였는데 그대로 실현되었다.

만일 일본이 침략주의를 여전히 계속하여 조선의 독립을 부인하면, 이는 동양 또는 세계 평화를 교란하는 일로서 아마도 미·일, 중·일 전쟁을 위시하여 세계적 연합전쟁을 유발하게 될지도 모른다. 그렇게 되면 일본에 가담할 자는 영국 정도가 되는지도 의문이니, 어찌 실패를 면할 것인가. 제2의 독일이 될 뿐으로 일본의 무력이 독일에 비하여 크게 부족됨은 일본인 자신도 수긍하리라. 그러므로 지금의 대세를 역행치 못할 것은 명백하지

---

444) 위의 책, 33-34쪽.

아니한가.445)

(3)「청년·젊은이들아, 꿈을 가져라」

만해는 3년간의 옥고를 치르고 출옥한 후(1922년) 독립사상을 고취하는 강연을 여러 곳에서 하였고, 불교청년 항일단체인 조선불교청년회를 조직하여 총재에 취임(1924년)하였다. 1931년에는 조선불교청년회를 조선불교청년동맹으로 개칭하여 불교를 통한 청년운동을 강화하는 등 미래 조국의 주역인 청년들을 계몽하고 양육하는 청년운동가의 역할에도 매진하였다. 이 책도 일제 식민통치 하에서 절망하는 청년들에게 희망을 주고 역경 속에서도 지식과 능력을 기를 것을 강조하였다.

3포(연애·결혼·출산 포기) 세대에 이어 5포(3포 + 대인관계·내 집 포기) 세대로 불리는 오늘의 젊은이들에게도 만해의 고언이 고난을 극복하는 등불이 되기 바란다.

가. 조선 청년에게

역경 속에 있는 조선 청년에게 **역경을 깨치고 아름다운 낙원, 즉 조국 광복을 성취할 호기를 만났다고 격려**했다. 조가비로 한강수를 말리고, 삼태기로 백두산을 옮길 기개를 가지라고 권면했다.

현금의 조선 청년은 시대적 행운아다. 바꾸어 말하자면, 현대는 조선 청년에게 행운을 주는 득의의 시대다. 조선 청년의 주위는 역경인 까닭이다. 역경을 깨치고 아름다운 낙원을 건설할 만한 기운을 만났다는 말이다. …

사람은 환경의 순역(順逆)에 따라서 표준을 바꾸는 것이 아니다. 조가비로 한강수를 마르게 할 수가 있고, 삼태기로 백두산을 옮길 수가 있느니라.446)

나. 용자(勇者)가 되라

이 세상 어느 것도 혹독한 환경을 거치지 않은 것이 없다. 그러나 그러한 환경을 깨치고 스스로 향기를 토하는 **매화처럼, 역경 속에서도 용기를 잃지 않는 조선 청년**이 되기를 만

---

445) 위의 책, 34쪽.
446) 한용운, 『조선독립의 서』(외) (범우문고, 2011), 40-41쪽.

해는 소망한다. 새봄의 비밀을 혼자 아는 듯 미소를 감추고 있는 매화처럼, 반드시 올 조국 독립을 믿고 묵묵히 사명을 감당하는 젊은이가 되기를 간구한다.

쌓인 눈, 찬바람에 아름다운 향기를 토하는 것이 매화라면, 거친 세상 괴로운 지경에서 진정한 행복을 얻는 것이 용자이니라. 꽃으로서 매화가 된다면 서리와 눈을 원망할 것이 없느니라. 사람으로서 용자가 된다면 행운의 기회를 기다릴 것이 없느니라.
무서운 겨울의 뒤에서 바야흐로 오는 새봄은 향기로운 매화에게 첫 키스를 주느니라. 곤란의 속에 숨어있는 행복은 스스로 힘쓰는 용자의 품에 안기느니라. 우리는 새봄의 새 복을 맞기 위하여 모든 것을 제 힘으로 창조하는 용자가 되어요.447)

다. 조선 청년과 수양

만해는 청년들에게 사람은 마땅히 수양으로 인격을 갖추어야 한다고 말한다. 수양이 있는 사람에게는 지식은 비단과 같고, 학문은 꽃과 같아 세상을 비추는 빛은 능히 사회의 암흑을 깨뜨릴 것이라고 말한다. 그래서 조선 청년의 급무는 **학문이나, 실업(實業)이 아니라, 심리 수양**이라고 말한다. 최후 승리도 수양에 있고, 앞날의 광명도 수양에 있다고 거듭 강조한다.

천하만사에 아무 표준도 없고 신뢰도 없는 실행 없는 공론으로만 이루어지는 것이 있으리요. 실행은 곧 수양의 산아(産兒)라. 심오한 수양이 있는 자의 앞에는 마(魔)가 변하여 성자(聖者)가 되고, 고(苦)가 바뀌어 쾌락도 될지니, 물질문명이 어찌 사람을 고통케 하리요, 개인적 수양이 없을 뿐이라. 물질문명이 어찌 사회를 병들게 하리요, 사회적 수양이 없을 따름이니라. … 최후의 승리도 수양에 있으니, 조선 청년 앞날의 광명은 수양에 있느니라.448)

라. 역경(逆境)과 순경(順境)

사람들은 역경에서 울고 순경에서 웃지만 역경과 순경에 일정한 표준이 있는 것이 아니다. 나에게 역경인 것이 친구에게는 순경이 될 수 있으니, 동일한 동풍이지만 서쪽으로 항

---

447) 위의 책, 42-43쪽.
448) 위의 책, 50-51쪽.

해하는 자에게는 순경이 되고 동쪽으로 항해하는 자에게는 역경이 된다. 따라서 **역경을 피하고 물러설 것이 아니라 전진하여 극복**하는 것이 필요하다.

> 목적을 위하여 정당하게 전진하는 불굴의 인물은 순경을 만난다고 기뻐 날뛰며 분수 밖의 속력을 가하는 것도 아니지마는, 역경을 만난다고 공축퇴굴(恐縮退屈)하여 방향을 바꾸는 것도 아니다. …
> 사람은 마땅히 역경을 정복하고 순경을 장엄(莊嚴)할 것이다. 사람은 물고기와 자라는 아니나 잠항정으로 해저를 정복하고, 사람은 날개가 없으나 비행기로 천공을 정복하니 용자(勇者)와 지자(知者) 앞에는 역경이 없는 것이다.[449]

마. 전문지식을 갖추자

만해가 언제나 생각하고 있는 것은 사람마다 제각기 전문지식을 연구해야겠다는 것이며, 자신에게 청춘이 다시 돌아온다면 무슨 학문이든지, 과학이고, 철학이고, 전문으로 돌진해 전공하겠다고 한다. 대소 사업을 막론하고 세상의 모든 일이 모두 알고, 알지 못하는 데서 성공과 실패가 나오는 것이며, 대사업이 성공하는 것도 모든 것을 잘 아는 데서 나오는 것이다.[450] 만해가 조국의 미래를 짊어질 청년들에게 간절히 호소하는 말을 들어 보자.

> 이제 나는 나이도 많고 정력도 쇠약해졌으니 후회한들 소용이 있겠는가만, 내가 오늘과 같이 되고 나서 과거의 나의 역사를 회고해 보니, 무엇이든지 어떤 학문이든지 한곬로 돌진하여 그곳에서 진리를 깨닫고 그것으로 대사업도 경영해 보고, 사회건설의 일조(一助)가 되어 볼 것이라고 항상 절실히 감득(感得)하는 바이다.
> 그러한즉, 금일 청년들은 나처럼 나이 늙고 기력이 쇠진한 뒤에 또다시 나의 잘못을 되풀이하지 말고, 오늘날 이 당장에서, **일대 각오와 일대 용단을 내려서 전문지식을 연구**하여 장래의 우리, 영구의 나를 좀 더 행복스럽게 광영한 사회생활을 하도록 노력하라고 충고하고 싶다.[451]

---

449) 위의 책, 53-54쪽.
450) 위의 책, 59쪽.
451) 위의 책, 59-60쪽.

(4) 『님의 침묵』

만해가 1926년 발간한 시집 『님의 침묵』을 영문학자 송욱은 "세계에서 지금까지 단 한 권 밖에 없는 사랑의 증도가(證道歌)이며, 그것이 지닌 뜻을 우리 민족은 누구나 영원히 생각하고 또 생각하게 될 것이다. 이로 인해 이 시집은 문학사는 물론 장차 우리 사상사에 있어서도 확고한 지위를 차지하고도 남으리라."고 극찬하였다.[452] 만해의 시 안에는 **절대자(天)**와 **자연(地)**과 **사람(人)**이 있고, 조국과 운명과 민족이 깃들어 있다. 그의 대표 시에서 천지인(天地人)을 살펴본다.

가. 님의 침묵

님은 갔습니다. 아아 사랑하는 나의 님은 갔습니다.
푸른 산빛을 깨치고 단풍나무 숲을 향하여 난 작은 길을 걸어서 차마 떨치고 갔습니다.
황금의 꽃같이 굳고 빛나던 옛 맹세는 차디찬 티끌이 되어서 한숨의 미풍에 날아갔습니다.
날카로운 첫 키스의 추억은 나의 운명의 지침을 돌려놓고 뒷걸음쳐서 사라졌습니다.
나는 향기로운 님의 말소리에 귀먹고 꽃다운 님의 얼굴에 눈멀었습니다.
사랑도 사람의 일이라 만날 때에 미리 떠날 것을 염려하고 경계하지 아니한 것은 아니지만 이별은 뜻밖의 일이 되고 놀란 가슴은 새로운 슬픔에 터집니다.
그러나 이별을 쓸데없는 눈물의 원천으로 만들고 마는 것은 스스로 사랑을 깨치는 것인 줄 아는 까닭에 걷잡을 수 없는 슬픔의 힘을 옮겨서 새 희망의 정수박이에 들어부었습니다.
우리는 만날 때에 떠날 것을 염려하는 것과 같이 떠날 때에 다시 만날 것을 믿습니다.
아아 님은 갔지마는 나는 님을 보내지 아니하였습니다.
제 곡조를 못 이기는 사랑의 노래는 님의 침묵을 휩싸고 돕니다.[453]

* 만해의 '님'은 절대자인 하늘(天)이요, 창조주요, 진리요, 법(法)이다.
  또한 그 '님'은 자연(地)이요, 꽃이며, 그 '님'은 사랑하는 사람(人)이요, 부처이다.
  한 편의 시 속에 하늘과 자연과 인간이 다 들어 있다.
  이 시에는 절대자(天)에 의한 인간이 알 수 없는 '뜻 밖의 이별' 같은 불연(不然)이 있고,
  '푸른 산빛'과, '단풍나무 숲', '황금의 꽃', '한숨의 미풍' 같은 아름다운 자연(地)이 있다.
  또한 사랑했던 사람인 '님', 지금은 떠나 버렸지만, 다시 만날 그 '님'이 이 시 안에 있다.

---

452) 한용운, 『님의 침묵』, 김현자 해설 (하서출판사, 2013), 180쪽.
453) 위의 책, 9-10쪽.

나. 일출

어머니의 품과 같이
대지를 덮어서 단잠 재우던 어둠의 장막이
동으로부터 서로
서로부터 다시 알지 못하는 곳으로
점점 자취를 감춘다.

하늘에 비낀 연분홍의 구름은
그를 환영하는 선녀의 치마는 아니다.
가늘게 춤추는 바다 물결은
고요한 음악을 조절하면서
붉은 구름에 반영되었다.
물인지 하늘인지
자연의 예술인지 인생의 꿈인지
도무지 알 수 없는 그 가운데로
솟아오르는 해님의 얼굴은
거룩도 하고 감사도 하다.
그는 숭엄·신비·자애의 화현(化現)이다.

눈도 깜짝이지 않고 바라보는 나는
어느 찰나에 해님의 품으로 들어가 버렸다.
어디서인지 우는 꾸꾸기 소리가
건너 산에 반향된다.454)

* 물인지 하늘인지 자연(地)의 예술인지 인생의 꿈인지 도무지 알 수 없는 그 가운데로 솟아
오르는 해님의 얼굴은 절대자(天)의 모습이다. 숭엄·신비·자애하신 창조주의 화현(化現)이다.
창조주의 화현인 태양이 떠오르는 모습을 보고 벌레 같은 인간(人)은 단지 태양 품으로 안
길 뿐이다. 어디서인지 뻐꾸기 소리가 환영해 준다.

---

454) 위의 책, 143-144쪽.

다. 산거(山居)

티끌 세상을 떠나면
모든 것을 잊는다 하기에
산을 깎아 집을 짓고
돌을 뚫어 새암을 팠다.
구름은 손인 양하여
스스로 왔다 스스로 가고
달은 파수꾼도 아니건만
밤을 새워 문을 지킨다.
새소리를 노래라 하고
솔바람을 거문고라 하는 것은
옛사람을 두고 쓰는 말이다.

님 그리워 잠 못 이루는
오고 가지 않는 근심은
오직 작은 베개가 알 뿐이다.
공산(空山)의 적막이여
어디서 한가한 근심을 가져오는가.
차라리 두견성도 없이
고요히 근심을 가져오는
오오 공산의 적막이여.[455]

* 구름이 손님처럼 스스로 왔다 스스로 가고, 달이 파수꾼 아니건만 밤을 새워 문을
  지켜주는 적막공산(地)의 집,
  그 속에 님 그리워 잠 못 이루는 사람(人),
  사람이 불러 올 수 없는 구름과 달을 때마다 보내주는 창조주(天),
  이 셋(天地人)이 사랑으로 하나 되는 세상이 바로 낙원이 아닐까?

---

455) 위의 책, 153-154쪽.

라. 일경초(一莖草)

나는 소나무 아래서 놀다가
지팡이로 한 줄기 풀을 분질렀다.
풀은 아무 반항도 원망도 없다.
나는 부러진 풀을 슬퍼한다.
부러진 풀은 영원히 이어지지 못한다.
내가 지팡이로 분지르지 아니하였으면
풀은 맑은 바람에 춤도 추고 노래도 하며
은(銀) 같은 이슬에 잠자고 키스도 하리라.

모진 바람과 찬 서리에 꺾이는 것이야 어찌하랴마는
나로 말미암아 꺾어진 풀을 슬퍼한다.
사람은 사람의 죽음을 슬퍼한다.
인인(仁人) 지사 영웅호걸의 죽음을 더욱 슬퍼한다.
나는 죽으면서도 아무 반항도 원망도 없는 한 줄기 풀을 슬퍼한다.

* 일경초는 한 줄기 연약한 풀이다. 놀다가 분지른 이 풀에 대해 한 사람이 무척 슬퍼한다. 영웅호걸이 죽었을 때 슬퍼하는 것보다 아무 반항도 원망도 없이 죽어간 일경초를 더욱 슬퍼한다.
  자신이 지팡이로 분지르지 않았으면 맑은 바람에 춤추고 노래하며 은 같은 이슬에 잠자고 키스도 할 그 연약한 풀을 슬퍼한다.
  이름 없는 한 줄기 풀조차 제 몸처럼 사랑하는 한 사람은 그 풀과 함께 동시대를 살아가는 이웃을 사랑하며, 그 풀을 이 땅에 심은 창조주(天)를 사랑하는 자이다. 그 한 사람처럼 우리도 풀 한 줄기를 사랑하는 마음으로 이웃을 사랑하며, 창조주를 사랑하며 살자.

마. 알 수 없어요

바람도 없는 공중에 수직의 파문을 내이며 고요히 떨어지는 오동잎은 누구의 발자취입니까?

지리한 장마 끝에 서풍에 몰려가는 무서운 검은 구름의 터진 틈으로 언뜻언뜻 보이는 푸른 하늘은 누구의 얼굴입니까?

꽃도 없는 깊은 나무에 푸른 이끼를 거쳐서 옛 탑 위의 고요한 하늘을 스치는 알 수 없는 향기는 누구의 입김입니까?

근원은 알지도 못할 곳에서 나서 돌부리를 울리고 가늘게 흐르는 작은 시내는 굽이굽이 누구의 노래입니까?

연꽃 같은 발꿈치로 가이없는 바다를 밟고 옥 같은 손으로 끝없는 하늘을 만지면서 떨어지는 날을 곱게 단장하는 저녁놀은 누구의 시입니까?

타고 남은 재가 다시 기름이 됩니다. 그칠 줄을 모르고 타는 나의 가슴은 누구의 밤을 지키는 약한 등불입니까?[456)

* 이 시는 1연에서 '오동잎'이라는 자연(地)과 '발자취'라는 사람(人)을 절묘하게 대비하였다. 2연에서는 '푸른 하늘'과 '얼굴'을, 3연에서는 '향기'와 '입김'을, 4연에서는 '작은 시내'와 '노래'를, 5연에서는 '저녁놀'과 '시'를 대비하였는데, 모두 자연과 사람을 신묘하게 대비하였다.

매 연마다 반복되는 '누구'는 만해의 님과 연인, 조국일 수 있지만, 필자는 '절대자'(天) 또는 '창조주'로 본다. 자연만물을 질서정연하게 운행하고 인간을 주관하는 이는 절대자이기 때문이다.

---

456) 위의 책, 12쪽.

2. 유교

1) 천지인 한글 창제와 법치·애민의 왕 세종

조선 제4대 왕 세종(1397-1450)은 공의로 국가 기강을 확립하고, 농업 장려와 관측기구 발명, 백성을 진심으로 사랑한 이 나라 최고의 성군(聖君)이다. 세종시대는 우리 민족의 역사에서 가장 훌륭한 유교정치와 찬란한 문화가 형성되었고, 나라가 안정되어 정치·경제·사회·문화·국방 등 전반적인 국가 기틀을 잡은 시기였다.

(1) 한글과 천지인 사상

가. 한글 창제와 애민정신

우리 민족의 문화유산 중에서 가장 훌륭한 유산이며 세계 각국의 문자 중에서 가장 독창적이고 사용하기 편리하고 과학적인 문자가 바로 우리 한글이다. 유교가 한국문화에 끼친 최대의 공헌은 한글 창제라고도 한다.[457] 당시 백성들은 어려운 한자를 몰라 자기 뜻을 바로 펼 수 없었고, 특히 형사(刑事) 사건에서 자기 죄가 어떻게 기록되었는지 알 수 없어 억울한 일을 많이 당하였다. 누구나 쉽게 배우고 쓸 수 있는 글자가 세종의 백성을 사랑하는 애민·양민(養民)·민본 사상을 뿌리로 완성되어 민족문화의 혁명을 가져 왔다.[458] 세종이 직접 지은 훈민정음 서문에는 "어리석은 백성이 말하고 싶은 것이 있어도 제 뜻을 펴지 못하는 자가 많으므로 새로 28자[459]를 만든다"고 한글 창제 이유로 밝혔다.

> 나랏말이 중국과 달라 한자와 서로 통하지 아니하매
> 이러므로 어리석은 백성이 말하고 싶은 것이 있어도
> 마침내 제 뜻을 펴지 못하는 사람이 많으니라.
> 내가 이를 가엾게 여겨 새로 스물여덟 글자를 만드니
> 사람마다 쉽게 익혀 날마다 쓰기 편하게 하고자 할 따름이니라.

---

457) 유동식(1997), 119쪽.
458) 이현종, 259쪽.
459) 28자는 자음 17자, 모음 11자를 말한다.

나. 사대모화(事大慕華) 신하들의 반대

세종은 집현전을 통해 길러 낸 최항(崔恒)·정인지(鄭麟趾)·신숙주(申叔舟)·성삼문(成三問)·박팽년(朴彭年) 등 학자들의 도움을 받아 세종 25년(1443)에 한글을 창제하여 3년 동안 다듬고, 실제 사용해 본 후 세종 28년에 훈민정음 28자를 반포하였다. 집현전 부제학 최만리(崔萬理) 등 신하들은 사대모화(事大慕華) 사상에 찌들어 중국 것을 따르고, 한자와 한문으로 된 성인(聖人)의 학문을 배워야 한다고 극렬하게 반대하였다.

세종은 타일러도 계속 반대하는 최만리와 직제학 신석조, 직전 김문, 응교 정창손, 부교리 하위지, 부수찬 송처검, 저작랑 조근 등을 하루 동안 의금부에 가두기도 하였다.[460] 이런 난관을 겪으면서도 세종은 글자를 모르는 백성을 사랑하는 마음으로 한글 창제 사업을 초지일관하여 위업을 달성하였다.

다. 천·지·인을 본 뜬 초성·종성·중성

한글이 위대한 것은 우리 민족의 사상인 천지인(天地人)이 한글 창제의 근원이 되기 때문이다. "훈민정음해례"의 제자해(制字解)에서는 천·지·인 삼재(三才)를 도입하여 초성·종성·중성을 설명하였다.

> "초성(初聲)은 발동(發動)의 뜻이 있으니 천(天)의 일이고, 종성(終聲)은 지정(止定)의 뜻이 있으니 땅(地)의 일이고, 중성(中聲)은 초성의 낳음(生)을 잇고 종성의 이룸(成)을 이으니 사람(人)의 일이다. 무릇 글자소리의 요체는 중성에 있으니 초성과 (종성을) 합하여 소리를 이룬다. 이는 역시 천지가 만물을 생성해도 그것을 재단하여 이루고 보좌하여 도우는 것은 필히 사람에게 의뢰하는 것과 같다."[461]

초성과 종성에 쓰이는 자음은 5행(木火土金水)의 이치에 따르고 글자의 구성은 소리에 따라 상형(象形)으로 이루어졌다<표 13>.

---

460) 홍이섭, 307쪽.
461) 初聲有 發動之義, 天之事也. 終成有 止定之義, 地之事也. 中聲承 初之生, 接終之成, 人之事也. 盖字韻之要在於中聲, 初聲合而成音. 亦猶天地生成萬物 而其財成輔相 則必賴乎人也.
　　이성구, 『훈민정음해례의 철학사상에 관한 연구』(명지대학교대학원 박사학위논문, 1984), 150쪽.

<표 13> 자음과 5행의 관계

자음	ㄱ	ㄴ	ㅁ	ㅅ	ㅇ
5행	목	화	토	금	수
소리	어금닛소리(牙)	혓소리(舌)	입시울소리(脣)	잇소리(齒)	목소리(喉)

　그리고 '제자해'(制字解)에서 모음도 설명했는데, 중성인 모음 11자 중에서 기본자 (ㆍ, ㅡ, ㅣ)가 천지인 사상에서 나왔다고 밝혔다. **'ㆍ'는 하늘의 둥근 모양을, 'ㅡ'는 땅의 평평한 모양을, 'ㅣ'는 사람의 서 있는 모양을 본 뜬 것이다.**

　　'ㆍ'는 혀는 옴츠리고 소리는 깊으며 하늘(天)은 자(子)에 열린다. 형태가 원형인 것은 하늘을 본뜬 것이다. 'ㅡ'는 혀는 조금 옴츠리고 소리는 깊지도 않고 옅지도 않으며 땅(地)은 축(丑)에 열린다. 형태가 평형인 것은 땅을 본 뜬 것이다. 'ㅣ'는 혀는 옴츠리지 않고 소리는 옅으며 사람(人)은 인(寅)에 낳는다(生). 형태가 입형(立形)인 것은 사람을 본 뜬 것이다.[462]

　"종성(終聲)은 다시 초성(初聲)을 쓰느리라"한 것은 천지 자연의 순환 논리이기도 하지만, 종성은 자음이 따르기 때문에 원리에 따라 초성을 그대로 쓰게 된 것이다.[463]

라. '제자해(制字解)'에 나타난 천지인 사상

　한글 '제자해'에는 천지인과 관련된 깊은 뜻이 내재되어 있다. 첫째 천지인(天地人)의 관계 설정이다. 초성, 중성, 종성이 상호 밀접한 관계를 맺고, 하나라도 빠지면 목적을 성취할 수 없다.
　둘째　천지인 각각은 고유한 역할이 있다. 초성(天)은 발동의 역할이 있고, 중성(人)은 연결과 완성의 역할이 있고, 종성(地)은 종결의 역할이 있다.
　셋째 천지인 중 사람(人)이 요체이다. 천지가 만물을 생성해도 관리하고 완성하는 것은 인간인 것처럼, 중성이 초성과 종성을 연결하고 합하여 소리를 이룬다.
　넷째 하늘·땅·사람의 모든 소리를 적을 수 있다. 천지인의 소리가 있으면 그 소리를 적을 글자가 있어야 하는데, 천지인을 기초로 해서 만든 글자가 아니면 적을 수 없다. 지금 세

---

462) 정인지 등, 『훈민정음 제자해』(解例本).
463) 홍이섭, 309쪽.

계의 수많은 문자 중 하늘·땅·사람을 통해서 나는 셀 수 없이 많은 소리를 정확하게 다 적을 수 있는 글자는 한글 밖에 없다.

(2) 체제 정비를 통한 나라 사랑

가. 법치주의 강화

세종 대는 법제적 측면에서도 유교적 민본주의·법치주의가 강화·정비된 시기였다. 세종은 즉위 초부터 국가의 발전과 국민의 행복을 위한 법전의 정비에 힘을 기울였다. 세종 8년에 『속육전(續六典)』 6책과 『등록(謄錄)』 1책을 완성하였고, 세종 15년에는 『신찬경제속육전(新撰經濟續六典)』 6권과 『등록(謄錄)』 6권을 완성하였다.

또한 법제를 정비하고 죄수를 신중하게 심의하며 불쌍히 여기는 흠휼정책(欽恤政策)을 시행하였다. 법조문(律文)에 적합한 조목이 없는 경우에는 법률의 적용을 신중히 할 것, 고문으로 사망하는 일이 없도록 할 것, 사형에 해당하는 죄는 삼심(三審)을 거치는 삼복법(三覆法)을 적용할 것, 태장으로 장기(臟器)가 많은 등을 매로 때리는 태배법(笞背法)을 금하며, 의금부삼복법(義禁府三覆法) 등을 정하였다.

그러나 절도범에 관해서는 자자(刺字)·단근형(斷筋刑)을 정하였고, 절도 3범은 교수형(絞刑)에 처하는 등[464] 사회기강을 확립하기 위한 형벌을 강화하기도 하였다.[465]

나. 국방 강화

세종은 국토의 개척과 확장에도 진력하여 북방 국경에 4군 6진을 정비하여 여진족의 침입을 방비하고 두만강과 압록강 이남을 영토로 편입하는 대업을 이루었다. 세종 14년 함길도 도절제사 김종서(金宗瑞)로 하여금 두만강변을 경략하여 종성, 온성, 회령, 부령, 경원, 경흥 등 6진을 설치하여 두만강으로 국경선을 확정하였다. 신하들이 국경 지역을 후방으로 옮기자는 주장을 단호히 물리쳤다.

---

464) 네이버 지식백과, 『한국민족문화대백과』, "세종"
465) 성군 세종의 단점도 거론된다. 세종 14년(1432) 노비종부법(奴婢從父法)을 폐지하고 종모법(從母法)으로 환원하여 양인(良人) 남자와 천인(賤人) 처첩 사이의 자녀에게 천인 신분을 주어 노비 인구가 늘어나게 하였다.

"경원(慶源)을 용성(龍城) 땅으로 후퇴시키면 북방의 정책이 한결 쉬워질 것이며, 민폐도 거의 없어질 수 있을 것이옵니다."라고 반대하자, 세종은 화를 내면서 **"조종(祖宗)께서 지키던 땅을 한 자 한 치라도 버릴 수 없다."**[466]

또한 세종 14년에 평안도 도절제사 최윤덕(崔潤德)·이천(李蕆)으로 하여금 여연, 자성, 무창, 우예의 4군을 설치하여 압록강 상류까지 국경선이 미치게 하였다. 4군6진을 우리의 삶의 터전으로 삼기 위하여 남부지역의 백성을 이주시켜 개척과 국방을 수행하였다.

왜구(倭寇)의 침범이 계속되므로 세종 원년에 이종무(李從茂)로 하여금 대마도 정벌을 단행하고 개항장을 폐쇄하였다. 그후 세종 8년 대마도주의 간청이 있어 부산포·제포(현 창원)·염포(현 울산)의 3포를 개항하여 이곳에서만 일본인들의 교역을 허가했다.

화약과 화기(火器)의 제조에 있어서도 기술적으로 크게 발전하였다. 종래 중국기술의 모방에서 탈피하여 독자적인 화포(火砲)의 개량과 발명이 계속되었고, 완구(碗口)가 개량되고, 소화포(小火砲)·철제탄환·화포전(火砲箭) 등이 발명되었다. 세종 26년에는 화포주조소(火砲鑄造所)를 짓게 해 뛰어난 성능을 가진 새로운 규격의 화포를 만들어냈고, 이에 따라 이듬해는 화포의 전면 개주(改鑄)에 착수하였다(『한국민족문화대백과』, "세종").

다. 공정한 역사 서술

역사 편찬에서 당대를 미화하지 않고 사실대로 공정하게 서술하도록 하였다. 정도전이 공민왕 이후의 사실을 사관들의 원래 기록과는 다르게 『고려국사』에 기술한 것을 세종이 지적하고, **네 차례에 걸쳐 과장하고 미화한 것을 바로 잡는 『고려사』 개정 작업**을 심혈을 기울여 추진하였다. 그러나 세종 대에 재편찬을 끝내지 못하고 세자에게 이 사업을 물려주고 세상을 떠났는데 문종 1년(1451년)에 완성하였다.[467]

『단군세기』 저자 이암은 애국하는 길에는 사학(史學)보다 더 급한 것이 없다고 했다. 사학이 불명(不明)하면 선비의 기개를 떨칠 수 없고, 선비의 기개를 떨칠 수 없으면 국가의 근본이 흔들리고, 나라를 다스리는 법도가 갈라지기 때문이라고 말한다. 이처럼 중요한 역사 서술을 세종은 알았으리라. 지난 정권 때 국정 역사교과서 문제로 논란이 많았는데 현 정권과 앞으로의 모든 정권도 세종처럼 공정하게 기술하는지도 살펴야 한다.

---

466) 홍이섭, 242-243쪽.
467) 홍이섭, 113-126쪽.

라. 고려의 충신 추앙

세종 16년(1434)에 반포된 『삼강행실도(三綱行實圖)』에 고려의 충신을 실은 것도 특이한 점이다. 이 책은 효자도·충신도·열녀도의 3부로 이루어지고 효(孝)와 함께 충(忠)도 강조하였다. 고려 말과 조선 초에 이씨 왕정에 반대하는 인물들에 대하여 고려의 충신으로 높이 추앙하여 예우를 다하게 한 점은 높이 평가할 만하다.

충신도에 실린 6명 중에 네 번째에 '포은(圃隱) 운명(殞命)', 다섯 번째에 '길재(吉再) 항절(抗節)'을 실어 **정몽주와 길재의 충절**을 본받고 기리게 하였다. 세종은 이 책을 백성들과 종친, 신하들에게 다 나누어 주어 효행과 충의(忠義), 수절 정신을 널리 알려 상하 구별 없이 모든 사람이 몸소 지키게 하였다.468)

(3) 백성을 위한 조세와 형벌 제도 개혁

가. 조세제도 개혁

공법(貢法)을 제정함으로써 조선의 전세제도(田稅制度) 확립에도 큰 업적을 남겼다. 종래의 세법이었던 답험손실법(踏驗損失法)은 파견된 관리가 수확량을 답사하여 과세율을 개별적으로 정함으로 인해 농민에게 주는 폐해가 막심했기 때문에 세종 12년에 이 법을 폐지하고 세법 개정에 착수하였다. 그해에 먼저 8도의 수령과 품관(品官) 및 촌민들에게 의견을 물었더니 대체로 찬성하는 의견이 많았지만, 지역에 따라 이해가 달랐고 국가재정이 줄어든다는 반대 의견도 있었다.

세종 18년(1436)에 구체적인 공법(貢法)의 내용을 심의하기 위하여 전문가들로 구성된 임시기구로 공법상정소가 설치되었다. 그후 세종 25년에는 전제상정소(田制詳定所)를 설치해 세종 26년(1444)에 공법을 확정하였고, 토지의 **비옥도**에 따라 여섯 등급으로 나눈 **전분육등법**(田分六等法)과 1년 **수확량**을 아홉 등급으로 나눈 **연분구등법**(年分九等法)을 시행하였다. 그 시행은 먼저 충청도의 청안·비인, 경상도의 함안·고령, 전라도의 고산·광양의 여섯 고을에서 우선 실시되었다.469) 이 제도가 조선시대 세법의 기본이 되었다.

국가의 중요 정책을 시행하고, 개정할 때는 **전문가들에 의한 연구와 이해관계자들의 의견**

---

468) 홍이섭, 162-165쪽.
469) 위의 책, 192-198.

청취, 시범사업 실시로 신중하게 접근하여 시행착오를 줄인 점은 매우 돋보인다. 오늘날의 국책사업도 이런 절차를 밟는다면 훨씬 갈등을 줄일 수 있을 것이다.

나. 형벌제도 개혁

형벌을 시행할 때도 죄수들의 인권을 존중하는 다양한 제도를 마련하였다. 15세 이하와 70세 이상인 자는 살인·강도죄를 제외하고는 수금(囚禁)하지 못하며, 10세 이하 80세 이상인 자는 죽을 죄(死罪)를 범해도 수금하지 못하게 하였다. 그리고 도죄인(徒罪人)[470]의 부모가 70세 이상인 자는 노친(老親)의 소재지에서 복역하도록 정하였다. 또한, 남형(濫刑)을 금할 것, 주인을 살해한 노비는 반드시 관에 고해 시행하게 할 것, 도류(徒流) 죄인의 수속금(收贖金)이 과중하므로 빈민에게는 감면하도록 할 것 등을 정했으며, 감옥의 지도를 중외(中外)에 반포하였다. 여러 차례 옥내(獄內)의 위생과 난방을 철저히 관리해 병들어 사망하는 일이 없도록 신칙하였다.

세종 21년에는 양옥(凉獄)·온옥(溫獄)·남옥(男獄)·여옥(女獄)에 관한 구체적인 조옥도(造獄圖)를 각 도에 반포했고, 세종 30년에는 옥수(獄囚)들의 더위와 추위를 막아주고 위생을 유지하기 위한 법을 유시(諭示)하였다(「한국민족문화대백과」, "세종"). 또한 **죄 없는 사람이 형벌을 받는 억울함이 없게** 하기 위하여 송나라의 법의학 책인 「무원록(無冤錄)」을 새롭게 연구하여 정리한 「**신주(新註) 무원록**」을 편찬 간행(세종 20년)하여 사람을 죽인 범죄자를 똑바로 가리기 위한 시체 검안 등 과학적인 수사방법도 제시하였다.[471]

(4) 관용의 정치

가. 이직(李稷)의 사면

세종은 자신을 반대한 자도 능력에 따라 중용한 관용의 정치를 행한 통치자이다. 태종이 맏아들이자 세자인 양녕대군을 폐하고 셋째 아들 충녕대군을 세자로 책봉(1418년)하려 하자 이직(1362-1431)은 이를 반대하다가 태종의 진노로 고향인 성주(星州)로 유배되었다. 세종은 그의 능력을 인정하여 1422년(세종 4) 풀어주었다. 사간원에서 이직을 법대로 처단

---

470) 중노동의 형벌을 받은 죄인을 말한다.
471) 홍이섭, 106쪽.

하자고 요구하자, 세종은 "이직은 판단을 좀 잘못했을 뿐이지 신하로서 그리 어긋난 마음을 지닌 것은 아니었다."고 무마하였다. 영의정 유정현이 이직의 말에 불충함이 섞였다고 비판하자, "태상(太上, 태종)께서 늘 이직의 죄는 아주 가벼우니 다시 불러 나랏일을 맡기라 하셨는데 다행히 이 때 다시 조정에 돌아오게 한 것뿐이다."라고 설득하였다. 세종은 1422년 이직을 법전 편찬기관인 육전수찬색(六典修撰色) 총책임자인 도제조(都提調)를 맡겨 1426년 속육전을 완성하게 하였고, 그해에 영의정에 중용하였다.[472]

나. 황희(黃喜)의 복직

황희(1363-1452)도 세자 폐출의 불가함을 극렬히 반대하다 서울 서북쪽 교하(交河)로 유배되었다가 다시 남원으로 옮겼는데 1422년 참찬으로 복직하였다. 이 때 사간원에서 황희를 처벌하자는 글을 태종에게 읽어 드리려 하자 이를 제지하고 세종이 읽고 "황희의 죄는 처음부터 명목이 없는 것이라고 태상께서 잘라 말씀하셨는데 경들은 어찌 이렇게도 끈질기게 구는가?"하며 막았다. 좌우의 신하들도 황희를 유배할 때의 기록이 아직 그대로 남아 있다고 강경하게 나섰으나, "황희의 죄는 불충이라 할 수 없고, 또 이미 조정에 들어왔으니 다시 변경하지 못한다."고 딱 잘라 말했다.[473]

세종은 황희에게 찬성으로 속육전 편찬에 가담시켰고, 이직이 물러난 뒤에는 황희가 법의 정리를 도맡았다. 황희는 1423년 예조판서에 이어 강원도 관찰사, 1426년 이조판서와 우의정으로 세종을 충성스럽게 보필했다. 1430년 그가 좌의정이었을 때, 일국의 대신이 치죄에 관여하였다는 혐의로 사헌부의 탄핵을 받아 파직되었다. 그러나 세종은 이듬해 68세인 황희를 다시 불러 영의정으로 나라의 모든 일을 총괄하게 하였다.[474] 세종의 관용의 정치로 황희는 조선 왕조의 가장 훌륭한 재상으로 칭송받을 수 있었다. 조선 제일의 성군을 조선 제일의 재상이 보필하니 세종 대는 조선 제일의 태평시대가 되었다.

다. 양영대군과 이방간, 박연 보호

양녕대군을 주변의 신하들이 끊임없이 처벌하자고 들고 나왔으나, 세종은 혈육의 형제에 대하여 정의(情誼)와 윤리를 잊지 않고 처벌 의견을 억눌러 보호하였다. 아버지 태종과 왕

---

472) 위의 책, 97-100쪽.
473) 위의 책, 98-100쪽.
474) 위의 책, 99-100쪽.

위 다툼을 벌였던 태조의 넷째 아들 이방간(李芳幹, ~1421)에 대해서도 세종은 관용을 베풀었다. 세종이 등극한 1418년 10월 대사헌 허지(許遲)는 방간 부자(父子)를 죽여야 한다고 청하였다. 이에 대해 세종은 신하를 설득하며 끝내 방간 부자의 목숨을 보호하여 혈족 간의 우의를 두텁게 하였다.

"군부(君父)의 원수를 그대로 둘 수 없다는 데에는 내 생각이 어찌 경들과 다르겠는가마는 부왕께서 허락하지 않아 아직까지 처단이 안 되었다. … 마땅히 법대로 처리하여 기강을 바로 잡았어야 할 일이나, 상왕께서 방간을 보호하시기 20여 년이 넘는데 어떻게 갑자기 처리할 수 있겠는가?"475)

또한 아악(雅樂)으로 궁중음악을 개혁하고 한국의 3대 악성(樂聖)으로 추앙받는 박연(朴堧, 1378-1458)에 대한 모함과 반대가 끊이질 않았지만, 세종이 그의 음악에 대한 해박한 지식과 재주를 늘 아껴 그를 보호하였고 음악에 관한 일만은 최고 전문가인 박연에게 맡겼다.476)

(5) 과학기술의 발전

가. 천문 관측과 물시계 등

세종 16년에 천문을 관측하기 위해 경회루 북쪽에 높이 약 6.3m, 세로 약 9.1m, 가로 약 6.6m의 석축간의대가 준공되었고, 이 간의대에는 혼천의(渾天儀)·혼상(渾象)·규표(圭表)와 방위(方位) 지정표(指定表)인 정방안(正方案) 등이 설치되었다.

세종은 천문·역서(曆書)의 정리와 편찬에도 큰 관심을 가져 『칠정산내편(七政算內篇)』·『칠정산외편(七政算外篇)』·『제가역상집(諸家曆象集)』 등이 편찬되었다.

물시계로는 자격루(自擊漏)와 옥루(玉漏)가 있다. 자동시보장치가 붙은 물시계인 자격루는 세종이 크게 관심을 가졌던 것으로, 장영실을 특별히 등용해 이의 제작에 전념하게 해 세종 16년에 완성하였다. 앙부일구(仰釜日晷)는 우매한 백성들을 위해 혜정교(惠政橋)와 종묘 남쪽의 거리에 설치한 우리 나라 최초의 공중시계(公衆時計)였다(「한국민족문화대백과」,

---

475) 위의 책, 19, 40-41쪽.
476) 위의 책, 178쪽.

"세종").

측우기의 발명도 이 시기 과학기술의 발달에서 주목할 만한 업적이다. 농업국가인 조선시대에 강우량의 과학적 측정은 매우 큰 의미를 가진다. 측우기는 세종 23년 8월에 발명되어 새로운 강우량의 측정제도가 마련되었고, 그 미흡한 점은 이듬해 5월에 개량하고 완성하였다.

나. 농서와 의약

세종 실록에는 '민위식천(民爲食天)', 즉 '백성은 식량을 하늘로 삼는다'는 구절이 있다. 백성은 식량을 하늘, 또는 조물주만큼 중요시하므로 백성을 사랑하는 세종도 당연히 농업을 중요시하여 각종 대책을 강구하였다. 중국의 농서인 『농상집요(農桑輯要)』·『사시찬요(四時纂要)』와 우리 농서인 『본국경험방(本國經驗方)』 등의 농업서적을 통해 농업기술을 계몽했으나, 부족함이 있어 정초(鄭招)에게 명하여 **『농사직설』(農事直說)**을 편찬하게 하였다.

이 책은 삼남(三南)의 **늙은 농부들의 농사 경험담을 일일이 구체적으로 물어서 그 고장의 농토에 알맞는 농사방법을 연구·정리**하여 만든 과학적이고 간명한 책으로 조선시대 농업기술사에 중요한 의의를 가진다. 세종 11년에 이 책을 편찬하여 나라 안에 널리 편 뒤에도 그의 뜻대로 농사가 잘 되지 않음을 걱정하며, 세종 26년에 감사와 수령에게 다음과 같이 지시하였다.

> 사람들이 일상 사는 데에 가장 요긴한 것은 농사다. … 우리나라 농민들에게 실제 경험한 것을 물어 『농사직설』을 편찬해서 무지한 농민들에게 알기 쉽게 일러주게 하였는데도 제대로 힘들여 농사를 짓지 않고 있다. 한 해만 흉년이 들어도 백성들이 굶주리는 빛이 있으니 참 근심스러운 일이다. 농정에서 중하게 여기는 일은 때를 놓치지 말게 하는 것이다. …
>
> 『농사직설』에 일러준 대로 미리 때를 가려 너무 이르다든지 너무 늦어지지 않게 하여, 백성들이 절기에 맞추어 농사짓기에 힘써 집집마다 사람마다 풍족히 살게 되어 예(禮)를 지키고 때에 맞추어 풍년이 든 것을 서로 즐기도록 하라.477)

---

477) 홍이섭, 216쪽.

의약 발명에도 세종대는 특기할 만한 시대로서 여러 의약서적이 편찬되었다. 그 중 『향약집성방(鄕藥集成方)』과 『의방유취(醫方類聚)』의 편찬은 15세기까지의 우리나라와 중국 의약학의 발전을 결산한 것으로 조선과학사에서 빛나는 업적의 하나이다.

☆ 한국의 위정자들이여! 세종처럼 나라사랑, 백성 사랑 하소서! ☆

세종대왕은 천지인을 바탕으로 한 훈민정음의 창제, 농업과 과학기술의 발전, 의약기술과 음악 및 법제의 정리, 공법(貢法)의 제정, 국토의 확장 등 수많은 사업을 통해 부강한 문화국가의 기틀을 확고히 하였다. 그는 하늘의 법도를 준수하고, 백성을 하늘처럼 사랑하는 마음과 하늘이 부여한 사명 완수를 위해 주야로 정성 다해 충성하였다.

한국의 대통령과 위정자들, 300명 국회의원, 3,000명의 법관들, 시·군·구 자치단체장들과 의원들이여! 무너지는 나라를 살리기 위해 일어나 빛을 발하라! 세종대왕을 본받아 창의·부국·애민의 빛을 발하라!

지금의 주요 국가 정책도 세종의 방식으로 정의를 바탕으로 전문가의 혜안과 이해관계인인 국민들의 의견을 수렴하여 결정하고 시행하면 갈등 공화국 한국의 오명도 사라질 것이다. 세종의 애민사상과 부국강병책, 창의성과 근면성, 병폐 개혁과 관용의 정신을 모든 공직자가 본받아야 한다. 이 나라에 세종대왕 같은 공직자가 많이 배출되기를 기원한다.

2) 천도(天道)와 화합, 부국강병의 정치가 이이

율곡(栗谷) 이이(李珥, 1536-1584)는 유교의 근본사상인 자신을 수양하여 백성을 다스리는 '**수기치인(修己治人)**'을 몸소 실현하였다. 그는 **하늘의 법도를 중시하고, 무너지는 나라를 구하는 부국강병책과 고통 받는 백성들을 위한 애민정책을 강구하였으며, 당파싸움을 조정하는 화합의 정치가**였다. 48세에 요절한 것이 슬프고도 안타깝다.

(1) 천지인이 관련된 천도책과 근천계(謹天戒)

가. 천도책(天道策)

율곡이 23세(명종 13년) 때 별시(別試)에 제출하여 장원을 받은 것으로 그가 쓴 10여 편의 책문 가운데 가장 유명한 것이다. 이 안에는 '하늘(天)의 법도'뿐만 아니라 '자연(地)의 운행원리', '인간(人)의 대응' 등 천지인에 대한 고시관의 날카로운 질문과 응시자의 해박한 답변이 들어 있다.

(가) 해·달·별의 운행원리

자연 변화의 근본은 한 음양(陰陽)일 뿐이고, 이 기(氣)가 움직이면 양이 되고 고요해지면 음이 된다. 움직였다 고요해졌다 하는 것은 기(氣)이고, 움직이게 하고 고요하게 하는 까닭은 이(理)이다. 두 기가 조화하면 해와 달이 정상 운행하고, 땅의 기상현상이 제 때에 맞으며, 바람·구름·우레·번개가 모두 화기(和氣)에 둘러싸이게 된다. 이것이 이(理)의 정상적인 상태이다. 두 기가 조화되지 않으면 해·달이 운행의 도수를 잃고, 기상현상이 제 때를 잃으며, 바람·구름·우레·번개가 모두 어그러진 기에서 나오게 된다. 이는 이(理)의 변괴이다.[478] 그러나 **사람은 천지의 중심이니 사람의 마음이 바르면 천지의 마음도 바르게 되고, 사람의 기(氣)가 순하면 천지의 기도 순해진다.**

(나) 자연현상의 주관자

율곡은 우레·천둥·벼락의 주관자가 누구냐는 물음에는 언급이 없고 해와 달의 운행에 대해서 답변한다. 혼돈의 원기가 처음 쪼개져서 해와 달이 교대로 우주를 밝혔는데 해는 태양(太陽)의 정기이고 달은 태음(太陰)의 정기이다. 율곡은 분명히 해와 달의 운행과 그 속도의 차이에 대해서 누가 그렇게 하는지는 알지 못하고, 저절로 그렇게 된다고 말할 수밖에 없다고 한다. 우주만물을 창조하고 운행을 주재하는 존재에 대해서는 언급이 없다.[479]

(다) 재이(災異)

해는 임금의 상징이고 달은 신하의 상징이다. 달이 미약하면 일식의 변고가 생기지 않지만 해가 미약하면 음기가 성하고 양기가 약해져서 아랫사람은 윗사람을 능멸하고 윗사람은 점점 쇠퇴하게 된다. 이는 신하가 임금을 거역하는 상징이다.[480]

---

478) 이이, 『율곡집』, 김태완 역(한국고전번역원, 2015) 71-72쪽.
479) 위의 책, 73쪽.
480) 위의 책, 73쪽.

옛 사례를 찾아보니 재이(災異)가 일어남은 덕이 닦인 치세에서는 볼 수 없었고 일식·월식의 변괴는 모두 정치가 쇠퇴한 말세에 나타났으니, 하늘과 인간이 서로 영향을 주고받고 통하는 관계를 이에서 알 수 있다. 율곡은 밝히지 않았지만 천도를 좌우하는 창조주가 있어 성왕이 다스릴 때는 천지의 조화를 통하여 그의 나라와 백성을 도와주고 있다.

> 왕망(王莽)이 분수를 넘어 황제의 자리를 차지하자 누런 안개가 사방에 자욱하였고, … 한 고조 유방(劉邦)이 백등(白登)에서 포위되었을 때 … 하늘이 어둡고 먼지가 하늘을 가렸다. 신하가 군주에게 반역하거나 이민족이 중국을 침범하면 이런 일이 있었다. **성왕이 백성을 다스리면 하늘과 땅이 교류하고 통하여 닷새에 한 번 바람 불고 열흘에 한 번 비 오는 것도 정상이다**. 이와 같이 덕이 있으면 반드시 이와 같은 감응이 있으니 천도가 어찌 사람에 따라 달리 작용하겠는가?481)

(라) 천지가 제자리를 잡는 것은 임금에게 달렸다

임금 한 사람이 자기 마음을 바로 잡아야 조정이 바로 잡히고, 사방이 바로 잡히고, 천지의 기운도 바르게 된다고 율곡은 주장한다. 천지가 제자리를 잡고 만물이 잘 자라게 하는 것도 임금 한 사람의 덕에 달렸음을 거듭 강조한다. 지금의 대통령과 공직자들도 율곡의 말을 명심해야 한다. 또한 백성들은 고요하고 평안한 생활을 하기 위해서도 위에 있는 권세자들이 바른 정치를 할 수 있도록 기도(딤전2:1-2)해야 한다.

> 임금이 자기 마음을 바로 잡아서 조정을 바로 잡고 조정을 바로 잡아서 사방을 바로 잡는다. 사방이 바르게 되면 천지의 기운도 바르게 된다. 또 마음이 화평하면 몸도 화평하고 몸이 화평하면 기운도 화평하며, 기운이 화평하면 천지의 화평이 호응한다. …
> '**하늘**'은 비와 볕과 따뜻함과 추위와 바람으로써 만물을 낳아 기르고, '**임금**'은 엄숙함과 다스림, 슬기, 계획, 성스러움으로써 위의 천도에 호응한다. 하늘이 때맞춰 비를 내리는 것은 임금의 엄숙함과 같다. … 때에 따라 바람이 부는 것은 성스러움에 반응한 것이다. 이로써 보면 **천지가 제자리를 잡고 만물이 잘 자라나는 것은 임금 한 사람이 덕을 닦음에 달려 있지 않겠는가?**482)

---

481) 위의 책, 78-79, 81쪽.
482) 위의 책, 83-84쪽.

나. 근천계(謹天戒)

율곡은 『성학집요』에서 '근천계'(謹天戒)를 지어 왕이 하늘의 경계(警戒)를 삼가 지키도록 권고하였다. 여기서 '천(天)'은 자연 하늘이나 이념 천(天)이 아니라 인격적인 주재 천(天)인 상제(上帝)를 가리킨다.[483] 위에 있는 임금이 하늘, 곧 상제의 경계를 잘 지킬 때 아래에 있는 신하와 백성들도 나라의 법도를 잘 지키게 될 것이다.

> 신이 생각건대, **임금이 하늘을 섬기는 것은 마치 자식이 부모를 섬기는 것과 같아서 늘 하늘을 대할 것을 생각하고 조금이라도 소홀히 해서는 안됩니다. 사람의 할 일을 이미 신중하게 닦았으면 하늘의 경계(天戒)를 더욱 공경하고 두려워해야** 합니다.[484]

『시경』을 인용하여 문왕이 공경하고 삼가는 밝은 모습으로 상제인 하느님을 잘 섬겨 많은 복을 받고, 그 덕이 사특하지 않아 사방 나라를 얻었다고 한다.

> "아! 우리 **문왕은 공경하고 삼가서 밝은 모습으로 하느님(上帝)을 섬겨 마침내 많은 복을 이르게 하셨도다.** 그 덕이 사특하지 않아 온 나라를 받으셨도다."(『시경』「대아(大雅)·대명(大明) 3장」

(2) 입지론(立志論)

군자가 배움에서 제일 먼저 해야 할 일은 자신을 닦고 백성을 편안케 하는 큰 뜻을 세우는 일이다. 율곡이 정신적 방황을 마치고 인격 완성을 다짐하며 20세에 쓴 「자경문(自警文)」에서 "먼저 모름지기 뜻을 크게 가지되 성인(聖人)을 준칙으로 삼는다. 털끝만큼이라도 성인에 미치지 못하면 내 일은 마치지 못한 것이다"라고 말하였다.

그가 지은 초학자의 학습교재인 「격몽요결(擊蒙要訣)」에서도 무엇보다 뜻을 바로 세워야 함을 강조했다. 맹자의 말을 인용하여 "사람은 모두 요순이 될 수 있다."고 하며, 먼저 뜻을 세우고(立志), 명지(明知), 독행(篤行)을 하면 누구나 성인이 될 수 있다고 하였다.

---

483) "위대하신 하느님(上帝)께서 땅에 있는 백성에게 충심(衷, 중용의 의미)을 내리셔서 백성이 이를 순종하여 한결같은 본성을 갖게 되었다." 이율곡, 『성학집요』, 김태완 역(청어람미디어, 2012), 110쪽.
484) 이율곡, 『성학집요』, 김태완 역(청어람미디어, 2012), 466쪽.

처음 배우는 사람은 모름지기 먼저 뜻을 세워야 한다. 반드시 성인이 되기를 스스로 기약하고서 털끝만큼도 스스로를 작게 여겨 물러서고 미루려는 생각을 가져서는 안 된다. 보통 사람들도 본성은 성인과 동일하다. 비록 기질은 맑고 흐리고, 순수하고 뒤섞인 차이가 없을 수 없으나, 만일 참되게 알고 실천하여 낡은 버릇을 버리고 처음의 본성을 회복하면 털끝만큼도 보태지 않더라도 온갖 선(善)이 다 충족될 것이다. … 그러므로 맹자는 본성이 선함을 말하되 반드시 요순을 일컬어 실증하면서 '사람은 모두 요순(堯舜)이 될 수 있다'고 하였는데 그가 어찌 우리를 속였겠는가. …

성인은 무슨 까닭에 홀로 성인이 되고 나는 무슨 까닭에 홀로 보통 사람이 되었는가? 참으로 뜻을 세우지 않고 앎이 분명하지 않고 행실이 독실하지 않기 때문이다. **뜻을 세우고(立志), 앎을 분명히 하고(明知), 행실을 독실하게(篤行) 하는 것은 다 나에게 달려 있을 따름**이니 어찌 다른 데서 구할 수 있겠는가?485)

「동호문답(東湖問答)」에서는 임금이 삼대486)의 정치를 회복하는데 마땅히 먼저 해야 할 일을 물었을 때 "가장 먼저 뜻을 세워야 합니다. 예로부터 큰 일을 한 임금은 먼저 그 뜻을 정하지 않은 이가 없었습니다. 왕도(王道)에 뜻을 두면 요순시대의 정치와 교화도 모두 내 분수 안의 일입니다"라고 답한다.487)

「성학집요(聖學輯要)」 첫 머리인 "진차(進箚)"에서도 "엎드려 바라건대, 전하께서는 먼저 큰 뜻을 세워서 반드시 성현을 표준으로 삼고 삼대를 기약하소서. 온 마음을 다 기울여 글을 읽고 대상 사물에 나아가 이치를 탐구하소서."488)하며 선조(宣祖)에게 큰 뜻을 세울 것을 간곡히 요청했다.

「성학집요(聖學輯要)」 "입지"에서 뜻을 세우지 못하는 이유 셋을 들었다.489) **첫째는 불신(不信)이다.** 성현이 후학(後學)에 계시(啓示)한 순서대로 따라 행하면 성현이 되는 것이 확실한데도, 이를 믿지 않고 성현의 글을 읽기만 하고 실천을 하지 않는 것이다.

둘째는 부지(不智)이다. 사람의 자질이 만 가지로 다르나 힘써 알고 힘써 행하면 누구나 성공할 수 있다는 사실을 지혜롭지 못한 자는 모르는 것이다.

셋째는 불용(不勇)이다. 성현이 우리를 속이지 않는다는 것과 기질(氣質)은 변화시킬 수 있다는 것을 알아도 구습(舊習)에 침체하여 발분진흥(發憤振興)하지 않는 것이다.

---

485) 이이, 『율곡집』, 김태완 역 (한국고전번역원, 2015), 236-237쪽.
486) 중국의 하(夏)·은(殷)·주(周) 나라를 말함.
487) 위의 책, 154쪽.
488) 위의 책, 224-225쪽.
489) 이병도, 『율곡의 생애와 사상』(서문당, 1979), 99-100쪽.

(3) 당파 화합책

김효원(金孝元)과 심의겸(沈義謙) 양가의 불화와 반목으로 시작된 동서(東西) 분당은 양파의 이해 충돌이 격렬해지고 관직을 차지하려는 욕망도 가세하여 나라의 기강을 무너뜨릴 지경이었다. 율곡은 이 와중에서 나름대로 불편부당(不偏不黨)한 중립적 자세를 견지하고 양쪽을 화합시키려고 노력하였다. 동인이든 서인이든 저마다 옳은 점도 있고 그른 점도 있으며(兩是兩非論), 붕당은 사류(士類) 내의 대립이지 군자와 소인의 대립이 아니므로 사림이 서로 화합하여 분열된 국론을 통일(保合調劑論)하자고 주장하였다.490)

그는 동서 양파의 조합과 타파를 위한 방법으로 시비의 장본인인 김(金)·심(沈) 양인을 잠시 분쟁의 본거지인 중앙에서 떨어진 곳으로 보낼 것을 왕에게 권하기도 하고, 양파의 격렬 분자에게 서로 동심협력하여 국사에 진력할 것을 강력하게 권유하기도 하였다.491) 이렇게 율곡은 동서 양파 중 어느 한쪽을 두둔하지 않고 될수록 중립적 태도를 취하여 양쪽이 국사에 동심협력하기를 호소하였다.

그러나 서인 중에는 율곡의 친우들이 많았기 때문에, 동인 측으로부터 율곡이 서인 쪽을 옹호한다는 비난과 의혹을 받았다. 율곡의 본심은 동서 양파가 같은 사류들이므로 어느 편이고 해치려고 하지 않았지만, 완미(頑迷)하고 과격한 분자들은 억누르고 배척해야만 조정의 안정을 보장할 수 있다고 생각하였다. 그래서 그는 선조 15년 「진시사소(陣時事疏)」에서 왕에게 아래와 같이 간언하였으나 이런 충정어린 중도적 노력도 당시 우세한 동인들의 반대로 실패하였다.

"전하께서는 대신과 대간(臺諫), 시신(侍臣)들을 널리 불러 성지(聖旨)를 명백히 하여 동서를 구분하는 폐습을 고치게 하시고, 공도(公道)에 좇아 상벌을 내리소서. … 만일에 사류 중에 완미고집(頑迷固執)하여 반성치 못하는 자가 있으면 이를 억제할 것이며 또 사정(私情)을 품고 강변하는 자가 있으면 이를 물리치소서."

(4) 부국강병책

율곡은 부국강병책으로 두 가지 원칙을 주장하였다. 첫째는 **개인이나 국가가 먼저 의식**

---

490) 이이, 17쪽.
491) 이병도, 36-37쪽.

(衣食)이 충족해야 한다는 것과, 둘째 **옛 규례는 시대에 맞게 개혁**되어야 한다는 것이다. 율곡의 우국충정이 깃든「동호문답」과「만언봉사」를 통해 알아본다.

가. 「동호문답(東湖問答)」

백성을 구제하는 길은 폐단이 되는 법(弊法)을 개혁하는 데 있으며, 현재 가장 백성에게 고통이 되는 것으로 율곡은 아래의 다섯 가지를 들고 대책도 제시한다.

① 일족절린(一族切隣)의 폐단

부역, 세금 등의 법적 의무를 진 자가 도망갔을 때 친족이나 가까운 이웃에게 계속하여 연대책임을 묻는 폐단을 말한다. 이로 인해 옛날 100집 마을이 10집만 남고, 작년에 10집 마을이 지금은 한 집도 없다. 이를 개혁하기 위해서는 전국의 호적과 군적을 조사하여 도망간 사람의 이름을 삭제하고, 친족과 이웃에 책임을 전가하지 않는다. 남아 있는 백성의 생활이 안정되면 자식을 낳아 호구가 번성하게 되고, 한정(閒丁; 요역에 나가지 않는 장정)도 색출하여 결원을 채울 수 있다. 또한 한정을 잘 찾아내어 10호 이상 늘린 자에게는 상을 주고, 3년 동안 다스렸는데도 호구가 늘지 않는 자는 죄를 논한다.[492]

② 진상번중(進上煩重)의 폐단

지방 토산품 진상을 과다하고 빈번하게 징수하는 폐단을 말한다. 대책으로 대신과 해당 관서가 진상품 명목을 모두 검토하여 긴요한 것만 존치하고 수량이 많은 것은 줄인다.[493]

③ 공물방납(貢物防納)의 폐단

토산품 진상 과정에서 아전(衙前)이 중간에서 대납하고 서민에게 비싼 대가를 뜯어내는 폐단을 말한다. 대책으로 대신과 호조(戶曹)로 하여금 8도의 지도와 호구단자(戶口單子)를 모두 가져다가 인구의 증감, 전결(田結)의 다소, 물산의 풍핍(豊乏)을 조사하여 공물을 고르게 다시 부과하고 나라 살림에 절실하지 않은 것은 삭감케 한다. 8도 군읍의 공물을 해주(海州)처럼 1결당 한 말로 정하고 법령을 반포한다.[494]

---

492) 이이, 161-166쪽.
493) 위의 책, 167쪽.
494) 위의 책, 168-171쪽.

④ 역사불균(役事不均)의 폐단

병역의무인 군역(軍役)과 노력 동원인 요역(徭役)이 신분이나 빈부에 따라 불공평하게 부과되는 폐단을 말한다. 대책으로 대신과 해당 관서가 함께 잘 헤아려 법제를 제정한다. 역(役)이 긴 것은 끊어 짧은 것을 보충하고, 번(番)의 휴가를 공평하게 하면 도망간 사람이 다시 돌아오고 백성들이 식구를 버리고 기피하려고 하지 않는다.[495]

⑤ 이서주구(吏胥誅求)의 폐단

중앙이나 지방의 하급관리의 부정행위와 가렴주구(苛斂誅求)를 말한다. 권력을 장악한 간신이 나라를 어지럽힌 뒤로 상하 사람들이 뇌물만 일삼아 벼슬도 뇌물로 결정되는데, 특히 소송과 조세는 아전에게 맡겨 그들의 뇌물과 수탈은 도를 넘는다. 대책으로 국가기강을 진작시켜 모든 관료를 엄하게 단속하고 재물을 탐한 죄를 밝히며 백성들의 억울함을 호소할 수 있게 한다. 뇌물이나 토색질을 한 자가 발견되면 베 1필 이상은 전 가족을 6진의 빈 땅으로 보내어 뇌물의 폐습을 일소하고 변방을 튼튼히 한다. 또한 따로 녹봉이 없는 아전들에게는 허비하고 있는 속포(贖布; 벌금이나 속량(贖良) 등으로 받는 포목)와 작지(作紙; 문서 작성에 쓰는 종이 대신 받는 쌀)를 주어도 족하다고 하였다.[496]

나. 「만언봉사(萬言封事)」

율곡은 선조 7년(1574년)에 1만 글자로 된 임금이 직접 읽어보도록 밀봉하여 올린 상소인 「만언봉사」를 지었다. 이 상소에는 민생을 곤경에 빠뜨리는 국가의 고질적인 폐해를 진술하고 이를 구제할 대책을 기술했다.

일곱 가지 폐해

민생을 해치는 고질적인 폐해는 '일곱 가지 근심'으로 표현했다.[497] 지금의 정부에는 이런 폐해가 없는지 살피고 개혁해야 한다.

① 위아래에 서로 믿는 실상이 없다.

---

495) 이이, 171쪽.
496) 위의 책, 171-174쪽.
497) 위의 책, 206-211쪽 참조.

② 신하들이 일을 책임지려는 실상이 없다.

③ 경연에서 성취하는 실상이 없다.

④ 현자(賢者)를 불러서 거두어 쓰는 실상이 없다.

⑤ 재이(災異)를 당하여도 하늘의 뜻에 반응하는 실상이 없다.

⑥ 여러 가지 정책에 백성을 구제하는 실상이 없다.

⑦ 인심이 선을 지향하는 실상이 없다.

왕 자신을 닦는 네 가지 요체[498]

① 성상이 뜻을 분발하여 융성했던 삼대와 같이 되돌리기를 기약한다.

② 성학(聖學)에 힘을 써서 뜻을 성실히 하고 마음을 바로 잡는 공부를 다한다.

③ 한 쪽으로 치우친 사사로움을 버리고 지극히 공정한 도량을 넓힌다.

④ 현명한 선비를 친하여 온 마음을 다하여 깨우쳐주고, 보필해주는 이익을 마련한다.

백성을 편안케 하는 다섯 가지 요체[499]

① 성실한 마음을 열어서 뭇 신하의 충정(衷情)을 얻는다.

② 공안(貢案)을 개혁하여 포학하게 거두어 들이는 폐해를 없앤다.

③ 절약과 검소를 숭상하여 사치스런 풍조를 바꾼다.

④ 선상(選上)[500]을 바꾸어서 공노비의 고통을 덜어준다.

⑤ 군정을 개혁하여 안팎의 방비를 굳건히 한다.

마지막 충언

끝으로 오늘날은 조종(祖宗)이 남긴 은택은 이미 다하고 권간(權奸)이 남긴 해독은 한창 작용하여서 맑은 논의가 행해진다 하더라도 백성의 역량은 이미 바닥나 버렸으므로 **10년 이 못 되어 반드시 화란(禍亂)이 일어날 것**이라고 충언을 한다(이이, 209-210). 만일 나라

---

498) 위의 책, 208-209쪽.
499) 위의 책, 209쪽.
500) 고려와 조선 시대에 각 관아에서 사역시키기 위해 지방의 관노비를 중앙에 뽑아 올리는 제도.

에 이익이 된다면 도끼로 목을 자른다 해도 피하지 않겠다고 절박한 마음으로 호소한다. 한국의 100만 공무원들이여! 율곡의 이 피끓는 애국심을 본받아 충언을 고하고, 정의로 민생을 보살피소서! 백성들의 억울함을 풀어주고, 약자들의 눈물을 닦아 주소서!

소신은 나라의 두터운 은혜를 받아 백번 죽어도 보답하기 어려우니 만일 나라에 이익이 된다면 자신을 끓는 가마솥에 던지고 도끼로 목을 자른다 하더라도 피하지 않겠습니다. … 3년 동안 이 대책대로 시행하고서도 나라가 떨쳐 일어나지 않고 백성이 평안하지 않으며 군대가 정예롭지 않다면, 청컨대 임금을 속인 죄로 신을 다스려서 요사한 말을 하는 사람의 경계를 삼으소서.[501]

(5) 십만양병론(十萬養兵論)

율곡이 경연(經筵) 석상에서 "10년을 넘지 못하여 장차 토붕와해(土崩瓦解)의 환란이 있을 것이니 미리 군사 10만을 길러 대비하자"고 주장하였다. 이 유명한 내용은 문하생인 김장생(金長生)의 「율곡선생 행장(行狀)」과 「연보(年譜)」에 실려 있다.[502] 특히 율곡이 병조판서로 재직 중인 선조 16년(1583년)의 「연보」에는 다음과 같이 기술되었다.

선생이 경연에서 계(啓)를 올려 말하되 **"국세(國勢)의 부진함이 심하니 10년을 지나지 않아 마땅히 토붕의 화가 있을 것입니다. 원컨대 미리 10만 병력을 양성하여 도성에 2만, 8도에 각각 1만씩을 두어 (군사에게) 호세(戶稅)를 면해주고 무예를 단련케 하고 6개월에 나누어 번갈아 도성을 수비하다가 변란이 있을 때에는 10만을 합하여 지키게 하는 등 완급(緩急)의 대비를 삼아야 합니다.** 그렇지 아니하면 하루 아침에 변(變)이 일어날 때 (훈련이 안된) 시민을 몰아 싸우게 함을 면치 못할 터이니 그때는 일이 모두 틀리고 말 것입니다."[503]

그러나 퇴계의 문인으로 동인파(東人波) 유성룡(柳成龍)은 그 양병론이 불가하다는 뜻으로 "무사(無事)한 때에 양병은 화를 기르는 것이라"고 하자 다른 신하들도 모두 여기에 동조하였다. 이에 율곡이 경연에서 나와 "국세가 떨치지 못함이 오래 되었다. 속된 선비는

---

501) 위의 책, 210-211쪽.
502) 이병도, 166쪽.
503) 『율곡전서』(권33), 부록1, 「연보」(계미조癸未條). 재인용: 이병도, 『율곡의 생애와 사상』, 166-167쪽.

본래 시사(時事)의 적의성(適宜性)에 통하지 못하지만 공도 또한 그런 말을 하는가?"라고 반문하였다.504) 후일 율곡이 죽은 후 임진왜란이 일어난 후 유성룡은 다음과 같이 후회하며 말한다.

> "지금 와서 보면 율곡은 참 성인이다. 만일 그의 말을 채용하였더면 국사가 어찌 이 지경에 이르랴. 또 그 전후의 계책을 비난하는 사람도 있었지만 지금에는 모두가 착착 들어맞는다. 만일 율곡이 있으면 반드시 오늘에 있어 하염직한 일을 할 것이니 진실로 백년을 기다리지 않고도 알 일이다."505)

율곡의 십만양병론의 우국충정을 외면한 동인들과 우유부단한 선조로 인해 조선은 계(啓)를 올린지 9년 뒤인 1592년에 임진왜란이라는 변란을 맞아 온 나라와 백성들이 도탄에 빠지게 되었다.

(6) 국가 기강론

율곡은 '기강(紀綱)'을 "현명하고 현명하지 못한 이를 분별하여 위아래의 분수를 정하고, 공적과 죄를 따져서 상벌의 시행을 공정하게 하는 것"(『성학집요』) 이라고 한다. 기강은 국가의 원기이므로 기강이 무너지면 만사가 무너진다. 우리 대한민국도 공직자의 신상필벌을 엄격히 하므로 국가 기강을 바로 세우고, 법령을 원칙대로 집행함으로써 망국적인 사회 갈등을 줄여나가야 할 것이다.

> **기강은 국가의 원기(元氣)입니다. 기강이 서지 않으면 만사가 무너지고, 원기가 견고하지 않으면 온 몸이 풀려 느즈러집니다. … 현명한 이를 높이고 유능한 이를 부리며, 간사한 이를 물리치고 사악한 이를 제거하며, 관리의 실적을 조사하고 심사하여 상과 벌을 엄격하고 분명하게 내리며(信賞必罰),** 일을 시행하고 조처하는 것이 모두 하늘의 이치를 따르고 사람의 마음에 부합하여 한 시대를 크게 복종시킨다면 기강이 신속히 바로 잡혀 엄숙해지고, 명령을 하면 곧바로 시행되고 금지하면 곧바로 그쳐서 온 세상의 일이 장차 어디에서나 뜻대로 되지 않음이 없을 것입니다.506)

---

504) 이병도, 167쪽.
505) 위의 책, 167쪽.
506) 이병도, 484-485쪽.

(7) 인심도심설(人心道心說)

율곡은 「인심도심 도설(圖說)」에서 천리(天理)가 사람에게 부여된 것을 '성(性)'이라 하고, 성(性)과 기(氣)를 합하여 한 몸의 주체가 되는 것을 '마음(心)'이라 하며, 마음이 사물에 감응하여 외부에 드러나 표현된 것을 '정(情)'이라 한다.[507] **'정(情)'이 표현될 때 '도의(道義)'를 위해 표현되는 것이 '도심(道心)'이고, '입과 몸을 위하여' 표현되는 것이 '인심(人心)'이다. 도심은 순전히 천리이므로 선은 있고 악은 없으며, 인심은 천리도 있고 인욕(人慾)도 있으므로 선도 있고 악도 있다.**[508]

도심은 다만 지키기만 하면 그만이지만, 인심은 인욕으로 흘러가기 쉬우므로 비록 선하더라도 또한 위태롭다. 그래서 한 생각이 일어나면 그것이 도심인 줄 알면 넓혀서 채우고, 그것이 인심인 줄 알면 정밀하게 살펴 반드시 도심으로 절제하여 인심이 항상 도심으로부터 명을 듣는다면 인심도 또한 도심이 될 것이다.[509] 어떤 성인(聖人)도 칠정(七情), 즉 희(喜)·노(怒)·애(哀)·구(懼)·애(愛)·오(惡)·욕(欲)이 있으니, 이를 '도의'를 위해 표현하도록 하고, '입과 몸', 즉 육체적 욕망'을 위해 표현하지 않아야 한다.

3) 경천애인(敬天愛人)의 행동하는 실학자 정약용

다산(茶山) 정약용(丁若鏞, 1762-1836)은 다른 유학자처럼 수기치인(修己治人)의 삶에 그치지 않고, 당시 주류인 주자학을 전면 비판하고 서학(西學)의 상제(上帝)를 주장하였다. 그는 천주교 박해시대에 **유교의 천(天)이 '하느님(上帝)'**임을 밝히고 경천사상을 고취한 것과 산림과 수리 정책을 통하여 **자연(地)을 보호**한 것과 백성들의 애환을 함께 하며 불합리하고 불평등한 제도를 개혁하는 **애민(愛民) 정책**은 천지인 사상이 밑바탕이 된다. 다산은 이 사상을 유배지 18년 동안 500여 권의 책으로 펴내고 이의 실현을 위해 노력한 위대한 선비 실학자이다. 선을 행할 줄 알고도 행치 않는 죄인이 아니라 행동하는 의인이었다.

---

507) 이이, 300쪽.
508) 위의 책, 300-302쪽.
509) 위의 책, 302-303쪽.

(1) 경천(敬天)사상

　다산은 왜 당시 유학자들이 신주처럼 숭상하던 주자학을 전면 비판했을까? 이는 그의 친지들의 서학 숭배와 관련이 깊다. 그의 매부인 이승훈(李承薰, 1756-1801)은 중국까지 가서 세례를 받고 온 '한국 최초의 기독인'인데, 그를 따라 성호(星湖) 이익(李瀷)의 저술을 읽고 새로운 서양 학문에 눈뜨게 되었다. 다산이 천주교 교리에 처음 접한 것은 23세 때 맏형 약현(若鉉)의 처남인 광암 이벽(李蘗)을 만나 서교(西敎)에 대한 설명을 듣고 『**천주실의**』로 짐작되는 책 한 권을 보았다.510) 예수회 신부인 마테오 리치(Matteo Ricci, 1552-1610)가 쓴 그 책은 **유교 경전에 나오는 '천(天)'이나 '상제(上帝)'가 기독교의 '하느님'과 동일**하다는 전제로 시작한다.

가. 주재자로서의 천(天)

　다산은 당시 정주학파들이 가졌던 이법(理法)으로서의 천(天)을 주재자(主宰者)로서의 천으로 전환하였다. 주자(朱子)는 분명히 "천(天)은 곧 이(理)이다"(天固是理)511)라고 주장하였다. 천지가 있기 전에 이(理)만 있었고 이 이(理)가 있어 기(氣)가 유행하고 만물을 발육하게 되었다고 말한다. 이기(理氣)가 만물의 근원이라는 것이다.512)
　다산은 주자의 이법(理法)으로서의 천(天)을 부정하고 하(夏)·상(商)·은(殷) 시대의 주재자로서의 천, 곧 '상제(上帝)'로서의 천을 주장하였다. 원시 유교는 최고의 신이자 유일신인 상제가 천하 만물을 통치한다고 보았다. 다산은 **우주만물을 운행하고 통치하는 것은 실체가 없는 이(理)가 아니라 '주재자인 상제'**라고 주장했다.

> 　상제란 누구인가? 이는 천·지·신·인(天·地·神·人)의 바깥에서 천·지·신·인과 만물의 종류를 조화하고 주재(主宰)하고 편안하게 기르는(安養) 분이다.513)

　먼저 **'주재성'**에 대한 다산의 견해를 살펴보자. '상제'가 천체의 운행과 계절의 변화, 천

---

510) 이을호, 『정다산의 생애와 사상』(박영사, 1985), 21쪽.
511) 주희, 『주자어류』 권79, 허탁··이요성 역주(청계, 1998), 2039쪽. 재인용: 김영일, 『정약용의 상제사상』(경인문화사, 2003), 127쪽.
512) 주희, 『성리대전』 445쪽. 재인용: 김영일, 127쪽.
513) 『여유당전서』 八, 「춘추고징」, 709쪽. 재인용: 김영일, 121쪽.

하 만물의 번성을 질서 있고 조화롭게 의도적으로 통치한다는 것이다.

　해·달·별이 운행하여 네 계절이 어김이 없고 바람·우뢰가 일고 비와 이슬이 내려서 온갖 물건들이 번성한다. 이것도 말없이 자연스럽게 주재하고 있다. 만일 이것을 이(理)의 발현으로 말한다면 이(理)는 본래 지각이 없으므로 말하고자 해도 말할 수가 있겠는가?514)

　다산은 감옥에서 신기한 꿈을 꾸었는데 꿈대로 19일 만에 출옥했고, 강진 유배도 꿈대로 19년 만에 풀려난 것을 인간의 길흉화복을 주관하는 상제의 뜻이라고 생각했다.

　문득 꿈속에서 한 노인이 꾸짖어 말하기를 "소무(蘇武)는 19년을 참았는데 그대는 19일도 못 참는가?"하였는데, 그날로 출옥되었기에 계산한 즉 19일째 되는 날이요, (유배가 풀려) 고향에 돌아온 것도 신유(辛酉) 전년인 경신(庚申)년부터 치면 또한 19년이니 인생의 편안 여부가 어찌 정해진 운명(定命)이 없겠는가?515)

나. 영명성(靈明性)을 가진 천

　다산은 '상제'의 속성을 내재적으로는 '영명성(靈明性)', 외재적으로는 '주재성(主宰性)'으로 본다. 이를 김영일은 다음과 같이 말한다.

　영명성은 상제가 지각과 인식의 능력을 가지고 있다는 의미이고, 주재성은 그가 의지를 지니고 우주만물을 다스리는 권능을 가지고 있다는 의미이다. 그의 주재성은 비공유적 속성으로 인간에게 양도하지 않는다. 그러나 영명성은 상제, 인간, 그리고 귀신의 공유적 속성으로 인간과 귀신에게 양도하고 있다. …
　그러므로 **영명성은 인간과 하느님(상제)의 만남을 가능케 하는 속성이고, 주재성은 인간과 하느님(상제)의 위상(status)의 한계를 짓는 속성**이다.516)

　'**영명성**'에 대한 다산의 견해를 살펴보자. 상제는 사람의 마음을 꿰뚫어 보고 아무리 숨

---

514) 『여유당전서』 六, 「논어고금주」, 154쪽. 재인용: 김영일, 153쪽.
515) 『여유당전서』 제1집 권8, 30쪽. 재인용: 김영일, 99쪽.
516) 김영일, 『정약용의 상제사상』(경인문화사, 2003), 147-148쪽.

은 것도 살피지 않음이 없고, 아무리 작은 것이라도 밝히지 않음이 없다고 한다. 예수도 같은 내용을 "감추인 것이 드러나지 않을 것이 없고, 숨긴 것이 알려지지 않을 것이 없다"(눅12:2)고 말한다. 상제는 우리가 거하는 처소에 임하여 날마다 감찰하는 신령하고 전지하신 분이다. 이 사실을 인간이 안다면 아무리 대담한 자라도 두렵고 떨리는 마음으로 '홀로 있을 때를 삼갈 것(愼獨)'이다.

> **천(天)의 영명(靈明)은 인심과 바로 통하여 아무리 숨은 것이라도 살피지 않음이 없고 아무리 작은 것이라도 밝히지 않음이 없다.** 이 방안에 임하여 비추어 보고 날마다 흐린 데를 살피고 있다. 사람이 참으로 이것을 안다면 아무리 대담한 사람이라도 경계하고 삼가며 두렵고 무서워하지 않을 수 없다.(天之靈明 直通人心, 無隱不察 無微不燭. 照臨此室 日監在玆. 人苟知此 雖有大膽者 不能不戒愼恐懼矣.)[517]

또한 상제가 가진 '영명성'은 공유적 속성으로 사람도 상제로부터 부여 받아 선을 기뻐하고 악을 미워하며 덕을 좋아하며 더러운 것을 부끄러워 한다는 것이다. 이 마음은 '하나님이 만인에게 똑같이 태어날 때부터 부여한 옳고 그름과 선과 악, 좋고 나쁨의 판단에 대한 의식'으로 **'양심'**을 말한다.

> 대개 **사람이 잉태하면 하느님(상제)은 곧 영명하고 무형한 정신을 부여**하는데, 그것은 선을 기뻐하고 악을 미워하며, 덕을 좋아하고 더러운 것을 부끄러워한다. 이것을 일러 성(性)이라 하고 이를 성선(性善)이라 한다.[518]

다. 성인(聖人)의 도(道)와 천명(天命)

성인(聖人)의 세 가지 도

유교의 성인(聖人)은 이 전지전능한 주재자 상제를 알고, 섬기며, 모시는 자이다. 다산은 성인의 도의 **첫째로 지천(知天)**을 든다. "하느님을 아는 일이 수신의 근본 됨은 하느님을 제대로 안 후에야 능히 성실할 수 있기 때문이다"(知天爲修身之本者 知天以後能誠也).[519]

---

517) 『여유당전서』四, 「중용자잠」, 184쪽. 재인용: 김영일, 156쪽.
518) 『여유당전서』四, 「중용자잠」, 178쪽. 재인용: 김영일, 160쪽.
519) 『여유당전서』四, 「중용자잠」, 212쪽. 재인용: 김영일, 213쪽.

둘째로 사천(事天)을 말한다. **하느님을 두려워하며 근신하는 마음으로 바르게 섬기는 것이 인(仁)의 기본**이다. "두려워하고 삼가서 하느님(상제)을 밝게 섬기면 인(仁)을 할 수 있거니와 헛되이 태극을 높이며 이(理)를 하늘(天)로 삼는다면 인(仁)을 할 수 없다."[520]

셋째로 제천(祭天)을 말한다. "천하의 사람들이 경건하게 복장을 갖추어 **제사를 받드는 것은 하늘에 제사지내는 것이며(郊祭), 이 제사에서 받드는 분은 상제**이다."[521]라고 다산은 주장한다. 단군신화의 신단수(神檀樹)도 상제를 섬기던 제사와 관련이 있다. 모든 제사 의례의 시초는 상제께 드리는 제사였으며, 조상께 드리는 제사도 조상을 따라 올라가면 인류의 원조인 아담이 나오고 그 위에는 하느님이 있다.

천명을 거역하면 그 죄가 하늘을 찌른다

다산은 「중용자잠」에서 하늘이 준 **본성대로 행하지 않고 천명을 거역하면 그 죄가 하늘에 미친다**고 말한다. 인간은 하느님이 주신 깨끗한 본성으로 덕성을 높이며 바르게 살아야 한다. 이 본성이 하고자 하는 바를 어기고, 부끄러운 일을 행하는 것이 천명을 거역하는 것이며, 그 죄는 하늘을 찌르게 된다. 그래서 우리는 천명에 순종하여 하느님이 주신 깨끗한 양심에 따라 정의롭게 사랑하며 살아야 한다.

> 이 본성이 하고자 하는 것을 어기고, 본성이 부끄러워하는 것을 행하면, 이것이 천명을 업신여기고 천명을 거역하는 것이니 그 죄가 하늘까지 통한다. 그러므로 덕성을 높여야 한다(違此性之所欲 行此性之所愧 此是慢天命逆天命 罪通于天矣. 故曰尊德性).

(2) 다산의 자연 보호(산림·수리)

다산은 천지인 사상과 같이 자연을 중시하여 보전을 원칙으로 하되 인간의 필요에 따라 산림과 수리를 개발할 것을 주장하였다. 『목민심서』「공전(工典) 6조」에서 산림과 수리에 대해 기술했다.

가. 산림 정책

---

520) 『여유당전서』 二, 「묘지명」 662쪽.
521) 『여유당전서』 四, 「중용자잠」, 205쪽.

산림은 법으로 엄격하게 보호하였고 필요한 경우에 한하여 벌채하고, 산지를 개간하고, 광물을 채굴하였다. 산림에서 나라의 공물이 나오므로 역대의 성왕(聖王)들은 산림 정책을 중시해왔다. 산과 숲에는 크기에 따라 각각 대·중·소로 나누어 12명의 관리를 두어 지키고 보호하게 하였다. 목민관은 벌채를 금지한 봉산(封山)에 대한 엄중한 금령을 마땅히 삼가 지켜야 하며, 간사한 아전들의 폐단이 있으면 마땅히 세밀히 살펴야 한다고 강조했다.[522]

산허리의 경작을 금지하는 법은 마땅히 실제 측량하여 정해야 한다. 왜냐하면 나라의 법을 함부로 이완시킬 수도 없으며, 융통성 없이 법을 지킬 수만도 없기 때문이다.[523]

나. 수리 정책

수리 정책도 자연 그대로의 시내와 못을 사용하되, 경작의 편리를 위하여 관개시설을 설치하도록 하였다. 이는 자연 보호와 민생 우선의 다산의 정책을 보여주는 것이다.

천택(川澤: 내와 연못)은 농사 이익의 근본이 되는 것이니 통치자들은 수리 정책을 소중히 여겼다. 냇물이 흘러서 고을을 지나가면 도랑을 파고 물을 끌어 들여 전지(田地)에 댄다. 백성들로 하여금 공전(公田)을 경작케 하여 백성의 부역을 보충하게 하는 것도 선정이다. 토호와 귀족들이 수리를 제 마음대로 하여 오로지 자기 전지에만 물대는 것을 엄금하도록 하였다.[524]

바닷가를 따라 조수가 안으로 들어오는 것을 막고 비옥한 전지를 만드는 해언(海堰, 바다를 막은 제방) 축조를 주장하였으니 오늘날의 간척사업이다. 강 하구의 물가가 해마다 파도에 부딪쳐 무너져서 백성들에게 큰 해가 되고 있는 곳에도 제방을 만들어서 그들의 생활을 안정시키도록 하였다.[525]

(3) 다산의 애민(愛民)사상

가. 백성을 위해 존재하는 위정자

다산의 대표저서인 '1표(表)2서(書)'는 백성들을 위한 사회질서의 구현이 목적으로 '수기

---

522) 정약용, 『목민심서』(홍신문화사, 2006), 303쪽.
523) 위의 책, 304쪽.
524) 위의 책, 315-316쪽.
525) 위의 책, 316쪽.

(修己)'의 실현으로서 '치인(治人)'의 방법을 제시하였다.

『경세유표(經世遺表)』의 원래 책 이름은 『방례초본(邦禮草本)』으로 '주례(周禮)'의 이념을 근거로 하여 조선을 개혁하고자 하였다. 당시 조선은 터럭만큼도 병통 아닌 것이 없으므로 지금이라도 고치지 않으면 반드시 나라가 망할 것임을 말하고, **정치·경제·사회 제도를 근본적으로 개혁하여 부국강병의 나라**를 만드는데 목적을 두었다. 서문에서 다산은 예(禮)는 법제이면서도 천리(天理)와 인정(人情)에 부합하는 것으로 선대의 왕들은 예로서 백성을 다스렸지만, 후세의 왕들은 위협과 형벌로 강제하는 법으로 다스린 점에서 차이가 있음을 밝히고 '예치(禮治)'를 강조했다.[526]

『목민심서』에서도 **치자(治者)로서의 목(牧)이 민(民)을 위해 있는 것**이지 민이 목을 위해 있는 것이 아님을 밝혔다. 군자의 학문이란 반은 수신하는 것이고 나머지 반은 목민하는 것인데, 오늘날의 사목(司牧)들은 오직 이익을 얻는 데만 급급하여 목민하는 길을 알지 못하고 있다. 그러므로 백성들은 곤궁하고 병들어서 구렁텅이로 빠져 들어가고 있다고 한탄한다.

『흠흠신서』에서는 **옥사(獄事)를 다루는 근본이 '흠휼(欽恤)', 즉 백성을 공경하고 불쌍히 여기는 애민사상이 바탕**임을 밝혔다. 서문에 "하늘이 사람을 낳고 또 사람을 죽이니, 사람의 목숨은 하늘에 달려 있다. 목민관은 그 사이에서 선량한 사람은 편안하게 하여 살려주고 죄 있는 사람은 잡아서 죽이니 이것은 하늘의 권한을 나타내는 것이다."[527] 사람의 생명은 하늘에 있으므로 목민관은 하늘을 대신하여 백성의 선악행위에 따라 살리고 죽이는 판결을 정의로 해야 한다는 것이다.

나. 애절양(哀絶陽)

다산은 불의를 보고 지나치지 않고 조선 후기의 부패한 사회구조와 군정의 비리, 참담한 백성들의 실정을 고발하였다. 애절양(哀絶陽)은 예전에 죽은 시아버지와 갓 태어난 아기와 남편, 삼대(三代)가 군적(軍籍)에 올라있는 기막힌 현실을 다산이 직접 보고 7언 20구 한시로 기록한 것이다. 당시 병적관리의 허술함과 가혹한 수탈, 일평생 풍악이나 즐기는 양반부호들과의 상대적 불평등 등을 적나라하게 기술해 놓았다. 당시 문란한 군정(軍政)에 대하여 "이 법을 고치지 않으면 백성들은 모두 죽고 말 것이다"(此法不改 而民盡劉矣)라고

---

526) 이을호, 89-90쪽.
527) 김재영, 『한국사상의 맥』(한국학술정보, 2009), 367쪽.

신랄하게 비판하였다.[528] 『목민심서(牧民心書)』「첨정(簽丁)」에는 시를 쓴 동기가 실려 있다.

　　이 시는 계해년(1803년) 가을 내가 강진에 있을 때 지은 것이다. 그때 갈밭 마을에 사는 백성이 아들을 낳았는데 사흘 만에 군적에 올라가고 이정(里正)이 그 집의 소를 끌어갔다. 이에 그 백성은 칼을 뽑아 자신의 음경을 베면서 "내가 이 물건 때문에 이런 곤액을 받는다."고 하였다. 그 아내가 음경을 가지고 관아로 나아가니 아직도 피가 뚝뚝 떨어지는데 통곡하고 호소해도 문지기가 그녀를 막아 버렸다.[529]

음경 자름을 슬퍼하며(哀絶陽)

갈밭 마을 젊은 여인 통곡소리 길어지고(蘆田少婦哭聲長)
관아 문 향해 울부짖다 하늘 보고 통곡하네.(哭向縣門號穹蒼)
전쟁터 간 남편은 못 돌아올 수 있어도(夫征不復尙可有)
예부터 사내가 음경 잘랐단 말 못 들었네.(自古未聞男絶陽)
시아버지 상복 예전에 벗고, 애기 배냇물도 안 말랐는데(舅喪已縞兒未澡)
삼대의 이름이 다 군적에 실렸구나.(三代名簽在軍保)
급히 가서 호소해도 문지기는 호랑이요(薄言往愬虎守閽)
이정은 호령하며 외양간 소 끌고 가네.(里正咆哮牛去阜)
남편이 칼 갈아 방에 든 후 자리에는 피가 가득(磨刀入房血滿席)
스스로 한탄하길 아기 낳은 죄로구나.(自恨生兒遭窘厄)
무슨 죄가 있어 잠실음형[530] 당했던가(蠶室淫刑豈有辜)
민 땅 자식들 거세한 것 참으로 슬픈 일이네.(閩囝去勢良亦慽)
자식 낳고 사는 이치는 하늘이 준 것이요(生生之理天所予)
하늘의 도는 아들 되고 땅의 도는 딸이 되네.(乾道成男坤道女)
말 돼지 거세함도 오히려 가여운데(騸馬豶豕猶云悲)
하물며 백성이 후손 이으려는 생각에 있어서랴.(況乃生民思繼序)
부호들은 일평생 풍악이나 즐기고(豪家終歲奏管弦)
쌀 한 톨 비단 한 치 바치는 일 없구나.(粒米寸帛無所捐)

---

528) 정약용, 『목민심서』(홍신문화사, 2006), 251쪽
529) 위의 책, 254쪽.
530) 따뜻한 누에 방에 가두었다가 거세하던 형벌.

같은 나라 백성인데 왜 이리 불공평한가(均吾赤子何厚薄)

객창에서 거듭거듭 시구편531)을 읊노라(客窓重誦鳲鳩篇)(『다산시문집』 권4).

다. 다산의 삼민주의

다산의 지극한 애민사상은 민본(民本)·민생(民生)·민문(民文)의 삼민주의(三民主義)에서도 드러난다.532)

첫째 **'민본'에서 군주는 하늘의 명(天命)을 대행하는 자**로서 그 천명은 한 사람에게 고정되어 있는 것이 아니라 항상 유덕한 사람으로 옮겨진다. 천명이 바뀌는 원인은 덕의 유무에 있고, 덕의 유무는 민심을 얻느냐 못 얻느냐에 달려 있다. 군주가 주인이 아니라 백성이 주인이며, 군주는 백성을 위하여 나라를 다스려야 한다. 군주세습제를 부정하고, 백성들이 왕을 추대하는 '왕권중민(王權衆民) 추대설'을 주장하였다.

둘째 **'민생'문제를 해결하기 위하여 토지공유제**를 주장하였는데 이것이 '여전법(閭田法)'이다. '여(閭)'는 약 30호로 구성되는 한 마을을 의미하는데, 마을 사람들이 여전인 마을의 농토에서 공동으로 농사를 지어 노동량에 따라 여민에게 분배한다. 장점은 농민만이 토지를 소유하고(耕者有田), 대토지 소유자들의 중간착취가 없어지며, 병농일치(兵農一致)를 구현할 수 있고, 노동량에 따라 분배하므로 생산성을 높일 수 있다.

셋째 **'민문'은 학문의 주체는 국민이 되어야** 하며, 국민의 생활과 애국심이 문학에 반영하여야 함을 주장하였다. **자기 나라를 사랑하지 않는 글은 글이 아니며, 불의에 격분하지 않는 글은 글이 아니며, 옳은 것을 찬양하고 그릇된 것을 배격하는 사상이 없는 글은 글이 아니라**고 하였다.533) 글 쓰는 자는 마음에 새겨 놓자.

라. 만인평등의 인심도심설

사람은 잉태됨과 동시에 상제(上帝)로부터 성(性)을 부여받았는데, 그 성은 '기질(氣質)의 성'과 '도의(道義)의 성'의 두 가지 측면이 있다. '기질의 성'은 '인심(人心)'이며, 육체적인 마음으로 인간의 생리적 욕구와 같은 것이며, 여기에는 선악의 양면이 있다. '도의의 성'은 '도심(道心)'이며, 밝고 맑은 마음으로서 온전히 선하고 악이 없는 것이다.

---

531) 통치자가 백성을 골고루 사랑해야 함을 뻐꾸기에 비유해서 읊은 시경의 한 편.
532) 정진일, 397-398쪽.
533) 정진일, 398쪽.

다산은 인간만이 도의의 성과 기질의 성을 겸비하고, 동물은 오직 기질의 성만을 타고난다고 보았다. 그리고 인간은 누구나 태어날 때부터 도의의 성(도심)과 기질의 성(인심)을 똑같이 타고난 것이므로 선천적으로 현자(賢者)와 우자(愚者), 성인(聖人)과 범인(凡人)의 차별이 없다고 하였다.[534] 이처럼 인간의 본성은 선천적으로 만인이 평등한 것이지만 후천적으로 차이가 난다. **스스로 인심(기질의 성)을 억제하고 도심(도의의 성)을 따르면 성인·군자가 되고, 반대로 인심(기질의 성)만 따르면 어리석은 소인이 된다.** 앞에서 율곡의 "인심도심설"에서 "한 생각이 도심이면 넓혀서 채우고, 인심이면 정밀하게 살펴 도심으로 절제"함과 같은 맥락이다. **율곡은 천리(天理)가 사람에게 부여된 것을 '성(性)'이라 했는데, 다산은 상제로부터 부여받은 것을 '성'이라 한 점에서 차이가 있다.**

3. 동학

1) 한울님(天)과 자연(地), 인간(人)을 사랑한 최시형

동학의 제2대 교주 해월(海月) 최시형(崔時亨, 1827-1898)은 경주 출신 농민이다. 1861년에 동학을 믿고 한 달에 3, 4 차례씩 수운을 찾아가 가르침을 받고 집에 돌아와 배운 것을 실천하고 명상과 극기로 도를 닦았다. 1863년 동학을 포교하라는 명을 받고 영덕·영해 등 경상도 각지를 순회하여 많은 신도를 얻게 되었고, 그 해 7월 북도 중주인(北道中主人)으로 임명되어 8월 14일 도통을 승계 받았다.[535]

교조신원 운동과 반봉건 투쟁을 목적으로 한 동학 최초의 농민항쟁인 '이필제의 난'을 이필제와 함께 주도하여 성공하였다. 고종 8년(1871) 3월 10일(음) 교조 순교의 날에 영해에서 경상도 내의 동학교도 500여 명을 이끌고 영해부(寧海府)를 야습하여 군기고를 접수하고 부사를 문죄, 처단하였다.[536]

수운이 순교(1864년)한 후 30여년을 도망자의 신세로 피해 다니며, 포교와 교리 정리, 세 차례의 '교조신원운동', 『동경대전』(1880년)과 『용담유사』(1881년) 간행, 손병희 등 후계자 양성 등의 큰일을 감당하였다. 1898년 3월 원주에서 체포되어 서울로 압송, 그 해 6월에 교수형을 당하였다.

---

534) 정진일, 396쪽.
535) 『한국민족문화대백과』, "최시형"(네이버, 지식백과)
536) 『한국민족문화대백과』, "이필제의 난"(네이버, 지식백과)

(1) 삼경설(三敬說)

삼경설은 해월의 경천(敬天)·경인(敬人)·경물(敬物)의 가르침을 말한다. 『해월신사 법설』 중 「삼경」에서 사람은 **첫째로 한울을 공경**해야 함을 강조한다. 그 이유는 스승 수운이 처음 밝힌 도법인 것과, 한울이 진리의 중심을 잡고 있는 것과, 경천함으로써 자기의 영생을 알게 되고, 남을 위하여 희생할 수 있기 때문이라고 말한다.

> 사람은 첫째로 경천(敬天)을 아니치 못할지니, 이것이 돌아가신 스승님께서 처음 밝히신 도법(道法)이라. 경천의 원리를 모르는 사람은 진리를 사랑할 줄 모르는 사람이니, 왜 그러냐 하면 한울은 진리의 중심을 잡은 것이기 때문이다. 그러나 경천은 결단코 허공을 향하여 상제(上帝)를 공경한다는 것이 아니요, 내 마음을 공경함이 곧 경천의 도를 바르게 아는 길이니, '내 마음을 공경치 않는 것이 곧 천지를 공경치 않는 것이라(吾心不敬卽 天地不敬)'함은 이를 이름이었다. 사람은 경천함으로써 자기의 영생을 알게 될 것이요, 경천함으로써 남을 위하여 희생하는 마음, 세상을 위하여 의무를 다할 마음이 생길 수 있나니, 그러므로 경천은 모든 진리의 중추를 움켜잡는 것이니라.537)

둘째로 사람을 공경해야 한다. 한울을 공경함은 사람을 공경하는 행위에 근거하여 실제 효과가 나타나는 것이다. 귀신을 공경하면서 사람을 천대하는 것은 어리석은 풍속이며, 사람을 버리고 한울을 공경하는 것은 물을 버리고 해갈을 구하는 자와 같다고 하였다. **사람이 마음에 한울님을 주인으로 모시면(侍天主) 사람과 한울님이 일체가 되므로 사람 안에 한울님이 있고, 한울님 안에 사람이 있음**을 알 수 있다.

> 둘째는 경인(敬人)이니, 경천은 경인의 행위에 의지하여 사실로 그 효과가 나타나는 것이다. 경천만 있고 경인이 없으면 이는 농사의 이치는 알되 실지로 종자를 땅에 뿌리지 않는 행위와 같으니, 도 닦는 자가 사람을 섬기되 한울과 같이 한 후에야 처음으로 바르게 도를 실행하는 자니라. … 어리석은 풍속에 귀신을 공경할 줄은 알되 사람은 천시하나니, 이것은 죽은 부모의 혼은 공경하되 산 부모는 천시함과 같으니라. 한울이 사람을 떠나 따로 있지 않는지라. 사람을 버리고 한울을 공경한다는 것은 물을 버리고 해갈을 구하는 자와 같으니라.538)

---

537) 라명재 주해, 『천도교 경전 공부하기』(모시는 사람들, 2017), 381쪽.
538) 위의 책, 382-383쪽.

셋째로 물(物)을 공경해야 한다. 해월은 사람이 사람을 공경하는데 그치지 말고 물을 공경함에 이르러야 천지기화의 덕에 합일될 수 있다고 주장한다.

> 셋째는 경물(敬物)이니 사람이 사람을 공경함으로써 도덕의 극치가 되지 못하고, 나아가 물(物)을 공경함에까지 이르러야 천지기화(天地氣化)의 덕에 합일될 수 있느니라(라명재 주해, 「삼경」, 383-384).

이 때의 '물(物)'의 범위가 어디까지인지 설명하지 않지만, 해월의 아래 설명을 보면 '한울님을 모신 물'로 생각할 수 있다. 「이천식천」에는 "물건마다 한울님이고, 일마다 한울님이다(物物天 事事天)"라고 하여 모든 사물에 한울님이 있다고 한다. 「영부주문(靈符呪文)」에서도 "어찌 반드시 사람만이 홀로 한울님을 모셨다 이르리오. 천지만물이 다 한울님을 모시지 않은 것이 없느니라. 저 새소리도 또한 시천주의 소리니라."[539]고 하여 천지만물이 다 한울님을 모셨다고 한다. 「내수도문(內修道文)」에서는 "육축이라도 다 아끼며, 나무라도 생순을 꺾지 말라"[540]고 한 것은 만물이 한울님을 모셨기 때문이다.

성경에도 창조주의 영원하신 능력과 신성이 그 만드신 만물에 분명히 보여 알게 된다(롬 1:20)고 했다. 피조물 인간은 전능하신 한울님이 창조하신 우주만물에 한울님의 능력과 신성이 깃들어 있으므로 아끼고 사랑함이 마땅하다.

(2) 사인여천(事人如天)

가. 사람 섬기기를 하늘 같이 하라

수운의 '시천주(侍天主)'에서 더 나아가 "사람을 한울처럼 섬기라(事人如天)"고 해월은 주장하였다. 사람은 누구나 한울님을 모시고 있기 때문에 사람을 대할 때는 언제, 어디서나 한울님처럼 섬겨야 한다는 것이다. 「대인접물(待人接物)」에서 해월은 "사람이 곧 한울이니 사람 섬기기를 한울 같이 하라"는 경천동지(驚天動地)할 주장을 한다.

> **사람이 곧 한울이니 사람 섬기기를 한울처럼 하라.** 내가 제군들을 보니 스스로 잘난 체

---

539) 위의 책, 310쪽.
540) 위의 책, 394쪽.

하는 자가 많으니 한심한 일이요, 도에서 이탈하는 사람도 이래서 생기니 통탄할 일이로다. 나도 또한 이런 마음이 있고 생길 수 있느니라. 그러나 이런 마음을 감히 내지 않는 것은 한울님을 내 마음에 봉양하지 못할까 두려워함이로다.541)

나. 여성도 한울님처럼 존귀하다

해월이 청주를 지나다가 서택순 집에서 그 며느리의 베 짜는 소리를 듣고, 그것이 며느리가 베를 짜는 것이 아니라 한울님이 베를 짜는 것으로 해월은 보았다. 남존여비(男尊女卑)가 만연한 조선사회에서 획기적인 발상이다. 또 동학을 믿는 사람(道人)의 집에 사람이 오면 사람이 왔다고 말하지 말고, 한울님이 강림했다고 말하라 했다. 사농공상(士農工商)의 신분체제와 왕 중심의 봉건체제에서 인간의 존엄성을 선언한 획기적인 개혁사상이다.

서군(徐君)에게 묻기를 '저것은 누가 베 짜는 소리인가'하니, 서군이 대답하기를 '제 며느리가 베를 짭니다.'하는지라. 내가 또 묻기를 '그대의 며느리가 베 짜는 것이 참으로 그대의 며느리가 베 짜는 것인가'하니, 서군이 나의 말을 분간치 못하더라. 어찌 서군뿐이랴. 도인의 집에 사람이 오거든 사람이 왔다 이르지 말고 한울님이 강림하셨다 말하라.542)

다. 아이를 때리지 말고 한울님처럼 여기라

아이의 인권이 무시되던 유교 중심의 사회에서 해월은 아이도 한울님이라고 주장했다. 동학을 믿는 집안(道家)에서 부인이 아이를 때리는 것은 곧 한울님을 때리는 것이라고 한 것은 아이도 한울님처럼 존귀하다는 것을 표현한 것이다. 의암(義菴)의 사위 방정환이 어린이날을 제정한 것도 동학의 가르침에서 나온 것으로 본다.

도가의 부인은 경솔히 아이를 때리지 말라. 아이를 때리는 것은 곧 한울님을 때리는 것이니 한울님이 싫어하고 기운이 상하느니라. 도가의 부인은 한울님을 두려워 않고 기운 상함을 싫어하지 않고, 경솔히 아이를 때리면 그 아이가 반드시 죽으리니 일체 아이를 때리지 말라. 543)

---

541) 위의 책, 292쪽.
542) 위의 책, 293-294쪽.

(3) 천지부모설(天地父母說)

해월은 「도결(道訣)」에서 "천지부모 네 글자는 비록 각각 다르나, 그 실은 모두 한울 천(天) 한 자니라. 그러니 천지는 곧 부모요 부모는 곧 천지니, 천지부모는 처음부터 틈이 없느니라"544)고 말한다.

「천지부모」에서도 "천지는 곧 부모요 부모는 곧 천지니 천지와 부모는 일체"라고 주장한다. 이것은 「영부주문(靈符呪文)」에서 "사람만이 홀로 한울님을 모신 것이 아니라, 천지만물이 다 한울님을 모시지 않은 것이 없다."는 말과 관련하여 이해해야 한다. 천지만물이 한울님을 모시고 있다는 것은 한울님의 기운을 간직하고 있다는 뜻이다. **만물도 한울님을 모시고 있으므로 한울님을 모신 부모처럼 만물도 아끼고 사랑해야 한다.**

> 천지는 곧 부모요 부모는 곧 천지니, 천지와 부모는 일체이니라. 부모의 포태가 곧 천지의 포태니, 지금 사람들은 다만 부모 포태의 이치만 알고 천지포태의 이치와 기운을 알지 못하느니라. …
> 천지는 만물의 부모니라. 그러므로 경에 이르기를 '님이란 것은 존칭하여 부모와 더불어 섬기는 것이라' 하였다. … 천지가 그 부모인 이치를 알지 못한 것이 5만년이 지나도록 오래 되었으니, 다 천지가 부모임을 알지 못하면 억조창생(億兆蒼生)이 누가 능히 부모에게 효도하고 봉양하는 도로써 천지를 공경하고 받들겠는가.
> 천지부모를 길이 모셔 잊지 않는 것은 깊은 물가에 다가가듯이, 얇은 얼음을 밟는 듯이 조심하여, 지성으로 효도를 다하고 극진히 공경을 다하는 것으로 사람의 자식 된 도리이니라(라명재 주해, 「천지부모」, 261-262).

해월은 또 '젖'과 '곡식'을 비교한다. 사람이 어릴 때는 사람의 몸에서 나는 곡식인 어머니의 '젖'을 빨지만, 자라서는 천지에서 나는 젖인 '곡식'을 먹는다. 어릴 때 어머니의 젖을 빠는 것이나, 커서 천지 부모가 주는 곡식을 먹는 것이 다 천지가 주는 녹봉이요, 한울님의 선물이라고 본다.545)

---

543) 라명재 주해, 293-294쪽.
544) 위의 책, 267쪽.
545) 위의 책, 263-264쪽.

340

2) 인내천과 삼전론(三戰論)의 독립운동가 손병희

3대 교주 의암(義菴) 손병희(孫秉熙, 1861-1922)는 충북 청원 출신으로 22세 때인 1882년 동학에 입도하였고, 입도 3년만에 최시형을 만나 착실한 신도가 되었다. 1892년 교조신원운동, 1894년 북접(北接) 통령(統領)이 되어 남접의 전봉준과 논산에서 합세하여 동학혁명을 일으켰으나 공주 우금치 전투에서 패배하여 남접과 헤어졌다. 1897년 12월 24일 실질적인 제3세 교주 역할을 맡았으며, 최시형이 처형된 후에는 교주가 되었다.

1905년 동학을 천도교로 개칭하고, 1906년에 천도교 대헌(大憲)을 반포하고, 천도교 중앙총부를 서울 다동(茶洞)에 설치하였다. 교세 확장에 진력하는 한편 보성학교(현 고려대학교)와 동덕여학교(현 동덕여자대학교)를 비롯한 문창·보창·명신·양영 등 수십 개의 남녀 학교를 인수 또는 신설 운영하는 등 교육사업에도 힘을 쏟았다. 그는 동학의 핵심사상을 '인내천' 사상으로 정리하였고, 보국안민의 계책으로 삼전론을 주장한 평화적 독립운동가이다.

(1) 인내천(人乃天) 사상

인내천 사상은 **'사람이 곧 한울'**이라는 동학의 핵심사상이다. 의암은 1906년 간행한 「대종정의(大宗正義)」에서 "동학의 원조인 수운 대신사(大神師)의 사상은 넓은 데서 간략한 데로 이르렀는데 그 요지는 **'인내천'**이라."고 했다.[546] 이는 수운이 「논학문」에서 말한 "천심즉인심"(天心卽人心, 한울님 마음이 곧 사람의 마음이다)를 근본으로 하고, 해월의 "인사여천"(人事如天, 사람 섬기기를 하늘 섬기듯 하라), "인시천"(人是天, 사람이 한울이다)를 계승, 발전시킨 것이다.

의암은 또 「성령출세설(性靈出世說)」에서 '모심(侍)'이란 '내유신령'과 '외유기화'가 있어 온 백성이 깨달아 변치 않는 것이라 했으니, 이는 한울님의 영과 사람의 영이 서로 유기적으로 교류함을 말하며 이는 곧 '인내천'의 도를 설파한 것이라고 했다.

> "대신사(大神師)가 일찍이 주문(呪文)을 해석하여 말하기를 '모심(侍)이란 안으로는 신령이 있고 밖으로는 기화(氣化)가 있어 온 세상 사람이 각자 깨달아 변하지 않는 것이라' 하였으니, 이는 영(靈)의 유기적 표현을 가리킴이요, '인내천'의 정의(定義)인 도(道)를 설파한 것이라"(라명재 주해, 646).

---

546) 라명재 주해, 574쪽.

'인내천'의 '인(人)'은 보통 사람이 아니다. 이 사람은 '한울님을 내 마음에 온전히 주인으로 모신 사람'이다. 「논학문」의 '시천주(侍天主)'에서 설명한 것처럼 안으로는 한울님의 신령한 마음을 회복하고, 밖으로는 한울님의 무궁한 기운과 융화일체를 이룬[547] 사람이다. '인내천'의 '한울님(天)'은 인간을 초월한 신이 아니라 인간 안에 존재하는 내재적 신을 말한다고 본다.[548]

왕을 정점으로 한 봉건체제 아래 신분상의 차별이 상존하던 조선 말기에 인간의 존엄성과 만민평등 사상을 설파한 것은 가히 혁명적이다.

(2) 삼전론(三戰論)

1903년 의암이 일본에 머물면서 세계 대세를 살펴보니 온 세상 나라가 함께 강해져서 같은 적수가 서로 대적하는 것은 싸우는 공이 무익하고, 무기로만 싸우는 것은 쓸데 없는 것임을 알았다. 앞으로는 무기보다 더 무서운 세 가지인 도전(道戰)·재전(財戰)·언전(言戰)이 중요함을 주장하였다.[549] 이 삼전(三戰)을 능히 안 뒤라야 보국안민(輔國安民)과 평천하(平天下)의 계책을 능히 이룰 수 있다고 하였다. 군사력을 의미하는 하드 파워(hard power)보다는 경제력과 문화력을 의미하는 소프트 파워(soft power)가 더 중요함을 그가 지은 「삼전론」에서 설파하였다.

가. 도전(道戰)

"옛말에 천시(天時)가 지리(地利)만 못하고, 지리가 인화(人和)만 못하다."고 했으니, 인화의 방책은 '도(道)'가 아니면 할 수 없고 도로써 백성을 화합하면 인위로 행치 않아도 저절로 다스려 진다고 주장하였다. "백성이 나라의 근본이라."고 했는데 그 근본이 온전치 못하면 그 나라도 온전할 수 없다.[550] **의암이 주장하는 도는 하늘의 법도이며 사람이 마땅히 따라야 할 도리**를 말한다. 이에서 개명한 문화가 형성되며, 이런 문화가 형성된 나라는 태산같이 안전하며, 대적할 자가 없다고 한다.

---

547) 윤석산 역주, 36쪽.
548) 기독교의 하나님은 온 천지에 충만(렘23:24)할 뿐만 아니라, 우주만물을 **창조**하시고(창1:1), 우주만물을 **통치**하시고(시103:19), **심판**하시는(삼상2:10) 존재이며, 만물을 **초월**하시고(왕상8:27), **유일무이한**(사37:16) 존재인 점에서 차이가 있다.
549) 라명재 역주, 626-636쪽.
550) 위의 책, 627-628쪽.

나. 재전(財戰)

재물은 한울이 준 보배로 사람이 이용하고 원기(元氣)를 기르는 것으로 동물과 식물, 광물 등을 말한다. 사람은 만물을 다스리는 주인으로서 농업으로 풍족히 먹고, 상업으로 사고팔아 이익을 늘리며, 공업으로 쓰기에 편리하고 보기에도 좋은 기계를 만들어 행복하게 살 수 있다. 위로는 **왕가의 자제로부터 아래로 민가의 수재에 이르기까지 재주를 기르고 기술을 발달시켜 한편으로는 외국 자본을 막아내고, 한편으로는 부국의 방책으로 싸워야** 함을 역설하였다.[551]

다. 언전(言戰)

말이란 속에 있는 생각을 드러내는 증표요, 사실을 서술하는 기본이다. 지금 온 세계는 물화가 상통되며 교린하지 않는 것이 없는데, 만약 말이 통하지 않으면 교제할 방법이 없다. 말에도 도가 있으니 지모(智謀)가 병행한 뒤에야 말도 빛이 난다. 이러므로 한 마디 말이 나라를 흥하게 할 수 있다. **흥하고 패하는 것과 영리하고 우둔함이 담판에 달렸으니 싸울 만한 것은 언전**이다.[552] 열강이 각축하는 조선 말기에 세상 물정에 밝고 각국 언어에 능통한 인재가 외교로 싸워 국리민복을 성취해야 함을 강조하였다.

(3) 비폭력 3·1운동의 주도자

총독부의 탄압으로 국내에서 사회단체가 해산되었으므로 종교단체와 교육기관 외에는 조직적인 행동이 불가능한 상태에서 1918년 말부터 천도교와 기독교는 각각의 단체와 조직을 통해 독립운동을 계획하고 있었다. 천도교에서는 1918년 2월 인일(人日)기념일을 행하며 손병희는 '이신환천(以身換天)'을 강조하며 사회변화가 올 것을 말하였다. 최린, 권동진, 오세창 등이 대규모 독립운동을 계획하고 손병희와 더불어 세계대세를 논하고 조국독립운동의 기본원칙을 세웠다. 각 종교가 공동으로 제휴하여 천도교 15인, 기독교 16인, 불교 2인 등 33인과 학생들이 합동하여 손병희의 집에서 운동의 주동체가 형성되었다.[553]

---

551) 위의 책, 630-632쪽.
552) 위의 책, 633-636쪽.
553) 이현종, 『한국의 역사』(대왕사, 1983), 537-538쪽.

특히 의암은 당시 폭력적으로 과격하게 흐를 수 있는 3·1운동을 비폭력·평화적으로 진행할 수 있게 주도하였다. 독립선언문 내용의 강경한 문구도 수정토록 권유하였고, 독립선언서 작성의 대원칙을 세웠는데, 이는 ① 평화적이고 온건하며 감정에 흐르지 않을 것, ② 동양의 평화를 위하여 조선의 독립이 필요하며, ③ 민족자결과 자주독립의 전통정신을 바탕으로 정의(正義)와 인도(人道)에 입각한 운동을 강조한다는 것 등이다(『두산백과』, "3·1독립선언서").

선언서의 원고는 천도교(天道敎)에서 경영하는 보성인쇄소 사장 이종일(李鍾一)에게 넘겨져 2월 27일 오후 6시경부터 10시까지 2만 1000장을 인쇄하였다. 인쇄된 선언서는 경운동(慶雲洞)에 있는 천도교당으로 옮겨지고 28일 아침부터 전국의 배포 담당자에게 전달되어, 3월 1일 서울을 비롯한 전국의 주요도시에서 일제히 선포 및 배포 되었다. 독립선언식 장소도 불상사를 염려하여 태화관으로 정하였다.

3·1운동의 자금 지원은 대부분이 천도교 자금으로 충당하였고,[554] 이를 주선한 이는 3대 교주인 의암이므로 실질적인 독립운동의 주도자는 의암이라고 할 수 있다. 그는 3월 1일 기념식을 거행한 뒤 일본 경찰에 자진 검거되어 1920년 10월 징역 3년형을 언도받고 서대문형무소에서 복역 중 병보석으로 풀려났으나 옥고의 여독으로 1922년 5월 19일 병사하였다. 동학의 세 교주가 모두 순교와 순국의 가시밭길을 걸으며 피흘려 진리와 구국의 도를 후세에게 전하였다.

4. 기독교

1) 삼륜(三倫) 정신과 민족구원의 비교종교학자 최병헌

탁사(濯斯) 최병헌(崔炳憲, 1858-1927)은 충북 제천 출신으로 일생을 민족 구원과 사회 개혁에 헌신하였다. 남달리 총명한 머리로 한학을 공부하여 과거에 참여하였으나 부패한 관권을 체험하고 민중 계몽과 종교 운동에 뜻을 두었다. 중국 서적을 통해 서양문명의 발달상과 그 정신적 지주가 기독교라는 사실을 알게 된 탁사는 1888년에 정동에 있는 아펜젤러(H. G. Appenzeller) 목사를 방문했다.[555] 거기서 한문성경을 얻어 읽고, 아펜젤러와

---

554) 만세운동을 준비하던 기독교가 자금이 부족해 천도교에 빌려달라고 했을 때 흔쾌히 당시 돈 5,000원을 빌려줬다. 그 돈은 현재 화폐가치로는 50억 원에 해당하는 거액이었다고 한다. (동아일보, "빚 못 갚아 미안합니다". 2016. 2. 25).
555) 유동식, 풍류도와 한국의 종교사상 (연세대출판부, 1997), 182쪽.

교제를 통해 이듬해에 배재학당 한문선생이 되었고 성서를 한글로 번역하기 시작했다.

탁사가 한글을 가르쳐 주던 존스(G. H. Jones) 목사에게서 세례를 받은 것은 35세인 1893년 2월 8일이었고, 그때부터 전도인으로 헌신하여 아펜젤러가 시무하던 정동제일감리교회를 중심으로 선교활동을 전개하였다.[556] 1902년 목사 안수를 받았고, 해난사고로 사망한 아펜젤러를 이어 정동교회 담임목사직을 1903년부터 1914년까지 성실히 수행하였다. 1914년에 감리사로 피택되어 인천과 서울 지방의 교회들을 치리하다가 1922년 은퇴하였고, 그 후에는 감리교 협성신학교 교수로 비교종교론과 동양사상을 강의하였다.

(1) 천지인을 사랑한 탁사의 삼륜 정신

탁사의 신학은 천지인 사상을 바탕으로 한다. 그는 인간이 마땅히 지켜야 할 세 가지 도리로 삼대륜(三大倫), 즉 천륜(天倫), 물륜(物倫), 인륜(人倫)을 제시했다.

첫째 천륜이란 삼위일체 하나님의 우주 창조와 역사 주관, 인간 구원의 도리를 말한다. 하나님은 거룩하신 성체와 신성하신 성품을 가진 분으로, 그 분이 부모를 통해 우리 육신을 창조하실 뿐만 아니라, 영혼을 주시는 분이므로 인간은 마땅히 하나님을 공경하고 구세주를 신봉해야 한다.[557] 하나님은 전능하시고 지극히 거룩하시고, 알지 못하는 것이 없고(無所不知), 아니 계신 곳이 없고(無所不在), 홀로 한 분이고 둘이 아니며(獨一無二), 시작도 없고 끝도 없는(無始無終) 분이다. 사람의 생전사후(生前死後)와 만물의 흥망성쇠를 다 주관하시며, 성덕(聖德)과 공의(公義), 인애와 자비, 진리의 소유자이다.[558] 인간은 전지전능하신 창조주 하나님을 경외하고, 그가 보내신 구세주 예수를 믿고 하나님의 자녀가 되는 것이 마땅한 도리이다.

둘째 물륜은 자연 속의 초목과 금수(禽獸, 날짐승과 길짐승) 등 자연 세계의 이치를 말한다. 초목은 생혼(生魂)만 있어 음양 수토(水土)의 기운으로 자라지만, 스스로 삶을 유지할 능력은 없다. 그러나 금수는 생혼과 함께 각혼(覺魂)이 있어 주리면 먹고, 위험을 피하는 등 스스로 삶을 영위해 나간다.[559] 인간은 창조주의 명령대로 식물과 동물이 자연의 순리대로 살 수 있도록 방해하거나 해치지 않고 보호하고 다스리는 지혜가 필요하다.

셋째 인륜이란 인간이 천륜에 순종하여 마땅히 해야 할 인간의 도리를 다하는 것이다. 사

---

556) 위의 책, 184쪽
557) 최병헌, 『성산명경』(동양서원, 1911), 38-41쪽.
558) 위의 책, 36-39쪽.
559) 위의 책, 37-38쪽.

람은 생혼과 각혼만 있는 것이 아니라 '영혼'이 있어 **하늘의 이치(天理)와 땅의 이치(地理)를 깨닫고 지혜를 늘려야 하며, 부모에게 효도하고 임금에게 충성하고 타인을 사랑하며, 수신제가(修身齊家)를 통해 치국평천하(治國平天下)를 이루어야 한다.**[560] "하나님께서 짐승과 달리 사람에게 생각하는 재능을 주사 사람이 보지 못하는 대주재(大主宰)를 생각하여 영생의 복을 스스로 예비코자 하심이라."[561]고 했는데, 이는 우주만물을 통치하는 대주재인 하나님을 경외하여 영생의 복을 스스로 준비할 수 있는 것은 바로 인간만이 가진 '영혼'이 있기 때문이다.

(2) 예수교의 우월성을 주장하는 비교종교론

탁사는 주저인 『성산명경(聖山明鏡)』과 『만종일련(萬宗一臠)』을 통해 유교·불교·선교(仙敎) 등 타종교의 교리와 특징을 설명하고, 예수교의 우월성을 제시함으로써 다른 종교를 믿는 사람들도 구원하려는 간절한 전도의 열정과 애민사상을 나타냈다. 모든 종교의 중심은 예수교이며 옥식(玉食)이 없을 때는 초식도 먹었지만, 옥식을 만나면 초식을 버리는 것이 지혜자라고 강조한다.

> 대사는 이왕에 불교를 숭상하였기에 천당 지옥이 있음을 믿거니와 불교의 허무함을 버리고 예수교의 진실함을 좇지 않겠습니까. 소식채죽(疏食菜粥)과 고량옥식(膏糧玉食)이 다 같은 음식이로되 귀천과 미악(美惡)이 있나니 옥식을 만나지 못하여서는 초식을 먹으려니와 옥식을 만나서도 초식을 버리지 않는 것은 실로 어리석은 사람의 지혜 없는 일이라.[562]

또한 석가도 상주(上主)인 하나님께 기도했으며, 그때 도와 준 제신(諸神)은 천사라고 한다.

> 석가가 성도(成道)시에 보리수 아래에서 결가부좌(結跏趺坐)하여 때때로 기도하였을 때 그 대상은 상주(上主)이며 제신(諸神)들이 하강하여 도울 때의 제신은 곧 천사를 말하는 것이라.[563]

---

560) 위의 책, 36-38쪽.
561) 위의 책, 60쪽.
562) 최병헌, 『성산명경』(동양서원, 1911), 27쪽.
563) 최병헌, 『만종일련』(조선야소교서회, 1927), 53쪽. 재인용: 최익제, 『한말 일제 강점기 탁사 최병헌의 생애와 사상』(한국교원대학교 대학원, 박사학위논문, 2008), 90쪽.

동양의 종교인 유교와 불교도 기독교 안에서 완성될 수 있음을 밝혔다. 공자도 그리스도 교의 진리를 알았다면 이를 반드시 믿고 따랐을 것이며, 석가도 살신성인(殺身成仁)한 예 수의 선한 열매를 맛보았다면 6년 풍상을 헛되이 보내지 않았을 것이라고 주장한다.

> 만약에 공부자(孔夫子)가 그리스도의 도리(理)를 보았다면 반드시 믿고 좇았을 것이요, 석가씨가 자기를 버리고 타인을 이롭게 하는(損己利人) 선한 열매를 맛보았더라면 숲속에 서 고행하며 6년 풍상을 헛되이 보내지 않았을 것이라. 만일 참 종교가 자기 이익을 구하 고 타인을 사랑하고 긍휼치(愛恤) 아니하면 그리스도께서 괴로운 바다 같은 이 세상에 강 생하실 이유가 없고 십자가에서 수난 당할 일도 없다.[564]

탁사는 기독교의 요지를 **십자가와 부활**로 보았다. 말씀이 육신이 된 것은 만세 전부터 하 나님(上主)께서 예정하신 경륜이요, 구주(救主) 예수가 십자가에 못 박힘은 만민을 대속(代 贖)하기 위함이요, 십자가에 못 박힌 후 부활함도 하나님의 능력임을 밝혔다. 불교의 스스 로 깨달음과는 달리 기독교는 구주의 대속하신 은혜를 입으며 성령의 감화로 중생(重生)을 얻고, 부활 진리를 믿음으로 영혼을 구원하는 종교이다.[565] 불교의 '자력신앙'과 기독교의 '타력 신앙'을 구분하였다.

탁사는 태평양 군도에 복음 전하는 선교사의 사례를 들면서 식인종들을 현명한 지식인으 로 변화시킨 것은 사람의 공로가 아니라 하나님의 권능과 그리스도의 진리임을 천명하고 기독교가 아닌 타종교는 이런 일을 생각할 수도 없다고 말한다.

> 태평양 군도에 인육(人肉)을 서로 먹는 금수의 무리라도 영국선교회에서 그리스도의 자 비심으로 구원코자 하여 안드레 목사를 파견했으나, '백인이 맛이 있다'고 말하는 오랑캐 들에게 피살 당했다.
>
> 그러나 주를 위해 목숨을 바친 자와 남을 자기 몸처럼 사랑하는 자들이 계속 섬에 들어 가 문자를 만들어 성경을 번역하니 각 섬 주민들이 문자를 배워 성경을 읽고 현재는 식 인들이 현철(賢哲)로 변하여 어리석은 자가 지식인으로 변하였으니 이 누구의 공로인가? 하나님의 권능과 그리스도의 진리가 아니면 이러한 선한 결과를 맺을 수 없다. 타종교의 신앙으로는 식인종에게 모험 전도하기를 생각할 수도 없다.[566]

---

564) 최병헌, 『만종일련』(조선야소교서회, 1927) 121쪽.
565) 위의 책, 66쪽.
566) 위의 책, 120쪽.

인류의 조상 아담의 죄로 인해 모든 사람이 죄인되었으나 예수의 십자가 보혈로 순결한 자가 되면 다시 에덴동산인 낙원에 사는 복된 자가 될 수 있음을 멋진 한시로 표현하였다.

원조(아담) 당시의 죄가 몸에 있으니(원조당년죄재신, 元祖當年罪在身)
창생들의 악한 성품은 이것이 원인이다.(창생성악시원인, 蒼生性惡是原因)
만일 거룩한 피를 입어 순결함을 이루면(약몽성혈성순결, 若蒙聖血成純潔)
에덴동산에 다시 사는 옛 사람이 되리로다.(경득애원구주인, 更得埃園舊住人)
영대의 보배 거울엔 본래 티끌이 없더니(영대보경소무진, 靈臺寶鏡素無塵)
중간에 매몰되어 끝내 진리를 잃었도다.(중간매몰경실진, 中間埋沒竟失眞)
피와 물로 씻어 새 면목을 이뤘으니(혈수세성신면목, 血水洗成新面目)
성결한 몸이 다시 처음 사람을 회복하였더라.(결신환작복초인, 潔身還作復初人)[567]

(3) 신자의 7단계론

기독교 신자는 하나님과 관계없는 '이방인'에서부터 '완전히 성결된 자'까지 7단계가 있다. '내 주는 그리스도시오 살아계신 하나님의 아들이라'고 증거하던 베드로도 환난을 당할 때에 주를 세 번이나 부인하였으나 성령을 받은 후에는 담대하게 선교하며 십자가를 피하지 않았다. 바울도 아라비아에서 3년 동안 수양하여 성령의 감화를 받은 후에 온갖 고초를 능히 참으며 주의 사역에 목숨 바쳐 힘썼다. 이로 보아 신자의 덕과 의로움과 품행의 완성이 선후와 고저(高低)의 단계가 반드시 있다고 보고 탁사는 이를 아래와 같이 정리하였다.[568]

① 이스라엘 백성이 아닌 이방인

하나님의 허락과 언약이 없는 자요, 세상에서 소망이 없고 사후에 어디로 가는지 알지 못하는 자들이요, 죄에서 태어나고, 죄에서 성장하고, 죄에서 늙고, 죄에서 죽는 자들이요, 탐심과 포학이 가득하여 살인자요, 진리에 속하지 않으며 거짓을 말하며, 음행과 우상숭배자들이다(엡2:11).

---

567) 최병헌, 만종일련 (조선야소교서회, 1927), 125쪽.
568) 위의 책, 121-123쪽.

② 죄를 알고 애통하는 자

마음이 가난한 자로 천국을 소유한 자요, 애통하는 자로 위로함을 얻는 자이다(마5:3-4). 진리를 듣고 마음에 찔림을 받아 '우리가 어찌 할꼬'하는 자이며 회개하는 자이다.

③ 이신칭의자(以信稱義者)

온유한 자로 땅을 기업(基業)으로 받는 자이며, 의에 주리고 목마른 자로 배부른 자들이다(마5:5-6). 믿음으로 사는 의인들이요(롬1:17). 진리에 속한 자들로 예수가 세상에 속하지 않은 것처럼 세상에 속하지 않는 자이다(요17:16). 하나님께 순복하여 마귀를 대적하는 자이며, 도리어 마귀가 피하는 자들이다(약4:7-8).

④ 중생(重生)한 자

혈통으로나 육정으로나 사람의 뜻으로 나지 않고, 오직 하나님께로서 난 자들이요(요1:13), 긍휼히 여기는 자로 긍휼(자비)하심을 받은 자이다(마5:7). 하나님께서 부르신 상을 얻기 위하여 푯대를 향하여 질주하는 자요(빌3:14), 손에 쟁기를 잡고 뒤를 돌아보지 않는 자이다(눅9:62). 선한 열매를 맺는 자요, 성령의 열매로 사랑과 희락, 화평, 오래 참음, 자비, 양선, 충성, 온유, 절제가 있는 자며(갈5:22-23), 예수 그리스도 안에 있어 정죄함이 없는 자이다(롬8:1).

⑤ 하나님을 보는 자

마음이 청결한 자로 하나님을 보는 자요(마5:8), 마음과 목숨, 뜻을 다해 하나님을 사랑하고 이웃을 네 몸처럼 사랑하라는 계명을 지키는 자이다(마22:37-40). 빛 가운데 있어 예수 그리스도의 피로 모든 죄를 깨끗이 한 자요(요일1:7-9), 성령을 충만히 받은 자이다(행19:6).

⑥ 하나님의 아들이 된 자

화목케 하는 자로 하나님의 아들이라 불리는 자요(마5:9), 구주를 영접하는 자, 곧 그 이름을 믿어 하나님의 자녀가 된 자이다(요1:12). 성령이 친히 우리 영으로 더불어 우리가 하나님의 자녀된 것을 증거하고, 하나님의 상속자가 된 자이다(롬8:16-17).

⑦ 완전히 성결된 자

우리가 다 하나님의 아들을 믿는 것과 아는 일에 하나가 되어 온전한 사람을 이루어 그리스도의 장성한 분량이 충만한 데까지 이른 자요(엡4:13), 물로 씻은 것 같이 성결케 하시고 주름 잡힌 것이나, 흠이 없어 성결한 자이다(엡5:26-27). 구세주와 같이 12 보좌에 앉아 이스라엘 12 지파를 심판할 자들이요(마19:28), 제1차 부활에 참예하여 주님의 제사장이 되어 천년 동안 그리스도와 더불어 왕 노릇하며 세세에 왕이 될 자이다(계20:6).

(4) 기독교 구국론

탁사는 기독교를 통해 민족과 나라를 구원하는데 최선을 다했다. 이 때의 구원이란 영적인 구원뿐만 아니라 정신과 육체의 구원도 포함한다. 1905년 을사보호조약으로 한국이 일본에게 주권을 뺏기자 기독교인들은 두 노선으로 구국운동에 나섰다. 하나는 전덕기와 같이 직접적인 정치활동에 나서는 것이며, 또 하나는 최병헌과 같이 종교를 통한 구국운동이었다. 탁사는 정동교회 목회자로 일하는 한편 독립협회 간부, 제국신문 주필, 신학월보 편집인으로 활약하였고, 독립신문·대한매일신보·황성신문 등에 개화사상을 역설하는 문필가로 활동하였으며, 황성기독교회관에서 정치적 현실에 대한 공개 강연으로도 구국 활동을 부단히 전개하였다. 그는 구국의 일념으로 신앙운동을 했을 뿐만 아니라 각종 사회활동을 통해서도 구국운동을 활발히 하였다. 그가 한 "종교와 정치의 관계"[569]란 강연의 요지는 다음과 같다.

첫째 정치체제는 주권이 국민에게 있고, 국민의 대표자로서 대통령이 집권하게 하는 입헌민주정체를 주장하였다. 이러한 민주정체를 낳게 한 것은 만민의 평등권과 인권을 신봉하는 기독교 신앙이다.

둘째 한국의 종교적 쇠퇴와 정치적 타락을 비판하였다. 학자들은 요순(堯舜)과 공맹(孔孟)을 말하나 본질을 망각하고 공리공론으로 호구지책을 삼고, 종종 송사에 관여하여 뇌물을 갈취하는 짓을 하고 있다. **정치가**들은 명예와 감투만을 좇으며, 임군 있는 것은 알되 나라 있는 것은 모르며, 자신만 알고 백성 있는 것은 모르고, 임금에게 아부하며 높은 자리를 얻어 호의호식(好衣好食)을 제일의 능사로 삼는다. **관리**들은 죄 없는 백성들을 동학도로 몰아 죄인으로 날조하고, 제 백성은 괴롭히고 외국인에게는 굽실대는 근성이 나라를 망치고 있다.

---

569) 황성신문, 1906. 10. 4-6; 대한매일신보, 1906. 10. 5-7, 9. 재인용: 유동식, 『풍류도와 한국의 종교사상』, 193-196쪽.

셋째 나라를 구할 길은 지도층의 부패와 정체를 개혁하는 것이다. 이를 위해서는 국가의 근본이 되는 종교적 도리, 곧 교도(教道)가 바로 서야 한다. 우리나라는 유교를 숭상해 왔으나 그 교도가 쇠퇴하고 정치가 문란해졌다. 이제 새로운 정체(政體) 유신을 위해 생명 있는 교도에 입각해야 한다. 예수 교리는 서학이라 하여 취하지 아니하고 서양의 병기와 기계만 취하는데 이는 근본을 버리고 말단만을 취하는 것이다. 동도서기(東道西機)의 주장으로는 나라를 구할 수 없으니, 앞 선 서양문화의 뿌리인 예수교를 적극 받아들여 우리를 개화하고 나라를 구해야 한다.

탁사의 "기독교 구국론"은 애국가 작사로 이어졌다.[570] 또한 배재학당을 거쳐 「협성회회보」와 「매일신문」 주필을 지낸 청년기의 이승만의 사상에 영향을 미쳤으며, 후일 이승만의 건국 원칙인 "기독교 입국론"[571]에도 기여했다고 본다.

2) 삼애(三愛) 정신과 일사각오의 순교자 손양원

산돌 손양원(孫良源, 1902-1950) 목사는 경남 함안에서 출생하였고, 독실한 기독교인인 부친 손종일 장로의 인도로 6세부터 주일학교에 다녔다. 칠원공립보통학교 3학년 재학 중 일제의 궁성요배 거부로 퇴학한 적이 있고, 서울 중동학교 재학시에는 부친이 3·1운동 참여 후 구속으로 인해 자퇴하는 등 어릴 때부터 애국심이 투철하였으며, 일제의 신사참배에 맞서 5년간 옥고를 치렀다.[572]

여순사건 때 자신의 두 아들을 죽인 안재선을 양자로 삼아 원수 사랑을 몸소 실천했으며, 6·25 때는 그의 목숨을 분단 조국의 희생 제물로 바친 거룩한 순교자이다. 박형룡 교수는 손목사 순교 추도식(1950년 10월)에서 "우리 한국교회의 70년 역사가 낳은 유일한 성자요, 세계 기독교 사상에서도 그 유(類)가 드문 성자인 것이 분명하다."고 그를 높였다.[573]

---

570) 탁사는 정동제일교회 목사로서 **이승만, 김규식 등 배재학당 출신들과 친목회**를 결성했고, 이들이 해외로 떠날 때 '**불변가**(不變歌)'를 지어 줬다는 기록이 남아 있다. 증손자 최우익 교수는 "당시 사택에서 남산의 울창한 소나무 숲이 보였고, 이 소나무들처럼 독립과 애국을 기원하는 마음은 변치 말자는 취지로 불변가를 지었다"고 말했다.
   한국일보, "애국가 작사가는 안창호, 윤치호가 아니라 최병헌 목사다", 2020. 1. 1.
571) 이승만은 한성감옥에서 사형수로 고초를 겪는 과정(1899-1904)에서 하나님의 은혜를 체험하고 '기독교 국가건설을 꿈꾸었다. 건국 시에 기독교 인사들을 중용하였고, 기독교 사상인 자유와 평등의 민주주의 국가를 수립하였다. 그의 건국 4대 원칙은 ① 자유민주주의 ② 시장경제 ③ 한미동맹 ④ 기독교 입국론이다.
572) 이만열 편, 『산돌 손양원 목사 자료선집』(한국기독교역사연구소, 2015), 543-546쪽.
573) 위의 책, 3쪽.

그의 삼애 정신과 삼륜 정신은 모두 천지인을 바탕으로 한 것으로 창조주 하나님을 경외하고 자연을 보호하며 이웃을 사랑하라는 가르침이다.

(1) 삼애(三愛) 정신과 삼륜(三輪) 정신

가. 삼애 정신

손목사는 "자력갱생의 3대 비결"(창1장) 설교(1935. 7. 14)에서 조선의 자력갱생을 위해서는 풍속 개량, 종자 개량보다 국민정신 배양이 중요하며, 자력갱생의 3대 비결로 **애토적(愛土的) 정신, 애린적(愛隣的) 정신, 애신적(愛神的) 정신**을 들었다[574] 덴마크 자력갱생의 성공이 삼애 정신에 있는 것처럼 우리 민족 자력갱생 성공도 이에 있음을 강조하였다.

특히 '**애토적 정신**'은 인간 범죄 후 저주 받은 토지와 관련하여 설명하였다. 하나님이 제1일에 빛을 지으신 다음 제 3일에 땅을 지으시고 곡식, 과실, 화초, 수목 등을 내신 것과 그 다음에 공중에 나는 새, 물속의 고기들, 가정의 육축 등을 주심을 설명하였다. 인간이 범죄 전에 낙원의 토지였으나 범죄 후 토지는 저주를 받아 광야와 황무지가 되었음을 말했다. 그러므로 죽은 토지를 다시 살리려면 애토적 정신이 없으면 불가능하다고 강조하였다.[575]

'**애린적 정신**'은 이웃을 네 몸처럼 사랑하라는 '이웃 사랑' 정신이며, '**애신적 정신**'은 마음과 목숨과 뜻을 다해 하나님을 사랑하라는 '하나님 사랑' 정신이다. 이 두 계명이 바로 기독교 율법 중에서 가장 큰 계명이다(마22:36-39).

또 다른 설교인 "조선민족의 근본정신을 부활시키자"에서는 삼애(三愛) 정신을 '애린' 대신 '애인'으로 바꾸어 표현하였다.

각 국 각 민족에게는 각각 독특한 정신이 있는 것이다. 마치 약이 아무리 좋아도 그 사람 그 사람의 체질에 따라서 효과가 있기도 하고 없기도 하듯이 정신 역시 그 민족 민족이 따로 가지고 있는 것이다. 우리 조선은 유럽에 있는 덴마크와 비슷한 점이 있다. 그들은 삼애정신, 즉 애신(愛神), 애인(愛人), 애토(愛土) 정신이 강하다고 한다. 그런데 우리 민족도 이 점을 찾아볼 수 있다.[576]

---

574) 이만열 편, 『산돌 손양원목사 자료 선집』, 223쪽.
575) 위의 책, 224쪽.
576) 위의 책, 330쪽.

나. 삼륜 정신

"하나님 나라가 어디 임하느냐"(마13:24-43)라는 설교(1947. 2. 12)에서 삼륜을 제시한다.[577] **천륜(天倫)·인륜(人倫)·물륜(物倫)**, 즉 삼륜이 합할 때에는 아무 죄가 없게 된다. 죄가 없어져야 삼륜이 합하고, 그리스도의 천년왕국에는 삼륜이 합한다고 한다.[578]

하나님께 마땅히 지켜야 할 인간의 도리인 천륜(天倫)과 사람 사이에 마땅히 지켜야 할 도리인 인륜(人倫)과 만물에게 마땅히 지켜야 할 도리인 물륜(物倫)이 합해지는 이 나라가 완전한 나라이고, 천년왕국이다. 이 때는 하나님과 자연과 인간이 연합될 때 아무 죄가 없고 행복한 세상이다. 손목사는 생소한 용어인 '물륜'을 제시하여 천륜과 인륜과 함께 인간이 정복 대상으로 여기고 있는 자연만물에 대해 인간이 지켜야 할 도리가 있음을 주장하고 있다. 탁사의 삼륜 정신은 천지인의 개별성을 뚜렷이 했지만, 손목사의 삼륜 정신은 천지인의 연합을 강조한 점에서 구별된다.

또 다른 설교(1948. 5. 9)인 "성경의 4대 관점"(시19편)에서는 만물이 성경(시19:1-6, 롬1:20)이 되어, **불신자에게 만물을 통해서 하나님의 존재를 알린다**고 말한다. 신자에게 **우주만물은 성경이 되고, 성경 66권은 주석**이 된다고 한다.[579]

(2) 조선 민족의 근본정신인 경천(敬天)·애인(愛人)·충효(忠孝)

손목사는 「조선 민족의 근본정신을 부활시키자」(신32:8, 행17:26)는 설교에서 **하나님의 특별한 은혜로 독립이 된 조선은 국혼을 회복해야** 한다고 주장했다. 해방된 우리 민족이 살 길은 유대인의 국혼이었던 여호와 하나님의 율법을 깨닫고 순종함에 있다.[580] 우리 민족의 타락의 원인으로 시기심, 분노, 싸움, 당파심, 거짓말, 게으름 등을 들고, 이제 해방이 되었으니 과거를 깨끗이 정리하고 민족끼리 단합하여 우리 민족의 근본정신을 찾아야 한다고 강조했다. 그래서 우리 자손들까지 많은 축복을 받고 살아야 한다고 했다. 손목사는 설교 내용 중 '배달민족 근본정신의 골자'에서는 '삼애정신' 중 '애토(愛土)'를 빼고, 경천정신·애인정신·충효정신 등 세 가지를 들었다.

첫째 경천(敬天)정신에서는 천륜(天倫), 천도(天道), 천생만민(天生萬民), 천시(天時), 천제

---

577) 이만열 편, 『산돌 손양원목사 자료 선집』, 251쪽
578) 위의 책, 252쪽.
579) 위의 책, 289쪽.
580) 위의 책, 329쪽.

(天祭) 등 우리 민족이 많이 사용하는 술어를 들고 무종교인들도 경천정신이 있음을 말한다. 우리 조선 사람이 기독교를 쉽게 이해하고 선교 역사상 그 예를 보기 드문 장족의 발전을 한 이유를 다음과 같이 설교했다.

> "우리 애국가 중에 '하나님이 보우(保祐)하사' 라는 말도 있지 않는가. 우리나라 시조로 알려진 **단군님이 천제(天帝)를 지낸 일이나 제정일치(祭政一致)의 신정정치(神政政治)를 행한 것은 그가 비록 꼭 옳게 깨닫지 못했으나, 구약시대에 행한 것과 비슷한 점이 있지 않는가. 이 정신을 우리가 부활**시키자."[581]

둘째 애인(愛人)정신에서는 우리 민족이 문중일가와 혈통을 중시하고, 이웃사촌이라는 상부상조 정신이 강하며, 천하가 일가처럼 지내는 단일민족이었음을 말했다. 또한 동방예의지국(東方禮義之國)의 전통이 '이웃을 내 몸처럼 사랑하라'(愛人如己)는 기독교 정신을 수용하기에 알맞다고 여겼다.

> "**동방의 예의지국**이란 말이 무엇을 의미하는지 알 수 있다. 이는 옛날 **중국의 요(堯)·순(舜)·우(禹) 왕이나, 공맹(孔孟)의 도를 받아들여서 이날까지 우리 국혼을 삼아온 것이다. 이것이 '애인여기'(愛人如己)의 기독교 정신을 받아들이기에 알맞은 바탕**이 되었다."[582]

셋째 충효정신에서는 한산도 제승당(制勝堂)을 찾아보고 충무공 이순신 장군의 참다운 청절(淸節)이 천추만대 변함 없는 조선의 국혼이라고 보았다. 이런 정신이 부모에게 향할 때에 효심이 생기고, 남편에게 향할 때에 열녀가 생긴다고 여겼다.[583]
우리 민족의 근본정신을 다시 찾기 위해서는 우상숭배, 악행, 속국정신 등 정치적·도덕적·종교적으로 범한 모든 죄를 회개하고 경천애인과 충효심 등을 되살려 그리스도의 부활 소망으로 들어서야 한다.[584] 이 길을 타개하는 데는 과거 **독립운동의 중추적 역할을 맡은 기독 애국지사들 – 서재필·이승만 박사 등을 위시해서 3·1운동 대표 33인 중에 16인 – 처럼 우리 기독자들이 먼저 이 민족을 예수 믿게 하고, 망국 원인을 잘 살펴 시정하고, 민족이 잘 살길을 개척**해야 한다.[585] 기도와 행실과 전도로서 속죄 구령(救靈)의 복음을 가지고

---

581) 이만열 편, 『산돌 손양원목사 자료 선집』, 330-331쪽.
582) 위의 책, 331쪽.
583) 위의 책, 330-331쪽.
584) 위의 책, 331-332쪽.
585) 위의 책, 332쪽.

민족과 국가의 등불과 소금이 되어야 한다. 마지막으로 기독자들이 각자 맡은 직장에서 예수처럼 이기심을 버리고 이타심으로 봉사할 것을 강조했다. 어떤 일에 종사하든지 청지기로서 마음을 다하여 주께 하듯 정직하고 성실하게 일해야 한다(골3:23).

아무리 해방이 되었느니 해도 남북통일 정부가 서기 전에는 참다운 독립이 못되고, 남북이 아무리 통일이 된다고 해도 민족정신이 옳게 회복되지 않으면 참 잘 살 길이 없다.
조선의 기독자여! 우리 민족을 살리자! **정계에 나간 기독자들은 기독교를 이용하려고 하지 말고 하나님 앞에서 참다운 진실한 정치**를 하고, 교육계에 나선 기독자들은 학생들에게 지식만 가르치지 말고 **지식의 근본인 여호와를 알려주고**, 경제계에 나선 기독자들은 자기의 유익만을 구하지 말고 **정직한 상도(商道)**를 세우고 만인에게 편의를 주는 일에 최선을 다하라.
의학 방면에서 활동하는 기독자들은 병자들의 약점을 악용해서 자기 치부(致富)에만 급급하지 말고 **의사이신 예수를 본받아 병으로 신음하는 이들을 고쳐주고 위로**해 주어 육신의 병뿐 아니라 영혼의 병까지도 고쳐지게 하고, 관공서에서 수고하는 기독자들은 권세나 부리고 게으름을 부리지 말고 **만인의 종이 되어 봉사**하기를 그리스도께서 제자의 발을 씻기시던 것처럼 봉사하기를 바란다. 이럴 때에 비로소 기독교 정신으로 우리의 민족혼은 회복되어서 행복한 국가를 이룰 수 있을 것이다.[586]

(3) '사랑의 원자탄'

자식보다 더 사랑한 나환자 교인들

손목사는 나환자들의 교회인 애양원의 목회자로서 자식들보다 나환자 교인들을 더 사랑한 진실한 목자였다. 그가 나환자들을 위해 쓴 기도문에 그 마음이 드러나 있다.

오 주여! 나는 이들을 사랑하되
나의 부모와 형제와 처자보다도 더 사랑하게 하소서.
차라리 내 몸이 저들과 같이 추한 지경에 빠질지라도
사랑하게 하여 주시옵소서.
내 만약 저들과 같이 된다면 그들과 함께 기뻐하며

---

586) 이만열 편, 『산돌 손양원목사 자료 선집』, 332쪽.

일생을 같이 넘기려 하오니
주께서 이들을 사랑하사 어루만지심 같이
내가 참으로 사랑하게 하여 주시옵소서.

주여! 만약 저들이 나를 싫어하여 나를 배반할지라도
나는 여전히 저들을 참으로 사랑하여
종말까지 싫어버리지 않게 하여 주시옵소서.
만약 내가 여기서 쫓겨남을 당하여 나가게 될지라도
나는 이들을 사랑하여 쫓겨난 그대로 남은 세월을
이들을 위하여 기도할 수 있는 참다운 사랑을 나에게 주시옵소서.[587]

손목사는 중환자들이 기거하는 14호실을 거침없이 드나들었다. 정상인들이 이곳을 출입할 때는 입에 마스크를 쓰고, 손에는 소독한 장갑을 끼고, 발에도 장화를 신어야 한다는 규칙이 있었지만 개의치 않았다. 그들의 피고름 나는 손을 부여잡고 장시간 대화를 나누었다. 나병의 환부에는 사람의 침이 좋은 약이 된다고 알려졌으므로 입으로 피고름을 빨아내는 일도 마다하지 않았다. 환자들이 놀라고 당황하여 손목사가 저러다가 문둥병에 걸리지 않을까 걱정했다. 나중에는 손목사가 나병에 걸렸다는 헛소문이 나돌아 병원측에서 피검사를 했으나 보통 사람보다 더 피가 맑다는 결과가 나왔다.[588] 전능하신 하나님께서 눈동자처럼 지켜주신 것이다.

자식 둘을 학살한 자를 양자로

손목사는 "원수를 사랑하라"는 성경 말씀을 몸소 실천하였다. 여순사건 때(1948. 10) 기독학생회를 이끌고 좌익사상에 반대하던 손목사의 장남과 차남인 동인과 동신을 총살한 안재선을 사형 위기에서 살려 양자로 삼는 놀라운 사랑을 베풀었다. 손목사는 두 아들의 장례식 때 '**아홉 가지 감사**'로 답사를 대신하면서 과분한 큰 복을 내려주신 하나님께 모든 영광을 돌렸다.

1. 나 같은 죄인의 혈통에서 순교의 자식들이 나오게 했으니 감사.

587) 손동희,『나의 아버지 손양원 목사』(아가페출판사, 2004), 52-53쪽.
588) 위의 책, 58-60쪽.

2. 허다한 많은 성도들 중에 어찌 이런 보배들을 주께서 하필 내게 맡겨주셨으니 감사.

3. 3남 3녀 중에서도 가장 아름다운 장자와 차자(次子)를 바치게 된 나의 축복을 감사.

4. 한 아들의 순교도 귀하다 하거늘 하물며 두 아들의 순교이리요. 감사.

5. 예수 믿다가 누워 죽어도 큰 복인데 전도하다 총살 순교 당함이리요. 감사.

6. 미국 유학 가려고 준비하던 내 아들, 미국보다 더 좋은 천국에 갔으니 감사.

7. 두 아들을 총살한 원수를 회개시켜 내 아들 삼는 사랑의 마음을 주신 하나님께 감사.

8. 두 아들의 순교로 무수한 천국의 아들들이 생길 것이 믿어지니 감사.

9. 이같은 역경 중에서 위의 여덟 가지 진리와 하나님의 사랑을 찾은 기쁨과 여유있는 믿음을 주신 주님께 감사.[589]

(4) '오직 주만' 고대하는 신앙인

1943년 9월 25일 광주구금소에 갇힌 손목사는 평양에 계신 부친 손종일 장로에게 편지를 보낸다.[590] 철창생활 만 3년 동안 주의 품에서 영육(靈肉)이 은혜 중에 평안하고 건강함을 감사 천만한다. 옛날 요셉과 함께 하신 하나님이 오늘에 소자와 함께 하시며, 소자를 안보하신 주님이 아버님(父主)과 처자와 함께 하실 것을 믿고 경성(京城)구금소로 향할 것이라고 말한다. 편지 말미에 한시를 지어 "옥중 고생 4년은 길고 긴 날이나 주와 함께 동거하니 기쁨이 넘친다"고 말한다. 기쁠 때나 슬플 때나, 순경이나 역경이나 '오직 주만' 바라는 신앙심이 돋보인다.

본가를 멀리 떠나 옥중에 들어오니(원리본가 입옥중, 遠離本家 入獄中)
밤도 깊고 옥도 깊고 가득 찬 근심도 깊다.(야심옥심 만수심, 夜深獄深 滿愁心)
밤도 깊고 옥도 깊어 사람 근심도 깊으나(야심옥심 인수심, 夜深獄深 人愁心)
주님 함께 동거하니 항상 기쁨 넘친다.(여주동거 항희만, 與主同居 恒喜滿)
옥중 고생 4년은 길고 긴 날이나(옥고사년 과다일, 獄苦四年 夥多日)
주님 함께 동락하니 하루와 같도다.(여주동락 여일일, 與主同樂 如一日)
지나간 4년 동안 안보해 주신 주님(과거사년 안보주, 過去四年 安保主)
미래도 확신하노라. 그리하실 주님.(미래확신 역연주, 未來確信 亦然主)[591]

---

589) 위의 책, 225-226쪽.
590) 이만열 편, 『산돌 손양원목사 자료 선집』, 149쪽.
591) 위의 책, 150쪽.

「주님 고대가」는 신사참배 거부하며 옥중에 있을 때 늘 부르며 힘을 얻던 찬송으로 손목사가 직접 작사한 것이다. 밤낮으로 오실 주님 고대하면서, 주님 계신 천국에서 찬송하기 원하며, 흰 옷 입고 기름 준비 다한 신부가 내 주님 지금 오시길 간구하는 내용이다. 핍박과 고난 속에 눈물 흘리는 하나님 자녀들은 주님 속히 오시길 간구하지만, 돌아 올 죄인을 하루가 천 년 같이 기다리시는 주님 마음도 잊지 말아야 할 것이다(벧후3:8).

1. **낮에나 밤에나 눈물 머금고 내 주님 오시기만 고대합니다.**
   가실 때 다시 오마 하신 예수님 오 주여 언제나 오시렵니까?
2. 고적하고 쓸쓸한 빈 들판에서 희미한 등불만 밝히어 놓고
   오실 줄만 고대하고 기다리오니 오 주여 언제나 오시렵니까?
3. 먼 하늘 이상한 구름만 떠도 행여나 내 주님 오시는가 해
   머리 들고 멀리멀리 바라보는 맘 오 주여 언제나 오시렵니까?
4. 내 주님 자비한 손을 붙잡고 면류관 벗어들고 찬송 부르면
   주님 계신 그 곳에 가고 싶어요. 오 주여 언제나 오시렵니까?
5. 신부되는 교회가 흰옷을 입고 기름 준비 다 해놓고 기다리오니
   도적 같이 오시마고 하신 예수님 오 주여 언제나 오시렵니까?
6. 천년을 하루 같이 기다린 주님 내 영혼 당하는 것 볼 수 없어서
   이 시간도 기다리고 계신 내 주님 오 주여 이 시간에 오시옵소서.

(5) 신사참배 반대와 옥고

가. 신사참배 반대와 제1회 피의자 신문조서

제1회 피의자 심문조서는 1940년 10월 22일 여수경찰서에서 작성했다. 손목사는 신사참배와 관련한 수사관의 심문에 성경을 근거로 조목조목 반박하였다. "현 일본 국가에 대해 불평 불만은 무엇인가?"라는 질문에 '신사참배 강요'를 지적하며 천조대신(天照大神)을 제사하는 신사는 우상이며, 우상을 예배하는 것은 교리상 허락되지 않는다고 분명히 대답한다.

"가까운 예를 들어 말하자면 신사참배 강요입니다. 신사란 황실의 선조인 천조대신을 제사하는 곳인데 나는 일종의 우상이라고 생각합니다. 우상을 예배하는 것은 교리상 허락되

지 않습니다. 기독신자는 하나님의 아들이지 천조대신 아들은 아닙니다. 기독교에서는 신자가 자기들의 선조에게 제사하는 일도 불의로 알고 있습니다. 성경 신명기 5장 7절, 출애굽기 20장 3절에 '나 외에 다른 신을 위하지 말라' 하였습니다. …

신명기 5장 8절부터 10절, 출애굽기 20장 4절부터 10절에 **'우상을 만들지 말지니 위로 하늘에 있는 것이나 아래로 땅에 있는 것이나 땅 아래 물 속에 있는 것의 무슨 형상이든지 만들지 말고 절하여 섬기지 말라. 나 여호와 너의 하나님은 진노하는 신이니 나를 미워하는 자에게는 아비 죄를 자손 삼사 대까지 보응하고, 나를 사랑하며 내 계명을 지키는 자에게는 은혜를 수천 대까지 베풀리라' 라고 명하셨습니다.**

이처럼 기독교도들이 불의로 생각하는 **이신불사(二神不祀)의 계명을 범하도록 강요**하는 정부 방침은 여호와 하나님의 뜻에 위반되는 최대의 것으로 하나님의 **심판을 받을 때는 제일 중한 심판을 받을 것**입니다."[592]

"천황을 현인신(現人神)이라고 높이 보는 것은?"이라는 질문에는 "'나는 여호와라. 나 외에 다른 이가 없나니 나밖에 신이 없느니라(사45:5-6)'에 근거하여 **천황을 현인신이라고 할 수 없습니다.**"라고 분명하게 대답하였다. 끝으로 '신사 불 참배를 선동한 사실'에 대한 물음에는 "일일이 기억하지 못하지만 ① 율촌 애양원 환자에게 2, 3회, ② 경남 양산군 양산읍내교회 사무소에서 전도사 이상호 및 신도 금석호 2명에게 소화 13년(1938년) 여름 때, ③ 경남 물금역전교회 사무소에서 전도사 안정득 외 여신도 4명쯤에게 동년 여름 신사 참배가 교리에 위반되는 이론을 설명하고 거부해야 할 것을 이야기한 일이 있습니다."라고 대답했다.[593]

나. 제2회 피의자 신문조서

여수경찰서에서 작성한 제2회 피의자 신문조서(1940년 12월 20일)에서는 전번 공술한 사실이 틀림 없음을 말하고, 현대 사회는 악마 세력에 의해서 지배되어 있으나 그리스도께서 지상에 재림하신 후에는 악마 세력하에 있는 세계 각국 현대제도를 멸망시키고 영원히 행복한 무궁 세계의 나라가 실현될 것이라고 말했다.[594] 현재와 같은 하나님 여호와의 뜻에 반역하고 있는 천황통치제의 국체를 멸망시키지 않으면 안된다고도 주장했다. '재림의

---

592) 이만열 편, 『산돌 손양원목사 자료 선집』, 459-460쪽.
593) 위의 책, 460-461쪽.
594) 위의 책, 462쪽.

형태'에 대한 질문에는 성경(행1:11)을 근거로 하나님이 천지만물을 창조하신지 4천 년 만에 그리스도를 구세주로 현세에 보내어 33년간 지상에 있다가 승천하셨고, '그리스도는 너희들이 하늘로 올라가는 것을 본 그대로 또 오실 것이라'고 대답했다.[595] "재림의 방법은 어떤가?"라는 질문에는 이렇게 대답했다.

> 그리스도께서는 우선 공중에 재림하십니다. 그때 죽었던 기독교도들은 전부 부활하여 공중에 재림하신 그리스도와 함께 7년간 인생의 가장 환희에 찬 결혼 당시와 같은 의미의 혼인잔치가 열리는데, 그 7년간은 지상에서는 기독교도와 악마인 불신자간에 '아마겟돈' 전쟁이 각국 내에 전개됩니다. 그 전쟁은 성서에 분명히 기록된 대로 기독자 군이 승리를 얻고, 그때 즉 **7년째에는 공중에서 그리스도는 부활한 신도들과 함께 우리들 인간계인 지상에 재림하시어 지상천국을 건설**하십니다.[596]

제3회 피의자 심문조서(여수경찰서, 1941년 3월 20일)에서도 일본의 **천황제도는 완전히 소멸하며, 그리스도께서는 만왕의 왕으로 천년왕국을 통치하시며, 그후에는 최후의 심판을 하시어 불신자는 영원히 불못에 감금 당한다**고 했다.[597]

다. 제1회 검찰 피의자 심문조서 등

제1회 검찰 피의자 심문조서는 1941년 5월 24일 여수경찰서에서 작성했다. 이때도 손목사는 신앙 지조를 굽히지 않고 당당히 말했다. **"신도들이 신사에 참배하는 것은 성서 계명에 위반되는 일이 되는고로 하나님의 벌을 받게 되고, 또 (나라가) 우상을 숭배하고 예배할 때는 그 나라가 하나님의 벌을 받는다"**는 것이다.[598]

이후에도 조선총독부 검사 의전극기(依田克己)에 의하여 계속 심문을 받았는데, 마지막인 제4회 피의자 심문조서에서는 "소위 예수 그리스도를 주권으로 하는 무궁세계를 건설하기 위해 믿고 그리스도교를 포교하는가?" 질문에 "그렇습니다. 지상천국 및 무궁세계의 건설에 의해서만 행복이 얻어지는 것이므로 현재 국가보다도 훨씬 우수한 영적 국가가 되는 것입니다. 그런 국가를 건설하기 위해서는 신자가 한 사람이라도 더 증가되기를 바라고 있

---

595) 이만열 편, 『산돌 손양원목사 자료 선집』, 462-468쪽.
596) 위의 책, 464쪽.
597) 위의 책, 469쪽.
598) 위의 책, 475쪽.

습니다."라고 대답했다. "그런 천국이 건설되기 위해서 세계 사람이 모두 그리스도교도가 되기를 바라는가?" 질문에도 "그렇게 바랍니다"라고 당당하게 대답했다. 모든 성도들의 대답도 손목사와 같을 것이다.

라. 제1회 공판조서

1941년 10월 28일 광주지방법원에서 열린 재판의 제1회 공판조서[599]에서 손목사는 성경은 유일 절대 지상의 교리로 신봉한다고 주장했다. 일본의 역대 천황은 여호와 하나님에 의해 통치권이 부여되고, 하나님의 뜻을 따라서 통치권을 박탈할 수 있으므로 일본의 흥망은 여호와 하나님의 뜻대로 됨을 밝혔다. **일본을 포함한 현재 세계 각 국가의 통치조직은 악마인 반(反) 기독교적 세력에 지배되는 악마의 통치조직이다.** 여호와 하나님 이외의 신은 모두가 우상으로 일본 신사에 참배하는 것은 우상숭배를 금지한 성경교리에 위반되어 영원한 구원을 누릴 수 없게 되는 것임에도 불구하고 조선 기독교도들에게 신사참배를 강요하는 것은 말세현상(마24장)으로 예수 그리스도의 재림이 아주 가까이 임박했음을 시인했다. 또한 **조선의 교역자는 모두가 순교한 한경희(韓敬禧) 목사처럼 순교정신으로 선교**해야 한다고 했다. "피고는 현재 신사참배 안할 작정인가?" 물음에 "그렇습니다. 장래에도 신사참배는 안할 작정입니다."고 대답했다.[600]

끝까지 신앙절개를 지킨 손목사는 이후 광주지방법원 1심 판결(1941년 11월 4일)에서 치안유지법 위반으로 징역 1년 6월을 선고받고, 광주형무소에서 복역하다 만기 석방일(1943년 5월 17일)에 석방이 보류되었으며, 다시 광주지방법원에서 '예방구금 결정 언도'(1943. 5. 20)를 받았다. 이에 불복하여 대구복심법원에 항고했으나 **"신사참배는 우상숭배라고 반대하며, 국체 변혁을 기도하고 선동하며, 수형 중에도 일본의 존엄한 국체에 대한 각성이 없고, 반국가적 궤격(詭激)사상을 포기하지 않음"**을 이유로 **기각** 결정을 받았다. 그 뒤 경성보호교도소와 청주보호교도소에서 복역하다 8·15 해방 이후인 8월 17일에 석방되어 귀가하였다.[601] 1940년 9월 25일 여수경찰서에 구속된 이후 만 5년 동안 옥고를 치렀는데 전향하면 출옥할 수 있었지만 끝까지 신앙 절개를 지킨 자는 극히 소수이다. 신사참배를 거부하다 투옥되어 고생하던 70여명 중 주기철·채정민 목사를 비롯한 50명은 감옥에서 순교했고, 한상동·주남선 목사 등 나머지 20여명은 손목사와 같이 출옥했다.[602]

---

599) 이만열 편, 『산돌 손양원목사 자료 선집』, 489-493쪽.
600) 위의 책, 491-493쪽.
601) 위의 책, 540, 545-546쪽.

(6) 공산주의 반대와 순교

가. 죽도록 충성하라

손목사가 인민군에 잡히기 하루 전날 밤(1950. 9. 12) 예배의 설교 제목은 "**죽도록 충성하라**"(계2:10)[603]였다. 어떻게 살아야 주께 영광을 돌리고, 어떻게 죽어야 생명의 면류관을 얻게 되는가에 대한 내용이다. 유독 순교에 대한 말씀이 많았는데, 그는 이 때 이미 자신의 순교를 예감했는지도 모른다. 이 설교는 그가 가장 사랑했던 나환자들에게 유언처럼 남긴 마지막 설교였다.

실생활에서 어떻게 행하는 것이 죽도록 충성하는 것인가? 첫째로 '충(忠)'자는 '입 구(口)'와 '마음 심(心)'을 요지부동하도록 한데 못질해 놓은 글자입니다. 즉 **인간의 입에서 나오는 말이 마음에서 움직여 행실로 합치**되는 것이 충(忠)입니다. …
둘째로 **자기가 가진 것대로 힘을 다하는 것**이 충성입니다. …
셋째는 **죽음을 무릅쓰는 모험적 신앙**이 충성입니다. 제 죽음을 겁내지 않고 그 나라와 그 의(義)를 위해, 하나님을 위해, 예수 그리스도를 위해, 신앙을 지키기 위해서 피를 흘려 죽기까지 하려는 신앙이 충성입니다. … 앞서 간 순교자들은 모두가 그 신앙생활에 있어서 순교의 준비가 되어 있었지 우연히 일시의 기분으로 된 일은 절대 없습니다.
넷째로 죽는 날까지 참는 힘이 또한 충성입니다. 매일 당하는 모든 일에서 매사 매사를 해나가면서 참고, 참고, 또 참아가면서, 일보 전진하는 생활이 충성입니다. 동시에 순교의 생활입니다. **땀 흘리면서 일하고, 눈물 흘리면서 기도하고, 피 흘리기까지 죄와 싸워나가는 것이 충성입니다. 그것이 순교**입니다. 그래서 땀이 귀한 것이요, 피가 귀중한 것입니다. 오늘 하루가 내 날이요, 지금 이 시간이 내 시간인 줄 아는 자는 날마다 충성할 수 있고, 시간마다 순교의 각오를 하게 되는 것입니다.[604]

나. 사유재산권 시인과 유물주의 반대

---

602) 민경배, 『한국기독교회사』(연세대학교출판부, 1996), 513, 521쪽.
603) (계2:10) "네가 장차 받을 고난을 두려워 말라. 볼찌어다! 마귀가 장차 너희 가운데서 몇 사람을 옥에 던져 시험을 받게 하리니 너희가 십일 동안 환난을 받으리라. **네가 죽도록 충성하라. 그리하면 내가 생명의 면류관을 네게 주리라.**"
604) 손동희, 284-285쪽.

손목사의 공산주의에 대한 견해는 몇 편의 설교에 남아 있고 6·25 이후 공산군에 붙잡혀 가서 순교 당하기까지의 기간은 보름에 불과하다.

「제8계명 너희는 도적질하지 말라」(1946. 9. 25.) 설교에서 손목사는 제8계명은 사유재산권을 시인하고 자기 것만 쓰라는 가르침이며, 계명의 원리는 물질에만 치중하여 살지 말라는 뜻으로 내 소유 이상을 탐내면 도적질이라고 말한다. 이는 공산주의를 반대하고 사유재산권은 공정한 제도로 시인하는 말이다. 공산주의는 영적인 인간을 육적인 인간으로 만드는 유물주의자들이며, 배만 위하는 금수이며, 하나님을 부인하는 사상이다. 공산주의자를 평하여 영혼을 부인하는 금수, 가인의 계통, 게으름쟁이, 진보 없이 인간을 타락으로 이끌어 들이며, 공산주의자는 타락, 퇴보이다. 심판대 앞에 가서는 자기 책임이 따를 것임을 주장했다.[605]

「모든 사상을 사로잡아 그리스도께 복종케 하라」(1947. 5. 25.) 설교[606]에서 기독교는 모든 인류의 사상을 사로잡아 하나 되게 하는 것으로 그리스도께 복종케 하는 것이라고 하였다. 병든 조선교회의 현상으로 ① 율법 신앙 ② 인본중심 사상 ③ 불교의 인과응보 사상 ④ 신신학(新神學) ⑤ 유물주의 사상 ⑥ 민족주의 사상을 들고 조선교회를 재건하려면 이런 사상을 먼저 파괴하고 회개하고 중생해야 한다고 주장했다. 세상의 다른 종교와 사상은 자기 의(義)를 자랑하고 자기 의를 믿으나, 기독교는 내 의가 아니라 오직 그리스도의 의, 십자가의 의, 사랑 밖에 없다. 다른 사상이 내 마음에 있으면 그리스도가 내 마음에 들어올 수 없으니 오직 그리스도의 십자가만 의지하라고 강조한다.

우리 조선 나라는 하나님이 보호하사 잘 되며, 국기는 태극기이며, 태극은 음양이며(창1장), 조선 나라는 하나님을 떠날 수 없다.[607] 기독교는 율법주의자와 민족주의자가 하나님과 대립하며, 안으로는 신신학파, 밖으로는 공산주의자들과 같은 무서운 적들이 웅크리고 있다고 한다.

"깨어라! 기도하라! 이겨라! 순수한 기독자가 되라. **율법주의, 인본주의, 인과사상, 민족사상, 신신학, 유물주의 다 버리라.** 이 모든 사상을 다 사로 잡으라. 사로잡는다는 것은 원자폭탄 같다. 이 모든 사상을 십자가로 사로잡으라."[608]

---

605) 이만열 편, 『산돌 손양원목사 자료 선집』, 244-245쪽.
606) 위의 책, 264-265쪽.
607) 위의 책, 265쪽.
608) 위의 책, 265-266쪽.

다. 6·25와 순교

6·25 전쟁이 터지자 서울에 있던 목사들이 남쪽으로 몸을 피했다는 말을 듣고 손목사는 "이거야말로 큰일이로다. 이 민족의 죄 값으로 하나님께서 채찍을 드셨는데 서울에서 회개를 외치다 제물이 되어야 할 목자들이 양떼를 두고 내려왔다니 이를 어떻게 할꼬? 나라도 올라가야 하겠구나"[609]하고 걱정했으니 피난은 애당초 꿈도 꾸지 못할 일이었다. 나덕환 목사를 비롯한 여러 명이 피난을 권유했지만 듣지 않고 주의 이름으로 죽는 것은 참으로 영광스러운 일이며, 8·15 해방 이전에 죽지 않고 더 산 것만해도 감사하다고 말했다.

> 이 난국에 가장 급한 일이 무엇이겠습니까? 양을 먹이던 목자가 내 양떼의 신앙을 돌봐야 할 때입니다. 지금은 하나님께 의인의 피와 땀을 바쳐야 할 때입니다. 나는 비록 불의·불충하나 우리 주 예수 그리스도의 의를 힘입어 주께서 허락하신다면 이번에 제물이 되어 볼까 소원합니다.[610]

1950년 9월 13일 율촌분주소 소장을 비롯한 내무서원 다섯 명이 무장을 하고 애양원에 들이 닥쳤다. 그들은 교회에서 기도하고 있는 손목사를 확인하고 여수유치장으로 끌어갔다. 이하 내용은 손목사와 함께 감방생활을 하다 총살 직전 극적으로 탈출한 김창수의 증언에 의한다.

취조실에 끌려가 공산주의를 얼마나 비방하고 다녔느냐, 미국인 스파이 노릇을 얼마나 오랫동안 했느냐고 닦달했지만 손목사는 아무런 변명도 대꾸도 없었다. 그러자 취조관은 몽둥이를 꺼내어 사정없이 두들겨 팼다. 손목사는 고열로 신음하는 중에서도 함께 갇혀 있는 감방 사람들에게 전도하는 걸 잊지 않고 "여러분, 예수 믿고 천당갑시다"를 내뱉었다고 한다.[611]

잡혀온 지 보름째인 9월 28일, 간수들이 감방 사람들을 차례차례 밧줄로 묶었고, 지도자로 보이는 자가 "순천으로 압송하여 교육 후에 석방시켜 줄 것이지만, 말을 하거나 도망하려 한다면 즉석에서 총살할 것이니 명심하라"고 하였다. 손목사는 끌고 가는 인민군에게도 전도를 하였다.

---

609) 손동희, 279쪽.
610) 위의 책, 280쪽.
611) 위의 책, 292-293쪽.

"예수 믿고 천국가자는 것이지요. 이 세상의 삶은 잠깐이지만 천국의 삶은 영원토록 계속됩니다. 그러니 당신도 이런 무도한 짓 그만두고 예수 믿으시오" …

"그래 그래, 당신이나 천국 가서 잘 살아. 우리는 이 지상에 천국을 건설하려는 사람들이야. 죽어 육신이 없어진 천국은 당신이나 믿으라고. 그 따위 허무맹랑한 말을 누가 믿는단 말이냐? 천국 갔다 온 사람 본 적 있어?"

"사람은 보이는 것만 믿어서는 안 됩니다. 보이지 않는 것에 더 큰 진리가 있습니다. 의심하는 마음은 사탄의 것입니다. 그보다 더한 진리가 없으니 무조건 믿어야 합니다. 그래야 천국에 갑니다. 예수를 믿으십시오. 예수를 구주로 영접하십시오."

"시끄럽다. 건방지게 누구에게 전도야. 보자보자 하니까 … ."

그리고 갑자기 총대로 치는 듯한 '퍽'하는 소리가 들려왔고 손목사는 '윽'하고 숨넘어가는 소리를 지르며 바닥에 넘어졌다.[612]

여수를 조금 벗어난 미평(美坪) 지서 앞에 도착했을 때 인민군들은 죄수들 행렬을 정지시키고 10명씩 짝을 지어 분대를 만들었다. 1분대씩 출발시킨 후 10분쯤 지나면 따발총 소리가 들렸다. 손목사는 마지막 순간에도 안간힘을 다해 옆 사람에게 전도했다고 한다. 이제 곧 죽을지도 모르는 목숨이지만 예수를 영접하고 회개하면 영생을 얻을 것이라고 쉬지 않고 목이 터지라고 전도했다. 간악한 일제의 감옥에서 죽지 않고 살아났던 손목사는 동족의 손에 죽으면서까지 복음을 전하다 스데반 집사처럼 젊은 나이(48세)에 사랑하는 아내와 어린 5자녀를 남겨둔 채 영광스런 순교의 면류관을 쓰게 되었다. 손목사와 같이 6·25 때 순교한 자는 저명한 부흥목사 김익두, 장로교의 박경구·정일선, 구세군의 노영수, 감리교의 신석구(3·1운동 민족대표), 송정근, 농촌사업의 기수 조민형 등 수백 명이었고, 남궁혁·양주삼·송창근·박현명 목사 등은 납치되어 행방이 묘연하게 되었다.[613]

3) 천지인(天地人)을 사랑한 신행일치의 개척자 김용기

일가(一家) 김용기(金容基, 1909-1988) 장로는 가난과 압제로 소망을 잃은 민족에게 다섯 차례의 황무지 개척과 '가나안농군학교' 교육을 통해 희망과 풍요를 몸소 보여준 행동하는 신앙인이다. 제1차 개척(1935년)은 '봉안(奉安) 이상촌'(산 3,000평)이며, 제2차 개척(1946년)은 '삼각산 농장'(과수원 1만여 평), 제3차 개척(1952년)은 '에덴향'(용인의 황무지 6만

612) 손동희, 301쪽.
613) 민경배, 526쪽.

여 평), 제4차 개척(1954년)은 '황산 가나안농장'(광주(廣州)의 황토 진흙땅 1만여 평), 마지막 5차는 1973년에 '신림 가나안농장'(황무지 15만 평)을 억척스럽게 개척하였다. 개척하는 곳마다 교회를 먼저 세웠으며, 가나안농군학교에서는 1978년까지 제300기 졸업생과 134,000여명의 수료생을 배출했다.[614] 안병욱 교수는 그를 이렇게 평가했다.

> 한 손에는 성서를 쥐고 한 손에는 괭이를 들고, 머리에는 애국의 면류관을 쓰고, 허리에는 겸손의 띠를 두르고, 발에는 개척의 신을 신고, 복지한국(福祉韓國)의 건설을 위하여 60평생을 살아온 김용기 선생님은 우리 민족의 소중한 보배요, 우리 국민의 밝은 등불이다.[615]

(1) 천지인(天地人) 인생관

김용기 장로는 하나님(天)을 공경하고, 땅(地)과 연관된 사업을 하고, 인간(人)을 사랑하는 것을 인생관으로 삼았다. 그의 일생은 이 세 가지와 관련하여 시작되고 마무리 되었다.

> 나는 하나님과 흙과 사람, 즉 천지인(天地人)의 연관성을 나의 인생관으로 삼는다. 인간은 **첫째 하나님을 공경해야 하고, 둘째 흙에 의존해서 흙과 관련성이 깊은 사업을 해야 하고, 셋째 인간은 서로 믿고 사랑하며 협조**해야 한다고 생각한다. 이것이 가장 이상적인 아름답고 존귀한 생활이라고 믿는다.[616]

'하나님(天) 사랑'은 천지를 창조하신 하나님을 경외하고 감사하고 순종으로 실천했으며, '땅(地) 사랑'은 땅을 개척하고 가꾸고 결실 맺게 했으며, '인간(人) 사랑'은 이웃을 사랑하고 도우며 함께 잘 살도록 하였다. 그가 농업을 택한 이유는 **첫째 농토가 지닌 자원은 공업이나 상업보다 풍부하고 이용가치가 크며, 둘째 농업은 인간을 사랑스럽고 복된 대자연의 품안에 들어가게 하며 셋째 신앙적인 입장에서도 하나님은 자연을 통하여 인간에게 복을 내리시기 때문에**[617] 인간이 농업을 하는 것이 하나님의 명령이라고 생각했다. 아담이 범죄한 이후 땅이 저주를 받고 그가 종신토록 수고하여야 그 소산을 먹게 되고, 생존의 근

614) 김평일, 『일하기 싫으면 먹지도 말라』(고려원, 1994), 317-325쪽.
615) 김용기, 『나의 한길 60년』(규장문화사, 1980), 11쪽.
616) 김용기, 『참 살길 여기 있다』(창조사, 1975), 115쪽.
617) 위의 책, 139-140쪽.

본으로 토지를 경작하도록 하나님이 명령하셨다.[618] **넷째 가정적인 입장에서 '동고동락(同苦同樂)'은 농업하는 가정에서만 얻을 수 있는 큰 행복**이며, 농사는 남녀 공동의 노동이기 때문에 그 수고에 서로 감사하며 평화와 우애가 생긴다고 했다. **다섯째 농업은 실직할 염려가 없고, 진실하고 거짓이 없을 뿐만 아니라 흙은 인간에게 심리적 안정과 정직감을 주**어 인격의 순화가 저절로 조성된다고 말한다.[619]

김장로는 하나님이 창조한 인간이 하나님이 창조한 땅에서 농업을 행하면서 느끼는 보람이 가장 큰 행복으로 보고 일평생 그와 아내와 5남매와 사위, 며느리와 그 자녀들까지 농업에 종사하면서 가정 천국을 일구어 나갔다. 자신이 개척한 신림 가나안농장의 맨 윗 쪽에 성전과 기도실을 만들어 경천(敬天)사상을 표현했고, 중앙에 강당과 숙소를 만들어 애인(愛人)사상을 나타냈고, 아래쪽에 과수원과 축사 등을 개척해서 애지(愛地)사상을 표현했다. 김장로도 손양원목사와 같이 덴마크의 국민정신인 하나님·국토·사람을 사랑하는 '**삼애(三愛)정신**'을 중시하였다. 이 정신은 조화와 균형, 통합을 중시하는 천지인 사상과 같은 맥락이다.

(2) 복민사상(福民思想)

가. 근로 · 봉사 · 희생

김장로가 말하는 '복민'은 믿음의 조상 아브라함처럼 하나님 말씀에 순종하여 하나님이 주시는 복으로 살아가는 백성을 말하며, '**복민사상**'은 **하나님의 말씀에 순종하여 창조주의 통치와 복을 받아 누리는 백성이 가장 바람직하다는 사상**이다. 그는 하나님의 복을 받는 백성이 되기 위하여 '**근로 · 봉사 · 희생**'을 강조했다. 이 세 가지는 기독교 정신의 근본인 '사랑'의 실천적 행동이며, 예수의 생활 자체라고 했다.[620] 예수는 "일하기 싫거든 먹지도 말라"(살후3:10)는 말씀대로 손수 목수 '일(근로)'을 하였고, "섬김을 받으려 함이 아니라 도리어 섬기려 오셨다"(막10:45)는 말씀처럼 '봉사'했으며, 인류의 죄를 대신 갚기 위해 십자가를 진(롬5:8) '희생'의 삶을 살았다.

---

618) (창3:17) 아담에게 이르시되 네가 네 아내의 말을 듣고 내게 너더러 먹지 말라 한 나무 실과를 먹었은즉 땅은 너로 인하여 저주를 받고, 너는 **종신토록 수고하여야 그 소산을 먹으리라.**
　　(창3:23) 여호와 하나님이 에덴 동산에서 그 사람을 내어 보내어 **그의 근본 된 토지를 갈게 하시니라.**
619) 김용기, 『참 살길 여기 있다』, 140, 142쪽.
620) 김용기, 『영광된 내일을 위하여』(규장문화사, 1982), 311쪽.

김장로도 이를 본받아 **'근로'를 중시**하여 가정의 규칙으로 **하루 12시간 이상 일하도록** 하였다. 김장로와 온 가족은 장기·바둑·당구 같은 오락을 하지 않고, 생일잔치와 명절잔치를 하지 않았다.[621]

김장로의 일생은 **'봉사'의 일생**이었다. 자신이 솔선수범하여 봉사의 본을 보이고, 가족 5남매가 공동생활을 통하여 봉사를 실천하였고, 이를 함께 생활하는 교육생들이 본받았다. 지금의 가나안 동산의 재산도 개인이 사유화할 수 있는 것은 하나도 없다. 전부 「**가나안 복민회」라는 재단에 속해 있으므로 팔아서 금전화하지 못하고, 이곳을 떠나면 누구나 알몸**으로 나가야 한다.[622]

또한 **'희생'**에는 물질의 희생, 명예의 희생, 노력의 희생, 목숨의 희생이 있는데, 이 중 앞의 세 가지 희생은 행하는 이가 없지 않으나 네 번째의 '목숨의 희생'은 참으로 어려운 일이다.[623] 김장로는 **매일 새벽 4시(동절기는 5시)에 일어나는 것을 일평생 생활화**하였고, 평생 고무신을 신고 넥타이를 매지 않았다. 초창기에는 교육시설이 제대로 갖추어지지 않아 아들의 신혼방까지 교육생들에게 제공했으며 전 가족의 생활 모습이 교육현장이었다. 그의 일생은 '하나의 밀알'의 삶이었으며, 그로 인해 수많은 동역자와 십 수만 명의 교육생들이 그의 희생의 삶을 본받아 살고 있다.

나. 본분의식·사명의식·목적의식

복민사상의 핵심으로 **사람이 사람으로서 가장 보람 있게 살려면 주체성이 바로 서야** 하고, 그 **주체성을 세 가지 의식**, 즉 본분의식과 사명의식, 목적의식으로 나누어 설명했다.

첫째 본분의식이란 사람이 지켜야 할 직분을 말한다. 동물과 달리 사람은 도덕과 윤리, 양심에 따라 책임지는 생활을 해야 한다. 자식은 부모에게 효도해야 하며, 부자의 책임은 가난한 사람의 부름에 응답하는 것이며, 백성은 국가의 위기 시에 온 힘을 합하여 응답해야 하며, 기독교인은 이 세상의 악을 제거하고 약자와 동고동락하며 인류를 구원하는 것이다.[624]

둘째 사명의식이란 목숨을 무엇을 위해 쓰느냐이다. 바꾸어 말하면 우리는 무엇을 위해 사느냐, 즉 누구를 위해 사느냐이다. 세상을 잘 살게 만드는 것이 사람의 사명이다. 에디

621) 김용기, 『영광된 내일을 위하여』, 283쪽.
622) 위의 책, 282쪽.
623) 위의 책, 311쪽.
624) 김용기, 『그 분의 말씀을 따라』(창조사, 1978), 160-165쪽.

순이 84년 생애 동안 전기를 비롯한 문명의 이기(利器) 3,000여 가지를 발명했는데 이는 자신만을 위해서가 아니라 인류를 행복하게 하기 위한 것이다. 나도 뭔가 남을 위해 수고를 해야 한다. 그 수고가 많을수록 이웃이 잘 살고, 나라가 잘 살고, 인류가 잘 산다.[625]

셋째 목적의식은 '사람은 왜 사느냐'를 의식하며 사는 것이다. 복민운동에서는 인격문화의 가치를 6개 항목으로 나눈다. ① 진리(眞)를 위한 학문 ② 선(善)을 위한 도덕 ③ 미(美)를 위한 예술 ④ 성(聖)을 위한 종교 ⑤ 건강을 위한 신체 ⑥ 부(富)를 위한 생활이다. 여기서 진·선·미·성(眞善美聖)은 목적가치이며, 건강·부(富)는 수단 가치이다. 내 신체와 생활을 수단으로 진·선·미·성의 목적을 달성하는 것이다.[626] 우리 인간은 건강과 부와 같은 수단가치를 위해 사는 것이 아니라 진·선·미·성과 같은 목적가치를 위해 살아야 한다.

(3) 신행일치(信行一致)의 모범자

김장로는 믿음과 행함이 일치하는 삶을 자신이 먼저 실천했고, 식구들과 13만 명의 교육생들이 본받고 실천하도록 훈련했다. 그는 장로 장립(27세)을 받기 전에 ① 신사참배 거부 ② 창씨개명 거부 ③ 공출 거부의 3대 원칙을 세웠다. 이를 실천하다 양주경찰서에 잡혀가 물고문, 공중 매달기, 손톱 밑 찌르기 등 갖은 고문을 받았는데, 이에 굴하지 않고 끝까지 신사참배를 거부하였다.[627] 한경직 목사는 그를 '기독교 사랑의 실천자요, 아는 대로 실천하는 위대한 인격자'라고 평가했다.

"그는 독실한 신앙의 사람이며, 기독교 사랑의 실천자요, 애국애족의 지사이며, 새마을운동의 창시자요, 우리 민족이 낳은 농촌의 성자요, 우리 모두의 자랑이다.

그는 많은 교육은 받지 않았지만 그의 지식은 해박하고 또 아는 대로 실천 실행하는 위대한 인격자이다. 그의 마음 속에는 언제나 주님 주시는 화평과 기쁨으로 가득하며, 들에서 일할 때에도 찬송이 그치지 아니하며, 연단에서 강연할 때에도 종종 노래가락이 흘러나온다."[628]

「에덴향 생활헌장」 "7대 강령"에는 '신앙의 불길', '선악의 거울', '판단의 저울'과 같은

---

625) 위의 책, 168-169쪽.
626) 위의 책, 169-170쪽.
627) 김용기, 『나의 한 길 60년』(규장문화사, 1980), 44-50쪽.
628) 김용기, 『영광된 내일을 위하여』(규장문화사, 1982), 1쪽.

'**신앙**' 면과 '역사의 동상', '시대의 등불', '문화의 발판', '지식의 채찍'과 같은 '**실천 면의 행동 지표**'를 마련하여 본인이 먼저 실천하고, 가족과 모든 교육생들까지 실천하도록 하였다. "7대 강령"은 아래와 같다.

1. 우리는 역사의 동상이 되자.
2. 우리는 시대의 등불이 되자.
3. 우리는 판단의 저울이 되자.
4. 우리는 문화의 발판이 되자.
5. 우리는 선악의 거울이 되자.
6. 우리는 지식의 채찍을 가하자.
7. 우리는 신앙의 불길을 일으키자.[629]

「에덴향 생활헌장」의 "우리 겨레는 이 때 이렇게 살자"에서 '밥 한 끼 먹으려면 4시간 일하기' 등 신행일치의 삶을 다음과 같이 주장했다.

1. 음식 한 끼에 반드시 4시간씩 일하고 먹자.
2. 버는 재주 없거든 쓰는 재주도 없도록 하자.
3. **물질과 권력, 지식과 기술을 바로 쓸 줄 아는 국민**이 되자.
4. 외모만 아름답게 단장하지 말고 마음을 더 아름답게 단장하자.
5. 물질의 빚을 지지 말자.
6. **국토통일보다 먼저 가정과 단체 통일을 먼저** 하자.
7. 하라고 하는 국민이 되지 말고 하는 국민이 되자.[630]

---

629) 김용기, 『영광된 내일을 위하여』, 119쪽.
630) 김용기, 『나의 한 길 60년』(규장문화사, 1980), 118-119쪽.

6장 천지인 사상의 세계화

지금까지 인류는 무엇을 위해 살며, 어떻게 살아 왔는가? 창조주 하나님을 무시하고, 자연을 파괴하며, 욕망 속에 살아 왔다. 그 결과 공의와 원칙이 무너지고, 생태계는 파괴되고, 인류는 투쟁 속에 지내고 있다. 정의의 하나님이 사랑의 채찍을 들었고, 인간은 두려움에 떨고 있다. 해결책은 무엇인가?

창조주 하나님의 사상인 천지인 사상이다. 전지전능하신 하나님이 인간의 행복을 위해 하신 명령에 순종하는 사상이다. 한국 종교의 핵심 내용은 "천명에 순종하여 자연과 인간을 사랑하라"(順天命 愛地人)에 포함되어 있다. 이는 창조주를 경외하고, 자연을 보호하며, 인간을 사랑하라는 것이며 천지인 사상과 같다. 자비하신 하나님은 모든 사람이 구원을 받으며 진리를 깨닫기를 원하신다. 이 하나님의 뜻을 따라 온 인류를 살리는 이 사상이 온 세계에 전파되기를 소원한다.

그러기 위해서는 내가 먼저 천지인 사상에 신바람이 나고, 종교인으로부터 온 국민이 3·1 운동 때의 애국심으로 일어나 이 사상을 실천하면 된다. 이 사상으로 72년 고통 속에 있는 북한과 자유·민주·번영의 평화통일을 이루고, 온 세계에 천지인(天地人)을 사랑하라고 전하는 것이다. 이스라엘을 보자! 하나님 말씀을 대적하여 1900여 년 처절한 유랑생활 중에도 하나님 경외와 사랑, 정의 교육을 지속적으로 행하여 다시 강소국으로 우뚝 서는 것을 보라.[631] 무너지는 이 나라와 세계를 하나님의 사상으로 다시 살려보자.

> "우리 민족이 해야 할 최고의 임무는 첫째로 남의 절제도 아니 받고 남에게 의뢰도 아니하는 **완전한 자주독립의 나라**를 세우는 일이다. 이것이 없이는 우리 민족의 생활을 보장할 수 없을뿐더러, 우리 민족의 정신력을 자유로 발휘하여 빛나는 문화를 세울 수가 없기 때문이다. …
>
> 둘째로 이 지구상의 **인류가 진정한 평화와 복락을 누릴 수 있는 사상을 낳아 그것을 먼저 우리나라에 실현**하는 것이다"(김구, 282).

---

631) 이스라엘이 AD 70년에 로마에 망하고, 나라 없이 유랑민으로 전 세계에 흩어져 살았지만 자신의 문화와 역사, 종교와 사상을 계승하고 유지하였기 때문에 1948년 5월 14일에 다시 건국할 수 있었다. 그들은 어릴 때부터 가정에서 철저하게 하나님 경외와 이웃 사랑 교육을 철저히 받았다. 그들은 '정의와 정직, 예의, 인내, 효도, 자선 등의 덕목을 반복 훈련을 통하여 습관화되도록 하였다.

1. 신바람은 창조주의 바람이다

신바람은 신이 나서 우쭐우쭐하여지는 기운을 말한다. **신바람은 신(神)의 바람, 곧 창조주의 바람이며, 창조주 하나님의 영인 성령(聖靈)의 바람이다.** 이 '바람'에는 **하나님의 '소원'이 담겨 있고, 사람을 신선하게, 따뜻하게 하는 바람(風)이 담겨 있다.** 그래서 신바람이 나면 보통 사람이 할 수 없는 위대한 일을 할 수 있다. 어떤 일도 신바람이 나지 않으면 멋지게 이룰 수 없다. 신바람이 나면 의기양양해진다. 두려움이 없고, 염려가 없다.

이 책을 읽는 독자들은 모두 신바람이 나기를 기도한다. 내가 신바람이 나야 어떤 고난도 극복하고 열심히 일할 수 있다. 신바람이 나야 천지인 사상의 실천 인물들처럼 사명에 충성할 수 있다. 신바람에는 네 가지 요소가 있다.

1) 몰입

몰입은 인간(人)이 하나님(天)을 영접하여 하나님의 형상을 회복하는 것이다. **몰입은 인간의 욕심을 버리고 원래 본성(本性)을 회복하여 창조주를 온 마음을 다하여 믿고 순종하는 것**이다. 아브라함이 여호와를 믿으니 여호와께서 의롭다고 여겼다(창15:6). 사람이 창조주를 마음에 모시면 창조주의 영인 성령의 능력을 행할 수 있다.

석가의 자비와 공자의 인(仁)을 행할 수 있고, 예수의 십자가 사랑을 행할 수 있다. 인간의 능력은 유한하지만, 창조주의 능력을 무한하기 때문이다. 이에서 인류를 살리는 무한한 창의력이 나온다. 이에서 놀라운 분석력이 나오고, 분별력이 나온다. 이러한 능력들이 세상을 바꿀 수 있다. 이러한 모든 능력을 발휘하여 하나님이 맡겨주신 사명을 완수할 수 있다.

2) 화합

'화합'은 인간 서로 간에 마음이나 뜻을 모아 화목하게 어울림이다. '몰입'에서 **창조주와 인간이 성령 안에서 화합**하고 난 후에는 **인간과 인간이 화합**해야 한다. 만물보다 거짓되고 심히 부패한 사람의 마음으로 인간과 인간이 하나 되기 어렵다. 법이나 강제적인 규정으로 화합할 수 있지만, 그것은 일시적이고 형식적이다. 원효가 주장한 '일심'도 창조주의 영(靈) 안에서 모든 인간이 한 마음으로 될 수 있다. 인간 개개인은 연약하지만 협력하면 무한한 능력을 발휘한다. 우리 조상들은 두레, 향약 등을 통해 마을 단위의 협력 체제를 만들었다. 자조, 근면, 협동의 새마을운동도 마찬가지다. 이와 같이 화합하면 무한한 평화와 번영을 누릴 수 있다.

그러나 불화하면 아무 것도 이룰 수 없다. 한국의 갈등 비용이 연간 200조 원이 넘는 것을 기억한다. **가정의 평안도, 직장의 성장도, 나라의 발전도 다 화합이 밑바탕이다.** "뭉치면 살고 흩어지면 죽는다."는 말은 명언이다. 남북이 평화통일로 하나 되려면 먼저 우리 가정이 화목하고, 직장이 화합하여야 한다. 지역·세대·남녀·계층·이념 갈등이 해소되어야 한다.

이어서 **인간과 자연(地)이 화합**해야 한다. 창조주의 신성(神性)이 깃든 자연과 창조주의 성령이 내재한 인간이 함께 사는 것이며, 하나로 어울리는 것이다. 창조주의 피조물인 사람과 자연이 진정한 화합을 이루려면 먼저 사람이 자연의 창조주인 하나님과 화합하여야 함을 늘 기억해야 한다. 사람은 자연을 보호하고 자연은 사람을 보호하는 것이다. 이렇게 천지인이 화합하면 가장 아름다운 조화를 이룰 수 있고, 평안과 기쁨이 따른다.

3) 희열(喜悅)

희열은 인간이 자연 속에서 창조주와 만남에서 오는 기쁨이다. 신성이 깃든 자연 속에서 성령을 모신 인간이 창조주를 만나면 세상이 줄 수 없는 무한의 희열을 소유한다. 주의 영이 계신 곳에는 자유함이 있다(고후3:17). 이에서 세상이 줄 수 없는 자유를 누릴 수 있다. 이 희열이 내 마음을 지배하면 세상 욕심을 버릴 수 있다. 어떤 고난도 극복하고 전진할 수 있다. 하나님의 영인 성령의 능력으로 인간의 힘으로 감당할 수 없는 사명도 감당할 수 있다. 신바람이 나면 세로토닌(serotonin)이 활성화된다. 신경 전달물질인 세로토닌이 활성화되면 뇌의 활동을 높이는 작용을 하여 행복지수도 높아진다.

공자는 "**알기만 하는 자는 그것을 좋아하는 사람만 못하고, 좋아하는 사람은 즐기는 사람만 못하다**"(知之者 不如好之者, 好之者 不如樂之者)고 한다(『논어』「옹야」). **머리로만 아는 자는 마음으로 좋아하는 자보다 못하고, 마음으로 좋아하는 자는 온 몸으로 즐기는 자보다 못하다.** '즐기는 자'는 주체가 객체와 하나가 되어 함께 희열을 느끼는 자이다. 발명왕 에디슨은 "나는 평생 동안 하루도 일을 하지 않았다. 그것은 모두 재미있는 놀이였다"고 고백한다. **희열 속에 지혜와 창의가 솟는다.** 신바람에서 오는 이 희열이 자신을 변화시키고 가정을 변화시키고, 세상을 변화시킨다.

4) 확신

인간이 주님 예수를 믿는 것은[632] 주님을 구주(救主)로 영접하는 것이다. 주님을 영접하면 믿음이 생기고, **창조주의 영인 성령 안에서 확신이** 생긴다. '**믿음'은** "**바라는 것들의 실상(substance)이요, 보지 못하는 것들의 증거(evidence)**"(히11:1)이다.

주님을 영접할 때 오는 믿음은 우리가 바라는 것들을 '권리증서'와 같이 실제로 소유하는 것이며, 우리가 보지 못하는 것들을 확실히 있는 것으로 증거한다. 이 확신 속에는 창조주 하나님이 주시는 능력이 솟구친다. 내게 능력 주시는 전능하신 창조주 안에서 불가능이 없다. **염려와 두려움이 없어지고 자신감이 솟는다. 알지 못하는 새로운 힘이 생긴다.** 신바람에는 이런 확신이 있으며, **이 확신이 어떤 고난도 극복할 수 있게 하며, 역경도 순경(順境)으로 바꿀 수 있다.**

신바람 나는 삶

신바람 나는 삶은 창조주 하나님의 뜻대로 사는 삶이다. 창조주의 형상을 닮은 영적인 우두머리로서 창조적 능력을 무한대로 발휘하며 사는 삶이다. 안개 같은 금생(今生)으로 만족하는 쾌락과 세속적 삶이 아니라 내생을 바라보는 성결과 성화의 삶이다. 내생에서도 영벌이 아니라 영생의 상급 받는 자로 거듭난 삶이다. 신바람 나게 사는 것이 만물의 영장의 본분을 다하는 삶이다. 동방예의지국이었던 대한민국의 백의민족, 우리 조상들이 행했던 '순천명 애지인(順天命愛地人)'의 삶이다. 천명에 순종하여 자연을 애호하고 인간을 사랑하는 삶이다.

이 신바람은 어떻게 날까? '나 중심'의 욕망을 가진 자에게 성령의 바람이 임할 수 없다. 온 인류를 구원하고 진리에 이르게 하려는 창조주의 뜻(딤전2:4)과 일치할 때 신바람이 난다. 주님을 영접하고 자아실현의 욕구를 초월한 인류 사랑을 위한 욕구를 가질 때 가능하다. 인간이 온 인류를 사랑하는 창조주의 마음을 가질 때 사람뿐만 아니라 하나님이 창조하신 자연만물도 사랑하게 된다. 인간이 창조주께 순종하고 자연과 이웃을 사랑하는 순천명(順天命) 애지인(愛地人)의 천지인 사상을 실천하면 신바람이 나게 된다.

어떤 **부정적 뇌도 마음으로 기뻐하고, 입으로 감사하고, 몸으로 섬기면 긍정적 뇌로 변화**

---

632) "나와 아버지는 하나이니라"(요10:30)에서 예수와 하나님은 하나이므로 주님 예수를 믿는 것은 창조주 하나님을 믿는 것이다.

된다. 제자 훈련과 자녀 양육에서 깨달은 것은 긍정적 사고의 변화는 몇 개월 짧은 기간에도 가능하다는 것이다. 문제는 **비전과 열정과 집중**이다. '정신일도 하사불성(精神一到 何事不成)'이다. '정신을 집중하면 어떤 일도 이룰 수 있다'는 것이다. 나의 마음과 말, 행동이 바뀌어 '순천명(順天命) 애지인(愛地人)'이 습관화되면, 내 가정이 바뀌고, 이웃이 바뀌고, 직장과 교회·사원이 바뀔 수 있다. 이렇게 천지인 사상이 한국의 주도 문화로 자리 잡으면 온 세상으로 확산될 수 있다.

☆ **신바람으로 이룩한 월드컵 4강** ☆

온 국민이 신바람 나서 이룬 것이 월드컵 4강이다. 2002년 월드컵에서 **FIFA 랭킹 41위인 한국이 4강까지 오른 것은 기적이다**. 조별 리그(D조)에서 폴란드를 2:0, 미국과 1:1, 포르투갈을 1:0으로 이겨 16강에 올랐고, 16강에서 이탈리아를 2:1, 8강에서 스페인과의 승부차기에서 5:3으로 물리치고 4강에 올랐다. 4강에서 독일에게 1:0으로 졌지만 이 모든 일이 기적 같은 일이다. 월드컵 72년 역사상 드문 일이다. 우리 선수들의 필사적인 승부욕과 최선을 다한 노력과 함께 5천만 국민이 일심으로 한 열화 같은 응원이 기적을 일으켰다. 이 응원 속에는 온 국민의 간절한 기도가 담겨 있었다.

이게 바로 신바람이다. 지성(至誠)이면 감천(感天)이다. 지극한 정성이 하늘을 감동시킨 것이다. 이런 기적이 가능케 된 것은 창조주께서 도와 주셨기 때문이다. "모사재인(謀事在人) 성사재천(成事在天)"이 떠오른다. 사람이 계획할지라도 일을 이루는 것은 하나님께 있기 때문이다. "하나가 천(千)을 쫓으며 둘이 만(萬)을 도망"[633] 하게 하였다고 성경은 말한다.

2. 3·1운동처럼 온 국민이 애국심으로 일어나자

자유·정의·평화의 3대 정신을 바탕으로 1919년 3·1운동이 일어났다. 당시 주동자 손병희 선생은 3대 원칙으로 '일원화', '대중화', '비폭력화'를 들었다. 민족 대표 33인을 중심으로 모든 백성이 '일원화'하여 독립운동을 시작하였고, 전국적으로 온 국민이 독립운동에 참여하도록 '대중화'하여 전개하였다. 그러나 간악한 일제는 이 '비폭력', 평화적 시위에 무장 군인과 경찰을 동원하여 무자비하게 탄압하였다. 그래도 우리 백성들은 들불처럼 일어났다.

---

633) "여호와께서 그들을 내주지 아니하셨더라면 어찌 하나가 천을 쫓으며 둘이 만을 도망하게 하였으리요?"(신 32:30).

1) 온 백성이 피로 싸운 3·1운동

민족사학자인 박은식은 이국 땅 상해에서 피와 눈물로 『한국독립운동지혈사(韓國獨立運動之血史)』를 썼다. 이 책에는 3·1운동의 참가자 수와 피해상황 등이 상세하게 기록되어 있다. **대한민국 7천 5천만 동포는 이 책을 읽고 주권과 자유를 잃은 민족이 당하는 고통과 슬픔이 얼마나 큰지를 알아야 하고, 모두가 한 마음 되어 무너지는 자유 대한민국을 바로 세워야 한다.**

1919년 3월 1일부터 동년 5월 31일까지 전국의 시위 참가 시·군이 211개이고, 집회 횟수는 1,542회에 달했다. 집회인원은 당시 인구(약 2천만 명)의 10%가 넘는 202만 3,098명으로, 한 집에 한 명 정도는 가담한 것으로 반만 년 우리 역사상 전무후무한 대규모 시위였다. 이 시위로 사망자가 7,509명, 부상자 15,961명, 피검자 46,948명으로 엄청난 인명피해가 있었다. 물적 피해도 매우 커 훼소(毁燒, 훼손되고 불에 탐) 교회당이 47개소, 학교 2개소, 민가 715채였다<표 14>. 집회 인원이 많은 지역은 경기도(665,900명)와 평안도(514,670명)이며, 사망자 수는 경상도(2,470명)와 평안도(2,042명)가 많았다.[634]

<표 14> **도별 참가인원과 피해상황**[635]

도 별	집회횟수	집회인원	사망자수	부상자수	피검자수	훼소교당	훼소학교	훼소민가
경기	297	665,900	1,472	3,124	4,680	15		
황해	115	92,670	238	414	4,218	1		
평안	315	514,670	2,042	3,665	11,610	26	2	684
함경	101	59,850	135	667	6,215	2		15
강원	57	99,510	144	645	1,360			
충청	156	120,850	590	1,116	5,233			
전라	222	294,800	384	767	2,900			
경상	223	154,498	2,470	5,295		2		16
국외	51	48,700	34	157	5			
계	1,542	2,023,098	7,509	15,961	46,948	47	2	715

<표 15>에서는 참여 인원 10,000명 이상, 또는 사망자 100명 이상인 시·군 52곳을 따로 정리해 보았다. 집회 인원이 많은 곳은 단연 경성(570,000명)이 돋보이고, 철원(70,000명), 의주(60,000명)가 많았고, 사망자 수는 수원(996명)과 평양(656명)이 많았다. 부상자 수는 수원(889명)과 경성(692명), 피검자 수는 함흥(5,385명)과 평양(4,680명)이 많았다. 물적 피

---

634) 박은식, 『한국독립운동지혈사』(유신사, 1920), 157-158쪽.
635) 박은식, 26-42쪽.

해는 평양이 제일 커 교회당 15개소와 민가 323채가 불에 탔으며, 의주의 민가 38채도 불에 탔다.636)

8도 방방곡곡에서 시위에 참여했는데 1919년 4월 15일 수원 제암리(堤岩里)에서는 일본군 중위 한 명(아리다 도시오, 有田俊夫)이 병사들을 이끌고 와서 기독교도와 천도교도 30여 명을 교회당에 소집하여 문을 잠그고 일제히 총을 쏘고 불을 질렀다. 이때 한 부인이 아이를 창밖으로 내놓으며 자신은 죽더라도 아이는 살려달라고 애걸했으나 왜병은 아이마저 잔혹하게 찔러 죽였다. 이날 왜병은 28명을 죽였다.637) 캐나다 선교사인 스코필드(Frank W. Schofield, 석호필) 박사는 이 만행을 사진에 담아 미국에 보내 온 세계에 알렸다.

나라를 잃은 후 국민의 주권과 자유를 되찾기 위해 우리의 선조들은 수많은 피를 흘렸으나 국권을 회복하기는 너무나 어려웠다. 3·1운동 이후에도 26년의 압제를 더 견뎌야 했다.

<표 15> 주요 시·군별 참가인원과 피해상황638)

지 역	집회횟수	집회인원	사망자수	부상자수	피검자수	훼소교당	훼소학교	훼소민가
경기도/경성	57	570,000	5	692	1,200			
용인	13	13,200	35	139	500			
수원	27	11,200	996	889	1,365	15		
김포	12	15,000		120	200			
양성	7	3,500	124	200	125			
황해도/해주	15	17,300	22		3,849			
안악	16	25,000	47	62	52			
재령	17	25,000	7	32				
장연	10	10,000		45	152			
평안도/의주	38	60,000	31	350	1,385	4		38
선천	17	35,000	3	55	450			
평양	12	30,000	656	636	4,680	15		323
진남포	8	25,000		24	238			
안주	17	24,000	59	302	318			
함종	9	13,760	3	27	255			
성천	7	52,000	36	60	535			
용천	28	27,600	2	27	554			
맹산	5	1,500	253	250				
철산	17	40,000	20	55	521			
영변	8	19,000	53	85	38			
구성	17	16,500	20	48				
삭주	17	3,500	300		47	1		

636) 박은식, 141-157쪽.
637) 박은식, 174쪽.
638) 박은식, 141-157쪽.

정주	18	55,000	120	525	567	6	2	
창성	3	3,000	100	50				
강계	12	53,500	7	59	35			
벽동	10	4,600	236	48	32			
함경도/함흥	11	10,200		52	5,385			
고원	4	15,000	48	150	256			
강원도/철원	7	70,000	12	20	937			
충청도/아산	13	22,800	40	29	50			
공주	12	14,000	42	80	4,020			
청양	5	3,400	119	36	65			
서산	17	20,000	8	21	25			
전라도/정읍	13	18,000	1	20	30			
금산	7	15,000						
목포	2	61,500	200	47	40			
군산	21	25,800	21	37	145			
남원	19	50,000	34	142	56			
광주	21	12,000	28	175	1,831			
전주	21	50,000		15	434			
경상도/대구	4	23,000	212	870	3,270			
의성	12	7,400	230	295	250			
창원	4	2,500	320	120	120			
안동	9	5,400	335	610	340	1		16
진주	17	28,000	42	150	242	1		
사천	4	3,000	120	380				
청도	2	1,500	120	120	30			
밀양	3	1,350	105	15	65			
하동	17	12,000	17	95	50			
협천	5	4,800	160	518	290			
함안	6	2,000	227	90				
간도/용정	17	30,000	20	23				

김구 선생은 강탈한 식민지를 지속하려고 자신을 밤새도록 고문을 하는 일본 형사의 열심을 보고 참회하였다. 우리도 무너지는 나라를 살리는 일에 국민 각자가 사명감을 가지고 충성해야 한다. 무너진 내 나라를 살리고 선진 강국을 만드는데 온 국민이 함께 일어나야 한다.

처음에 내 성명을 묻던 놈이 밤이 새도록 (고문을) 쉬지 않는 것을 보고, 나는 그 그놈들이 어떻게 제 나라의 일에 충성된 것인가를 알았다. **저놈은 이미 먹은 나라를 삭히려는데 밤을 새거늘 나는 제 나라를 찾으려는 일로 몇 번이나 밤을 새웠던고** 하고 스스로 돌아보니 부끄러움을 금할 수가 없고, 몸이 바늘방석에 누운 것과 같아서 스스로 애국자인 줄 알고 있던 나도 기실 망국민의 근성을 가진 것이 아닌가 하니 눈물이 눈에 넘쳤다.[639]

2) 온 국민이 애국심으로 천지인 사상 실천

(1) 종교인의 선도

3·1운동은 종교인들이 주도적으로 이끌어 나갔다. 손병희와 권동진 등 천도교 측 15명, 이승훈과 길선주 등 기독교 측 16명, 한용운과 백용성 등 불교 측 2명 등 33인의 민족대표가 모두 종교인이었고, 만세운동에도 전국의 종교인들이 대규모로 참여했다. 빼앗긴 나라를 되찾기 위해 종교인들이 주도적으로 나선 것처럼, 무너지는 나라를 살리는 일에도 종교인들이 주도적으로 나서야 한다. 천지인 사상의 원천이 한국의 전통 종교에서 나왔고, 국민의 43.9%(2,155만 명)가 종교인구인 우리나라에선 종교인들의 역할이 매우 중요하다. 종교인은 '아침에 도(道)를 깨달으면 저녁에 죽어도 좋다'는 신념과 정의를 위해 날마다 십자가를 지고 가는 결단이 있기 때문이다. 종교인이 결단하면 세상을 변혁하고 나라를 살릴 수 있다. 종교인은 정의와 사랑, 용기가 있는 사람이다. 불의로 무너지는 나라에 정의를 세우고, 쓰러지는 백성들을 사랑으로 일으키며, 이를 실천할 용기가 필요하다. 국민의 다수인 종교인이 천지인 사상을 실천한다면 한국의 병폐 문화는 분명히 변혁될 것이다. 종교의 기능에는 7,500만 동포를 하나로 뭉치게 하는 '사회통합' 기능과 4차 산업혁명 시대에 국민을 지혜와 창의로 이끄는 '사회변형' 기능이 있기 때문이다. 윤이흠 교수는 종교는 인간 정신문화를 형성하는데 강력한 영향력을 미치고 있다고 말한다.

> 인간 정신문화를 철학, 예술, 종교, 이 세 가지 범주로 나눌 수 있다. 그런데 이 세 범주가 개인과 사회에 주는 **영향력의 깊이와 지속성**이라는 두 가지 기준에서 볼 때, 우리는 다음과 같은 비유로 설명할 수 있을 것이다. **철학이 바이올린 독주라면, 예술은 실내음악이고, 종교는 심포니 오케스트라**이다.640)

일제 35년 압제와 속박을 자유와 정의의 3·1정신으로 극복한 것처럼 무너지는 한국을 살리는 일도 천지인 사상으로 완수할 수 있다. 종교인의 선도로 전 계층, 전 지역으로 3·1운동이 확산된 것처럼 천지인 사상도 종교인의 선도로 전 계층, 전 지역으로 확산돼야 한다.

---

639) 김구, 『백범일지』, 168쪽.
640) 윤이흠, 『한국종교연구, 권1』(집문당, 1986), 311쪽.

(2) 온 국민의 애국심으로 천지인 사상 실천

나라가 무너지면 국민 개인의 자유와 행복도 무너진다. 일제 35년 압제와 6·25 3년 전쟁의 고통과 눈물을 생각해 보라. 온 국민이 애국심으로 일어나야 한다. 2장에서 본대로 10대 병폐로 무너지는 한국을 살리려면 천지인 사상이 최적이다. 천지인 사상은 반만 년 동안 우리 조상들이 실행하며 지켜 내려온 사상이므로 우리 국민들의 의식세계 저변에는 이 사상이 잠재되어 있다. 이제 선각자들이 먼저 무너지는 나라 살리는 애국심으로 천지인 사상을 실천하면 온 국민들에게 전국적으로 들불처럼 확산될 것이다.

공직자들의 실천도 중요하다. 대통령과 100만 공무원, 300명 국회의원과 3천명의 법관들이 천지인 사상을 실천하기 바란다. 국회에서 입법할 때 천지인 사상에 바탕한 공의와 정의의 법을 제·개정하여야 한다. 법원에서 재판할 때도 법과 양심에 따라 진실하고 공정한 판결을 해야 한다. 어느 한 편에 치우치지 않는 정도와 중용(中庸)을 지켜야 한다. 행정부에서 정책을 입안하고 집행할 때 국리민복을 위하여 공정과 평등, 성실과 봉사로 행해야 한다.

이 나라의 미래 주인인 청소년들의 참여와 관심도 필요하다. 100년 전 3·1운동의 역군이요, 4·19혁명의 주동자답게 정의와 자유, 진리로 무너지는 나라 바로 세우기에 최선을 다해야 한다. 이데올로기에 매몰되지 말고, 이기주의에 빠지지 말고, 천지인 사상의 비전을 품은 인재로 육성되어야 한다. 청소년들의 비전과 창의, 국가 미래에 대한 관심이 식어가고 있는 실정을 감안하면 교육을 통한 천지인 사상의 확산이 더없이 필요하다.

(3) 천지인 사상 9대 덕목과 10대 병폐 문화 변혁

3장에서 본대로 한국 전통종교 경전의 내용은 천지인 사상에서 9대 덕목과 27 소덕목으로 정리할 수 있고, 이 덕목들을 통해 병폐 문화를 '성결 문화'로 변혁하는 지침으로 삼는다. 우리 조상들이 전통 종교를 통해 5천년 동안 실천해 내려온 천지인 사상이 오늘날 우리 국민들의 공통된 의식으로 작용하고 있다. **우리 한민족의 원초적이고 보편적인 무의식의 심층에는 이미 천지인 사상이 자리 잡고 있다.** 한국종교 교리에 실려 있고, 종교인들은 이미 실천하고 있다. 또한 천지인 사상은 가치성, 생산성, 보편성, 창의성 등 강문화의 요소를 갖추고 있으므로 종교인뿐만 아니라 일반인도 실천 가능한 덕목들이다. 우리 국민들이 창조주 경외와 진실, 나눔과 같은 **'순수한 천지인 사상'**과 우상숭배와 거짓, 탐욕과 같은 '**변질된 천지인 사상**'을 구분하는 것이 중요하다.

2장에서 본대로 우리 조상들은 고대로부터 일신 하나님을 경외했고, 출산을 장려하고, 생명을 중시했다. 진실하고 도둑질이 없으며, 서로 사양하고 다툼이 없는 군자의 나라였으며, 부인들은 정신(貞信)하고 음란하지 않는 성결의 나라였다. 그래서 우리나라는 동방예의지국으로 불리어졌다. 이제 하나님 경외와 진실, 나눔과 성결 같은 '**순수한 천지인 사상**'을 찾아 회복하면 된다.

예를 들면 병폐 문화 속에 있는 우상 숭배는 '상제'(上帝)라고 불리는 일신 하나님을 섬기는 과정에서 다른 신(神) 또는 성인(聖人), 조상 등을 섬기는 제사로 변질된 것이다. '스스로 있는 자'인 하나님 한 분 외에 우주만물은 다 하나님이 창조하신 피조물이다. 창조주로부터 우주만물을 다스릴 권세를 위임 받은 만물의 영장(靈長)인 인간이 다른 피조물을 숭배하는 것은 어리석은 짓이며, 창조주를 배척하는 범죄행위다.

'문화 변혁'은 '한국 종교사상'과 '병폐 문화'에 연계성과 친화성이 있는 '천지인 사상'이 중요 역할을 한다. 종교의 3대 구성요소인 '**의례**'를 통하여 천지인 사상을 **외재화**하고, '**공동체**'를 통하여 천지인 사상을 **객체화**하고, '**교리**'를 통하여 천지인 사상을 **내재화**하면서 문화 변혁을 주도적으로 이끌어 갈 수 있다(2장).

나라 살리는 일은 이 책을 읽는 독자들이 천지인 사상을 실천하면 된다. 10대 병폐 문화의 폐해와 형성 과정, 성결 문화로 변혁 과정 등은 앞 장에서 설명하였다. 천지인 사상 9대 덕목과 병폐 문화 변혁은 아래 도표<표 16>에 정리하였고, 끝장에 '천지인 10계명'을 통해 실천내용을 요약해 놓았다. 이제 내가 먼저 실천하고 가족과 이웃에게 전하면 된다. 순국선열들의 애국심을 본받아 우리도 나라 살리는 사명에 최선을 다하자.

<표 16> 천지인 사상 9대 덕목과 10대 병폐 문화 변혁

천지인 사상	9대 덕목	10대 병폐 문화 → 성결 문화로 변혁
천명 순종 (順天)	경외	우상숭배 → 하나님 경외 저출산 → 출산 장려
	정의	거짓 → 진실
	사명	자살·낙태 → 생명 존중
자연 보호 (保地)	보전	환경오염 → 환경 보전
	개발	난개발 → 공익 개발
	순리	탐욕 → 나눔
인간 사랑 (愛人)	자유	음행 → 성결
	책임	갈등 → 화평
	지혜	사대·공산주의 → 자유민주주의·시장경제

3. 천지인 사상으로 자유·민주·번영의 평화통일

손양원 목사는 "아무리 해방이 되었느니 해도 남북통일 정부가 서기 전에는 참다운 독립이 못되고, 남북이 아무리 통일이 된다고 해도 민족정신이 옳게 회복되지 않으면 참 잘 살길이 없다"[641]고 한다. 남북통일에 앞서 민족정신이 올바로 회복되지 않으면 우리 민족이 행복한 삶을 누릴 수 없다. 한민족(韓民族)의 전통사상인 천지인 사상으로 먼저 남북 7,500만 동포가 하나 되어야 한다.

1) 평화통일의 이유[642]

평화통일은 꼭 해야 한다. 그 이유는 **첫째 창조주 하나님의 뜻**이기 때문이다. 하나님이 창조하신 이 땅 위에서 모든 인류는 서로 사랑하며 정의롭게, 평화롭게 사는 것이 하나님의 뜻이다. "**그는 우리의 화평이신지라. 둘로 하나를 만드사 중간에 막힌 담을 허시고**(엡

---

641) 이만열 편, 332쪽.
642) 네이버 카페, 「평화통일 기도운동」, "왜 평화통일은 꼭 해야 되는가?", 2016. 1. 21.

2:14)" 말씀대로 주님은 평화 자체이시고 갈라진 둘이 하나 되기를 원하신다. 남 유다의 막대기에 북 이스라엘의 막대기를 붙여 하나가 되게(겔37:19) 한 것처럼, 남한에 북한을 붙여 하나 되게 하실 것이다. 하나님이 8·15 해방과 6·25 위기에서 기적적으로 건져주신 것은 통일된 한반도에서 중국을 거쳐 이스라엘 등 온 세계에 구원의 복음을 전하길 원하시기 때문이다.

둘째 한민족의 소원이기 때문이다. 남한의 5,000만과 북한의 2,500만 백성은 모두 단군의 후손이고 한 형제자매이다. 우리 7,500만 동포는 모두 "우리의 소원은 통일, 꿈에도 소원은 통일"을 노래하고 있다. 이산가족이 천만이고 탈북민이 3만 3천여 명이나 된다. 모두 한 핏줄로 이어진 우리의 이웃이다. 70여 년 억압과 가난에 지쳐 있는 북한 동포의 고난도 하루 속히 해결하여야 한다.

셋째 남북분단은 갈등의 원천이기 때문이다. 한국은 매년 수백 조원의 갈등비용이 발생하는데, 수많은 갈등 중 가장 심각한 것이 이념 갈등이다. 국회는 여·야의 투쟁으로 하루도 바람 잘 날이 없고 갈등의 온상이 되고 있다. 좌(左)와 우(右), 진보와 보수 간의 갈등은 정치뿐만 아니라 이 나라의 경제·사회·문화·종교·교육 등 전 분야를 황폐화시키고 있다. 이 이념 갈등의 뿌리는 남북 분단에 있고 평화통일은 이를 해소하는 지름길이 될 수 있다.

넷째 평화통일은 남북이 윈(win)-윈(win)할 수 있기 때문이다. 남과 북은 6.25 이후 전쟁은 멈췄지만 군사적 대치상태와 북한의 도발은 계속되고 있다. 북한은 이미 수많은 핵무기와 장거리 미사일을 보유하고, 셀 수 없는 장사정포와 생화학무기로 무장하고 있다. 한반도에서 전쟁은 남북 모두의 재앙이고 파멸이다.

평화통일은 남과 북의 과도한 군사비 지출을 대폭 삭감할 수 있고 청년들이 학문과 산업현장에서 마음껏 꿈을 펼칠 수 있게 한다. 남한의 자본, 기술과 북한의 지하자원, 노동력을 결합하면 엄청난 동반상승(synergy) 효과를 거둘 수 있다. 비무장지대는 세계평화공원으로 만들고, 부산에서 출발한 기차와 자동차는 중국과 소련을 거쳐 유럽과 아프리카까지 복음과 천지인 사상을 싣고 달릴 수 있다. 천지인 사상으로 사상의 동질성을 확보하고, 평화통일로 한민족은 자유와 번영을 구가할 것이다.

천하에서 분열이 오래면 통일이 오고, 또 통일이 오래면 사상적 분열이 온다. 우리는 대한제국의 전야부터 지금까지 **3·1운동이라는 단 한 번의 독립의지를 빼놓고 정신적 통일을 가져본 적이 없다.** 이제 우리는 각개약진의 분열보다는 **사상의 동질성을 확보하는 논리를** 찾아야 할 때다.[643)]

2) 평화통일과 천지인 4대 사상

평화통일을 위해서는 천지인 사상에 바탕을 두고, 정치에서 민주, 경제에서 자유시장, 사회에서 정의, 문화에서 창의가 넘쳐야 한다. 아무리 통일이 좋더라도 원칙을 지키는 통일이어야 한다.

첫째 평화통일 한반도는 **국민이 주인인 '민주'의 나라**이다. 나라의 주인이 독재자도 아니고, 세습 군주도 아니다. 국민 전체가 나라의 주권자인 민주공화국이다. 국민이 주인인 나라는 인간으로서의 존엄성과 가치가 보장되고 행복추구권이 있다. 만민이 법 앞에서 평등하고 자유권과 생존권, 참정권이 보장된다. 삼권분립과 법치주의가 제도화되고, 공정한 재판을 받을 권리가 있다. 헌법에 "대한민국은 통일을 지향하며, **'자유민주적 기본질서'**에 입각한 평화적 통일정책을 수립하고 이를 추진한다."(헌법 4조)라고 규정하였다. 평화적 통일이더라도 '자유민주적 기본질서'에 반하는 통일이어서는 안 된다. 자유민주주의를 부인하는 전체주의 내지 공산주의 원리에 입각한 통일은 안 된다는 것이다.[644]

둘째 평화통일 한반도는 **자유시장 경제를 추구**한다. 사유재산과 시장경제를 중시하며, 개인의 자유를 존중하며 다양성을 포용하는 나라가 되어야 한다. 자유시장 경제로 남북이 함께 번영하는 통일이 되어야 한다. 시장의 '보이지 않는 손'이 수요와 공급을 조절하여 적정한 가격을 형성한다. 다수의 공급자와 소비자가 서로 만족할 수 있는 최적의 가격은 시장에서 이루어진다. 소수의 인간이나 정부의 계획으로 경제를 임의로 통제하는 것은 지혜롭지 못한 방식이다.

셋째 통일 한국에서 **'정의'는 온 사회에 강물처럼 흘러야** 한다. **거짓이 사라진 진실한 사회, 부패가 사라진 성실한 나라, 특권이 사라진 공정한 국가**가 되어야 한다. 각자에게 그의 것을 주고, 열심히 일한 자에게는 더 많은 혜택이 돌아가야 한다. 누구나 법 앞에 평등하고 공정한 기준에 의해 평가받고 대우받아야 한다. 이러한 사회가 행복한 사회이고 이러한 나라가 살맛나는 나라이다.

넷째 통일된 새나라는 **'창의'가 넘치는 문화강국**이 되어야 한다. 압제와 부패 속에서는 창의가 나올 수 없다. 억압과 대립, 거짓과 탐욕의 더러운 옛 문화를 버리고 자율과 협력, 진실과 청빈의 성결한 새 문화를 창조하여야 한다. 지금은 인공지능과 로봇, 무인자동차가 주도하는 제4차 산업혁명시대이다. 모방과 답습만으로는 선진국을 따라갈 수 없다. 개개인

643) 김형효, 『한국사상 산고』(소나무, 2015), 284쪽.
644) 정회철, 『헌법』(여산, 2009), 168쪽.

의 창의력을 최고도로 발휘할 수 있는 교육과 여건이 마련되어야 한다. 김구 선생이 소원하는 세상에서 가장 아름다운 나라는 부강한 나라가 아니라 높은 문화의 힘을 가진 나라이다.[645] 높은 문화의 힘은 고도의 창의력으로 우리 자신을 행복하게 하고 나아가 남에게도 행복을 주기 때문이다.

3) 평화통일 실천방안

첫째 **비핵화와 인권 보장이 선결과제**이다. 핵폭탄을 머리에 이고는 편안히 잠잘 수 없다. 자유와 인권이 보장되어 남북한 양심수 석방이 있어야 한다. 천하보다 귀한 인간의 생명을 소중히 여기는 것처럼 인권도 소중히 여겨야 한다. 정치적 견해나 학문적 이론이나 종교적 신념 등의 차이로 인해 억압이 있어서는 안 된다.

둘째 **남북의 자연은 보전이 원칙**이다. 우리 민족 자손대대로 살 자연을 잘 보호하고 훼손된 것은 속히 회복시켜야 한다. 한반도의 하늘과 땅, 산과 들, 강과 바다는 깨끗한 환경을 보전해야 한다. 환경오염과 난개발 문제도 상호 협력으로 속히 해결되어야 한다.

셋째 **이산가족 상봉과 교류가 정기적**으로, 지속적으로 이루어져야 한다. 6·25 전쟁포로와 납북자 생사확인과 인도도 이루어져야 한다. 질병과 재난으로 인한 피해 등에 적절히 대처하며, 인도적 물자 지원이 있어야 한다.

넷째 **남북 체육교류**를 통해 한민족 공동체 형성과 양국 화해·협력에 기여할 수 있다. 또한 체육교류를 통하여 다른 부문 교류를 이끄는 선도적 기능을 수행할 수 있다. 남북이 스포츠를 통한 국력 과시나 체제 경쟁이 되지 않도록 주의할 필요가 있다.[646]

다섯째 **문화·예술 교류**를 통해 정신문화의 동일화와 민족 동질성 회복에 기여할 수 있다. 남북 간의 문화·예술 교류로 남북의 긴장 완화에도 일조할 수 있다. 남북 공동의 역사 연구는 중국의 동북공정에 대응하여 조속히 추진해야 하며, 특히 중국 영토 내 고구려와 발해 역사와 유적 탐구를 위한 체계적·지속적인 공동연구가 필요하다. 언어 동질화 연구, 남북 문화·풍습 연구, 문화예술인 교류 등을 통해 통일 문화 형성에 긍정적으로 기여할 수 있다.[647]

---

645) 김구, 290쪽.
646) 박영창, 『2000년도 국정감사자료집』(국회사무처 예산정책국, 2000), 1-6쪽.
647) 위의 책, 17-20쪽.

☆ 남북통일과 세계평화의 기도로 시작한 제헌국회 ☆

1948년 5월 31일 제헌국회 제1차 본회의는 기도로 시작하였다. 사회를 맡은 이승만 임시 의장은 "종교·사상 무엇을 가지고 있든지 누구나 오늘을 당해 가지고 사람의 힘으로만 된 것이라고 우리가 자랑할 수 없을 것입니다. 그러므로 하나님에게 감사를 드리지 않을 수 없습니다." 라고 하면서 목사인 이윤영 의원에게 기도를 부탁하였다.

이 의원은 우주만물을 창조하시고 인간의 역사를 섭리하시는 하나님이 민족의 염원을 들으시고 해방의 기쁨을 주신 것에 감사하고, 둘로 갈라진 이 민족의 고통과 수치를 신원하여 주사 우리 동포가 손잡고 웃으며 노래 부르는 남북통일의 날이 속히 오기를 기도하였다. 우리 민족의 복락과 함께 세계평화를 간구하였다. 8·15 해방을 주신 하나님께서 기도대로 평화통일도 주시리라 믿는다.

< 이윤영 의원 기도 >

이 우주와 만물을 창조하시고 인간의 역사를 섭리하시는 하나님이시여.

이 민족을 돌아보시고 이 땅에 축복하셔서 감사에 넘치는 오늘이 있게 하심을 주님께 저희들은 성심으로 감사하나이다.

오랜 시일동안 이 민족의 고통과 호소를 들으시사 정의의 칼을 빼사 일제의 폭력을 굽히시사 하나님은 이제 세계만방의 양심을 움직이시고, 또한 우리 민족의 염원을 들으심으로 이 기쁜 역사적 환희의 날을 이 시간에 우리에게 오게 하심은 하나님의 섭리가 세계만방에 정시(呈視)하신 것으로 저희들은 믿나이다.

하나님이시여! 이로부터 남북이 둘로 갈리어진 이 민족의 어려운 고통과 수치를 신원(伸冤)하여 주시고, 우리 민족, 우리 동포가 손을 같이 잡고 웃으며 노래 부르는 날이 우리 앞에 속히 오기를 기도하나이다.

하나님이시여! 원치 아니한 민심의 도탄은 길면 길수록 이 땅에 악마의 권세가 확대되나 하나님의 거룩하신 영광은 이 땅에 오지 않을 수밖에 없을 줄 저희들은 생각하나이다. 원컨대 우리 **조선독립과 함께 남북통일을 주시옵고, 또한 우리 민생의 복락과 아울러 세계평화**를 허락하여 주시옵소서. …

역사의 첫걸음을 걷는 오늘의 우리의 환희와 우리의 감격에 넘치는 이 민족적 기쁨을 다 하나님에게 영광과 감사를 올리나이다. 이 모든 말씀을 주 예수 그리스도 이름을 받들어 기도하나이다. 아멘![648]

---

648) 국회기도회, 『국회기도회보 20주년 기념지』(정문사, 2000), 2-3쪽.

4. 천지인 사상의 세계화

세계화의 명(明)과 암(暗)

세계화(globalization)는 정치·경제·문화 등 사회의 여러 분야에서 국가 간 교류가 증대하여 개인과 사회집단이 갈수록 하나의 세계 안에서 삶을 영위해 가는 과정을 말한다. 세계화는 자유무역과 활발한 교류를 통하여 많은 국가들이 비교우위를 가진 분야에 집중함으로써 세계의 번영을 가져올 수 있지만, 강대국과 초국적 거대 자본에 의한 독·과점 지배로 여러 형태의 불평등을 가져올 수 있다. 이러한 불평등은 경제적 측면에서 약소국을 더욱 어렵게 할 뿐만 아니라 환경적 측면에서 인류에게 해악을 끼칠 수 있다. 그래서 온 세계를 사랑과 행복으로 이끄는 원칙과 질서가 필요하다.

선진국의 역할과 책임도 크다. "많이 받은 자에게는 많이 요구할 것이요, 많이 맡은 자에게는 많이 달라"(눅12:48)고 한다. 무기 감축, 기후 변화, 경제 개혁을 위하여 좀 더 공헌해야 한다. 그렇지 않으면 온 세계는 혼돈의 시대가 되고, 각 나라는 결국 전쟁으로 모두 망하게 된다.

세계를 살리는 규범 필요

세계화는 지구촌 시대를 말하고, 지구촌 시대는 세계를 살리는 규범이 필요하다. 어느 한 나라가 선하다고 세계가 선할 수 없다. 지구촌의 모든 나라가 사랑으로 하나 되어야 한다. 맹자는 "왕의 곁에 있는 사람이 모두 '설거주'와 같이 선한 사람이라면 왕이 누구하고 선하지 않은 일을 하겠소?"[649]라고 했다. 주위에 모두 선한 사람이 있으면 아무리 악한 왕이라도 선한 일을 할 수 밖에 없을 것이다. 지구촌 시대도 마찬가지다. 사랑을 바탕으로 **하나님의 정의와 자연의 순리와 인간의 책임을 다하는 규범이 확산되면 온 세계가 평화롭고 행복하게 지낼 수 있을 것**이다. 역사라는 무대의 감독은 창조주 하나님이며, 관중은 자연이며, 인간이 주인공이다. 주인공인 인간이 하나님의 뜻과 자연의 애원과 인류의 소망이 담긴 천지인 사상을 바탕으로 '홍익인간'의 뜻을 펼칠 때 세계를 살릴 수 있다.

천지인 사상은 창조주를 경외하며, 정의를 행하고, 사명에 충성하는 사상이다. 자연을 보전하고, 공익을 위해 개발하며, 순리대로 산다. 인간 사랑으로 자유와 책임을 중시하고, 지

---

649) 맹자, 「등문공 하」, 223쪽.

혜롭게 행한다. 2장에서 본대로 천지인 사상은 가치성과 생산성, 보편성, 주체성, 창의성 등 강문화의 요소를 갖춰 세계적 규범의 기준 또는 바탕이 될 수 있다. UN, WTO, IBRD을 비롯한 국제단체의 지침이 될 뿐만 아니라 각 나라의 정치, 경제, 사회, 문화, 교육, 언론, 기업 규범의 기준이 될 수 있다.

현대의 주도적인 사상인 자본주의에도 부족한 면이 있다. 자본주의는 개인의 자유와 시장경제, 사유재산주의 등을 중시하는 사상으로 사회 구성원의 평등, 계획 경제, 공유재산주의를 중시하는 사회주의[650]보다는 장점이 많은 사상이다. 그러나 자본주의는 이기적 개인주의, 성장 우선주의, 물질 만능주의에 흐를 위험이 있다. 인본주의에 치우친 자본주의 사상에 천지인 사상이 균형추와 나침판 역할을 할 수 있다. 창조주를 경외하는 **경천사상**과 환경을 보호하는 **자연애호사상**과 인간을 사랑하는 **애인(愛人)사상을 아우르는 천지인 사상**이 인본주의에 치우친 현대사상보다 비교우위에 있다.

천지인 사상의 확산과 세계 평화

천지인 사상을 요약하면 '순천명(順天命) 애지인(愛地人)'이다. 천명에 순종하여 자연과 인간을 사랑하는 것이다. 이 사상의 핵심과 공통분모는 사랑이다. 사랑과 함께 강조하는 덕목이 정의와 순리, 책임이다. 이 덕목들은 세계인 모두가 갖추어야 할 덕목이다. 천지인이 조화를 이룬 사상이 원칙과 권위를 무시하고, 자연의 황폐화와 인간 간의 투쟁으로 치닫는 이 시대의 문제를 치유하고 세계 평화와 행복을 누리는데 공헌할 수 있다. 특히 생태계의 파괴로 위기에 처한 자연의 보전을 원칙으로 하고 개발은 공익을 위해 필요 최소한으로 행함으로써 인류의 삶의 터전을 보존할 수 있다.

반만년 한국 역사는 한(恨)의 역사이고, 전쟁과 투쟁과 대립의 역사였다. 화해와 조화, 협력과 개방 사상으로 그 끈질긴 한을 풀어야 한다. 투쟁과 대립의 뼈마디를 녹여내야 한다. 한국의 한을 풀어 정(情)으로 엮은 것이 가장 한국적인 문화이고, 이것이 가장 세계적인 문화가 될 것이다. 이 사랑과 정이 가득한 천지인 사상으로 세계 평화에 기여할 수 있다.

우리나라는 천지인 사상을 세계화할 좋은 조건을 갖추고 있다. 첫째 **우리 한반도는 대륙과 해양의 길목**에 자리 잡고 있다. 역사적으로 우리나라는 대륙과 해양 문화의 교차로 역할을 하면서 양 문화의 장단점을 취사선택하면서 창조적인 문화를 융성해 왔다. 웅대한 '대륙문화'와 진취적인 '해양문화'를 수용할 수 있고, 또 우리 고유의 우수한 문화를 대륙

---

650) 사회주의는 집단적 통제주의, 분배 우선주의, 하향 평균주의에 흐를 수 있다.

과 해양으로 전파하고 확산시킬 수 있다.

둘째 한국에는 **동양과 서양의 주요 종교가 다 들어와 있다.** 우리의 종교에는 동양의 유교·불교·도교와 서양의 기독교가 들어와 발생지보다 더 꽃 피웠다. 동양 종교는 효도와 가족, 명분을 중시하고, 서양 종교는 하나님과 개인, 실용을 중시한다. 동·서양 종교의 주요 덕목들이 한국 종교와 사상에 녹아 있다. 이러한 세계의 '보편적 가치'가 한국 종교 사상인 천지인 사상에 내재되어 있으므로 다른 나라에 거부감이 없는 편이다.

셋째 **한류(韓流)와 한국의 일류 제품이 온 세계에 퍼지고 있다.** 세계 제일의 한글과 방탄소년단의 K-팝, K-푸드, K-스포츠, K-바이오, K-뷰티 등 한류의 열풍이 온 세계에 퍼지고 있다. 삼성과 LG의 전자제품, 현대의 자동차 등 일류제품과 세계 최고의 조선(造船)과 원전 기술이 세계로 뻗어가고 있다. 이 한류와 일류 제품들 속에는 한국 문화가 담겨 있고, 그 내면에는 한국의 사상인 천지인 사상이 녹아 있다. 이 한국의 일류 제품들과 함께 뻗어가는 **천지인 사상이 세계인에게 평화와 행복을 안겨 주리라 믿는다.**

선각자로서 사명자가 할 일

"세상 끝이 가까웠으니 …". 1986년 3월 1일, 다니던 공직을 그만둬야 할 만큼 절박한 시절 처음으로 찾은 기도원에서 들려주신 하나님의 말씀이다. 그 후로 34년이 흘렀다. 천지인 관계는 허물어지고 세상은 훨씬 더 악해졌다. 이제 창조주의 심판은 더 가까이 왔다. 한 번뿐인 인생이다. 무엇을 위해, 어떻게 살다 마지막을 맞이할 것인가? 천하보다 귀한 생명으로 비전을 품고 사명 위해 전진하자. 병폐 문화로 무너지는 내 조국 대한민국을 살리고 자손만대 번창하도록 천지인 사상을 실천하자. 창조주 하나님을 경외하며, 정의를 행하고, 사명에 충성하자. 자연을 보전하고, 개발은 최소한으로 하고, 순리대로 살자. 가진 자유로 인류를 사랑하며, 책임을 완수하고, 지혜롭게 행동하자. 끝으로 '홍익인간'의 이념을 가진 사명자가 꼭 해야 할 일이 있다.

첫째 마음과 목숨 다해 창조주(天)를 경외하자. 인간이 인간다운 것은 인간의 본분을 지킬 때이고, 그 본분은 천명에 순종하여 창조주 하나님을 경외하는 것이다. 창조주 하나님이 보내주신 주님을 영접하고 믿음으로 사는 것이다. 하나님이 인간을 위해 우주만물을 먼저 지으시고, 인간이 행복하게 살 수 있는 모든 여건을 갖춘 후에 인간을 창조하였다. 이 지극한 사랑을 깨달으면 온맘 다해 목숨 다해 창조주를 경외하게 된다. 창조주 하나님을 경외하는 자는 하나님이 창조하신 인간을 사랑하고 특히 부모에게 효도하라는 천명에 순종하게 된다. 효도하는 마음으로 하나님이 기뻐하시고 한국의 자랑거리인 대가족제도도 회복하자. 창조주의 법도대로 욕심 부리지 말고 순리대로, 사랑하며 살아가면 77억 인구가 다 잘 살 수 있다.

둘째 인간의 생활터전인 자연(地)을 아끼고 보호하자. 하나님이 인간을 창조하기 전에 자연을 먼저 창조하였고, 땅의 흙으로 사람을 지으셨다. 자연은 인간의 생활터전이므로 아끼고 사랑해야 한다. 자연을 애호하려면 자연을 늘 가까이 해야 한다. 창조주의 신성이 깃든 자연을 가까이 하면 인간도 자연을 닮아 거룩하고 선하게 된다. 또한 **흙(地)·물(水)·햇볕(火)·공기(風)를 가까이 하면 건강해진다.** 인간의 몸이 이들로 구성되어 있기 때문이다. 하지와 동지, 밀물과 썰물의 주기성·정확성을 살펴보고, 아침의 붉은 해와 저녁의 하얀 달을 바라보자. 북쪽 하늘의 북두칠성과 남쪽 하늘의 십자성을 찾아보며, 숲속의 새소리, 바람 소리를 들으며 온 우주에 가득 찬 '호연지기'를 기르자. 신묘하게 자연만물을 운행하시는 창조주 하나님의 손길을 볼 수 있고, 음성을 들을 수 있다. 파괴와 분쟁을 버리고, 보살핌과 순리대로 행할 수 있다. 자연 보전을 원칙으로 하고 개발은 필요 최소한에 그쳐야 한다. 자연이 건강해야 인간도 건강할 수 있다.

셋째 각자의 사명에 충성하고 인류(人) 사랑에 최선을 다하자. 만물의 영장으로 태어난 인간은 77억 세계인구 가운데 자기가 가장 잘 할 수 있는 사명을 부여 받았다. 하나님과 인류를 위한 이 사명은 십자가와 같아 고난과 눈물이 따르지만, 하나님이 지혜와 능력을 주시므로 결국은 영광과 기쁨을 가져 온다. 인간이 가장 인간답게 사는 것은 각자의 사명에 생명 바쳐 충성하는 것이다. 각자가 사명에 충성하면 이 세상은 낙원으로 변할 것이다.

이 사명에 충성하려면 **'수신제가(修身齊家)'를 실천**해야 한다. 내 몸을 경전 말씀과 기도로 거룩하게 하고, 가정을 효도와 사랑으로 화목하게 해야 한다. 천지인 사상에 담긴 사랑과 구원의 길을 가정에서 먼저 실천하고 직장과 사회로 확산시켜야 한다. 인간을 위하여 천지만물을 창조하신 하나님은 천국에서 우리 모두가 사명 완수하고 돌아오기를 기다리고 계신다. 그 하나님은 '지금 여기'에서 천지인 사랑을 실천하고, 구원의 길을 전하기를 원하신다.

☆ 천지인 십계명 ☆

1. 천명에 순종하여 창조주 하나님을 경외하고, 일평생 정의를 행하며, 생명 바쳐 사명에 충성한다.

2. 인간의 생활 터전인 자연을 보전하고, 환경오염과 난개발을 방지하며 자연의 순리대로 나누며 산다.

3. 이웃을 내 몸처럼 사랑하며 자유를 귀중히 여기고, 청지기의 책임을 완수하며, 지혜로 인류를 행복하게 한다.

4. 화목한 가정이 행복의 샘임을 알아 부모님께 효도하고, 형제간에 우애 있게 지내며, 직장이 성장의 터전임을 알아 직무에 성실과 창의로 최선을 다한다.

5. 하나님이 짝지어 준 부부는 사랑과 복종으로 한 몸 되고, 자녀를 기쁨으로 낳아 말씀으로 교육하며, 기도와 애정으로 양육한다.

6. 창조주가 주신 내 생명을 소중히 여기는 것처럼 남의 생명과 동물의 생명도 소중히 여긴다.

7. 진실이 최상의 정책임을 알아 거짓을 버리며, 하나님과 사람에 대하여 양심에 떳떳한 삶을 산다.

8. 불만과 근심의 원천인 탐욕을 버리고, 주신 것을 즐기고, 나누며, 감사하며 산다.

9. 음욕보다 더한 불길이 없음을 알고, 음행을 근절하고 절제하며 부부가 함께 성결의 삶을 산다.

10. 부강한 나라 건설을 위한 애국심으로 국민의 책임을 다하고, 자유민주주의와 시장경제로 나라를 키우며, 온 국민의 화합으로 세계평화에 기여한다.

♣ 필자 후기

이 책을 처음 구상한 것은 1998년 청계산 국사봉(國思峰) 아래 한국학중앙연구원에 입학할 때이다. 날마다 나라를 생각하며 기도했다는 고려의 선비처럼 나라 사랑하는 마음으로 산봉우리를 쳐다보았다. 국사봉 남쪽 능선 아래 불리외(B. L. Beaulieu, 병인박해 때 순교) 신부의 은신처였던 동굴을 찾으며, 진리와 구원에 대해 묵상하곤 했다. 20여 년 지나 무너지는 나라를 살리고, 구원의 길을 제시하는 이 책을 완성하면서 무거운 사명 하나를 벗은 듯 홀가분하다.

거짓과 탐욕, 음행과 우상숭배 등 10대 병폐 문화로 무너지는 한국을 살리려면 우리 조상들이 5천년 동안 전통 종교를 통해 믿고 실천한 천지인 사상이 최적이다. 이 사상에는 나라를 살리고 백성을 구원으로 이끄는 진리가 담겨 있다. **'순천명(順天命) 애지인(愛地人)'**의 천지인 사상에는 **길과 진리, 생명이신 창조주의 뜻**이 담겨 있다.

소중한 것은 소유하고 있을 때 잘 지켜야 한다. 자유도 그렇고 가정도, 나라도 그렇다. 일제 35년 노예생활과 6·25 전쟁 3년의 참담함은 7,500만 동포가 이미 겪어 보았다. 우리 생명을 바쳐서라도 우리 후손들에게는 그런 나라를 물려줘서는 안 된다. 70여 년 애써 세워 놓은 나라가 무너지는 것을 보면서 절박한 마음으로 이 책을 썼다. 나라가 무너지면 나의 가정도, 직장도, 신앙도 다 무너지기 때문이다.

이제 우리가 할 일은 천명에 순종하여 창조주 하나님을 경외하고 정의를 행하며 사명에 충성하는 것이다. 생활 터전인 자연을 보전하고 개발은 최소한으로 하고 자연의 순리대로 살아가자. 인간을 사랑하여 가진 자유로 섬기고 청지기의 책임을 다하며 지혜롭게 홍익인간을 실천하자. **이 천지인 사상을 실천하면 자손 천대까지 복을 받는다.** 맹자는 "순천자(順天者)는 생존하지만 역천자(逆天者)는 멸망한다"고 하고, 솔로몬은 "하나님을 경외하고 그의 명령들을 지키는 것이 모든 사람의 본분"(전12:13)이라고 한다. 우리와 우리 후손들이 사는 길과 죽는 길이 우리 앞에 놓여 있다. 우리는 살기 위하여 이 사상을 실천해야 한다. 패망의 길이 아니라 구국의 길로, 사망의 길이 아니라 생명의 길로 달려가야 한다. 이 책이 **구국의 길, 생명의 길로 가는 나침판**이 되기 바란다.

마무리하면서 세 가지에 감사하고 싶다. **첫째 창조주 하나님의 도우심**이다. 일제 35년 압제에서 2번의 원폭 투하로 해방된 것과, 6·25 3년 전쟁에서 확률 1/5,000의 인천상륙작전 성공(핼버스탬, 449)은 하나님의 도우심이 아닐 수 없다. 이 작고 연약한 나라를 사랑과 공의로 지금까지 지켜 주셨고 앞으로도 평화통일로 인도해 주실 것이다.

둘째 우리 조상들의 뛰어난 지혜와 국난 극복의 인내심이다. 현명하고 끈기 있는 우리 조상들은 970여 회의 전쟁을 극복하고 후손들에게 한글과 함께 천지인이라는 훌륭한 사상과 경천애인의 성결 문화를 남겨주었다.

셋째 우리 민족의 애국심과 끈기이다. 거족적인 3·1운동과 4·19 혁명, IMF 위기 극복 등 자주독립과 자유민주주의, 경제 부국을 쟁취하기 위한 애국심과 끈질긴 투쟁이다. 위정자들의 잘못이 있어도 거기에 좌절하지 않고 자유와 정의, 성장을 위해 피땀을 흘렸다. 세계 10대 빈국에서 12대 경제대국으로 일어선 것은 우리 민족의 근면과 슬기, 끈기의 결과이다.

이제 우리 후손들이 할 일은 무너지는 나라를 살리고, 우리 조상들이 피땀 흘려 이룩한 **산업화와 민주화의 과실을 일류 선진화**로 더욱 풍성하게 열매 맺는 것이다. **나라를 구하려면 정의와 사랑과 용기**가 필요하다. 종교인과 비종교인, 보수와 진보, 어디에 속하든 나라 살리는 길을 찾고자 하는 이는 이 책을 읽고 실천하기를 권한다. 공자는 "아침에 도(道)를 깨달으면 저녁에 죽어도 좋다"고 했다. 구원의 확신이 있으면 어떤 고난도 극복할 수 있고, 주어진 사명을 완성할 수 있다. 나라가 살면 가정도, 직장도, 신앙도 지킬 수 있다. 다시 한 번 나를 살려주신 창조주 하나님과 은혜 베푸신 국민들과 위대한 대한민국에 감사드린다.

♣ 참고 문헌

1. 국내 도서

1) 단행본

구범모 외.『한국 정치·사회 개혁의 이념적 기초』. 한국정신문화연구원, 1998.
국민대통합위원회편.『한국형 정치갈등에 따른 사회·경제적 비용 연구』.
　　　　　　　　 국민대통합위원회, 2014.
국회기도회.『국회기도회보 제11호』. 국회기도회, 1989.
　　　　 .『국회기도회보 20주년 기념지』. 정문사, 2000.
국회미래연구원.『2050년에 보내온 경고』. 국회미래연구원, 2019.
국회사무처 법제실.『국회 법률안 입안기준』. 국회사무처 법제실, 2000.
금장태.『유교와 한국사상』. 한국학술정보, 2007.
김경동.『현대의 사회학』. 박영사, 2002.
김경재.『기독교문화신학』. 한국신학연구소, 1983.
김광식.『한용운 연구』. 동국대학교출판부, 2011.
김 구.『백범일지』. 성공문화사, 1997.
김균진『생태계의 위기와 신학』. 대한기독교서회, 1997.
김능근.『유교의 천사상』. 숭실대출판부, 1988.
김상현.『조선 청년에게 고함-만해 한용운 어록』. 한국학술정보, 2002.
김영애.『갈대상자』. 두란노서원, 2004.
김영일.『정약용의 상제사상』. 경인문화사, 2003.
김영진.『신 부동산평가론』. 경영문화원, 1982.
김영한.『한국기독교 문화신학』. 성광문화사, 1995.
김용기.『그 분의 말씀을 따라』. 창조사, 1978.
――.『나의 한길 60년』. 규장문화사, 1980.
――.『영광된 내일을 위하여』. 규장문화사, 1982.
――.『참 살길 여기 있다』. 창조사, 1975.
김재영.『한국사상의 맥』. 이담북스, 2009.
김종의.『일심과 일미』. 신지서원, 2003.
김평일.『일하기 싫으면 먹지도 말라』. 고려원, 1994.
김형효.『한국사상 산고』. 소나무, 2015.
라명재 주해.『천도교 경전 공부하기』. 모시는 사람들, 2017.
민경배.『한국기독교회사』. 연세대학교 출판부, 1996.

박영창. 『남성중심 문화와 한국종교』. 한국학술정보, 2011.

─────. 『저출산 관련 정책평가 및 입법과제』. 한국법제연구원, 2005.

─────. 『토지개발이익 환수를 위한 지대세제 도입방안』. 국회법제실, 2006.

─────. 『한국의 10대 병폐와 천지인 사상』(e북). 유페이퍼, 2020.

─────. 『한국종교와 천지인 사상』(e북). 유페이퍼, 2020.

─────. 『2000년도 국정감사자료집(IX, 문광위)』. 국회사무처 예산정책국, 2000.

박은식. 『한국독립운동지혈사』. 유신사, 1920.

박종홍. 『한국사상사』. 서문문고, 1999.

박준, 정동재. 『사회갈등지수와 갈등비용 추정』. 한국행정연구원, 2018.

변화순, 황정임. 『산업형 매매춘에 관한 연구』. 한국여성개발원, 1998.

불교성전편찬회, 『불교성전』. 동국역경원, 2016.

서울중앙지방검찰청. 『미 쇠고기 수입반대 불법폭력시위사건 수사백서』. 서울중앙지방검찰청, 2009.

손동희. 『나의 아버지 손양원 목사』. 아가페출판사, 2004.

신영철 외. 『지역 갈등의 사회적 비용에 관한 연구』. 국토연구원, 2011.

안함로 외. 『환단고기』. 안경전 역주. 상생출판. 2016.

엄묘섭. 『문화사회학』. 대구가톨릭대출판부, 2001.

원효, 의상, 지눌. 『한국의 불교사상』. 이기영 역. 삼성출판사, 1977.

유동식. 『풍류도와 한국의 종교사상』. 연대출판부, 1997.

─────. 『한국 무교의 역사와 구조』. 연세대출판부. 1997.

유석근. 『또 하나의 선민 알이랑 민족』. 예루살렘, 2019.

유해룡. 『기도 체험과 영적 지도』. 장신대학교출판부, 2010.

윤석산 역주. 『동경대전』. 모시는 사람들, 2016.

윤이흠. 『한국종교연구, 권1』. 집문당, 1986.

윤재근. 『문화전쟁』. 둥지, 1996.

은정희 역주. 『원효의 대승기신론소. 별기』. 일지사, 1991.

이기영. 『세계대사상전집 5. 석가』. 지문각, 1965.

이기영 역주. 『반야심경·금강경』. 한국불교연구원, 1997.

이만열 편. 『산돌 손양원 목사 자료선집』. 한국기독교역사연구소, 2015,

이병도. 『율곡의 생애와 사상』. 서문당, 1979.

이영훈. 『대한민국 역사』. 기파랑, 2017.

이원규. 『종교사회학의 이해』. 나남출판, 2003.

이을호. 『정다산의 생애와 사상』. 박영사, 1985.

이 이. 『율곡집』. 김태완 역. 한국고전번역원, 2015.

이율곡. 『성학집요』. 김태완 역. 청어람미디어, 2012.

이정배. 『토착화와 생명문화』. 종로서적, 1991.

이현종. 『한국의 역사』. 대왕사, 1983.

정 각. 『한국의 불교의례』. 운주사, 2002.

정약용. 『여유당전서』 四. 「중용자잠」.

_____. 『목민심서』. 홍신문화사, 2006.

정 원. 『대적기도를 통한 승리의 삶』. 영성의 숲, 2008.

정진일. 『철학개론』. 박영사, 1997.

정회철. 『헌법』. 도서출판 여산, 2009.

제자원. 『옥스퍼드 원어성경대전』 <창1-11>. 제자원, 2009.

_____ <욥32-42장>. 제자원, 2009.

_____ <사11-23장>. 제자원, 2009.

_____ <마21-28장>. 제자원, 2009.

_____ <벧후>. 제자원, 2009.

채인선. 『아름다운 가치사전』. 한울림어린이, 2007.

최건호. 『크리스챤 청지기』. 홍익기획, 1995.

최병헌. 『만종일련』. 조선야소교서회, 1927.

_____. 『성산명경』. 동양서원, 1911.

태영호. 『3층 서기실의 암호』. 기파랑, 2018.

포도원. 『프리처스 설교성경』 <마태복음 1>. 포도원, 1994.

한국경제연구원. 『촛불시위의 사회적 비용』. 한국경제연구원, 2008.

한국종교연구회. 『세계종교사입문』. 청년사, 1991.

한국학중앙연구원. 『한국민족문화대백과사전』. 'http://encykorea.aks.ac.kr'

한용운. 『님의 침묵』. 김현자 해설. 하서출판사, 2013.

_____. 『조선독립의 서』. 범우사, 2011.

_____. 『조선불교 유신론』. 조명제 역. 지식을만드는지식, 2014.

허화평. 『사상의 빈곤』. 새로운 사람들, 2016.

홍성건. 『하나님이 찾으시는 사람』. 예수전도단, 2000.

홍이섭. 『세종대왕』. 세종대왕기념사업회, 2004.

황장엽. 『민주주의와 공산주의』. 시대정신, 2009.

UBF 세계선교부. 『모든 족속으로 제자를 삼으라』. UBF 출판부, 2005.

2) 논문류

김홍석.『창세기의 창조, 아담, 셈 톨레도트에 나타난 시간 연구』. 박사학위논문.
    그리스도대학교대학원, 2014.
박영창.『직장선교의 신학적 근거와 활성화 방안에 관한 연구』. 석사학위논문.
    그리스도신학대학교 신학대학원, 1998.
———.『한국사회의 남성중심 문화에 대한 종교사회학적 고찰』. 박사학위논문.
    한국학중앙연구원 한국학대학원, 2005.
이성구.『훈민정음 해례의 철학사상에 관한 연구』. 박사학위논문. 명지대학교대학원, 1983.
조정권.『환경보호의 신학적 근거와 실천방안에 관한 고찰』. 석사학위논문.
    순신대학교 신학대학원, 1997.
최기복.『유교와 서학의 사상적 갈등과 상화적 이해에 관한 연구』. 박사학위논문.
    성균관 대학교대학원, 1989.

3) 정기간행물

『국회보』. 국회사무처, 2002. 8.
 ——— . 국회사무처, 2018. 3.
 ——— . 국회사무처, 2019. 5.
『보조사상』 제15집, 2001. 2.
『정치사상연구』 제16집 1호, 2010.

2. 국외 도서

노자.『노자도덕경』. 김원중 역. 휴머니스트, 2018.
『논어』. 김영수 역해. 일신서적, 1997.
동중서.『춘추번로』. 자유문고, 2005.
『맹자』. 범선균 역해. 혜원출판사, 1997.
『대학·중용』. 김혁제 교열. 명문당, 1997.
『원본주역』. 박병대 역해. 일신서적출판사, 1995.
『장자』. 김학주 역. 연암서가, 2019.
주희.『주자어류』 권 79. 허탁·이요성 역주. 청계, 1998.
주희 편.『대학·중용』. 김미영 역. 홍익출판사, 2015.

다니엘 L. 미글리오리. 『조직신학입문』. 이정배 역. 나단, 1994.

데이비드 햄버스탬. 『콜디스트 윈터』. 정윤미·이은진 역. 살림출판사, 2009.

마이클 샌델. 『정의란 무엇인가?』. 김영사, 2010.

막스 베버. 『프로테스탄티즘의 윤리와 자본주의 정신』. 박성수 역. 문예출판사, 1999.

말틴 루터. 『말틴 루터의 종교개혁 3대 논문』. 지원용 역. 컨콜디아사, 1997.

빌 브라이슨. 『거의 모든 것의 역사』. 이덕환 역. 까치글방, 2010.

새뮤얼 노아 크레이머. 『역사는 수메르에서 시작되었다』. 박성식 역. 가람기획, 2018.

앨런 리처드슨. 『신약신학개론』. 이한수 역. 크리스챤다이제스트, 1997.

어거스틴, 『고백록』, 성한용 역. 대한기독교서회, 1997.

쟈크 엘룰, 『세상 속의 그리스도인』. 이문장 역. 대장간, 1995.

클라우스 슈밥. 『클라우스 슈밥의 제4차 산업혁명』. 송경진 역. 메가스터디, 2016.

Berger, P. L. 『종교와 사회』. 이양구 역. 종로서적, 1982.

_____ . *Invitation to Sociology*. Garden City: Doubleday, 1963.

Bonhoeffer, D. *The Cost of Discipleship*. London: SCM Press, 1959.

Jerry White and Mary White. 『당신의 직업』. 네비게이토출판사, 1988.

Niebuhr, H. R. 『그리스도와 문화』 김재준 역. 대한기독교서회, 1996.

O'Dea, T. F. *The Sociology of Religion*. Englewood Cliffs, N.J.: prentice Hall, 1966

Ortiz, Juan Carlos. 『그리스도인은 누구나 제사장입니다』. 만나, 1992.

Tillich, Paul. *Theology of Culture*. London: Oxford University Press, 1959.

Wuthnow, R. 외. 『문화분석』. 최샛별 역. 한울 아카데미, 2003.

♣ 박영창

춘천교대, 성균관대 경영학과, 그리스도대 신학대학원
한국학중앙연구원 한국학대학원 졸업(Ph. D)
전(前) 국회 입법조사관·예산분석관·산업법제과장·의정연수과장
중국북경대학 연구학자. 한국법제연구원 파견연구원
제18회 연금수필문학상·녹조근정훈장 수상. 현 평화통일 기도운동 대표

♣ 주요 저서 및 논문

『한국의 10대 병폐와 천지인 사상(e북)』(유페이퍼, 2020)
『한국종교와 천지인 사상(e북)』(유페이퍼, 2020)
『남성중심 문화와 한국종교』(한국학술정보, 2011)
『토지개발이익 환수를 위한 지대세제 도입방안』(국회법제실, 2006)
『저출산 관련 정책평가 및 입법과제』(한국법제연구원, 2005)

「한국사회의 남성중심문화에 대한 종교사회학적 고찰」(한국학중앙연구원, 2006)
「직장선교의 신학적 근거와 활성화 방안에 관한 연구」(그리스도대 신학대학원, 1998)
「국회의원 윤리심사의 징계요구사유별 분석과 개선과제」(한국의회학회, 2013)
「21세기 기간산업인 문화산업 육성방안」(국회의사국, 2000) 외 다수

♣ 천지인선교회 후원(농협 036-02-004445 박영*),
    E-mail : paulp31@naver.com

한국을 살리는 천지인 사상

ⓒ 박영창, 2021

초판 1쇄 발행 2021년 1월 1일

지은이   박영창
펴낸이   이기봉
편집   좋은땅 편집팀
펴낸곳   도서출판 좋은땅
주소   서울 마포구 성지길 25 보광빌딩 2층
전화   02)374-8616~7
팩스   02)374-8614
이메일   gworldbook@naver.com
홈페이지 www.g-world.co.kr

ISBN 979-11-6649-204-4 (03150)

이 도서의 국립중앙도서관 출판예정도서목록(CIP)은 서지정보유통지원시스템 홈페이지(http://seoji.nl.go.kr)와
국가자료공동목록시스템(http://www.nl.go.kr/kolisnet)에서 이용하실 수 있습니다. (CIP제어번호 : CIP2020055390)